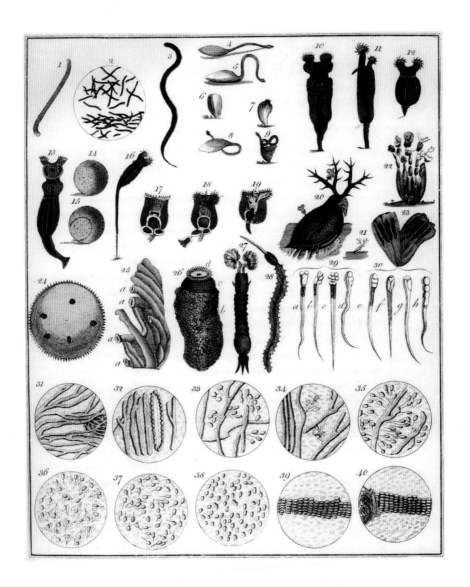

KB208433

극미동물의 세계

17세기 초 갈릴레오(1564~1642)의 망원경 발명과, 이후 네덜란드 직물상인 안토니 판 레이우엔훅(1632~1723)의 탐구를 통해 인류는 비로소 육안으로는 보이지 않는 미생물의 세계를 발견하게 되었다. 특히 레이우엔훅은 모든 것이 애니멀큘이라고 부르는 생명체로 북적거리는 것을 보고 "내 눈앞에 이보다 더 즐거운 광경은 없었다"라며 감탄했다.

호모에렉투스

현생인류와 비슷하게 생긴 최초의 종으로, 200만 년 전 화석 기록에 등장한다. 직립보행을 하고 불을 사용했던 이들의 유골은 아프리카 남부, 카프카스산맥, 중국 북부, 자바섬에서 발견되었다. 우리 인류는 호모에렉투스에서 진화했다.

네안데르탈인의 유골
프랑스의 라샤펠오생스에서 발견된 것이다. 네안데르탈인은 현생인류인 호모사피엔스보다 체격과 두개골이 더 크고 힘도 더 세었으며, 단순히 생존만을 추구하지 않고 사회적 유대 관계를 형성하고 살았다고 전해진다. 또한 이들 사이에는 의식적인 매장 풍습도 있었는데, 몸이 구부러진 채 매장된 사진 속의 유골이 그것을 말해 준다. 그러나 기원전 4만~5만 년 무렵 호모사피엔스가 번성하면서 이들은 지구상에서 사라지고 말았다.

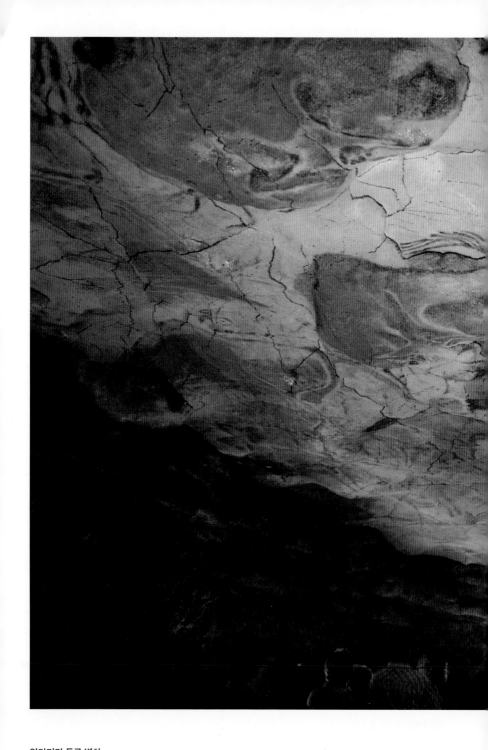

알타미라 동굴 벽화

호모사피엔스가 서유럽에 처음 도착하고 네안데르탈인이 사라진 지 얼마 되지 않았을 무렵의 선사인들이 그린 것
이다. 많은 고인류학자들은 호모사피엔스가 지구의 지배 종이 될 수 있었던 것은 언어를 사용하고 예술로 표현하는

상징적 행동 능력을 가졌기 때문이라고 말한다. 그러나 최근의 수많은 발견에 따르면 호모사피엔스가 사실 다른 종의 인간보다 더 똑똑하지 않았다는 사실을 알 수 있다.

▲ 스톤헨지

영국 남부 솔즈베리 평원에 있는 거석 기념물로, 아나톨리아에서 출발하여 약 6000년 전에 북서부 유럽에 도착한 최초의 농부들이 건설한 것으로 추정된다. 선사시대에는 새로운 인구가 한 지역으로 이동하여 이전의 거주민들을 완전히 멸종시키는 대규모 이주의 물결이 일었다. 이주민들은 대량 살상 무기나 다름없는 전염병으로부터 도움을 받았다. 자신들은 어느 정도 전염병에 대한 면역력을 가지고 있었지만, 기존 거주민들에게는 저항력이 거의 없었기 때문이다.

▶ 신석기시대 정착지

신석기 혁명, 즉 최초의 농업혁명은 1만 2000년 전 이집트 북동부에서 레바논, 이스라엘, 팔레스타인, 요르단, 시리아, 이라크, 이란고원까지 이어지는 이른바 '비옥한 초승달 지대'에서 시작되었다. 인류가 농업을 채택한 후 인구와 교역이 급속하게 증가한 한편, 바이러스와 미생물의 황금기도 시작되었다. 현대인을 괴롭히는 많은 전염병은 신석기시대 병원균에서 유래했다.

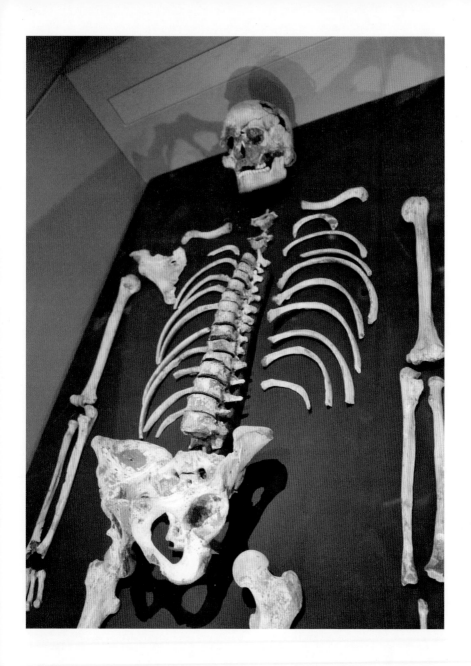

체다맨

가장 오래된 완전한 인간 골격으로, 1903년 영국 남서부 체다 협곡 동굴에서 발굴되어 '체다맨'이라고 불린다. DNA 분석에 따르면 체다맨은 빙하가 후퇴하면서 중동에서 유럽으로 이주한 수렵 채집인들 중 한 명으로, 검은 피부에 곱슬거리는 검은색 머리카락과 청록색 눈을 가진 것으로 밝혀졌다. 이는 영국제도에 항상 백인이 살았다는 가정에 이의를 제기한다.

얼음인간 외치

외치는 1991년 오스트리아와 이탈리아 국경 부근 산맥에서 동결 건조된 시신으로 발견되었다. 사진은 외치에 대한 상세한 연구 끝에 실제 모습으로 복원한 것이다. 외치는 서부 수렵 채집인인 체다맨과는 유전적으로 구별되는 집단 출신으로 밝혀졌다. 약 8000~9000년 전 지금의 튀르키예에서 북서쪽으로 농경이 확산되면서 유럽 인구의 유전적 구성은 체다맨 같은 서부 수렵 채집인에서 외치 같은 신석기시대 유럽 농경민으로 대체되었다.

쿠쿠테니-트리필리아 정착촌

6000년 전, 동유럽에는 인구밀도가 높은 거대한 정착촌이 등장했다. 쿠쿠테니-트리필리아라고 불리는 이 문화는 현재 동쪽의 우크라이나에서 서쪽의 몰도바와 루마니아까지 펼쳐져 있었다. 사진은 몰도바에 있는 것으로, 이 문화권의 정중앙에 위치한다. 유럽 동남부와 유라시아 대초원이 만나는 지점이라는 위치와 거주 시기를 고려해 볼 때, 이 대규모 정착촌은 인간을 감염시키는 질병인 페스트가 처음 출현한 유력한 장소로 꼽힌다. 이곳에서 시작된 페스트는 장거리 무역 네트워크를 통해 유라시아 전역으로 퍼져 갔을 것으로 추정된다.

고대 도시의 전염병

기원전 5세기 후반 스파르타가 그리스 아티카를 공격했을 때, 아티카인들은 침략자에게 지역을 내어 주고 후퇴했다. 아티카 측은 적군이 인내심을 잃고 귀환하는 것을 기다렸다가 해군의 우위를 이용해 역공할 계획이었다. 그러나 이 전략은 보건의 측면에서는 재앙을 불러왔다. 수십만의 인구가 아티카에 유입되면서 도시는 혼잡하고 비위생적이 되었다. 결국 기원전 430년에서 기원전 426년 사이에 치명적인 전염병이 여러 차례 발생했다. 아티카인들은 이 전염병을 아폴론이 스파르타를 편애한다는 증거로 이해했다. 미키엘 스위어츠, 〈고대 도시의 전염병〉(1650년경).

앙카라에 있는 고대 로마의 목욕탕

규칙적인 목욕은 로마의 모든 시민들에게 중요한 삶의 일부였다. 단순히 몸을 청결하게 하는 역할 외에도 사교장으로도 가능했던 목욕탕은 영국 남서부의 배스에서 알제리의 함맘 에살리히네에 이르기까지 제국 전역에 건설되

었다. 지금도 몸을 담글 수 있는 목욕탕이 있다. 그러나 장엄한 토목공학적 업적에도 불구하고 로마 사회에는 공중 보건의 개념조차 존재하지 않았다. 또한 제국의 도시가 더럽고 악취가 나며 질병이 만연했다는 사실은 놀라워 보일 정도다.

▲ **로마의 전염병**

고대 로마에서는 물이 풍부했음에도 개인위생에 대한 관념은 희박했다. 로마의 정교한 하수도 시스템은 사람의 배설물을 제거하기보다는 저지대에 고인 물을 배수하기 위해 건설되었다. 공동 화장실은 그 냄새도 견딜 수 없을 정도였고, 메탄 같은 가스가 쌓여 있다가 폭발하기도 했다. 또한 엉덩이를 닦을 때 사용하던 막대기에는 공용 스펀지가 달려 있었다. 찬사를 받는 로마의 목욕탕 역시 질병이 퍼지기에 이상적인 환경을 제공했다. 로마 시대 최초의 전염병은 165년에 발생한 안토니우스 역병이다. 이후 주기적으로 전염병이 발생하면서 제국은 갑작스러운 종말을 맞이했다. 쥘엘리 들로네, 〈죽음의 천사〉(1869).

▶ **유스티니아누스 역병**

동로마제국의 유스티니아누스 황제(527~565년 재위)는 여러 지방을 흡수하면서 지중해 전역을 다시 한 번 지배할 것처럼 보였다. 그러나 제국의 부흥을 눈앞에 두고 있던 541년에 발행한 유스티니아누스 역병은 로마 전역을 넘어 전 세계에 영향을 미쳤다. 당시 비잔틴제국의 한 작가는 "전 인류가 절멸할 뻔했다"라고 묘사한다. 조스 리페랭스, 〈역병 희생자를 탄원하는 성 세바스티아누스〉(1497년경).

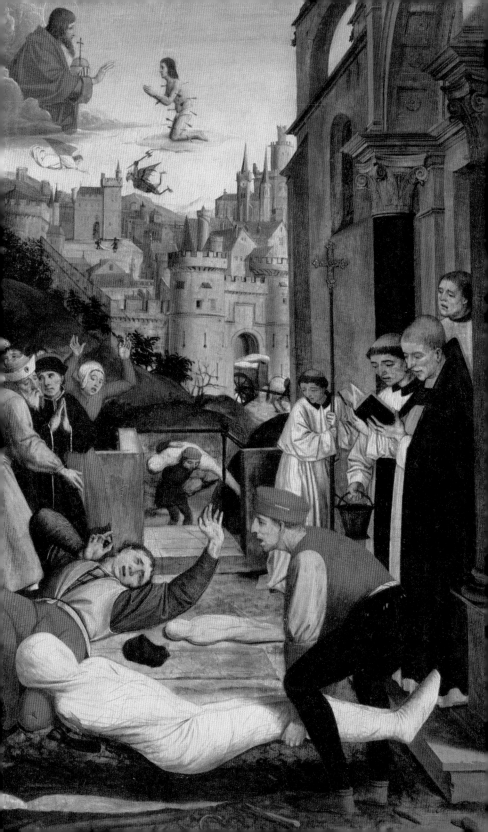

▲ **중세 흑사병의 원인으로 지목되어 화형을 당하는 유대인**

중세 흑사병은 유럽 인구의 60퍼센트를 앗아 간 것으로 추정될 만큼 치명적이었다. 유대인 공동체가 흑사병의 근원지로 지목되면서 유대인들에 대한 공격이 연이어 발생했다. 1349년 독일 에르푸르트에서 일어난 유대인 대학살이 그 대표적인 예다. 이때 희생된 유대인은 최대 3000명이라고 한다. 전염병과 박해라는 이중의 고통에서 겨우 살아남은 유대인들은 동유럽으로 피신했다.

▶ **페스트 장벽**

중세 흑사병은 일회적으로 끝나지 않고 몇 세기에 걸쳐 반복적으로 발생했다. 이에 유럽인들은 도시에 입항하는 모든 배들에 대한 검역 조치를 취하는가 하면, 국경에 페스트 장벽을 설치하여 육로 이동을 제한하기도 했다. 이러한 규제 대책은 공중 보건의 역사에서 국가의 개입을 확대했다는 의미를 갖는다.

오스만튀르크 세력의 확장

유목민 튀르크인들은 그들의 생활 방식 덕분에 전염병의 공격을 덜 받았을 것이다. 유목민들은 많은 곡물을 저장하지 않았기 때문에 쥐를 끌어들이지 않았다. 흑사병이 중세 유럽을 휩쓸 때 튀르크인은 정착민인 비잔틴인이나 슬라브인보다 희생자가 적었다. 그리하여 그들은 날로 세력을 확장하여 마침내 유럽과 그 주변의 판도를 크게 바꾸어 놓았다. 이 그림은 1453년에 튀르크 세력이 동로마제국의 수도인 콘스탄티노플을 함락하는 모습을 담은 것이다. 1000년 넘게 존속한 로마제국을 끝낸 이 사건은 서구 세계에 큰 충격을 안겨 주었다.

마르틴 루터의 95개조 논제

1517년 루터는 교회가 신자들의 실존적 불안을 이용해 면죄부를 판매하는 것을 비판하며 비텐베르크성교회 문에 95개조 논제를 내걸었다. 여기서 그는 죄로 인한 형벌을 용서할 수 있는 권한은 오직 신에게만 있으며, 신앙이란 신과 단독자로서의 나 사이의 문제이지 교회나 사제가 해결해 주는 것이 아님을 천명했다. 종교개혁의 불씨를 당긴 루터의 주장은 150년 전 존 위클리프가 흑사병을 계기로 제기한 교회 문제와 동일했다.

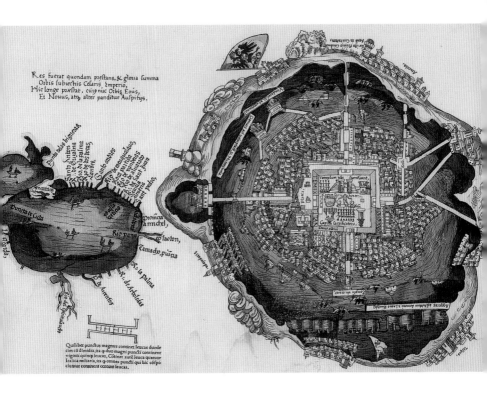

유럽인들이 그린 테노치티틀란 지도

테노치티틀란은 아즈텍제국의 수도로, 해발 2000미터가 넘는 곳에 위치한 거대한 섬 도시다. 유럽의 어떤 도시보다 크고, 인구는 25만 명에 달했다. 스페인의 코르테스 장군은 라틴아메리카에 상륙한 지 약 2년 만인 1521년에 막강하고 세련된 문명을 자랑하던 이 도시를 정복하고 뉴스페인 식민지를 건설하는 데 성공했다. 그로부터 10년 뒤에는 프란시스코 피사로 군대가 잉카제국을 무너뜨렸다. 스페인의 라틴아메리카 정복은 실로 기적에 가까운 일이었는데, 그 배경에는 '총'과 '쇠'보다도 '균'이 있었다.

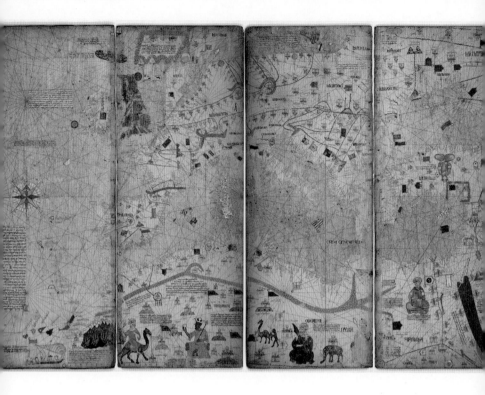

『카탈루냐 지도집』

오늘날 사람들의 생각과는 달리 중세의 세계 지도를 보면 아프리카가 부유한 지역으로 묘사되어 있다. 가령 1375년에 제작한 『카탈루냐 지도집』을 보면 말리의 통치자 만사 무사 옆에는 "그의 땅에서 발견되는 많은 양의 금으로 인해 지역 전체에서 가장 부유하고 이름 높은 통치자"라고 적혀 있다. 이는 부를 찾는 유럽인들을 유혹했다. 하지만 영국 청교도들이 북미를 식민지할 때와는 달리 서아프리카에 정착하려는 유럽인들의 시도는 전염병의 도움을 받지 못하면서 실패하고 말았다.

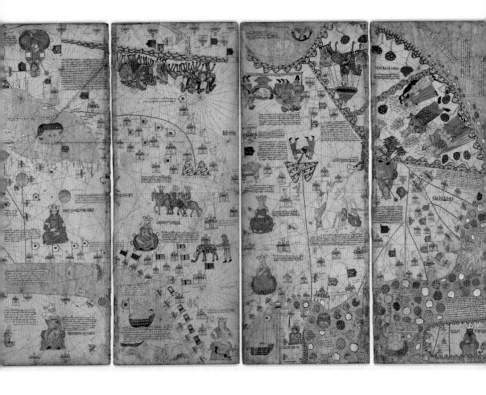

신세계로 떠나는 영국 청교도들

1620년, 영국성공회에 반발하여 생긴 개신교 일파인 청교도들은 메이플라워호를 타고 북미에 도착했다. 그들이 신대륙 정착에 성공한 배경에는 병원균의 도움이 있었다. 즉 1616년에서 1619년 사이에 메사추세츠만 지역을 야만적인 전염병이 휩쓸었고, 그 결과 인구의 90퍼센트가 사망했던 것이다. 북미를 식민지화하려던 이전의 시도가 원주민들의 격렬한 반발에 부딪힌 반면, 청교도들은 유골이 나뒹구는 마을에 첫 정착지를 세웠다. 로버트 월터 위어, 〈순례자들의 승선〉(1857).

미국의 흑인 노예들
미국 노예제의 출현과 이를 정당화하는 데 사용된 인종차별 이데올로기는 누가 전염병에서 살아남을 수 있는지 여부와 큰 관련이 있다. 초기 대서양 횡단 노예 무역에서 카리브해는 서아프리카 병원균의 도착으로 백인의 새로운 무덤이 되고 말았다. 서아프리카에서 자란 사람들은 일찍부터 황열병에 노출되어 면역이 되어 있었지만, 유럽에서 건너와 정착한 이들은 집단적으로 사망했다. 그 결과 아메리카 대륙의 열대지방 전역이 인종차별적 노예의 길로 불가피하게 들어섰다. 존 로즈, 〈오래된 농장〉(1785~1795년경).

▲ 영국, 미국에 항복하다

1773년 보스턴 차 사건을 계기로 미국과 영국은 전쟁에 돌입했다. 양국의 전쟁은 1781년 10월 19일, 영국 장군 찰스 콘월리스가 미국 버지니아주 요크타운에서 미국 측에 항복함으로써 막을 내렸는데, 이때도 말라리아가 큰 영향을 미쳤다. 뛰어난 전투력을 가진 콘월리스는 식민지와의 전투에서 대부분 승리했다. 하지만 영국 측이 추진하던 '남부 전략'은 말라리아가 창궐하면서 무너지고 말았다. 존 트럼불, 〈콘월리스의 항복〉(1820).

▶ 아이티의 독립

프랑스 식민지 생도맹그(오늘날의 아이티)는 사탕수수와 커피의 산지로 프랑스에 많은 수익을 가져다주고 있었다. 그러나 생도맹그의 프랑스인들은 황열병 때문에 식민지에서 빨리 벗어나고 싶어 했다. 그리하여 그들은 단기적으로 수익을 극대화하기 위해 노예들을 잔인하게 대우했다. 1791년, 노예 노동자들은 프랑스인 농장주들을 공격했고, 식민주의자들은 도망쳤다. 이후 나폴레옹이 생도맹그에 대한 재정복을 시도했지만 이집트숲모기를 이용한 반군의 전략에 패배하고 말았다. 반군의 승리로 1801년 생도맹그에는 새 국가 아이티가 탄생했다. 기욤 기용 르티에르, 〈창시자의 서약〉(1822).

산업도시의 풍경

18세기에 증기기관이 발명되고 화석연료가 산업적 규모로 활용되면서 그 이전까지 대부분 농업에 종사하던 사람들은 호황을 누리는 산업도시로 몰려들었다. 이렇게 급격하게 늘어난 도시 인구는 혼란, 박탈, 질병, 죽음을 경험하게 되었다. 로런스 스티븐 라우리, 〈일터로 가는 길〉(1943).

A COURT FOR KING CHOLERA

런던의 콜레라

1831년, 영국에 상륙한 콜레라는 산업화 시대 대표적인 전염병이었다. 그것은 발병 속도와 증상의 격렬함으로 인해 이전 세기의 페스트만큼이나 두려운 질병이었다. 열악한 공중 보건과 비위생적인 물 공급으로 인해 도시의 노동자 계급이 살던 지역은 콜레라가 퍼지기에 완벽한 환경이었다. 콜레라의 확산은 유럽 전역에서 불안과 폭동을 불러일으켰다.

런던의 대악취

1858년 여름, 더운 날씨로 영국 런던의 템스강에 악취가 진동했다. 당시 런던 사람들은 오수를 정화 과정 없이 바로 템스강으로 흘려보내던 실정이었다. 그림에서 보듯 템스강 물은 '괴물이 먹는 수프(monster soup)'에 비유되었다. 이에 정부는 런던에 광범위한 지하 하수도 시스템을 구축하는 법안을 통과시켰다. 영국 최초의 대규모 하수도 네트워크다. 이로써 런던은 유럽 위생공학의 선두에 서게 되었다.

질병과 가난

베네수엘라 화가 크리스토발 로하스(1857~1890)는 철제 침대에 누워 있는 여자와 그 옆에 처량하게 앉아 있는 남편의 모습을 담은 이 그림에서 질병의 사회적 측면을 보여 준다. 결핵은 산업화한 유럽의 빈민가에서 주요 사망 원인 중 하나였다. 그러나 20세기로 접어들면서 고소득 국가에서는 생활과 근로 환경을 개선하고 백신이 개발된 덕분에 감소했다. 하지만 결핵은 여전히 중·저소득 국가에서는 가장 치명적인 전염병으로, 해마다 120만 명의 목숨을 앗아 간다. 크리스토발 로하스, 〈고통〉(1886).

코로나19가 우리에게 남긴 것

코로나19는 인간이 세상에서 자신의 위치를 바라보는 방식을 바꾸었다. 다윈의 심오한 성찰, 즉 인간은 동물의 한 종일 뿐이며, 다른 모든 종과 마찬가지로 병원균에 취약하다는 사실을 상기시켰다. 또한 코로나19는 우리가 세상을 살아가는 방식과 세상을 어떻게 조직해야 하는지에 대한 생각을 바꾸어 놓았다.

균은 어떻게
세상을 만들어 가는가

균은 어떻게
세상을 만들어 가는가

조너선 케네디 지음 | 조현욱 옮김

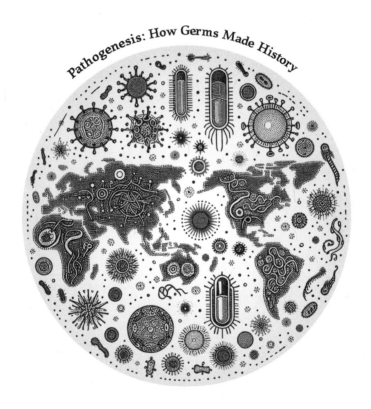

Pathogenesis: How Germs Made History

아카넷

일러두기

- 이 책은 Jonathan Kennedy, *Pathogenesis: How Germs Made History*(London: Torva, 2023)를 옮긴 것이다.
- 외래어 표기는 국립국어원 외래어 표기법을 따랐으나, 관습적으로 굳은 표기는 그대로 허용했다.
- 단행본, 잡지 등 책으로 간주할 수 있는 것은 겹낫표(『 』)로, 책의 일부나 단편소설, 신문 등은 홑낫표(「 」)로, 미술·음악·연극 등 책이 아닌 작품명은 홑화살괄호(〈 〉)로 표기했다.
- 본문에서 독자의 이해를 돕기 위해 옮긴이가 단 주는 대괄호(〔 〕)로 표시했다.
- 본문 시작 전에 있는 컬러 화보는 원서에는 없는 것으로, 한국어판에서 새로 수록한 것이다.

차례

서론

태초에
전염병이 있었다

"망원경이 끝나는 곳에서 현미경이 시작된다."

- 빅토르 위고

거울을 통해

지그문트 프로이트에 따르면 서양 과학에는 세 가지 큰 혁명이 있었으며, 각각의 혁명은 인간의 지위가 특별하다는 믿음, 즉 '순진한 자기애'에 타격을 입혔다.[1]

코페르니쿠스에서 시작된 첫 번째 혁명은 지구가 우주의 중심이 아니라 태양 주위를 도는 여러 행성 중 하나에 불과하다는 깨달음이었다. 이러한 좌절 이후에도 우리는 성경 창세기의 주장으로 여전히 스스로를 위로할 수 있었다. 신이 자신의 형상대로 인간을 창조해 땅과 바다, 동물을 다스리도록 했다는 것이다. 비록 우리가 존재하는 곳이 천문학적으로 볼 때 주변부이기는 했지만 말이다. 그 후 찰스 다윈이 등장해 인간은 동물의 또 다른 종일 뿐이며 유인원과 비교적 최근의 공통 조상을 공유한다고 지적했다.

프로이트에 따르면 세 번째 위대한 과학혁명은 자신이 무의식을 발견한 것이다. 프로이트는 인간이 자신의 사고 과정을 통제할 수 없다는 사실을 깨닫는 것이야말로 '인간이 위대하다는 과대망상'에 대한 '가장 자극적인 모욕'이라고 주장했다.

코페르니쿠스나 다윈의 혁명보다 정신분석학이 더 중요하다는 프로이트의 주장은 다소 자기중심적으로 보일 수 있다.[2] 하지만 인간이 세상에 대해 더 많이 배울수록 자신이 얼마나 하찮은 존재인지 깨닫게 된다는 그의 일반적인 지적은 통찰력이 있다. 예를 들어 첨단 망원경을 통해 밝혀진 사실을 보자. 이에 따르면 지구는 최소 1000억 개의 별이 모여 있는 일개 은하계의 그저 그런 별 주위를 돌고 있는 한없이 작은 암석에 불과하며, 우리 은하 자체도 우주에 존재하는 수백억에서 수천억 개의 은하계 중 하나에 불과하다.

이외에도 우리 종에 대한 높은 평판을 더욱 약화시킨 다른 과학적 혁명이 있었다. 내가 보기에 그중 가장 중요한 것은 우주만큼 광활하지만 육안으로는 보이지 않을 정도로 작은 세계, 즉 박테리아, 바이러스, 기타 미생물의 영역이 발견되었다는 점이다.[3]

17세기 초, 갈릴레오는 망원경의 렌즈 순서를 바꾸면 아주 작은 사물이 보인다는 사실을 깨달았다.[4] 인류는 역사상 처음으로 미생물을 볼 수 있는 기술적 능력을 갖추게 되었다. 하지만 갈릴레오는 하늘의 별과 행성을 관찰하는 데 더 많은 노력을 기울였다. 그로부터 50년이 지나서야 네덜란드 델프트의 한 직물상이 미시 세계를 탐험하기 시작했다. 안토니 판 레이우엔훅Antonie van Leeuwenhoek이 애초에 렌즈를 개발한 것은 자신이 사고파는 직물의 품질을 검시하기 위해서였다. 그러나 얼마 후 그는 자연 세계로 시선을 돌렸다. 그는 런던왕립학회에 보낸 편지에서 물 한 방울부터 치아의 플라그까지 모든 것이 '애니멀큘animalcule'(극미동물. 오늘날의 용어는 '미생물')이라고 부르는 생명체로 얼마나 북적거리고 있는지를 묘사했다. 그는 "내 눈앞에 이보다 더 즐거운 광경은 없었다"라고 감탄했다.[5] 역사상 레이우엔훅의 미시 세계 발견은 토끼굴로 떨어지거나 거울 속 세상을 기어오르거나 옷장 속으로 들어가 환상적인 생물의 세계를 발견한 것에 가장 근접한 순간이었을지도 모른다(루이스 캐럴이 쓴 『이상한 나라의 앨리스』에 나오는 세상을 언급한 것이다).

레이우엔훅이 우연히 발견한 새로운 세계의 중요성을 과학자들이 비로소 이해하기 시작한 것은 200년이 지난 19세기 후반에 이르러서였다. 프랑스 화학자 루이 파스퇴르는 포도의 발효, 우유의 산패, 육류의 부패 등 다양한 과정에 애니멀큘이 관여한다는 사실을 입증함으로써 자연에 대한 우리의 이해를 혁신적으로 변화시켰다. 또한 질병과 감염이 신, 흑마술, 체액의 불균형, 나쁜 공기, 불길한 행성의 정렬에 의한 것이 아니라는 사실도 증명했다. 즉 사람이 병에 걸리는 것은 환경 속의 눈에 보이지 않는 미세한 병원균이 우리 몸에 들어올 때라는 것이다.

그러나 이제 미생물이 단순히 부패, 죽음, 질병의 매개체만이 아니라는 사실이 매우 분명해졌다. 지난 수십 년 동안 연구자들은 박테리아와 바이러스가 지구와 신체, 심지어 정신의 기능에 필수적인 광범위한 역할을 수행한다는 사실을 깨닫기 시작했다. 미생물 없이는 인간의 삶, 아니 모든 형태의 복잡한 생명체는 상상할 수 없다.

생명의 나무

1837년 여름, 5년간의 세계 일주 항해를 마치고 HMS 비글호를 타고 돌아온 다윈은 공책에 '나는 생각한다'라는 제목으로 스케치를 했다. 나뭇가지처럼 보이는 이 소박한 낙서에는 나중에 자연선택에 의한 진화론으로 발전하게 되는 개념의 주요 특징이 잘 나타나 있다. 한 종의 여러 개체군이 서로 다른 환경에서 살게 되면 무작위적인 변이와 각 환경에서 유리한 형질에 대한 자연선택이 결합해 결국 새로운 종이 출현한다는 것이다. 이 과정이 수십억 년에 걸쳐 수없이 반복되면서 지구상에는 만화경처럼 다양한 생명체가 존재하게 되었다. 모든 생물의 계보를 종이에 그려보면 마치 거대한 나무처럼 보인다.

생명의 나무를 거슬러 올라가면 줄기의 밑동에서 인간을 포함한 모든 생명체의 먼 조상인 단세포 박테리아와 같은 유기체, 즉 현존하는 모든 생명체의 공통조상LUCA(Last Universal Common Ancestor)을 발견할 수 있다. 흰긴수염고래에서 거대한 미국삼나무, 박테리아에 이르는 모든 생명체가 공통된 특징을 물려받은 이유는 바로 이 하나의 공통 조상 덕분이다. 유전 정보를 저장하는 DNA와 보편적인 에너지원인 ATP 분자가 대표적인 예다. 이 나무 위로 올라가면 줄기가 세 갈래로 갈라지는데, 이 갈래는 생명의 큰 영역을 나타낸다. 이 중 두 가지는 육안으로 보이지 않는 유기체, 즉 박테리아와 고세균(박테리아와 유사한 단세포 미생물)으로 구성되어 있다.[6] 셋째 가지는 진핵생물을 나타낸다. 핵에 DNA를 저장하고 미토콘드리아라는 특수 구조를 사용하여 에너지를 생산하는 것이 특징이다. 진핵생물은

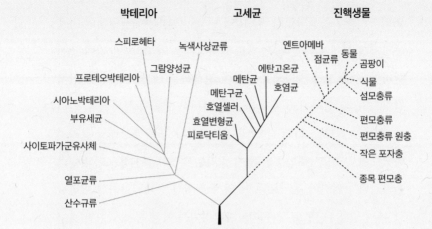

박테리아   고세균   진핵생물

스피로헤타   녹색사상균류   엔트아메바

그람양성균   점균류   동물

프로테오박테리아   에탄고온균   곰팡이

메탄균   호염균   식물

시아노박테리아   메탄구균   섬모충류

부유세균   호열셀러

효열변형균   편모충류

사이토파가군유사체   피로닥티움   편모충류 원충

작은 포자충

열포균류   종목 편모충

산수규류

공통 조상

생명의 나무

찰스 다윈은 자신의 주저인 『종의 기원』에서 지구상에 살고 있거나 멸종된 생물들의 진화 계통을 나무처럼 그려 선보였다. 바로 '생명의 나무' 또는 '진화 계통수'라는 것이다. 이에 따르면 모든 생명체는 공통의 조상에서 출발하여 크게 세 갈래로, 즉 박테리아, 고세균, 진핵생물로 분화되었다. 이후 많은 생물학자들이 진화에 대한 연구를 심화하면서 이 생명의 나무를 새롭게 그리기 위해 많은 노력을 기울여 왔다.

동물·식물·곰팡이 등 모든 복잡한 생명체를 포함하지만, 거대한 생명의 나무에서 작은 나뭇가지 몇 개에 불과하다. 지구상에는 약 870만 종의 동물·식물·곰팡이가 존재하며,[7] 박테리아와 고세균은 약 1조 종(100만×100만 종)으로 추정된다.[8] 진핵생물은 지구상에 존재하는 모든 종의 0.001퍼센트 미만이다.

    미국의 고생물학자 스티븐 제이 굴드Stephen Jay Gould는 다음과 같이 주장한다. "박테리아는 가능한 어떤 종류의 합리적이거나 공정한 기준으로 보더라도 지구상에서 가장 지배적인 생명체다."[9] 그 이유 중 하나는 이것이 존재해 온 시간이 길기 때문이다. 지구는 약 46억 년 전에 형성되었다. 약 10억 년 후, 박테리아 생명체의 첫째 증거가 화석에 나타난다. 단세포 진핵생물은 약 18억 년 전에 출현했지만, 가장 오래된 다세포 동물이 진화하는 데는 10억 년 이상이 걸렸으며, 그 당시에도 벌레와 같은 미세한 생물에 불과했다. 인간은 600만 년에서 800만 년 전에 침팬지와의 공통 조상에서 갈라져 나왔으며,[10] 호모사피엔스의 초기 증거는 약 30만 년 전으로 거슬러 올라간다.[11] 인간의 두뇌로는 이 엄청난 시간을 개념화하기 어렵지만 46억 년을 1년으로 압축하면 박테리아는 이른 봄에 진화한 것이다. 인간은 12월 31일 자정이 되기 약 30분 전에야 등장한다.[12]

박테리아는 어디에나 존재한다. 남극의 빙하와 지구 중심에서 끓는 물이 솟아오르는 해저에서도 발견되었다. 박테리아는 땅속 수 마일 아래에서 지상 수 마일 위까지 서식하며 구름과 아마도 심지어 번개가 형성되는 데도 영향을 미친다.[13] 박테리아의 크기는 매우 작지만 지구상에 존재하는 모든 박테리아의 총 질량은 모든 동물의 35배, 모든 인간 무게의 1000배에 달한다.[14] 박테리아는 어디에나 존재할 뿐 아니라 지구에 지대한 영향을 미쳤다.

약 25억 년 전, 지구는 바다를 뚫고 솟아오른 특이한 화산 봉우리를 제외하고는 거의 완전히 물에 잠겨 있었다.[15] 대기 중 메탄이 온실 효과를 일으켜 지구를 지금보다 훨씬 더 뜨겁게 만들었다. 물이나 공기에는 유리遊離 산소가 거의 없거나 전혀 없었는데, 이는 산소가 모두 다른 분자에 갇혀 있었기 때문이다. 지구상의 생명체는 혐기성 박테리아로 구성되었다. 그러다 햇빛을 이용해 광합성을 하는 남조류인 시아노박테리아가 등장하면서 세상이 바뀌기 시작했다.

이 과정을 통해 시아노박테리아는 에너지를 훨씬 더 효과적으로 생산할 수 있게 되었다. 진화적으로 큰 이점을 얻게 되면서 남조류 수는 급증했다. 수억 년에 걸쳐 광합성의 부산물인 막대한 양의 산소를 바다와 대기로 내보냈다.

이 대산화Great Oxidation 사건은 지구를 변화시켰다.[16] 남조류가 생성한 산소 중 일부는 공기 중의 메탄과 결합하여 온실가스 기능이 메탄보다 훨씬 약한 이산화탄소를 형성했다. 지구가 냉각되면서 대륙빙하가 열대지방까지 밀려왔다. 해수면이 낮아지고 육지가 물 밖으로 드러났다. 진핵생물은 대기 중에 산소가 풍부해진 직후 화석 기록에 등장한다. 이것은 우연이 아니다. 모든 식물과 동물은 혐기성 호흡보다 20배 더 효율적인 호기성 호흡을 통해 에너지를 생산하기 때문이다. 산소가 풍부한 대기는 대형 다세포 유기체를 유지하는 데 훨씬 더 적합하다.[17]

미생물은 복잡한 생명체를 지탱할 수 있는 대기를 유지하는 핵심 역할을 계속하고 있다. 바다의 남조류는 여전히 대기 중에 산소를 공급한다. 바다의 광합성 미생물인 식물성 플랑크톤은 생물체가 생산하는 산소의 절반 이상을 처리한다.[18] 박테리아는 그 밖에도 매우 중요한 다양한 기능을 수행한다. 탄소, 질소, 황, 인을 동물과 식물 및 곰팡이가 사용할 수 있는 영양분으로 전환한다. 이러한 유기체는 죽어서 분해되어 그 화합물을 생태계로 돌려보낸다. 박테리아 덕분에 인간을 포함한 복잡한 생명체가 살 수 있는 지구가 만들어졌다고 해도 과언이 아니다. 지구는 박테리아의 세계이고 우리는 그저 거기에 쪼그리고 앉아 있을 뿐이다.

생존경쟁

다윈은 자연선택에 의한 진화론을 진공 상태에서 생각해 낸 것
이 아니다. 그의 노트에 따르면 다윈은 '생명의 나무'를 스케치한 지
1년이 조금 지난 1838년 9월에 토머스 맬서스의 『인구론』(1798)을
읽었다. 다윈은 인구 증가를 방치하면 식량 생산 능력보다 훨씬 빠
른 속도로 인구가 증가하여 '생존경쟁'을 초래한다는 주장에 충격
을 받았다. 자연계에 대한 다윈의 이해에 따르면 희소한 자원을 차
지하기 위한 갈등은 자연계에 만연해 있으며 진화적 변화의 원동력
이다. 생존하고 번식하는 개체와 종은 그렇지 못한 종을 대체하게
마련이다. 또한 다윈은 이와 비슷한 시기에 애덤 스미스의 『국부론』
(1776)을 연구했다. 다윈의 진화 모델은 "본질적으로 애덤 스미스의
경제학을 자연에 옮겨놓은 것"으로, 자연선택이라는 보이지 않는
손을 근거로 삼는다.[19]
　그러나 현대의 일부 생물학자들은 다윈주의의 근본적 가정
에 의문을 제기한다. 알프레드 테니슨 경Alfred, Lord Tennyson이 표현
한 대로 자연의 "이빨과 발톱은 피로 물들어 있다"는 가정 말이다.
1960년대 보스턴대학의 젊은 학자 린 마굴리스Lynn Margulis는 복잡
한 생명의 기본 구성 요소인 진핵세포의 기원이라는 힘든 문제와
씨름하고 있었다. 이는 당시 미생물학에서 풀리지 않는 미스터리였
다. 진핵세포는 단세포 박테리아나 고세균보다 덩치가 크고 특화한
구조를 많이 지닌다는 점에서 이들과 구별된다. 세포의 DNA 대부
분을 담고 있는 핵, 호기성 호흡을 통해 에너지를 생산하는 미토콘
드리아, 그리고 식물과 조류에서 광합성을 하는 엽록체 등이 그런

구조이다.

마굴리스는 미토콘드리아가 산소로부터 에너지를 만들 수 있는 독립생활 박테리아에서 유래했다는 가설을 세웠다.[20] 이 호기성 박테리아 중 하나가 더 큰 단세포 유기체, 아마도 고세균에 의해 포획되면서 진핵세포가 생겨났다고 그는 주장했다. 그 후 두 유기체는 하나의 막 안에서 공존하기 시작했고, 호기성 박테리아는 연료를 얻는 대가로 에너지를 생산했다. 수억 년에 걸쳐 이들은 진핵세포로 진화했다. 이런 세포들은 에너지 생산에 특화된 미토콘드리아 덕분에 더 크게 성장하고 더 복잡한 유기체로 진화할 수 있었기 때문이다.

마굴리스의 이론은 진화를 이해하는 지배적인 이론인 다윈주의에 근본적으로 도전했다. 자연선택에 의한 진화가 스미스의 자본주의 개념을 동식물에 적용한 것이라면, 내부공생endosymbiosis 이론은 '각 미생물의 능력에 따라, 각자의 필요에 따라'라는 마르크스의 유토피아적 공산주의 비전에 대한 힌트 이상의 의미를 담고 있었다. 마굴리스는 적자생존이라는 개념을 뒤집어 생명은 서로 협력할 때 번성할 수 있다고 주장했다. 처음에 동료 과학자들은 무관심하거나 회의적인 반응을 보였다. 그녀는 자신의 이론을 제시한 원고를 열다섯 개 과학 저널에 제출한 끝에 마침내 자신의 연구를 게재할 저널을 찾아냈다. 결국 1980년대에 이르러 새로운 기술을 통해 미토콘드리아 DNA가 세포의 핵에 있는 것과 크게 다르다는 사실이 밝혀지면서 마굴리스의 가설이 입증되었다. 또한 엽록체도 비슷한 과정을 통해 생겨나며, 처음에는 단독 생활을 하던 시아노박테리아에서 시작되었다는 사실도 밝혀졌다.[21]

마굴리스의 발견으로 자연선택에 의한 진화론이 반증되지는 않았다. 경쟁과 협력이 **모두** 진화의 중요한 측면임을 입증한 것이다. 이는 과학자들이 복잡한 생명체의 역사를 이해하는 방식을 크게 변화시켰다. 진화의 첫째이자 가장 중요한 단계는 종 내 경쟁이 아니라 각기 다른 '역Domain'(생물 분류의 최상위 단계)에 속한 생물이 서로 긴밀하게 협력한 결과다. 동물, 식물, 곰팡이 등 지금까지 존재했던 모든 복잡한 유기체는 하나의 고세균과 적어도 하나의 박테리아가 공생 결합한 결과의 후손이다. 협력은 자연계의 변화를 주도할 수 있으며 실제로 그렇게 하고 있다.

최근 몇 년 동안 바이러스와 복잡한 생명체 간의 상호작용이 인류 진화에서 중심 역할을 해 왔다는 사실이 밝혀졌다. 실제로 인간의 가장 중요한 신체 기능 중 일부는 수억 년 전 바이러스에 감염된 덕분에 획득한 것이다.

바이러스가 빠르게 퍼지다

바이러스는 진화 계통수에 포함되지 않는 경향이 있다. 생명체와 무생물의 중간 존재라는 양면성을 지니기 때문이다. 박테리아·고세균·진핵생물과 달리 바이러스는 세포로 구성되어 있지 않다. 세포는 에너지를 생성하고 번식할 수 있는 생명의 기본 구성 요소인데 말이다. 그 대신 바이러스는 유전물질, 즉 DNA나 그 자매 분자인 RNA와 이를 감싸는 단백질로 구성되어 있다. 그 자체로 바이러스는 불활성인 물질의 배열이다. 그러나 어찌해서든 생물의 세포에 침투하거나 감염시키면 세포 소기관을 장악하여 자신의 복제본

을 만들어 증식하고 스스로에게 생명을 불어넣는다. 이 과정은 종
종 숙주에게 치명적이다.

바이러스는 미생물 기준으로도 매우 작다. 일반적인 박테리아
보다 수백 배나 작을 수 있다. 너무 작아서 화석 기록에 흔적을 남기
지 못했다. 바이러스의 기원은 아직 명확하지 않다. 바이러스는 단
세포 생명체가 등장하기 이전이나 직후, 심지어 초기 단세포 생명
체에서 출현했을 수도 있다. 어쨌든 생명체가 존재한 35억 년의 시
간 대부분에 걸쳐 바이러스는 생명체를 감염시킬 수 있었다. 바이
러스는 생물이 있는 곳이라면 어디에서나 발견된다. 그 수는 지구
상에 존재하는 모든 형태의 생명체, 심지어 박테리아보다 훨씬 더
많다. 바닷물 1리터에는 1000억 개 이상의 바이러스 입자가 들어
있고, 마른 흙 1킬로그램에는 1조 개에 달하는 바이러스 입자가 들
어 있다.[22] 지구상의 총 바이러스 수는 약 10^{31}개로 추정된다. 즉 1 뒤
에 0이 31개 붙는다.[23] 그러나 인간을 감염시킨다고 알려진 바이러
스는 약 220종뿐이다.[24] 바이러스의 대부분은 박테리오파지 또는
파지라고 불리는 종류다. 파지는 그리스어로 '집어삼키다'라는 뜻이
다. 파지는 매일 모든 박테리아의 20~40퍼센트를 죽이며, 한 가지
박테리아 균주가 너무 많아지지 않도록 해 바다에서 우리 몸에 이
르는 다양한 생태계에서 균형을 유지한다.[25]

레트로바이러스는 숙주 세포의 게놈에 자신의 DNA 사본을 삽
입하여 번식하는 특정 유형의 바이러스다. 이것이 정자나 난자 세
포를 감염시키면 놀라운 일이 벌어지는데, 바이러스 DNA가 이후
모든 세대의 모든 세포에 전달되는 것이다. 놀랍게도 인간 게놈의
무려 8퍼센트가 이러한 유전자로 구성되어 있다.[26] 이러한 DNA 염

기서열의 대부분은 인체에서 아무 기능도 하지 않는 것처럼 보이지만, 우리의 먼 조상들은 레트로바이러스 감염을 통해 인간 생존의 기본이 되는 기능을 수행할 수 있는 능력을 획득할 수 있었다. 한 가지 놀라운 예는 약 4억 년 전 레트로바이러스 감염으로부터 물려받은 유전자가 기억 형성에 중요한 역할을 한다는 것이다. 이 유전자는 바이러스가 한 세포에서 다른 세포로 유전 정보를 전파하는 방식과 유사한 방식으로 작동한다. 뉴런 간에 정보를 이동하는 데 도움이 되는 작은 단백질 거품을 코딩하는 것이다.[27] 실험실에서 이 유전자를 제거한 생쥐는 기억을 형성하지 못했다.

인간 조상이 레트로바이러스로부터 얻은 또 다른 놀라운 기능의 예는 출산 능력이다. 동물이 처음 진화했을 때는 알을 낳아 번식했으며, 동물계의 존재 대부분은 계속해서 이런 방식으로 출산한다. 그러던 중 1억~2억 년 전 뾰족뒤쥐 비슷한 생물이 자신의 몸 안에서 새끼를 낳을 수 있는 능력을 개발했다. 이는 놀라운 진화적 진전이다. 태아가 어미 몸 안에서 자라는 것이 훨씬 안전하기 때문이다. 이런 기능은 오로지 자궁에 부착되는 임시 기관인 태반이 있기 때문에 가능하다. 태반은 어미의 면역 체계에 치명적인 반응을 일으키지 않으면서 영양분과 산소가 어미에게서 아기에게 전달되고 이산화탄소와 노폐물이 반대 방향으로 이동할 수 있도록 해 준다. 태반과 자궁 사이의 이러한 인터페이스는 우리 몸의 다른 어느 곳에서도 찾아볼 수 없다. 유전학자들이 태반을 만드는 유전자를 연구한 결과를 보자. 이 유전자는 레트로바이러스가 자신이 감염시킨 세포에 면역 반응을 일으키지 않으면서 해당 세포에 달라붙는 단백질을 생산하게 만드는 특정 유전자와 거의 동일하다는 사실이 드러났다.[28] 과학자들은 태반의 중요한 기능이 자연선택에 의한 진화의 결과로 점진적으로 나타난 것이 아니라는 결론을 내렸다. 레트로바이러스가 우리 조상의 게놈에 DNA를 삽입하면서 갑자기 생겨났다는 것이다. 따라서 수억 년 전 인간의 먼 조상이 이 작은 바이러스에 감염되지 않았다면 우리는 알을 낳아 번식하고 있을 것이다.

진화 계통수 다시 그리기

인간은 이미 수많은 박테리아와 바이러스가 서식하던 행성에서 진화했다. 해를 끼칠 수 있는 미생물로부터 자신을 방어할 수 있는 능력을 개발해야만 생존하고 번성할 수 있었다. 실제로 전염병은 역사 전체에 걸쳐 수많은 사람을 죽여 왔으며, 인류의 진화를 이끈 가장 강력한 힘 중 하나다. 바이러스와 상호작용하는 인체 세포 부위에서는 인류가 침팬지와 갈라져 나온 뒤에 발생한 모든 유전자 변이의 30퍼센트를 바이러스가 일으킨 것으로 추정된다.[29] 전염병 박테리아인 예르시니아 페스티스Yersinia pestis가 일으키는 흑사병은 당시 인구의 최대 60퍼센트를 죽였다. 살아남은 사람들 중 많은 수는 면역 반응을 강화하는 특정 유전자를 가지고 있었던 덕분에 생존했다.[30] 사하라사막 이남 아프리카에서 말라리아는 "인간 게놈의 최근 역사에서 확인된 것 중에 가장 강력한 진화적 선택의 힘"이라고 할 정도로 많은 사람을 죽였다.[31] 따라서 다음 세대에 DNA를 물려줄 만큼 오래 살아남을 가능성이 가장 높은 것은 우리 종의 가장 강하거나 가장 똑똑한 구성원이 아니었다. 그보다는 전염병의 공격에 대처할 수 있는 가장 효과적인 면역 체계를 가진 인간이거나 자신의 세포를 미생물이 사용할 수 없게 만드는 돌연변이를 가진 사람들이었다. 이러한 돌연변이의 대부분은 병원균에 대한 저항력을 부여할 뿐만 아니라 세포 기능에 부정적인 영향을 미쳤다. 이는 인류의 생존을 위한 투쟁이 알파 수컷과 최상위 포식자보다는 미생물과의 싸움이었음을 시사한다.

우리 몸은 미세한 생명체로 완전히 가득 차 있다. 우리 개개인은 박테리아 약 40조 마리의 숙주다. 이는 박테리아가 인체 세포보다 약간 많다는 것을 의미한다.[32] 바이러스는 어떨까? 바이러스는 그 수치의 10배 이상이다. 우리 몸에 살고 있는 모든 미생물을 총칭하는 인체 마이크로바이옴의 무게는 뇌와 비슷한 1~2킬로그램 정도다.[33] 이러한 박테리아와 바이러스의 대부분은 우리를 병들게 하지 않는다. 사실 대부분은 수백만 년 동안 우리 조상과 함께 진화하면서 서로 긴밀하고 상호 의존적인 관계를 형성해 왔다. 즉 인간은 미생물에게 몇 가지 필수적인 작업을 아웃소싱해 왔다. 이는 박테리아가 인간보다 새로운 상황에 더 빠르게 적응할 수 있기 때문이다. 인간의 세포는 2만~2만 5000개의 유전자를 가지고 있지만, 마이크로바이옴은 그보다 약 500배 더 많은 유전자를 가지고 있다.[34] 박테리아는 인간보다 훨씬 빠르게 진화할 수 있다. 유전자 숫자가 엄청나게 많은 데다 복잡한 생명체보다 훨씬 빠르게 번식하며 한 종에서 다른 종으로 유전자를 '수평적으로' 옮길 수 있기 때문이다. 미생물과 인간의 협력은 장腸에서 가장 잘 드러난다. 장에는 박테리아가 먹이로 삼을 수 있는 단백질·지방·탄수화물이 풍부하게 공급되며, 그 대가로 박테리아는 음식물 소화, 비타민과 미네랄 생산 같은 필수 과정을 돕는다. 바이러스도 우리의 건강을 지켜 준다. 특히 우리 몸속의 해로운 박테리아를 죽이는 파지가 그렇다.

장내 미생물 생태계가 인간의 뇌에 중요한 영향을 미친다는 증거가 점점 더 많아지고 있다. 물론 우리는 오랫동안 이러한 연관성을 감지해 왔다. 영어의 다양한 관용구는 우리의 뇌와 배를 연결하는 것으로 보인다. 무언가에 대한 *gut feeling*(직감) 또는 *gut instinct*(본능), *butterflies/knots/a pit in your stomach*(뱃속의 나비/매듭/구덩이), *situation gut-wrenching*(속이 뒤틀리는 상황), *ruminate on a problem*(어떤 문제를 반추하다)가 그런 예다. 최근 『네이처』의 한 사설은 이렇게 지적했다. "불과 10년 전만 해도 장내 미생물이 뇌에 영향을 미칠 수 있다는 생각은 종종 터무니없는 소리로 치부되었다. 더 이상은 그렇지 않다." 『네이처』 편집장에게 이 글을 쓰도록 영감을 준 연구는 벨기에인 2000여 명의 대변에 있는 박테리아를 분석한 것이다.[35] 연구팀이 테스트한 500여 종의 박테리아 중 90퍼센트 이상이 인간의 기분을 조절하는 데 중요한 역할을 하는 도파민과 세로토닌 같은 신경전달물질을 생산할 수 있었다. 이러한 능력은 동물 체내에 서식하는 박테리아에만 있는 고유한 것이다. 이러한 미생물은 수백만 년에 걸쳐 숙주와 소통하고 숙주에게 영향을 줄 수 있는 화학적 메신저를 만드는 쪽으로 진화한 것으로 보인다. 박테리아가 기분을 좋게 하는 화학물질을 생성하는 진화적 이유는 인간을 사교적으로 만들어 다른 숙주에 대량 서식할 기회를 만들기 때문일 수 있다.

그런 다음 연구진은 우울증 진단을 받은 지원자와 그렇지 않은 지원자의 마이크로바이옴을 비교했다. 그 결과 건강한 참가자의 장에서는 흔하지만 우울증을 앓고 있는 사람에게는 없는 두 가지 유형의 박테리아, 즉 코프로코쿠스coprococcus와 디알리스테르dialister를 발견했다. 두 박테리아 모두 항우울 효과가 있다고 알려진 물질을 생산한다. 이것은 장내 미생물과 정신 사이의 연관성에 대한 결정적인 증거는 아니다. 하지만 '무균' 마우스(실험용 생쥐)와 들쥐의 뇌와 장내 박테리아 사이의 연관성에 대한 다량의 연구가 있다는 점을 감안하면 꽤 좋은 출발점이다.[36] 이 연구는 건강한 미생물을 가진 사람들의 대변 이식이 언젠가 프로작이나 행동 요법보다 더 효과적인 우울증 치료법을 제공할 것이라는 희망을 불러일으켰다.

이 모든 것이 의미하는 바는 엄청나다. 우리는 박테리아로부터 진화했을 뿐만 아니라 바이러스로부터 게놈의 필수적인 부분을 획득했다. 이제 우리 몸과 심지어 뇌도 우리 조상과 함께 진화한 미생물이 크게 기여한 덕분에 지금과 같은 방식으로 기능할 수 있다는 것이 분명해졌다. 장내 미생물이 우리의 감정과 행동에 미미하지만 중요한 방식으로 영향을 미칠 수 있다는 발견은 인간이 자신의 마음을 완전히 통제할 수 없다는 것을 시사한다. 하지만 박테리아와 바이러스가 개인적 차원에서 인간을 구성하는 근본적인 부분이라면 집단적 차원에서는 어떤 역할을 할까? 다시 말해, 미생물은 인간 사회와 정치가 진화하는 데 어떤 영향을 미쳤을까? 역사에는 어떤 영향을 미쳤나?

위로부터가 아닌 아래로부터의 역사

자연과학이 계속 발전하면서 우리 인류가 거대한 우주에서 얼마나 하찮고 무력한 존재인지 밝혀졌다. 하지만 인간은 이러한 발전에 느리게 대응해 왔다. 우리 대부분은 여전히 인간 중심적인 세계관을 유지하고 있다. 우리는 반대되는 모든 증거에도 불구하고 우리 종이 자연을 지배하고 있다는 환상을 계속 가지고 있다. 지구는 여전히 인간이 각자의 역할을 연기하는 무대에 불과한 것으로 잘못 이해되고 있다. 이는 대부분의 사람이 역사를 이해하는 방식에서도 분명하게 드러난다.

전통적으로 사람들이 역사의 원동력이라고 여긴 대상은 카리스마 있고 용감하며 선견지명 있는 인물(거의 대부분 남성)이었다. 19세기 중반에 스코틀랜드의 역사가이자 철학자인 토머스 칼라일Thomas Carlyle은 "세계의 역사는 위인들의 전기에 불과하다"라고 썼다.[37] 이 이론은 히틀러와 스탈린 같은 전체주의 독재자의 부상을 부추긴다는 비난을 받았으며, 20세기 중반 이후 전문 역사가들 사이에서는 더 이상 유행하지 않는다. 그럼에도 불구하고 칼라일의 많은 영웅 중에서 예수, 무함마드 그리고 어느 정도는 마르틴 루터가 문자 그대로 숭배를 받고 있으며, 알렉산드로스 대왕[38], 워싱턴, 나폴레옹, '유럽의 창시자' 샤를마뉴 같은 국가적 영웅들은 숭배에 비견될 정도로 찬양을 받고 있다. 20세기에는 새로운 '위인' 또는 더 흔하기로는 악당들이 등장했다. 레닌, 스탈린, 처칠, 루스벨트, 히틀러, 마오쩌둥, 드골 등이다. 에바 페론이나 마거릿 대처 같은 현대의 영웅 중 일부는 여성이기도 하다. 지역 도서관의 역사 섹션과 텔레비전에서 방영될 역사 다큐멘터리는 의심할 여지 없이 이러한 인물들이 주를 이룰 것이다.

'위인론'에 대한 주요 대안은 1930년대 초 프랑스 역사가 뤼시앵 페브르Lucien Febvre가 말한 '위로부터의 역사가 아닌 아래로부터의 역사'다.[39] 이 접근법은 종종 착취와 억압에 맞서 싸우는 평범한 남성과 여성 집단에 초점을 맞추고 있다. 이러한 관점에서 볼 때 사회적, 정치적, 경제적 진보를 추진하는 것은 이들의 투쟁이 누적되어서 생긴 영향력이다. 이 장르의 대표적인 예로는 E. P. 톰슨E. P. Thompson의 『영국 노동계급의 형성』(1963)과 하워드 진Howard Zinn의 『미국 민중사』(1980)가 있다. 아래로부터의 역사는 몇몇 영웅적 개인에 대한 숭배보다 훨씬 더 포괄적이기는 하지만, 여전히 역사의 원동력으로 인간에 초점을 맞춘다.

이 책은 이 서론에서 개괄한 과학적 발전을 포함하여 세상을 바라보는 대안적인 방법을 제시한다. 인간은 우리가 기존에 생각했던 것보다 훨씬 덜 중요한 위치에 있다는 프로이트의 일반적인 관점뿐만 아니라 미생물이 불과 몇 년 전까지 믿었던 것보다 인간의 삶에서 훨씬 더 중요한 역할을 한다는 깨달음도 여기 포함된다. 의학에서 병인론病因論, pathogenesis은 질병pathos(고대 그리스어 'πάθος')의 기원과 진행 과정genesis(고대 그리스어 'γένεσις')을 의미한다. 특히 중점을 두는 것은 병원균이 세포를 감염시키는 방식과 이것이 우리 몸에 미치는 영향이다. 앞으로 나는 바이러스, 박테리아, 기타 미생물이 신체의 집합체, 즉 신체 정치, 신체 경제와 신체 사회에 어떤 영향을 미치는지 살펴볼 것이다. 이것은 아래쪽 깊은 곳에서부터의 역사다. 수천, 수백만 명의 '작은' 인간이 힘을 합쳐 세상을 바꾸는 과정보다는 수십억, 수조 개의 미세한 바이러스와 박테리아가 무의식적으로 역사에서 어떤 역할을 해 왔는지 살펴볼 것이다.

윌리엄 맥닐William McNeill의 『전염병과 인류의 역사』(1976)는 처음 출간된 지 거의 50년이 지난 지금도 전염병이 사회, 정치, 경제에 미치는 영향에 대해 가장 많이 읽히는 중요한 책으로 남아 있다. 그러나 그사이에 많은 변화가 있었기 때문에 이제 이 주제를 새롭게 살펴볼 필요가 있다. 1970년대에는 팬데믹을 겪은 사람들의 목격담이 주요 증거였다. 이러한 증언은 과거에 대한 귀중한 통찰력을 제공하지만 기껏해야 산발적이며 최근의 역사와 문명사회에 크게 편향되어 있다. 맥닐은 서문에서 "인체 감염의 역사를 작성하기에는 그 기원에 대한 정확한 정보가 없다"라고 인정했다. 사실 역사 기록에 공백이 너무 많았기 때문에 『전염병과 인류의 역사』는 일관되고 설득력 있는 서사를 구성하기 위해 사실만큼이나 저자의 상상력에 의존했다. 2017년 미국의 정치학자이자 인류학자인 제임스 C. 스콧 James C. Scott은 "전염병은 신석기시대 고고학 기록에서 가장 '시끄러운' 침묵이라고 생각한다"라며 증거 부족을 한탄했다.[40]

『전염병과 인류의 역사』가 쓰일 무렵 고고학자와 인류학자들은 고대 유골을 분석해 전염병의 흔적을 찾으려고 노력했다. 안타깝게도 대부분의 병원균은 눈에 보이는 흔적을 뼈에 남기지 않기 때문에 매우 제한적인 결론만 도출할 수 있었다. 많은 경우 개인의 건강에 대해 뭐라도 제대로 파악할 수 있는 유일한 방법은 키를 추정하는 것이었다. 그 당시에는 전염병과 역사의 상호작용에 대해 우리가 알 수 있는 모든 것을 알았다고 여겼을 것이 분명하다. 하지만 지난 몇 년 동안 DNA 분석의 발전 덕분에 병원균과 과거에 대한 우리의 이해는 혁신적으로 바뀌었다. 고대 골격은 놀라운 비밀을 드러내기 시작했고, 그 내용은 매우 풍부하다. 이 책은 이처럼 획기적인 연구를 한데 모은 것으로, 대부분 값비싼 구독료를 내야 하는 과학 저널이라는 장벽 안에 게재되어 학계 밖에서는 널리 읽히지 않는 내용을 담고 있다. 이 책은 고고학, 역사학, 인류학, 경제학, 사회학 등 다른 학문의 연구와 맥락을 같이한다.

전염병의 창궐은 수백만 명의 생명을 앗아 가고 여러 문명을 크게 약화시켰지만, 그 폐허 속에서 새로운 사회와 사상이 등장하고 번성할 수 있는 기회를 만들기도 했다. 이처럼 병원균은 역사상 가장 중요한 사회적, 정치적, 경제적 변혁의 주역이었다. 여러 종의 인간이 살던 행성을 호모사피엔스가 지배하는 행성으로 전환했고, 떠돌이 수렵 채집 사회를 정착 농업 사회가 대체하게 만들었다. 고대 대제국들을 멸망시키고, 기독교와 이슬람을 팔레스타인과 히자즈의 작은 종파에서 세계 종교로 변화시켰으며, 봉건제에서 자본주의로 전환을 이끌었다. 이와 더불어 유럽 식민주의가 초래한 황폐화, 농업과 산업 혁명, 현대 복지국가의 탄생 등에도 결정적 역할을 했다. 이 책을 다 읽을 때쯤이면 현대 세계가 여성과 남성만큼이나 미생물에 의해 형성되었다는 사실을 확신할 수 있도록 역사와 그 안에서 우리 종이 수행하는 역할에 대한 여러분의 생각이 바뀌었기를 바란다.

1장

구석기시대

호모사피엔스,
네안데르탈인을 이기다

"선사시대 없이는 역사도 의미가 없고, 생물학 없이는 선사시대도 의미가 없다."

– 에드워드 O. 윌슨

중간계의 재발견

여러 인간과 휴머노이드 종족이 사는 세계는 판타지 문학 독자들에게 친숙할 것이다. 예를 들어 『반지의 제왕』에 나오는 프로도 배긴스가 둠Doom산의 불 속으로 반지를 던져 없애기 위해 떠나는 여정에 동행하는 동료들을 생각해 보라. 아라곤과 보로미르는 남자와 여자 인간을 모두 지칭하는 용어인 맨Man에 속한다. 프로도, 샘, 메리, 피핀은 호빗Hobbit족으로, 인간과 비슷하지만 키가 절반 정도에 불과하고 발이 크며 털이 많다. 그리고 레골라스는 날씬하고 뾰족한 귀를 가진 엘프Elf족으로 초인적인 시각과 청각을 지녔다. 그리고 김리는 드워프Dwarf인데, 중간계Middle-earth 산악 지대에 사는 키가 작고 신체가 두툼한 전사 같은 종족에 속한다.

톨킨J. R. R. Tolkien은 이 전설을 무에서부터 창작하지 않았다. 그의 판타지 세계는 옥스퍼드대학에서 앵글로색슨어 교수로 재직할 때 공부했던 게르만 신화의 영향을 많이 받았다. 자신이 중간계를 발명했다기보다는 발견했다고 톨킨이 주장한 것도 바로 이 때문이다.[1] 지난 20년 동안 연구자들이 발견한 다양한 증거 덕분에 초기 인류가 살았던 세계에 대한 우리의 지식은 크게 늘어났다. 새로운 고고학적 발견과 고대 유골에서 추출한 DNA를 분석하는 기술의 발전 덕분이다. 이는 우리 조상이 호빗, 엘프, 드워프와 함께 살지는 않았지만 다양한 인간 종과 지구를 공유했음을 분명하게 보여준다. 약 30만 년에서 5만 년 전까지 호모사피엔스가 존재했던 대부분의 시간 동안 지구는 오늘날 우리가 사는 세계보다 톨킨의 중간계나 북유럽 신화에 나오는 세계와 더 비슷했다.

유전학자들은 침팬지와 인류의 마지막 공통 조상이 있던 시기를 600만 년에서 800만 년 전으로 추정한다.[2] 300만 년 전의 원인 proto-human은 비틀스의 노래 〈루시 인 더 스카이 위드 다이아몬드 Lucy in the Sky with Diamonds〉를 듣던 고고학자들이 1974년 에티오피아에서 발견한 여성 유골 '루시Lucy'에서 보듯이 두 발로 걷는 습관이 있었지만 뇌와 몸의 크기는 거의 변하지 않았다. 호모에렉투스 Homo erectus, 즉 '직립 원인'은 약 200만 년 전 화석 기록에 등장한다. 비교적 긴 다리와 짧은 팔, 큰 머리를 가진 호모에렉투스는 분명히 인간과 비슷하게 생긴 최초의 종이다. 아프리카를 벗어나 이주한 최초의 인류 종으로, 비교적 짧은 기간 내에 구세계 대부분에 퍼져나갔다. 이들의 유골은 아프리카 남부 끝, 카프카스산맥, 중국 북부, 자바섬에서 발견되었다.

우리 인류는 호모에렉투스에서 진화했다. 호모사피엔스의 전형적인 현대 해부학적 특징을 가진 최초의 유골은 약 31만 5000년 전 모로코 마라케시에서 약 100킬로미터 떨어진 곳에서 사망한 다섯 명의 뼈 화석이다.[3] 에렉투스는 그 이후 대부분의 시간 동안, 거의 순전히 아프리카에서만 살았다. 그 유골은 모로코에서 케이프〔아프리카 최남단〕에 이르는 모든 곳에서 발견되었다. 하지만 아프리카 대륙에 살았던 인류 종은 호모사피엔스만이 아니었다. 고고학적, 유전학적 증거에 따르면 아프리카에는 다양한 종의 인류가 공존했으며, 그중 일부는 아프리카에 살았고 다른 종들은 세계 다른 지역에도 거주했다.[4]

네안데르탈인 역시 호모에렉투스에서 진화했다. 그들은 50만~75만 년 전쯤 우리 종에서 갈라져 나왔다. 아프리카에서 이주한 고인류 집단이 마침내 유럽에 정착한 시기에 말이다.

호모네안데르탈렌시스Homo neanderthalensis는 해부학적으로 현생인류와 구별되는 낮은 두개골, 두터운 눈썹, 덜 두드러진 턱 등 이른바 '고인류적 특징'을 유지했다. 또한 네안데르탈인은 호모사피엔스보다 키가 크고, 몸무게가 무겁고, 힘이 강했으며, 뇌도 약간 더 컸다. 네안데르탈인의 흰색 피부는 비타민 D를 만드는 데 중요한 햇빛 흡수에 도움이 되었으며, 크고 파란 눈은 어두운 유럽의 겨울에도 앞을 잘 볼 수 있게 해 주었다. 네안데르탈인은 유라시아 서부 대부분에 퍼져 살았으며, 그들의 유골은 서쪽 지브롤터〔이베리아반도 남단〕에서 동쪽 시베리아 알타이산맥에 이르는 지역에서 두루 발견되었다.

지난 20년 동안 과학자들은 호모사피엔스와 같은 시기에 살았던 여러 종의 인간을 추가로 발견했다. 데니소바인Denisovans은 네안데르탈인이 아프리카를 벗어나 유라시아 동부를 점령한 지 얼마 지나지 않아 네안데르탈인으로부터 분리되었다. 이 종에 대해 알려진 유일한 물질적 흔적은 알타이산맥과 티베트고원의 동굴에서 발견된 뼛조각 몇 개뿐이다. 해부학적으로 데니소바인은 네안데르탈인과 비슷해 보이지만 이빨이 훨씬 더 컸던 것으로 보이며, 적혈구에 영향을 미치는 유전자 변이를 포함하여 높은 고도에서 편안하게 살 수 있는 여러 유전자 변이를 지니고 있었다.[5] 호모플로레시엔시스 Homo floresiensis는 인도네시아 플로레스섬에 살았다. 이들은 1미터가 조금 넘는 키와 불균형적으로 긴 발 때문에 구어체로 호빗이라 불린다.[6] 한 학설에 따르면 호모플로레시엔시스는 약 100만 년 전에 이곳에 도착했다가 깊은 바다 탓에 고립된 호모에렉투스의 후손이라고 한다.[7] 호모루소넨시스Homo luzonensis는 2019년에 필리핀 루손섬에서 발견된 별개의 키 작은 멸종 인류 종이다. 손가락과 발가락 뼈가 구부러진 것으로 보아 인류 이전 조상의 나무 타는 능력을 간직했던 것으로 추정된다.[8]

지난 100만 년 중 첫 25만 년 동안 호모사피엔스는 아프리카에서 다른 종의 인간과 함께 살았지만, 유럽과 아시아에는 더 많은 종의 인간이 거주했다. 그러다가 4만~5만 년 전에 놀라운 일이 일어났다. 불과 수천 년 만에 호모사피엔스가 아프리카를 벗어나 서유럽에서 호주에 이르기까지 전 세계로 빠르게 퍼져 나갔다. 이와 동시에 다른 모든 인류 종은 지구상에서 사라졌다.[9] 호모루소넨시스와 호모플로레시엔시스의 가장 최근 흔적은 5만 년 전의 것이다.[10] 데니소바인은 뉴기니의 고립된 지역에서 더 오래 생존했을 수도 있지만 그들의 마지막 존재 증거는 4만 9000년 전에서 4만 3000년 전으로 거슬러 올라간다.[11] 네안데르탈인은 4만 1000년 전에서 3만

9000년 전까지 생존한 것으로 보인다.[12] 호모사피엔스의 팽창과 다른 종의 소멸은 지구를 근본적으로 변화시키고 오늘날 우리가 살고 있는 세상의 토대를 마련했다. 왜 이런 일이 일어났는지는 인류 선사시대의 가장 큰 미스터리 중 하나다.

현대 인류 정신의 폭발적인 각성

1994년 12월 말, 세 명의 동굴 탐험가가 프랑스 남동부 아르데 슈강 위의 석회암 절벽에서 동굴을 찾고 있었다. 하이킹 코스에서 멀지 않은 작고 오목한 곳에서 그들 중 한 명이 차가운 공기의 흐름을 느꼈다. 뒤쪽에 빈 공간이 있다는 증거였다. 잔해물을 치우고 좁은 통로를 따라 기어가던 일행은 절벽의 바위 돌출부에 도착했다. 광활하고 어두운 방이 내려다보였다. 그들은 사슬 사다리를 타고 동굴 바닥까지 10미터를 내려가 탐험을 시작했다. 그러다 헤드램프의 불빛이 동굴 벽에 닿자 한 명이 "그들이 여기 있었다!"라고 외쳤다.

이들 세 명은 선사시대 예술의 가장 놀라운 사례로 꼽히는 그림을 재발견했다. 매머드, 암사자, 야생소, 유럽들소, 아이벡스(길게 굽은 뿔을 가진 산악 지방 염소), 말, 털코뿔소 등이 석회암의 요철을 이용해 움직임과 입체감을 살려서 아름답게 묘사되어 있었다. 쇼베를 방문한 후 『뉴요커』에 기고한 주디스 서먼Judith Thurman은 "횃불 빛의 깜박임에 따라 동물들이 벽에서 솟구쳐 올라 마치 환등기에 보이는 인물들처럼 벽을 가로질러 움직이는 듯이 보이도록, 생생하고 기교가 넘치게 묘사한 동물우화집"이라고 묘사했다.[13]

쇼베 동굴에 있는 최초의 벽화는 호모사피엔스가 서유럽에

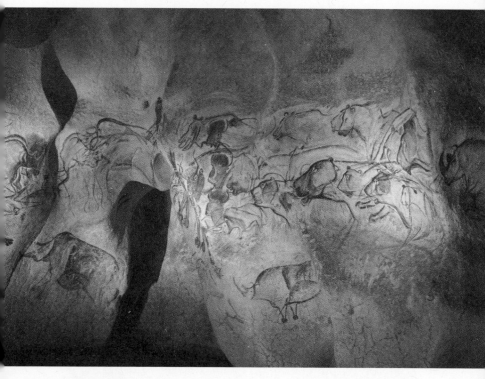

쇼베 동굴의 벽화

쇼베 동굴은 프랑스 남동부 아르데슈에 위치한 것으로, 후기 구석기시대에 그려진 것으로 추정되는 벽화로 유명하다. 벽화에는 매머드, 암사자, 야생소, 유럽들소 등 다양한 동물들이 생생하고 정교하게 그려져 있다. 그중 특히 사자가 많은데, 두려움의 대상이 아니라 숭고한 존재처럼 표현되어 있다.

처음 도착하고 네안데르탈인이 사라진 지 불과 몇천 년 후인 3만 7000년 전에서 3만 3500년 전 사이에 만들어졌다.[14] 이 선사시대는 창의력이 매우 번성했던 시기로 보인다.[15] 스페인 북부의 알타미라 동굴 벽화에 있는 동물과 손 그림도 위와 동일한 시기로 거슬러 올라간다. 매머드의 상아로 조각한 최초의 예술품은 현재 독일 남부에 해당하는 지역에서 거의 같은 시기에 제작되었다. 풍만한 가슴과 정교하게 조각된 외음부가 있는 홀레펠스Hohle Fels 동굴의 비너스 조각상은 인간을 묘사한 최초의 조각상이다.[16] 홀렌슈타인슈타델Hohlenstein-Stadel 동굴의 뢰벤멘슈Löwenmensch(사자인간)는 사자의 머리와 직립한 인간의 몸을 가진 30센티미터 높이의 조각상이다. 현실 세계에 존재하지 않는 생물을 표현한 가장 오래된 조각상으로 알려져 있다.[17] 또한 약 4만 년 전의 매머드 상아와 동물 뼈로 조각한 피리 여러 개가 홀레펠스를 비롯한 독일 동굴에서 발견되었다. 이는 인류가 음악을 연주했다는 가장 오래된 증거다.[18]

규모와 기술적 측면에서 쇼베와 비교할 수 있는 선사시대 예술의 유일한 사례는 서쪽으로 약 350킬로미터 떨어진 라스코에 있다.[19] 그러나 이 구석기시대의 걸작은 '고작' 1만 7000년 된 것으로 쇼베만큼 현재와 가까운 시대의 것이다.[20] 라스코는 1940년 아마추어에 의해 우연히 재발견되었다. 같은 고등학교에 다니는 친구들이 근처의 성으로 가는 전설적인 지하 비밀통로를 찾던 중 우연히 발견한 것이다. 피카소는 이곳을 방문했을 때 가이드에게 "저들이 모든 것을 발명했다"라고 말한 것으로 전해진다.[21] 이 일화는 이 걸작을 만든 사람들이 얼마나 세련되었고 이들의 심취와 미적 취향이 현대인과 얼마나 유사한지를 뚜렷이 보여 준다.

4만 년 이전에 인류가 창의력을 발휘했다는 증거는 몇 개의 손자국 스텐실(손을 벽에 대고 그 주변에 물감을 칠해 손 모양이 공백으로 그려진 것), 장신구로 사용되었을 터인 구멍 뚫린 채색 조개껍데기 일부, 철분이 풍부한 암석을 가공하여 벽이나 조개껍데기 또는 신체를 칠했을 가능성이 높은 황토색 안료를 생산한 것 등이 전부다. 하지만 호모사피엔스가 쇼베 동굴 벽화, 뢰벤멘슈, 홀레펠스의 비너스 등을 제작할 수 있는 상상력이나 기술적 능력을 가지고 있었음을 암시하는 것은 아무것도 없었다. 이 모든 것이 불과 수천 년이라는 기간 내에, 서로 수백 킬로미터 떨어진 곳에서 만들어졌다는 사실은 놀라운 일이다. 베르너 헤르초크Werner Herzog는 쇼베 동굴에 관한 다큐멘터리 영화 〈잊혀진 꿈의 동굴〉(2010)에서 지금의 프랑스와 독일에 선사시대 예술이 등장한 것에 대해 "원시적인 시작이나 느릿한 진화가 아니었다"라고 말한다. "오히려 갑작스러운 폭발적인 사건처럼 현장에 터져 나온 것이다. 마치 현대인의 영혼이 이곳에서 깨어난 것과 같다"라는 것이다.

구석기시대 유럽의 동굴 예술에 나타난 독창성은 호모사피엔스가 지배적인 인간 종으로 출현했다는 가장 대중적인 설명에서 핵심 역할을 한다. 초기 인류의 기원과 발달을 연구하는 고인류학자들이 '상징적 행동'이라고 부르는 독특한 능력을 가졌기 때문에 우리가 다른 모든 종을 압도할 수 있었다는 것이다. 즉 호모사피엔스는 언어와 예술을 사용하여 아이디어를 표현하고 교환할 수 있는 독특한 능력을 가졌다. 복잡한 방식으로 사고하고 행동할 수 있는 능력 덕분에 우리는 계획하고 서로 협력하면서 우리보다 더 크고 강한 네안데르탈인은 물론 이러한 능력이 없는 다른 인간과의 경쟁에서도 승리할 수 있었다.[22] 이 이론은 호모사피엔스가 같은 속의 다른 종과 생존 투쟁을 벌였다고 보는 특정한 자연관을 기반으로 한다. 이 주장에 따르면 우리는 더 똑똑했기 때문에 우위에 서게 되었다.

인간은 유인원일지 모르지만 적어도 두뇌는 매우 뛰어난 유인원이다. 최근 이 이론의 가장 유명한 주창자는 이스라엘의 역사가 유발 노아 하라리Yuval Noah Harari로, 베스트셀러 『사피엔스』(2014)에서 이 이론을 주장한 바 있다. 유발 하라리는 "호모사피엔스가 세계를 정복한 것은 무엇보다도 주변 세계에 대한 엄청난 양의 정보를 수집, 저장, 전달할 수 있는 독특한 언어 덕분"이라고 주장한다. 그러나 이러한 설명은 유발 하라리에게만 국한된 것이 아니라 이 주제를 연구하는 학자들 사이에서 널리 받아들여진다. 인간이 독특하게 영리하다는 가정은 우리 종에 부여한 이름인 호모사피엔스(말 그대로 현명한 사람이라는 뜻)에서도 분명하게 드러난다. 상징적 행동은 현생인류의 본질에 매우 중요한 것으로 간주되어 몇몇 영향력 있는 학자들은 우리를 '상징적 종' 또는 '호모심볼리쿠스Homo symbolicus'라고 불렀다.[23] 많은 사람이 이 설명에 매력을 느끼는 이유를 이해하기는 어렵지 않다. 인간이 동물의 한 종에 불과하다는 사실을 다윈의 자연선택에 의한 진화론이 분명히 밝혔을 때 인류가 잃어버렸던 특권적 지위를 되찾을 수 있었기 때문이다.

고고학자와 인류학자들은 그들이 복잡한 상징적 행동의 증거라고 말하는 다양한 특징을 확인했다. 이것으로 현대 호모사피엔스와 인지적으로 열등한 인간 종이 구별된다는 것이다.[24] 이 중 일부는 고고학 기록에서 관찰할 수 있다. 죽은 사람을 매장하고 장신구를 착용하며 황토를 장식에 사용하며 예술품을 제작하는 등의 행태다. 상징적 행동의 가장 명확한 예는 3만~4만 년 전 서유럽에서 나타난 선사시대 예술이다. 놀랍도록 인상적이고 잘 보존되어 있다. 유발 하라리와 다른 사람들은 이를 호모사피엔스의 인지적 우월성에 대한 결정적 증거로 본다.

그러나 호모사피엔스가 상징적 행동 능력을 지닌 덕분에 아프리카를 벗어나 다른 모든 인간 종을 정복할 수 있었다는 주장에는 명백한 문제가 있다. 호모사피엔스는 해부학적으로 뚜렷한 별개의 종으로 최소 30만 년 동안 존재했지만, 외관상 보이는 인지적 우월성은 아프리카를 벗어나 다른 모든 인간 종을 정복한 4만~5만 년 전에야 나타나기 시작했다는 점이다. 25만 년이라는 시간은 돌파구를 기다리기에는 너무 길어 보인다. 역사적 관점에서 볼 때 아프리카를 벗어나는 이주가 그리 놀랍지 않았다는 점을 고려하면 이 이론은 더더욱 말이 안 된다. 호모에렉투스는 약 200만 년 전에 아프리카를 벗어났으며 네안데르탈인의 조상도 약 50만 년 전에 그렇게 했다. 두 종 모두 우리보다 열등한 것으로 추정된다.

호모사피엔스가 뛰어난 지능 덕분에 세계를 지배할 수 있었다는 생각을 지지하는 사람들은 복잡하고 어려운 논리적 기교를 부려 이 문제를 극복하려고 한다. 다른 종과 구별되는 해부학적 특징이 발달한 지 한참 후에 뛰어난 인지 능력이 진화했다고 주장하는 것이다. 유발 하라리를 비롯한 많은 학자는 현생인류가 7만 년에서 3만 년 전에 '인지 혁명'을 겪으며 사고와 행동 방식을 변화시켰다고 주장한다. 이렇게 새로 획득한 능력 덕분에 호모사피엔스는 경쟁에서 우위에 설 수 있었으며 지배적인 존재로 부상할 수 있었다고 설명한다.

인지 혁명이라는 아이디어는 편리하게도 유럽 중심적이다. 현대의 프랑스와 독일을 인류의 행태에 변혁이 일어난 곳으로 보고, 상징적 사고가 가능한 최초의 호모사피엔스를 아프리카를 떠나 좌회전해 레반트(지중해 동부 연안)에 도착한 무리로 파악한다. 이는 놀라운 일이 아니다. 1940년 라스코, 1994년 쇼베, 2008년 홀레펠스의 비너스, 1980년대 사자인간(뢰벤멘슈)의 발견은 유럽 출신의 '백인'이 다른 지역의 '비백인'보다 본질적으로 우월하다고 믿고 자란 여러 세대의 학자들을 경악하게 만들었다. 인지 혁명이라는 개념은 영국 미술사학자 케네스 클라크Kenneth Clark가 1969년 주장했던 내용의 선사시대 버전으로 볼 수 있다. 그는 BBC 텔레비전에서 방영해 큰 인기를 끌었던 시리즈물 〈문명〉에서 다음과 같이 주장했다. "문명은 중세부터 20세기까지 프랑스, 이탈리아, 독일이 이룩한 예술적, 문화적 업적의 산물이다."

인지 혁명에 대해 다시 생각하기

스탠리 큐브릭의 영화 〈2001: 스페이스 오디세이〉(1968)는 21세기의 전환점에서 시작하지 않는다. 호모사피엔스가 출현하기 전 불특정 시점을 배경으로 한 '인간의 새벽'이라는 제목의 장면으로 시작한다. 광활하고 황량한 나미비아사막 위로 해가 떠오르자 유인원을 닮은 생명체 무리가 잠에서 깨어나 외계인이 만든 검은 돌기둥 monolith을 발견한다. 리하르트 슈트라우스의 음악 〈차라투스트라는 이렇게 말했다〉가 흘러나오고, 이 동물 중 한 마리가 뼈를 집어 들고 이것저것을 때리기 시작한다. 그는 맥tapir(중남미와 서남아시아에 살며 코가 뾰족한 돼지 비슷하게 생긴 동물)을 때려 죽인 다음 몽둥이를 휘두르는 동료들과 합류해 라이벌 집단을 공격하여 우두머리 수컷은 죽이고 나머지는 소중한 물웅덩이에서 쫓아낸다. 흥분한 유인원 중 한 마리가 자신이 들고 있던 뼈를 공중으로 던진다. 카메라는 회전하는 그 뼈를 따라 위로 올라가면서 영화 역사상 가장 유명한 매치컷(시각적으로 유사한 두 장면을 이어 붙이는 필름 편집 방식)을 연출한다. 관람자는 수천 년 후, 어쩌면 수백만 년 후 지구 궤도를 돌고 있는 우주 정거장 장면으로 이동하게 된다. 이 장면은 검은 돌기둥 덕분에 기술이 기적처럼 급속하게 발전하기 시작한다는 의미를 담고 있다. 뼈 곤봉과 같은 기본적인 도구의 도입으로 우리 조상들은 더 많은 고기를 섭취할 수 있었고, 이는 두뇌 발달에 도움이 되었으며, 궁극적으로 인류는 지구와 우주를 정복할 수 있는 발명과 혁신의 과정을 시작하게 되었다.

검은 대리석 한 조각이 인류의 발전을 이끌었다는 생각은 명백히 터무니없는 이야기다. 하지만 7만 년에서 3만 년 전 사이에 인지 혁명이 일어났을 수 있다고 주장하는 것도 공상과학에 가까운 이야기다. 우선 그 방법과 이유에 대한 만족스러운 설명이 없다. 유발 하라리의 말을 빌리자면, "확실하지 않다". 그는 호모사피엔스의 의사소통 능력을 향상시킨 유전자 돌연변이의 결과일 수 있다고 추측한다. 그러나 이 시기에 우리 뇌의 해부학적 구조가 바뀌었다는 명확한 증거는 아직 없다.[25]

오메가 3 지방산이 풍부한 생선을 섭취한 덕분에 뇌 조직이 더욱 발달하고 인지 기능이 향상되었다는 연구 결과도 있다. 최근까지 호모사피엔스만 해산물을 먹었다고 여겨졌다. 하지만 2020년 『사이언스』지에 발표된 연구에 따르면 10만 6000년 전에서 8만 6000년 전 사이에 리스본 근처에 살았던 네안데르탈인도 홍합, 갑각류, 생선을 잡아먹었다. 그러므로 호모사피엔스와 동일한 영양소를 섭취했을 것으로 추정된다. 유럽 연안 지역 전반의 네안데르탈인은 해산물이 풍부한 식사를 했을 가능성이 높지만, 마지막 빙하기가 끝난 후 해수면이 상승하면서 그 증거는 사라졌다.[26]

인지 혁명이라는 개념에 대한 또 다른 도전은 현생인류가 아프리카 밖으로 퍼져 나가기 훨씬 전에 호모사피엔스가 상징적 행동을 할 수 있었다는 최근의 증거다. 가장 놀라운 것은 케냐 올로르게 사일리Olorgesailie의 메마른 호수 바닥을 발굴한 최근의 연구다.[27] 고고학자들은 30만 년 전에 안료를 만들기 위해 가공한 것으로 보이는 암석 덩어리를 발견했다. 검은색 또는 암갈색을 내기 위해 가루를 낸 망간 광석과 황토 안료를 만드는 데 사용된 철분이 풍부한 광물질이었다. 황토 암석은 가까운 지역에서 나온 것이 아니며, 특히 밝은 색조 때문에 더 먼 곳으로부터 운반된 것으로 추정된다. 따라서 호모사피엔스는 스스로 별개의 종으로 등장했을 때와 마찬가지로 자신을 꾸미거나 물건을 칠하기 위한 안료를 얻기 위해 많은 노력을 기울였다는 말이다. 이 발견의 파급력은 엄청났다. 호모사피엔스는 뚜렷한 인지 혁명을 겪은 것이 아니라 해부학적인 현생인류로서 등장함과 동시에 현대적인 행동을 한 것이기 때문이다.

하지만 호모사피엔스가 30만 년 전에 이미 상징적 행동을 할 수 있었고, 따라서 다른 모든 인간 종보다 우월했다면 왜 아프리카를 벗어나 전 세계로 퍼져 나가는 데 25만 년이나 걸렸을까? 답은 간단하다. 최근의 수많은 발견은 호모사피엔스가 사실 다른 종의 인간보다 더 똑똑하지 않았다는 사실을 가리킨다.

1856년, 학교 교사였던 요한 카를 풀로트Johann Carl Fuhlrott는 독일 서부 네안데르 계곡의 한 동굴에서 지금까지 알려지지 않은 인류의 뼈를 발견했다. 이로부터 불과 3년 뒤 다윈의 『종의 기원』이 출간된 후, 이 새로운 표본이 생명의 나무에서 어디에 속하는지에 대한 치열한 논쟁이 벌어졌다. 호모사피엔스는 이 기이한 인간 비슷한 존재로부터 진화한 것일까, 아니면 완전히 다른 갈래에 속하는 것일까? 가톨릭교회와 협력하는 보수적인 고생물학자들은 두 종의 차이점을 강조하기 위해 공동의 노력을 기울였다. 네안데르탈인을 호모사피엔스와 매우 먼 친척 관계에 있는 종으로 묘사함으로써 우리가 별개의 예외적인 종이라는 지위를 유지하기를 바랐던 것이다. 1908년 쇼베에서 서쪽으로 약 300킬로미터 떨어진 프랑스 남부의 라샤펠오생에서 가톨릭 사제 세 명이 네안데르탈인의 완전한 골격을 처음 발견했을 때, 가톨릭교회는 이 골격이 자신들과 세계관을 공유하는 사람의 손에 들어가도록 손을 썼다. 파리의 자연사박물관 고생물학연구소 소장이었던 마르슬랭 불Marcellin Boule은 이 표본을 재구성하여 인간보다 훨씬 더 유인원처럼 보이도록 만들었다. 앞으로 돌출한 이마, 구부정한 어깨, 구부러진 척추, 굽은 무릎, 마주 볼 수 있는 발가락까지 모두 그렇다. 불의 연구는 결함이 있었지만 이후 반세기 동안 네안데르탈인에 대한 과학적 이해에 지대한 영향을 미쳤으며, 유인원 같은 동굴 인간이라는 대중의 고정관념에 여전히 영향을 미치고 있다.[28]

호모사피엔스와 네안데르탈인의 이른바 차이점은 인지 능력으로까지 확장되었다. 불은 네안데르탈인의 "짐승 같고" "서투른" 자세가 "순전히 식물인간 같거나 짐승 같은 기능"을 특징으로 하는 생활 방식을 나타낸다고 주장하면서 네안데르탈인의 신체적 특성과 정신적 특성 사이에 연관성이 있다고 말했다.[29] 네안데르탈인이 별도의 종이라고 주장하고 그 이름을 만든 지질학자 윌리엄 킹William King은 그들이 "도덕적이고 유신론적인 개념"을 가질 수 없었다고 확신했다.[30] 19세기 말 독일의 동물학자이자 사회다원주의자로서 과학적 인종주의를 조장하고 나치 이데올로기에 큰 영향을 미친 에

른스트 헤켈Ernst Haeckel은 네안데르탈인을 호모사피엔스와 구별하기 위해 '호모스투피쿠스Homo stupidus'(명청한 인간이라는 뜻)라고 부르자고 제안했다.[31] 이 명칭이 널리 퍼지지는 않았지만, 대중의 이해는 크게 달라지지 않았다. 여전히 우리가 우월하다는 통념이 지배적이다. 어떤 사전은 네안데르탈인을 '문명화되지 않았거나 지능이 없거나 미개한 사람'으로 정의한다. 이는 구어체 영어에서 이 종 이름이 부정적으로 사용되는 방식을 깔끔하게 요약한 것이다.

그러나 호모사피엔스만 할 수 있었다고 최근까지 여겨졌던 모든 종류의 정교한 행동을 네안데르탈인이 할 수 있었다는 사실이 지난 수십 년 동안 점점 더 분명해졌다. 고고학적 증거에 따르면 네안데르탈인은 고도의 인지 능력과 손재주가 필요한 석기를 제작하고,[32] 필요에 따라 불을 피웠으며,[33] 유럽 본토에서 크레타섬과 이오니아섬으로 항해하고,[34] 자작나무 껍질로 접착제를 생산했다.[35] 네안데르탈인은 마취제와 항생제 성분이 있는 약용 식물로 질병을 치료한 것으로 보인다. 합성 아스피린(아세틸살리신산)의 기반이 되는 천연 물질인 살리실산과 페니실린의 원천인 페니실륨Penicillium 곰팡이를 지닌 포플러나무의 DNA 흔적이 네안데르탈인의 석회화된 치아 플라크에서 발견되었다.[36] 1989년 고고학자들은 목의 인대와 근육을 고정하는 섬세한 U자형 뼈인 네안데르탈인의 혀뼈를 발견했다. 인간이 말을 하는 데 핵심이 되는 이 뼈는 네안데르탈인이 비록 매우 높은 음조이긴 했지만 말을 할 수 있었음을 나타낸다.[37] 네안데르탈인의 언어에 대해 알려진 바는 없지만, 네안데르탈인과 호모사피엔스의 행동에 큰 차이가 없었다는 사실은 양측의 언어가 비슷한 수준의 복잡성을 가졌을 것이라는 강력한 증거다.[38]

네안데르탈인이 죽은 자를 묻었다는 것은 분명하다. 1950년대와 1960년대에 미국의 랠프 솔렉키Ralph Solecki와 그의 팀은 이라크 북부의 샤니다르 동굴에서 네안데르탈인의 유골 10구를 발견했다. 이 중 적어도 일부는 고의적으로 매장된 것이었다. 한 남자 유골은 '꽃 매장'이라고 불린다. 근처에서 발견된 꽃가루 덩어리를 보면 사체가 서양톱풀, 개쑥갓, 무스카리, 노란수레국화 등으로 만든 야생화 침대 위에 놓여 있었던 것으로 추정되기 때문이다. 사랑하는 사람의 무덤을 장식하기 위해 야생화를 따는 네안데르탈인의 모습은 그들이 우리와 얼마나 닮았는지 느끼게 해준다. 솔레키는 자신의 발견이 "인류의 보편성과 아름다움에 대한 사랑이 종의 경계를 넘어선다는 것을 보여 준다"고 주장했다.[39] 그러나 최근 연구에 따르면 굴을 파는 설치류인 페르시아저드Persian jird가 나중에 야생화 꽃가루를 무덤에 들여왔을 가능성이 있다고 한다.[40]

또 다른 샤니다르 유골은 약 4만 5천 년 전에 사망한 40대 중반으로 추정되는 남성의 것이다. 이 남성은 젊은 나이에 머리에 큰 충격을 받아 한쪽 눈이 실명했고, 오른팔은 망가져 절단되었을 가능성이 있으며, 오른발 중족골이 골절되었으나 치유되었고, 청각 장애가 심했다.[41] 이 발견은 그가 속한 네안데르탈인 무리가 공동체의 매우 취약한 구성원을 기꺼이 돌볼 수 있었음을 시사하기 때문에 매우 놀라운 것이다. 이러한 연민의 표현은 문명사회의 주요 특징 중 하나로 널리 알려져 있다. 실제로 인류학자 마거릿 미드Margaret Mead는 우리가 약자와 병자를 돌보기 시작하면서 인류 문명이 시작되었다고 말한다.[42]

지난 몇 년 동안 고고학자들은 11만 5000년 전에 장신구로 사용되었을 구멍 뚫린 황토색 조개껍데기를 비롯하여 네안데르탈인의 상징적 행동을 나타내는 많은 유물을 발견했다.[43] 이 유물은 호모 사피엔스가 한 것으로 알려진 유사한 행동의 가장 오래된 사례보다 수만 년이나 앞선 것이다. 네덜란드 마스트리흐트에서 발견된 증거에 따르면 네안데르탈인은 25만 년 전에 현지에서 40킬로미터 떨어진 암석에서 생산된 붉은 황토를 사용했다. 이는 30만 년 전 호모사피엔스가 같은 일을 했다는 사실이 밝혀진 올로르게사일리의 놀라운 발견보다 아주 조금 더 최근의 일일 뿐이다.[44] 또한 17만 6000년 전 프랑스 남서부의 브뤼니켈Bruniquel 동굴 속 330미터 지점에서 한 무리의 네안데르탈인이 총 2톤 무게의 석순 400개를 깨뜨려 아마도 의식용으로 추정되는 돌 원을 만들었다는 사실도 알려져 있다.[45]

무엇보다도 최근 연구에 따르면 네안데르탈인은 상징적 행동의 필수 요소인 동굴 벽화를 그린 최초의 인간 종이라는 사실이 밝혀졌다. 스페인에는 빨간색과 검은색 기하학적 모양, 손 스텐실, 손자국(손바닥에 물감을 칠해 벽에 찍은 것) 등 선사시대 예술로 장식된 동굴이 여러 곳 있다. 2018년 연구자들은 우라늄-토륨 연대 측정법을 사용하여 벽화 위에 형성된 얇은 광물 껍데기의 연대를 추정했다.[46] 이 벽화는 최소 6만 5000년 전의 것으로 밝혀졌으며, 전 세계에서 가장 오래된 동굴 예술 사례로 알려져 있다. 이는 호모사피엔스가 서유럽에 살았다는 최초의 증거보다 1만 년 앞선 시기다. 해당 구석기시대 낙서가 네안데르탈인이 그린 것이 틀림없다는 의미다.[47] 이 결과는 호모사피엔스가 정교한 사고를 할 수 있는 유일한 존재였다는 관념에 근본적인 도전을 하는 내용이다.

최근 런던 자연사박물관의 '인간 진화' 부문 책임자인 크리스스트링거Chris Stringer가 이끄는 팀은 다음과 같은 결론을 내렸다. "네안데르탈인과 호모사피엔스 사이에는 분명 생물학적 차이가 있지만, 양자 사이에 행동의 차이는 거의 없는 것처럼 보일 정도로 좁혀졌다."[48] 압도적인 증거를 감안하면 왜 아직도 네안데르탈인과 호모사피엔스 사이에 상당한 인지적 차이가 있다고 믿는 사람이 존재하는지 궁금할 수 있다. 답은 맹목적인 편견인 것 같다. 최근 한 학술 논문에서는 "현생인류의 우월 콤플렉스"의 결과라고 주장하고 있으며, 「뉴욕 타임스」에 인용된 익명의 고고학자는 "현생인류의 종족 우월주의자"라고 언급했다.[49] 네안데르탈인이 쇼베 동굴 벽화나 뢰벤멘슈 조각상의 놀라운 아름다움과 정교함에 필적할 만한 것을 만들지 못한 것은 사실이지만 호모사피엔스도 네안데르탈인이 사라진 뒤에야 그렇게 할 수 있었다.

4만~3만 년 전 서유럽에서 갑자기 나타난 것처럼 보이는 놀라운 예술적 성취는 수십만 년 동안 분리되어 있던 네안데르탈인과 호모사피엔스가 서로 섞이고 아이디어를 교환하기 시작하면서 발생했을 가능성이 있다.[50] 네안데르탈인이 호모사피엔스의 창조적 폭발에 영감을 주었다는 가설은 증거 없는 추측이지만, 분명 그럴듯하다. 미국의 유전학자 데이비드 라이크David Reich는 네안데르탈인이 호모사피엔스로부터 도구 제작 기술을 베꼈다는 증거를 인용한다. 역사상 서로 다른 두 문화의 상호작용으로 창의성이 폭발적으로 증가한 사례는 많다. 19세기 말과 20세기 초 뉴올리언스의 아프리카계 미국인 커뮤니티에서 시작된 재즈는 서아프리카에서 노예로 끌려온 사람들이 가져온 음악적 전통(예: 당김음을 쓰는 싱커페이션 리듬과 즉흥 연주)과 유럽 클래식 음악의 화음 및 악기를 결합한

음악이다.[51]

네안데르탈인과 호모사피엔스가 그림 그리는 요령을 주고받았
다는 가설은 검증하거나 반박할 수 없는 것이 분명하다. 하지만 두
종이 여러 차례 만났다는 것은 확실하며, 지난 20년 동안 우리는 이
러한 상호작용의 실체에 대해 이해하기 시작했다.

독과 해독제

소설 속에는 인간과 휴머노이드가 자손을 낳는 다양한 예가 등
장한다. 그 자손은 종종 인간이 아닌 부모로부터 초능력을 물려받
기도 한다. 흐롤프 크라키Hrólfr Kraki(중세 북유럽 서사에 등장하는 전설
적인 덴마크 왕)의 사가saga에는 마법의 힘을 가진 공주 스쿨드Skuld
가 등장한다. 덴마크 왕 헬기Helgi가 엘프 여인을 강간한 후 태어난
딸이다. 톨킨의 전설 모음집에서 아르웬Arwen은 반은 엘프, 반은 인
간으로 불멸의 존재다. 〈스타트렉〉의 스팍Spock은 반은 인간, 반은
벌컨Vulcan(〈스타트렉〉에 등장하는 외계 종족 중 하나)이다. 벌컨의 혈통
을 이어받은 덕분에 손끝을 관자놀이에 대는 것만으로 다른 사람의
정신과 자신의 정신을 합칠 수 있는 능력을 가졌다. 판타지 소설, 고
대 신화, 공상과학 소설을 제외하면 인간이 다른 인간형 종과 번식
한다는 생각은 터무니없고 심지어 변태적인 것처럼 보이지만[52] 호
모사피엔스가 다른 인간 종과 번식했다는 사실은 지난 10년 동안
명백해졌다. 이러한 교배를 통해 후손들은 정확히 초능력까지는 아
니지만 아프리카를 벗어나 이주하면서 새로운 도전에 적응하는 데
도움이 되는 다양한 형질을 획득할 수 있었다.

약 10년 전, 연구자들은 네안데르탈인의 뼈에서 DNA를 추출하고 게놈 서열을 시퀀싱하는 데 성공했다.[53] 연구자들은 그 결과를 호모사피엔스 게놈과 비교한 결과, 오늘날 유럽인, 아시아인 또는 아메리카 원주민을 조상으로 둔 사람은 네안데르탈인으로부터 유전자의 약 2퍼센트를 물려받았다는 사실을 알아냈다.[54] 별것 아닌 것처럼 들릴지 모르지만, 우리 모두가 동일한 네안데르탈인 DNA를 가지고 있는 것은 아니라는 점에 주목하자. 각자가 지닌 이 같은 유전자 변이를 모두 합치면 네안데르탈인 게놈의 약 40퍼센트를 차지한다.[55] 이는 두 종이 만났을 뿐만 아니라 성관계를 맺고 번식했다는 확실한 증거다. 네안데르탈인 수컷은 호모사피엔스 암컷과 짝짓기를 했고, 그 반대의 경우도 마찬가지였다.[56] 교배는 수만 년에 걸쳐 이루어졌지만 가장 활발한 교배가 이루어진 시기는 약 5만~6만 년 전이다.[57]

고대의 DNA는 심지어 이러한 종 간 밀회의 모습이 어떠했을지에 대한 감질나는 단서도 제공한다. 과학자들은 4만 8000년 전 네안데르탈인의 치아에서 석회화된 플라크를 조사한 결과, 오늘날 인간의 입안에 존재하며 잇몸 질환과 관련이 있는 고세균의 DNA를 발견했다. 이름은 메탄노브레비박터 오랄리스Methanobrevibacter oralis다.[58] 네안데르탈인 샘플과 현대 균주를 비교한 결과, 해당 미생물의 마지막 공통 조상이 약 12만 년 전에 살았다는 것이 밝혀졌다. 이는 네안데르탈인과 호모사피엔스가 갈라진 지 수십만 년이 지난 후이므로 해당 세균은 두 종 사이에서 전염되었을 것이다. 가장 가능성이 높은 방법은 키스나 음식 공유였을 것이다. 이는 네안데르탈인과 호모사피엔스 사이의 관계가 합의에 의한 것이었음을 시사한다. 즉 헬기 왕이 스쿨드의 엘프 엄마를 강간한 것이라기보다 아르웬과 아라곤의 사랑 이야기와 더 비슷하다는 뜻이다.

호모사피엔스 게놈에 남아 있는 네안데르탈인 유전자 변이는 무작위가 아니다. 네안데르탈인과 그 조상들은 유럽에서 살았던 수십만 년 동안 기후, 동식물, 병원균에 적응해 왔다. 찰스 다윈이 처음 설명한 대로 극도로 느린 진화 과정을 통해서다. 이와 동시에 호모사피엔스는 아프리카에서 직면한 다양한 도전에 더 잘 대처할 수 있도록 진화했다. 이것이 호모사피엔스와 네안데르탈인이 서로 다른 두 종이 된 이유다.

빙하기 유럽은 아프리카에서 진화한 호모사피엔스가 살기 힘든 환경이었을 것이다. 그리스 남부의 마니반도에 있는 동굴에서 21만 년 전 호모사피엔스의 두개골 조각이 발견되었는데, 이 초기 진출은 영구적이지 않았다. 네안데르탈인이 4만 년 후에 같은 장소를 점령했다.[59] 마찬가지로 이스라엘의 여러 유적지에서 10만~20만 년 전의 호모사피엔스 유골이 발견되었으며, 같은 지역에서 6만 년 전에서 4만 8000년 전의 네안데르탈인 뼈도 발견되었다.[60] 이는 호모사피엔스가 아프리카를 벗어나 지중해 동부로 진출한 초기 시도가 영구 정착으로 발전하지 않았음을 입증한다. 대신 호모사피엔스는 전진했다가 후퇴했고, 네안데르탈인은 그들이 예전에 점령했던 지역으로 확장했다. 이는 호모사피엔스가 네안데르탈인보다 선천적으로 우월하지 않았다는 또 다른 증거다.

네안데르탈인과 교배한 덕분에 호모사피엔스가 보유하게 된 모종의 유전자 변이는 이들이 북쪽으로 이동했을 때 생존에 도움이 되었다. 유전학자들이 '적응적 도입'이라고 부르는 현상이다. 이는 서로 다른 종의 박테리아가 새로운 환경의 도전에 적응하기 위해 DNA를 교환하는 수평적 유전자 전달 과정에 인간이 가장 가깝게 다가갈 수 있는 방법이다. 현대인은 피부 색소 침착과 모발 세포에 영향을 미치는 네안데르탈인 유전자 변이를 보유하고 있다. 이는 햇볕이 잘 드는 아프리카에서 수십만 년 동안 진화했지만 이제는 춥고 어두운 유럽으로 이주하기 시작한 종의 중요한 적응이다.[61] 호모사피엔스는 또한 면역과 관련한 네안데르탈인 유전자를 획득하여 새로운 질병 환경에 적응하는 데 도움을 받았다.

약 20만 년 전, 수렵 채집을 하며 떠돌던 호모사피엔스와 네안데르탈인 집단은 각자의 고향을 떠나 지중해 동부로 진출하면서 서로 마주쳤다. 두 종은 교류를 시작할 당시 이미 수십만 년 동안 서로 다른 병원균에 노출되어 있었다. 이들은 각자 자기 종 안의 풍토병에 대해서는 부분적인 면역력을 진화시켰지만, 다른 종에 의해 전파된 박테리아와 바이러스에는 매우 취약했을 것이다. 호모사피엔스에게는 비교적 무해한 증상을 유발하는 병원균이 네안데르탈인에게는 치명적일 수 있으며, 그 반대의 경우도 마찬가지다. 그 결과 전염병은 '보이지 않는 장벽'을 만들었다. 호모사피엔스는 조만간 네안데르탈인과 그들의 병원균을 만나 병에 걸리기 때문에 아프리카 밖으로 이주할 수 없었고, 이런 장벽은 네안데르탈인이 남쪽으로 진출할 때도 마찬가지로 작용했다.[62] 초기 인류에게 지중해 동부 지역은 톨킨의 모르도르Mordor에 해당하는 저주받은 영역처럼 보였을 것이다.[63]

백신이 없다고 한다면 우리의 면역 체계가 전염병에 대한 유일한 방어 수단이다. 호모사피엔스는 다윈적 진화를 통해 네안데르탈인의 질병이 만든 보이지 않는 장벽을 극복할 수 있었을 것이다. 조만간 호모사피엔스의 면역 체계 내에 네안데르탈인의 병원균에 효과적으로 대응할 수 있도록 하는 유전자 변이가 발생했을 것이다. 이러한 유전자 변이를 가진 사람들은 생존 가능성이 더 높았기 때문에 시간이 지남에 따라 인구 전체에 널리 퍼졌다. 그러나 호모사피엔스는 교배를 통해 훨씬 더 빠른 경로로 면역력을 획득했다. 네안데르탈인 및 기타 밀접하게 관련된 인간 종과 교배하는 방식의 번식은 의도하지 않은 형태의 바이오 해킹이라고 할 수 있다. 이를 통해 우리 조상은 낯선 환경에 이미 적응한 변이 유전자에 즉각적으로 접근할 수 있었다. 네안데르탈인의 DNA는 호모사피엔스가 아프리카를 벗어나 이주하면서 마주친 새로운 병원균에 적응하는 데 결정적인 역할을 했다. 이 과정을 적응적 도입의 '독-해독제 모델'이라고 부른다. 네안데르탈인은 호모사피엔스를 새로운 병원균에 노출시킴으로써 '독'을 제공했지만, 병원균에 대한 저항성을 부여하는 유전자 변이 형태의 '해독제'도 제공했다.[64] 그 결과 우리 게놈에 남아 있는 많은 네안데르탈인의 변이 유전자는 특히 면역 반응과 관련이 깊다.[65]

심지어 우리는 호모사피엔스가 네안데르탈인과 상호작용할 때 마주친 병원균의 유형에 대해서도 알고 있다. 오늘날 유럽인이 보유하고 있을 가능성이 가장 높은 네안데르탈인 유전자 변이는 RNA 바이러스, 특히 HIV(인간면역결핍바이러스) 및 독감과 상호작용하는 단백질을 코딩하는 변종으로, 약 5만 년 전에 처음 획득한 것이다.[66] 이는 호모사피엔스가 지중해 동부에서 네안데르탈인과 섞였을 때 유사한 질병에 직면했음을 보여 주는 강력한 증거다. 네안데르탈인은 생존하지 못했기 때문에 호모사피엔스가 옮긴 어떤 질병에 그들이 시달렸는지는 명확하지 않다. 이론적 관점에서 볼 때 가장 유력한 후보는 RNA 바이러스다. 이 바이러스는 유전 암호를 복사할 때 DNA 바이러스보다 정확도가 떨어지는 경향이 있어 돌연변이가 훨씬 더 자주 발생하고 종의 장벽을 뛰어넘어 적응할 가능성이 매우 높기 때문이다. 이는 독감, HIV-AIDS뿐만 아니라 홍역, 소아마비, 에볼라, 사스, 코로나19 등 현대의 많은 질병이 RNA 바이러스에 의해 발생하는 이유를 설명해 준다.[67]

　네안데르탈인이 호모사피엔스와 종간 교배한 유일한 인류 종은 아니었다. 현생인류가 유라시아 동부에 살던 데니소바인과 교류할 때도 같은 과정이 일어났다. 데니소바인이 남긴 흔적은 뼛조각 몇 개에 불과할 정도로 희미하지만, 그들의 유전자 변이는 오늘날 살아 있는 수십억 명의 게놈에 남아 있다. 데니소바인 DNA는 동아시아인과 남아시아인 게놈의 1퍼센트 미만이지만 뉴기니인에게서는 3~6퍼센트를 차지한다.[68] 네안데르탈인-호모사피엔스 독 해독제 모델과 마찬가지로, 우리에게 유입되고 보존된 데니소바인의 유전자 변이 중 많은 부분이 면역 과정에 관여한다. 이는 해당 유전자들이 호모사피엔스가 유라시아 동부로 진출하면서 만난 병원체에 적응하도록 도왔음을 뜻한다.[69]

　면역 체계 외에도 데니소바인 유전자 변이는 현생인류의 놀라운 신체적 다양성의 대부분을 설명해 준다. 이 덕분에 우리는 다양한 극한 서식지에서 살 수 있다. 티베트인들은 적혈구에 영향을 미치는 데니소바인 유전자 변이를 가지고 있어 해발 4000미터 높이의 고원 지대에서 편안하게 살 수 있다. 해수면보다 산소가 40퍼센트 적은 대기 속에서 말이다.[70] 비장의 크기를 증가시키는 또 다른 유전자 변이는 필리핀, 말레이시아, 인도네시아 앞바다에서 거주용 배(하우스보트)를 타고 몰려다니며 사는 사마-바자우Sama-Bajau족이 가지고 있다.[71] 비장에는 산소를 운반하는 적혈구가 저장되어 있어서 사람이 숨을 참으면 이를 배출해 산소 수치를 높인다. 이 유전자 변이는 사마-바자우족이 무게추와 나무 고글 하나만 가지고도 수심 70미터 이상까지 잠수할 수 있는 이유를 설명하는 데 도움이 된다. 캐나다 북부와 그린란드 및 알래스카 일부 지역의 이누이트Inuit 족은 지방 저장에 영향을 미치는 데니소바인 유전자를 보유하고 있어 극도로 추운 기후에서도 생존할 수 있다.[72] 이러한 능력은 판타지 소설에 나올 만한 초능력은 아닐지 모르지만, 그럼에도 불구하고 놀라운 능력임은 분명하다. 하지만 생각해 보면 우리 몸의 면역 체계가 가장 놀라운 초능력이 될 수도 있다.

구석기시대 바이러스와 현생인류의 부상

독-해독제 모델은 한쪽 방향으로만 일어나는 과정이 아니다. 네안데르탈인도 적응적 도입을 통해 호모사피엔스가 옮기는 전염병에 대한 저항력을 개발했을 것이다. 약 10만 년 전 알타이산맥에 살던 네안데르탈인의 게놈에는 바이러스 감염에 대한 면역 반응을 강화하는 호모사피엔스 유전자 변이가 포함되어 있다.[73] 만일 적응적 도입이 두 종 모두 서로의 질병에 대한 면역력을 키우는 데 도움이 되었다면 왜 호모사피엔스가 번성하고 네안데르탈인은 사라졌을까? 이 질문에 답하려면 기후가 전염병 유병률에 어떤 영향을 미치는지 고려해야 한다.

약 11만 년 전에서 1만 2000년 전까지 지속된 마지막 빙하기는 유라시아 북부의 대부분을 얼음으로 덮어 네안데르탈인의 생존을 어렵게 만들었다. 네안데르탈인의 인구 규모는 5000명에서 7만 명까지 다양하게 추정되는데, 이들이 대서양에서 시베리아에 이르는 지역에 퍼져 있었다는 점을 고려하면 매우 적은 숫자다.[74] 장기간 근친 교배한 증거가 있다는 것은 놀랄 일이 아니다. 알타이산맥에서 5만 년 전에 생존했던 네안데르탈인 여성의 DNA 분석 결과, 그녀의 부모는 의붓남매였으며 가까운 친척 간의 교배가 최근 조상들 사이에서 자주 있었다는 사실이 밝혀졌다.[75] 호모사피엔스가 여전히 살았던 아프리카에서는 빙하기의 영향이 훨씬 덜 치명적일 수 있었을 것이다. 식량은 풍부하게 유지되었을 것이고 기온이 떨어지면서 기후는 살기에 더 좋아졌을 것이다. 아프리카를 벗어나기 시작한 현생인류는 12만 명에서 32만 5000명 사이였으며,[76] 이들의 게놈은 네 배 더 다양했다.[77] 따라서 호모사피엔스는 네안데르탈인이 옮긴 전염병에 대한 회복력이 그 반대의 경우보다 더 강했을 것이다.

또한 기후는 두 종이 서로의 병원균에서 살아남는 능력에 다른 방식으로 영향을 미쳤다. 적도에 가까울수록 더 많은 태양 에너지가 지구에 도달하기 때문에 날이 더 덥다. 나무와 식물 형태의 초목이 더 풍부해지는 경향이 있으며, 이는 다시 더욱 많은 수의 다양한 동물이 살 수 있게 해 준다. 대표적인 예가 열대 우림이다. 지구 표면의 5퍼센트에 불과하지만 전 세계 동물의 절반이 서식하는 곳이다.[78] 윙윙거리는 곤충, 울부짖는 원숭이, 노래하는 새, 가끔 배회하는 큰 고양이과 동물로 가득하다. 이 모든 동물은 다양한 미생물의 서식지이며, 그중 일부는 전염병을 유발한다. 인간을 감염시킬 수 있는 대부분의 병원균은 인수공통전염병으로, 동물에서 유래한 후 종의 장벽을 뛰어넘어 인간에게 감염을 일으킨다. 따라서 열대 지역의 생물종이 다양하다는 것은 온대 지역보다 치명적인 병원균이 더 많다는 것을 의미한다. 따라서 조상 대대로 수백만 년 동안 아프리카에 살았던 호모사피엔스는 수십만 년 동안 유럽에 살았던 네안데르탈인보다 질병의 부담이 훨씬 더 컸다. 그 결과 호모사피엔스는 네안데르탈인이 호모사피엔스의 병원균에 내성을 갖기 전에 네안데르탈인의 바이러스와 박테리아에 대한 내성을 발달시켰을 것이다.[79]

호모사피엔스는 5만 년 전에서 4만 년 전 네안데르탈인의 질병에 대한 면역력을 갖게 되면서 마침내 아프리카를 벗어나 네안데르탈인이 거주하는 북쪽 지역으로 심각한 질병에 걸리지 않으면서 이주할 수 있었다. 수만 년 동안 지중해 동부를 사람이 살 수 없는 곳으로 만들었던 저주가 풀린 것이다. 우리 조상들은 유라시아 깊숙이 옮겨 가면서 아프리카 병원균에 노출된 적이 없고 내성을 키울 기회도 없었던 네안데르탈인과 데니소바인 공동체를 만났다. 비교적 짧은 기간 내에 다른 모든 인간 종은 멸종하고 새로 등장한 호모사피엔스만 오롯이 살아남았다. 우리의 세상은 다시는 예전같지 않을 것이다. 지구는 다양한 인간 종족이 살던 중간계와 더 이상 닮지 않게 되었으며, 오늘날 우리가 살고 있는 호모사피엔스가 지배하는 행성이 되었다.

2장

신석기시대

거대한 이주의 물결

"역학적으로 이 시기는 아마도 인류 역사상 가장 치명적인 시기였을 것이다."

- 제임스 스콧

스톤헨지: 이주민들이 세우다

내가 잉글랜드 남서부에 계신 부모님을 뵈러 런던에서 출발해 A303번 도로를 타고 운전해 가다 보면 나무가 거의 없는 황량한 솔즈베리 평원을 가로지르게 된다. 여정의 절반쯤 지나면 차량들의 속도가 느려진다. 운전자들이 도로에서 약 150미터 떨어진 지평선에 깔끔하게 배열된 거석들을 멍하니 구경하느라 천천히 가기 때문이다. 관련 기록이 남아 있는 모든 경우에 사람들은 스톤헨지Stonehenge에 매료되어 왔다. 스톤헨지에 대해 최초로 글을 쓴 사람은 12세기 역사가 헌팅던의 헨리Henry of Huntingdon다. 그의 관찰에 따르면 "돌을 어떻게 그런 높이까지 솜씨 좋게 들어 올렸는지, 왜 그곳에 돌을 세웠는지 아무도 알아낼 수 없다". 그의 동시대인 몬머스의 제프리Geoffrey of Monmouth는 마법사 멀린Merlin이 거인들의 도움을 받아 세웠다고 주장했다. 그 이후로 윌리엄 워즈워스William

Wordsworth에서 가상의 헤비메탈 밴드 스파이널 탭Spinal Tap(미국의 텔레비전 시리즈에서 코미디언과 음악가들이 만들어 냈다)에 이르는 모든 사람이 스톤헨지를 누가 왜 건설했는지 궁금해했다.[1] 하지만 고고학자들이 부분적일지라도 이런저런 답을 제시하기 시작한 지는 불과 20년밖에 되지 않았다.

건설의 초기 단계는 약 5000년 전에 시작되었다. 여기에는 현재 스톤헨지의 기초가 되는 흙으로 된 원형 둑과 도랑을 만드는 작업이 포함된다. 그 후 약 500년 후에 돌을 운반하고 쌓기 시작했다. 먼저 무게가 2~5톤인 '청석bluestone'은 140마일 이상 떨어진 웨일스 서부의 프레셀리힐스Preseli Hills에서 가져왔다.[2] 그다음에는 무게가 25톤에 달하는 사르센석sarsen(잉글랜드 중남부에 산재하는 사암)을 북쪽으로 약 15마일 떨어진 곳에서 가져왔다.[3] 바퀴와 가축화된 말이 없던 시대에 이것은 놀라운 업적이었다. 영국제도의 신석기시대 주민들이 왜 이 모든 수고를 감수했는지는 알 수 없지만 스톤헨지가 사회적, 종교적으로 매우 중요한 유적지였음을 보여 주는 단서는 많이 있다. 돌을 채취하고, 모양을 만들고, 운반하고, 세우는 데 수천만 인시man hour(사람 수×걸린 시간)가 걸렸을 것이다.[4] 또한 하지에는 가장 높은 두 개의 돌 가운데에서 해가 곧바로 떠오르고, 주변에 화장한 유골이 많이 묻혀 있으며, 스코틀랜드와 웨일스 서부에 이르는 멀리 떨어진 곳에서 온 사람들이 근처 축제 장소에서 먹기 위해 돼지를 가지고 이곳까지 왔다.[5]

스톤헨지는 영국제도의 불가사의 중 하나다. 이제 고인이 된 여왕이나 피시 앤 칩스와 함께 영국을 상징하는 판테온에 올라 있다. 하지만 실제로 누가 만들었을까? 거석들을 보면 제작자들이 천문학과 공학을 높은 수준으로 이해했음을 알 수 있다. 그리고 프로젝트 규모로 미루어 볼 때 그들은 크고 번영하는 조직적인 사회에 속해 있었을 것이다. 하지만 최근까지 우리는 그보다 더 자세한 정보를 알지 못했다. 그러던 중 2019년 과학자들이 선사시대 영국인 73명의 고대 골격에서 DNA를 추출해 분석한 연구 결과를 발표했다.[6] 여기서 밝혀진 것은 스톤헨지의 기원이 복잡하다는 사실이다. 마치 윈저 Windsor 가문이 실제로는 작센코부르크Saxe-Coburg와 고타Gotha 가문이며, 대구 튀김이 16세기 유대인 난민에 의해 영국에 유입된 것과 비슷하다.

스톤헨지는 영국제도에 영구적으로 거주한 최초의 사람들이 건설한 것이 아니다. 아나톨리아에서 출발하여 약 6000년 전에 북서부 유럽에 도착한 최초의 농부들이 세웠다. 이들 농부는 빙하기 말부터 그곳에 살던, 유전적으로 구별되는 수렵 채집인 집단을 거의 완전히 대체했다. 분명 역설적인 일이다. 이 연구가 공개되기 3년 전, 영국 유권자들은 유럽연합 탈퇴를 투표로 가결했다. 국민투표 결과에 영향을 미친 주요 요인으로는 동유럽으로부터 밀려오는, 통제되지 않은 이민에 대한 분노와 튀르키예인들이 곧 비자 없이 영국으로 이동할 수 있게 될지도 모른다는 두려움이 꼽혔다. 개념미술가 제러미 델러Jeremy Deller는 2019년에 이런 불편한 발견에 대응해 '스톤헨지: 이주민들이 건설Built by immigrants'이라고 적힌 가짜 도로 표지판을 제작했다. 기존 영국 도로 표지판의 색상과 서체를 그대로 사용한 작품이다.

또한 DNA 분석을 통해 스톤헨지가 오래도록 살아남은 것은 이 거대한 돌을 운반하고 배치한 사람들의 운명과 극명하게 대조됨을 보여 주었다. 아마도 영국 최초의 농부들은 미래 세대가 사용하고 존경할 수 있는 구조물을 만들고 싶었기 때문에 이 모든 수고를 감수했을 것이다. 하지만 매우 빠르게 스톤헨지는 사라진 민족을 기리는 기념물이 되었다. 거대한 사르센석 두 개를 제자리에 가져다 놓은 지 1~2세기 만에 기념비를 세운 사람들의 조상은 현재 영국 인구의 근간을 이루는 유전적, 문화적으로 뚜렷이 차이 나는 새로운 집단으로 대체되었다. 따라서 토착민이라고 주장하는 백인 영국인조차도 스톤헨지 건설자들과 직접적인 관련이 없다.

스톤헨지 이야기는 내가 살고 있는 세계의 작은 구석에 국한된 이야기이지만, 보다 일반적인 현상을 보여 준다. 선사시대는 새로운 인구가 한 지역으로 이동하여 이전 거주민을 거의 완전히 멸종시키는 대규모 이주의 물결로 점철되었다. 거의 항상 이주민들은 눈에 보이지 않는 대량살상 무기인 전염병에 자신들도 모르게 도움을 받았다. 본인들은 어느 정도 면역력이 있었지만 기존 지역 주민들에게는 저항력이 거의 혹은 전혀 없었던 탓이다. 신석기시대 이주자들은 새로운 병원균 외에도 새로운 유전자, 새로운 언어, 농경과 야금과 같은 새로운 아이디어를 가져왔다. 이런 방식으로 수천 년 전에 발생한 전염병은 현재 우리가 살고 있는 세계를 형성하는 데 중요한 역할을 했다.

인류 역사상 최악의 결정은 무엇일까?

인류가 생물 분류상 별개의 속屬으로 진화한 후 처음 200만 년 동안, 그리고 호모사피엔스가 하나의 종으로 존재한 첫 30만 년 동안, 전 세계 모든 사람은 수렵과 채집으로 생계를 유지했다. 최근까지 널리 받아들여진 통념에 따르면 모든 수렵 채집인의 특징은 다음과 같다. 대가족보다 그리 크지 않은 경우가 많은 소규모의 평등한 집단으로서, 동물의 이동과 계절별로 식물을 구할 수 있는 지역에 따라 먼 거리를 이동하는, 거의 전적으로 유목민이었다.[7] 이러한 낭만적인 생각은 19세기와 20세기 인류학자들이 수렵 사회를 관찰한 결과를 바탕으로 한 것이다. 칼라하리사막의 산San족인 부시먼들이나 호주 오지의 원주민 등이 그런 사회다. 그러나 이러한 공동체가 먼 과거를 들여다볼 수 있는 분명한 창문이 된다고 추론하는 것은 잘못된 생각이다. 선사시대의 많은 조상이 이런 방식으로 살았을지는 모르지만 예외도 많았다.

『모든 것의 시작The Dawn of Everything』(2021)의 저자 데이비드 그레이버David Graeber와 데이비드 웬그로David Wengrow의 지적을 들어보자. 최신 고고학 연구에 따르면 수렵 채집인들이 일반적으로 농업 사회와 관련된 모든 종류의 방식으로 행동했다는 증거가 산발적이지만 매우 확실하게 나타난다는 것이다.[8] 식량이 풍부했던 메소포타미아의 습지에서는 농업을 시작하기 전에 반영구적인 마을에 정착했다.[9] 유럽인들이 캐나다 북서 해안에 도착했을 때 만난 수렵인들은 겨울을 큰 마을에서 보냈다. 현재 튀르키예 남동부에 있는 1만 1000년 된 괴베클리 테페Göbekli Tepe의 화려하게 장식된 석조 사원은 수렵 채집인들이 기념비적 건축물을 지을 수 있었다는 것을 보여 준다. 이러한 현상의 다른 예로는 약 3600년 전에 아메리카 원주민이 만든 루이지애나주 파버티포인트Poverty Point의 거대한 흙제방과 능선이 있다.

이전 장에서 살펴본 것처럼 수렵 채집 사회에서 전염병은 전혀 없지는 않았지만 훨씬 드물었다. 수렵 생활 방식이 전염병의 출현과 확산을 막았기 때문이다. 수렵 채집인들은 개 이외의 동물을 가축화하지 않았기 때문에 병원균이 한 종에서 다른 종으로 이동할 기회가 제한적이었다. 수렵 채집 사회는 고립된 이동 무리로만 살지 않았고 일부 집단은 주기적으로 대규모로 모여 살았던 것으로 보이지만, 전 세계 인구는 상대적으로 적었다. 정착 농업이 널리 보급되기 전의 세계 인구는 약 500만 명으로 오늘날의 1000분의 1에도 미치지 못했을 것이다.[10] 이렇게 인구 밀도가 낮았기 때문에 병원균이 실제로 출현했을 때 확산 기회도 제한적이었다. 수렵 채집인들은 전반적으로 비교적 건강한 사람들이었다고 가정하는 것이 타당하다. 지난 50여 년 동안 수렵 채집 공동체를 관찰한 연구에 따르면 수렵 채집인의 평균 수명은 약 72세로 추정된다.[11] 놀랍게도 이 수치는 세계은행 데이터에 따른 오늘날 전 세계 평균 수명보다 불과 1년 짧은 것이다.

이른바 신석기 혁명, 즉 최초의 농업혁명은 1만 2000년 전 비옥한 초승달 지대에서 시작되었다. 이 시기는 마지막 빙하기가 끝나고 비교적 따뜻하고 안정된 기후로 농업이 가능해진 홀로세의 시작 시기와 거의 정확히 일치한다. 하지만 이 시기에 갑자기 중동의 모든 사람이 수렵과 채집을 포기하고 농작물 경작과 동물 사육을 시작한 것은 아니다. 그보다는 오랜 시간이 걸리는 과정의 시작이었다. 식물을 재배하고 온순한 동물을 사육하기 시작한 최초의 사람들은 더 많은 식량을 생산하려는 욕구 때문에 이런 일을 한 것이 아니다. 비옥한 초승달 지대라는 말 자체가 이미 식량이 풍부하다는 뜻이다. 그리고 기후 변화는 농부뿐만 아니라 수렵인들에게도 큰 도움이 되었을 것이다. 오히려 농경은 장난 삼아 해 본 일련의 실험으로부터, 혹은 반영구적 정착지에서 떠나지 않고 매년 더 오래 살기 위한 수단으로 시작되었을 가능성이 높다.[12]

수세기에 걸쳐 중동의 마을들 사이에서는 농경에 대한 여러 시도의 결과가 교환되었다. 약 3000년이 지난 후 신석기 혁명이 마무리되었지만, 그레이버와 웬그로는 이것이 혁명이라고 부르기에는 너무 길고 곡절이 많은 과정이었다고 주장한다. 뭐라고 부르든 9000년 전에는 이 지역의 거의 모든 사람이 대부분의 칼로리를 제공하는 '신석기 패키지'를 채택했는데, 여기에는 에머밀, 외알밀, 보리, 양, 염소, 돼지, 소가 포함되었다. 이후 수천 년 동안 근동의 발전과는 별개로 다른 지역에서도 비슷한 변화가 일어났다. 중국에서는 쌀, 콩, 다양한 종류의 돼지를, 인도에서는 기장, 녹두, 또 다른 종류의 쌀, 제부(뿔이 길고 등에 혹이 달린 소) 등을 가축화했다.[13] 정착 농업은 유라시아 전역에 느리지만 확실하게 확산되었고, 기원전 2000년에는 지중해에서 극동에 이르는 모든 지역의 대도시를 먹여 살렸다.[14] 페루 안데스산맥, 메소아메리카, 서아프리카에서도 농업이 등장하여 초기 도시와 국가의 부상을 예고했다. 그리고 아마존, 북미 동부 삼림지대, 뉴기니 중앙고원지대에서는 농업이 등장하지 않았다.

신석기 혁명은 인류에게 좋은 일이었을까, 나쁜 일이었을까? 토머스 홉스에서 마르크스에 이르기까지 모두가 옹호하는 제임스 스콧James Scott의 '표준 문명사 이론standard civilizational narrative'을 보자. 여기서 정착 농업의 채택은 "인류 복지의 획기적인 도약"으로 간주된다. "더 많은 여가, 더 나은 영양, 더 긴 기대 수명, 그리고 마침내 가정 기술(요리, 바느질, 육아 등)과 문명의 발전을 촉진한 정착 생활" 등이 대표적이다.[15] 표준 문명사에 대한 대안 이론은 선사시대 수렵 채집인을 에덴동산의 아담과 이브의 현실 세계 버전으로 간주한다.[16] 인류는 농사를 짓기로 결정하기 전까지 풍요로운 환경에서 행복하게 살았다. 농경은 더 많은 식량을 생산할 수 있다는 이점이 있었지만, 독재와 불평등, 빈곤, 고된 노동으로 이어졌다. 장자크 루소는 '인간의 타락' 이론의 가장 유명한 옹호자이며, 최근에는 재레드 다이아몬드Jared Diamond가 정착 농업의 채택이 "인류 역사상 최악의 실수"라고 주장했다.[17]

그레이버와 웬그로는 이 두 가지 거창한 이론이 논의를 지나치게 단순화한다고 주장한다. 이런 이론들은 정착 농업, 특히 곡물 농사와 곡물 저장의 채택이 계급과 국가의 출현으로 이어졌다고 가정한다. 일반적인 문명사에서는 이것이 인류에게 일어난 최고의 사건이지만, 루소와 다이아몬드에게는 최악의 사건이다. 하지만 농경과 문명 사이의 연결 고리는 간단하지 않다. 복잡한 국가의 초기 사례는 중동에서 신석기 혁명이 시작된 지 6000년이 지나서야 나타났고, 농경이 시작된 일부 지역에서는 전혀 발전하지 못했다. "곡물 재배가 이러한 국가의 출현에 영향을 미쳤다고 말하는 것은 중세 페르시아에서 미적분학이 발달한 것이 원자폭탄 발명에 영향을 미쳤다고 말하는 것과 비슷하다." 다행히도 정착 농업이 전염병에 미치는 영향은 분석하기가 더 간단하다.

최초의 전염병학적 혁명

농경 사회는 칼로리가 풍부한 곡물을 재배함으로써 같은 면적의 땅에서 더 많은 사람을 먹여 살릴 수 있었다. 다이아몬드는 100배 이상이라고 주장한다.[18] 최근 연구에 따르면 우리 행성이 부양할 수 있는 수렵 채집 인구는 1000만 명 이하인 것으로 나타났다.[19] 기원전 1800년까지 세계 인구는 아주 기본적인 기술만으로 약 9억 명으로 증가했으므로 이 추정치는 매우 정확하다.[20] 현재 지구는 약 80억 명의 인구를 불안정하나마 부양하고 있다.

농업을 채택한 후 인구 증가는 다섯 배 더 빨라졌다.[21] 인구가 급증한 것은 출산율이 급격히 증가한 덕분이다. 여성들이 훨씬 더 자주 아기를 낳기 시작했던 것이다.[22] 수렵 채집인들은 대략 4년마다 아이를 낳았지만, 초기 농업 사회의 여성들은 평균 2년마다 아이를 낳았다.[23] 필리핀의 팔라난 아그타Palanan Agta족에 대한 최근 연구에 따르면 21세기에도 유목 수렵 채집 여성은 정착 농업을 채택한 여성보다 자녀 수가 현저히 적다.[24] 농경을 하면 여성의 신체가 육아 부담에서 더 빨리 회복할 수 있다. 칼로리가 낮은 사냥물, 해산물 및 식물 대신 칼로리가 풍부한 곡물과 유제품을 섭취하며, 아기를 업고 다니는 데 소비하는 에너지가 훨씬 적기 때문이다. 신석기 시대 식단은 또한 아이들이 모유를 더 빨리 끊을 수 있게 해 주었다. 내 경험에 비추어 볼 때, 딸에게 고형식을 먹이기 시작했을 때 가장 먼저 시도한 것은 우유와 크림 죽에 위타빅스Weetabix(시리얼의 일종)를 섞어 먹인 것이었다. 사슴고기와 호두를 사용했다면 그렇게 잘 먹일 수 있었으리라고 상상도 할 수 없다.

하지만 신석기 혁명이 끝없는 인구 증가를 가져온 것은 아니다. 한 지역사회가 정착 농업을 채택한 지 500년에서 1000년이 지나면 사망자가 급증하여 인구 증가가 정체하고 경우에 따라서는 역전되는 경향을 볼 수 있다.[25] 사망률이 급증한 원인은 무엇일까? 그 해답의 일부는 식생활과 관련이 있다. 수렵 채집인들은 다양한 제철 씨앗, 견과류, 과일과 채소를 섭취했을 것이다. 1960년대 미국의 인류학자 리처드 보셰이 리Richard Borshay Lee가 관찰한 바에 따르면 칼라하리사막의 수렵 채집인들은 100가지 이상의 식물을 먹었다.[26] 반면 신석기시대 농부들은 한두 가지 곡물만 재배하는 경향이 있었다. 풍년이 들면 겨울을 지낼 수 있는 충분한 식량과 내년 농사를 위해 심을 씨앗, 세금을 납부할 곡물을 확보할 수 있었다. 하지만 일이 잘못될 여지가 많았다.

질병이나 악천후로 인해 소출이 사라질 수 있다. 저장된 잉여 곡물은 침입자에게 도난당하거나 해충에 먹히거나 곰팡이에 의해 파괴될 수 있었다. 결과적으로 정착 농경민은 수렵 채집민보다 굶어 죽을 확률이 훨씬 높았다. 미국의 인류학자 마셜 샐린스Marshall Sahlins는 농업의 도입을 "신석기시대의 대약진운동"이라고 비꼬았다. 이는 역사상 최악의 기근과 수천만 명의 사망자를 낳은 중국 공산당의 제2차 5개년 계획(1958~1962년)을 암시하는 말이다. 수확에 실패하지 않았거나 곡물 저장고가 겨울철을 버텨 냈더라도 신석기시대 식단에는 단백질과 비타민이 부족했다. 그 결과 인류가 정착 농업을 도입한 거의 모든 곳에서 초기 농경민은 수렵 채집민보다 건강하지 못했다. 그들의 골격은 더 키가 작았으며 철분 결핍으로 인한 빈혈 증상과 비타민 A, C, D, 칼슘, 인 부족으로 인한 치아 에나

멜 결함을 보일 가능성이 더 높았다.[27]

영양실조는 면역 체계를 약화시키는데, 이는 농업 도입 후 전염병에 노출되는 경우가 현저하게 증가했기 때문에 문제가 되었다. 수렵 채집 사회에서도 일부 전염병이 있었지만, 소규모로 흩어져 유목 생활을 하는 수렵 채집 집단에서는 치명적으로 퍼지지 않았다. 인구 밀도가 높고 잘 연결된 농경 사회와는 다른 것이다. 제임스 스콧은 신석기시대 마을을 "다종多種 재정착 캠프"라고 불렀다.[28] 역사상 처음으로 인간은 여러 동물과 매우 가까이에서 살았다. 여기에는 쥐와 같은 기생동물뿐만 아니라 다양한 가축이 포함된다. 이런 환경은 동물에서 인간으로 옮겨 가는 새로운 인수공통전염병의 출현을 촉진했다. 생활환경은 점점 더 혼잡하고 비위생적으로 변해서 병원균이 사람에서 사람으로 또는 오염된 물을 통해 확산되도록 조장했다. 오늘날에도 필리핀에서 정주성 농업을 채택한 아그타 Agta족은 전통적인 떠돌이 수렵 채집 생활을 하는 사람들보다 바이러스와 기생충 감염률이 더 높다.[29]

윌리엄 맥닐의 핵심 주장 중 하나는 정착 농업의 채택과 인구 증가 및 교역 증가 탓에 바이러스, 미생물, 기타 동물의 황금기가 시작되었다는 것이다. 이는 이제 일련의 DNA 증거를 통해 입증되고 있다. 현대인을 괴롭히는 많은 전염병은 신석기시대 병원균에 의해 발생한다.[30] B형 간염은 약 7000년 전부터 유럽인들 사이에서 유행했다.[31] 페스트(특히 예르시니아 페스티스Yersinia pestis)는 약 6000년 전에 유럽 동남부의 농업 정착지에서 발생한 것으로 추정된다.[32] 결핵도 장소는 확실하지 않지만 거의 비슷한 시기에 나타났다.[33] 홍역은 기원전 1000년대에 소에 감염되는 질병인 우역에서 갈라져 나온

것이다.[34]

심지어 게놈 증거가 없는 곳에서도 고고학적 기록은 신석기 혁명 직후에 전염병 혁명이 일어났다는 주장을 뒷받침한다. 천연두의 기원은 알려지지 않았지만 우두와 밀접한 관련이 있다. 어린 파라오 라메세스 5세Rameses V를 포함한 세 명의 미라가 천연두와 유사한 발진으로 덮여 있는 것이 발견되었다. 이 중 가장 오래된 유골은 기원전 16세기로 거슬러 올라간다.[35] 소아마비도 이와 비슷한 시기에 출현한 것으로 보인다. 고대 이집트 예술품에는 다른 면에서는 건강해 보이지만 팔다리가 말라붙은 사람이나 지팡이를 짚으며 걷는 어린아이가 묘사되어 있다.[36]

모기 매개 질병이 퍼진 것은 서아프리카에 농업이 도입된 덕분이다.[37] 가장 치명적인 열대열 말라리아를 전파하는 아노펠레스 감비애Anopheles gambiae 모기는 그늘이 깊은 물에서는 번식할 수 없다. 이 지역의 대부분을 덮고 있는 울창한 열대우림이 그렇다. 나무를 베고 불을 지르는 화전 농업의 출현은 모기와 말라리아를 일으키는 원충 모두에게 큰 도움이 되었다. 열대열 말라리아를 일으키는 원충의 게놈을 분석한 바에 따르면 이것이 신석기 혁명 훨씬 이전부터 인간을 감염시키기 시작했지만 개체 수가 급격하고 현저하게 증가한 것은 지난 수천 년 동안의 일이다.[38] 황열병을 전파하는 이집트숲모기Aedes aegypti 역시 고인 물이 가득한 용기에서 번식하는 것을 좋아하기 때문에 최근 인간 활동의 혜택을 크게 누리고 있다. 이 때문에 미국의 역사가 존 맥닐John McNeill은 이 모기가 사실 가축화된 곤충이라고 주장했다.[39]

전염병의 지속적인 유행으로 수많은 사람이 목숨을 잃었기 때문에 이것은 우리 DNA에 상처를 남겼다. 최근 연구에서 인간의 선천적 면역 체계에 중요한 역할을 하는 1500개 넘는 유전자의 진화를 분석한 결과를 보자. 이에 따르면 유리한 새로운 유전자 돌연변이가 인구 전체에 빠르게 확산되는 대부분의 적응은 1만 3000년 전에서 6000년 전에 발생했으며, 이는 인류가 정착 농업을 시작한 시기와 대략 일치한다.[40] 연쇄적 감염을 유지할 만큼 규모가 크고 잘 연결된 농경 사회에서 신석기 혁명 이후에 등장한 전염병은 어린 시절의 재난적 풍토병으로 빠르게 자리 잡았을 것이다. 성인이 된 사람은 누구나 이러한 병원균에 노출되어 생존하고 어느 정도의 면역력을 갖게 되었을 것이다. 따라서 전 세계 선사시대 묘지의 골격을 연구하는 고고학자들은 정착 농경이 도입된 지 약 1000년 후에 어린이와 청소년 유골의 비율이 현저하게 증가했다는 점에 주목했다.[41]

체다맨

영국에서 발견된 가장 오래된 완전한 인간 골격은 1903년 내가 자란 영국 남서부 체다Cheddar 협곡의 동굴에서 배수로를 파던 인부 두 명이 발견한 것이다. 그 이후로 이 9000년 된 표본은 '체다맨'이라는 이름이 붙여지고 런던 자연사박물관에 전시되면서 유명해졌다. 이 화석은 영국제도에 정착한 최초의 영구 거주자 중 한 명이었다. 마지막 빙하기 동안 유럽 대륙과 현재 영국 남부는 육교로 연결되어 있었다. 유라시아 북서부 끝자락은 너무 추워서 영구적으로 거주할 수 없었지만 떠돌이 수렵 채집민 무리가 여름에 식량을 찾아 이곳을 종종 방문했다.[42] 약 1만 2000년 전 기온이 상승하면서 이 지역은 연중 거주하기에 적합해졌고, 몇천 년 후 해수면이 상승하면서 세계에서 아홉째로 큰 섬인 영국Great Britain이 탄생했다.

영국제도의 고고학 유적지를 통해 우리는 체다맨과 그의 친족이 고도로 숙련된 사냥꾼이었다는 사실을 알 수 있다. 뿔을 깎아 고기잡이 작살을 만들고 활과 화살을 사용했으며, 사냥을 돕고 포식자로부터 스스로를 보호하기 위해 개를 키웠다. 약 5년 전, 자연사박물관과 유니버시티 칼리지 런던의 연구진은 체다맨의 DNA를 추출하고 분석하는 데 성공했다. 그 결과 체다맨은 빙하가 후퇴하면서 중동에서 유럽으로 이주한, 유전적으로 구별되는 집단에 속한다는 사실이 밝혀졌다. 고대 DNA를 연구하는 과학자들은 이 집단을 서부 수렵 채집인이라고 부른다.[43] 이들의 유해는 현재 스페인·룩셈부르크·헝가리에서 발견되었으며, 이는 그들이 유럽 대륙 전역으로 옮겨 다녔음을 나타낸다.

이 연구는 체다맨의 외모도 밝혀냈다. 이에 따르면 최초의 영국인은 머리가 하얗고 피부가 흰 '전형적인 영국 처녀English Rose'라는 고정관념과는 거리가 먼 외모였다. 그는 검은 피부에 곱슬거리는 검은색 머리카락, 청록색 눈을 지녔다.[44] 저명한 흑인 노동당 의원인 데이비드 라미David Lammy는 이 소식이 알려지자 트위터에 다음과 같은 글을 남겼다. "어렸을 때 사람들이 내게 '진짜' 어디 출신인지 물어봤을 때 당신을 알았더라면 얼마나 좋았을까."

이 연구는 영국제도에 항상 백인이 살았다는 널리 퍼져 있는 가정에 이의를 제기했다. 고대 DNA 분석이 등장하기 전에는 호모사피엔스가 약 4만 년 전에 아프리카로부터 북쪽의 유럽으로 퍼져 나가면서 흰 피부가 빠르게 진화했다고 가정하는 것이 합리적이라고 생각했다. 구석기시대 유럽인들에게는 아프리카의 뜨거운 태양빛을 막아 줄 어두운 피부가 필요하지 않았다. 오히려 피부색이 밝아지면 신체가 더 많은 햇빛을 흡수하고 더 많은 양의 비타민 D를 생산할 수 있었을 것이다. 어두운 피부의 수렵 채집인이 영국제도에서 살 수 있었다는 사실은 비타민 D를 다른 공급원에서 충분히 얻을 수 있었다는 것을 나타낸다. 이들은 생선과 육류가 매우 풍부한 식사를 했다. 밝은 피부가 생존에 유리해진 것은 초기 농부들이 영양가가 훨씬 낮은 식단으로 생존했던 신석기 혁명 이후에 비로소 나타난 현상이다.[45]

북유럽 사람들, 특히 영국인은 정착 농업의 선구자가 되기는커녕 이를 더디게 받아들였다. 농업은 그곳에서 독자적으로 생겨난 것이 아니다. 오히려 8000~9000년 전에 아나톨리아에서 에게해로 퍼진 후 다뉴브강을 따라 북쪽으로, 지중해 연안을 따라 서쪽으로 이동했다.[46] 농업은 7700~7800년 전에 프랑스 남부에 이르렀고 그 직후 이베리아에 도달했다. 그로부터 약 500년 후 파리 분지에서 경작이 시작되었다는 증거가 있다. 영국제도와 북유럽에서는 약 6000년 전에야 농업이 시작되었다. 그로부터 1000년 후, 대륙 대부분에 농부들이 거주했다. 최근까지 농업이 어떻게 확산되었는지는 명확하지 않았다. 체다맨의 후손은 이웃 사람들이 농작물을 재배하고 동물을 기르는 모습을 보고 따라 하기로 결정했을까? 아니면 수천 년 동안 자신들이 돌아다니던 땅을 스스로 경작하고자 했던 초기 농민 공동체에 의해 살해된 것일까? 고대 DNA가 이 미스터리를 완전히 해결했다.

얼음인간 외치

1991년 여름, 오스트리아-이탈리아 국경에 가까운 외츠탈알프스산맥을 걷던 두 명의 독일 관광객은 섬뜩한 발견을 하게 된다. 녹아내리는 빙하의 얼음 사이로 피부가 문신으로 뒤덮인 사람의 상반신이 드러난 것이다. 동결 건조된 시신은 너무 잘 보존되어 있었기 때문에 관광객들은 악천후로 길을 잃은 불행한 동료 하이커의 시신이라고 추정했다. 하지만 발굴 결과 엄청나게 오래된 시신임이 밝혀졌다. 얼음인간 외치라고 알려진 당사자는 지금으로부터 약 5300년 전에 사망했다.

과학자들은 지난 30년 동안 외치를 매우 상세하게 연구했다.[47] 외치는 어깨에 화살을 맞아 40대 중반에 사망했다는 것을 우리는 알고 있다. 그는 양가죽과 염소 가죽으로 만든 코트를 입고 있었다. 그의 마지막 식사에는 외알밀이 포함되었다. 외치는 몸을 쇠약하게 만드는 여러 건강 문제로 고통을 받았다. 라임병에 걸렸고, 옷에는 벼룩이 들끓었으며, 장에서 기생충 알이 발견되었고, 엉덩이·어깨·무릎·척추에 심각한 마모 징후가 있었다. 건강 상태, 옷차림, 식단 등을 종합해 볼 때 그는 수렵꾼이 아니라 농부였을 가능성이 높다.

외치는 신석기 혁명 이전에 서유럽을 지배했던 체다맨 같은 검은 피부, 검은 머리의 서부 수렵 채집인이 아니라는 것이 DNA를 통해 확인되었다. 오히려 그는 유전학자들이 신석기시대 유럽 농경민이라고 부르는, 유전적으로 구별되는 다른 집단 출신이었다.[48] 이들의 올리브색 피부와 검은 머리카락은 현재 지중해 주변에 사는 인구 집단과 비슷해 보였다. 외치의 조상은 약 4만 3000년 전에 서양의 수렵 채집인들과 분리되었다. 정착 농업이 도입되기 전에는 아나톨리아에 살았다. 약 8000~9000년 전 지금의 튀르키예에서 북쪽과 서쪽으로 농경이 확산되면서 유럽 인구의 유전적 구성이 바뀌었다. 체다맨 같은 서양 수렵 채집인은 대부분 외치 같은 신석기시대 유럽 농경민으로 대체되었다. 이러한 현상은 영국제도에서 가장 극명하게 나타났는데, 6000년 전 농경이 도입되기 전에 묻힌 유골의 DNA를 분석한 결과 100퍼센트 서양 수렵 채집인으로 나타났다. 그러나 농업 도입 이후에는 새로 이주한 사람들의 DNA가 유골의 70~80퍼센트를 차지했다.[49]

서양 수렵 채집인들이 왜 그렇게 신속하고 단호하게 대체되었는지는 명확하지 않지만, 단서를 조합해 볼 수는 있다. 정착 농업은 식량 생산에 직접 관여할 필요가 없는 전문 전사를 포함하여 훨씬 더 많은 인구를 부양할 수 있다는 점에 주목하자. 신석기시대 유럽 농부들이 유럽 대륙을 정복하고 원주민 대다수를 죽였다는 것은 그럴듯한 이야기다. 수렵 채집인들이 훨씬 더 크고 건강했더라도 훨씬 더 많은 수의 농부들을 상대로는 거의 승산이 없었을 것이다. 인구 구성의 급격한 변화를 설명할 수 있는 이론이기는 하다. 그러나 농업의 확산이 대규모 폭력 분쟁을 동반했다는 증거는 없다.[50] 고고학적 기록이 너무 드물어서 그런 일이 없었다고 단언할 수는 없지만, 고대 DNA 연구는 또 다른 가능성을 암시한다.

신석기시대 유럽 농경민들이 폭력을 휘두르며 대륙을 휩쓸었다면 침략자들은 대부분 남성이었을 것으로 예상할 수 있다. 그러나 이 시기에 생존한 사람들의 DNA를 분석한 결과, 남성과 여성이 거의 비슷하게 서쪽으로 이주한 것으로 나타났다.[51] 부부나 어쩌면

온 가족이 한꺼번에 이주하여 농장을 세웠다는 사실은 서부 수렵 채집인들의 저항이 거의 또는 전혀 없었다는 것을 시사한다. 토착 수렵인들이 그들의 땅을 빼앗기고 생계 수단이 파괴되는 것을 허용했으리라고 상상할 수는 없다. 그렇다면 정복에 의한 것이 아니라면 농경은 어떻게 전파되었을까?

가장 가능성이 높은 대답은 신석기 혁명 이후 등장한 병원균의 도움을 농부들이 무의식적으로 받았다는 것이다. 신석기 혁명이 비옥한 초승달 지대에서 시작된 이후 수천 년 동안 병원균은 가축에서 인간으로 전염되었을 것이다. 처음에는 전염병으로 인해 많은 초기 농부들이 사망했지만, 시간이 지나면서 후천적 면역과 유전적 면역을 통해 이러한 질병에 대한 저항력을 키웠을 것이다. 반면 신석기시대 유럽 농부들이 서쪽으로 이동하면서 마주친 수렵 채집인들은 이러한 바이러스와 박테리아에 거의 무방비 상태였을 것이다. 미국 역사가 앨프리드 크로스비Alfred Crosby가 "새 경작지의 전염병 virgin soil epidemic"이라고 부르는 장면이 연출된 것이다.[52]

유럽 수렵 채집인들이 새로운 병원균과 처음 접촉했을 때 어떤 일이 벌어졌을지 짐작하는 방법이 있다. 지난 세기 동안 아마존에서 이전에 외부와 접촉하지 않았던 지역사회에 어떤 일이 일어났는지 살펴보는 것이다. 1903년 선교사를 한 명 받아들인 남미의 6000~8000명 규모의 카야포Cayapo 부족의 예가 대표적이다. 이 접촉으로 인해 부족은 멸망의 구렁텅이에 빠졌다. 부족민 수는 1918년에 500명, 1927년에 25명으로 줄었으며, 1950년에는 카야포 부족의 혈통을 추적할 수 있는 사람이 두세 명에 불과했다.[53] 더 최근 사례는 1983년 페루 벌목업자들이 고립된 나후아Nahua 부족의 청년

네 명을 납치하여 가장 가까운 마을로 데려가 맥주를 처음 접하게 만든 사건이다. 아마존 열대 우림으로 돌아간 청년들은 인플루엔자, 백일해, 기타 질병을 앓았다. 치료를 받았는데도 부족민의 절반 내지 3분의 2가 빠르게 사망했다.[54] 수십 년이 지난 후에도 나후아 부족의 규모는 아직도 접촉 이전 수준으로 회복되지 않았다.

서양 수렵 채집인들도 신석기시대 유럽 농부들과 초기에 잠깐 교류한 후 비슷한 재앙적인 전염병에 시달렸을 것이다. 따라서 9000년 전에서 6000년 전에 농부들이 대륙을 가로질러 서쪽으로 이동했을 때 만난 수렵 채집인들은 이미 전염병으로 인해 산산이 부서진 상태였을 것이다. 정착 농업이 등장해 여성들이 더 많은 아이를 낳고 남성들이 수렵 인구보다 더 생산적으로 토지를 이용하면서 유럽 인구는 급증했다. 이는 고고학 유적지에서 발견된 유물의 증가와 발견된 꽃가루의 종류에서 알 수 있다. 후자로부터 우리는 삼림이 개간되고 경작 면적이 증가하고 있었음을 알 수 있다.[55]

스톤헨지는 영국제도에 농경을 가져온 올리브색 피부와 검은 머리의 외치 후손들이 건설했다. 그러나 거대한 돌을 운반하고 제자리에 세운 지 수백 년 만에 신석기시대 유럽 농부들은 동쪽에서 출발해 유럽 전역으로 퍼져 나간 두 번째이자 마지막 대규모 이주의 물결로 대체되었다.[56] 에임즈베리 아처Amesbury Archer는 이 새로운 이민자 중 한 명이었다. 2002년 건축업자들이 새 학교를 짓기 위해 기초를 파다가 스톤헨지에서 몇 마일 떨어진 곳에서 발견한 그의 무덤에는 지금까지 영국에서 발견된 그 어떤 묘지보다 많은 유물이 들어 있었다. 여기에는 부싯돌 화살촉 열여섯 개, 금속을 가공하는 도구, 구리 칼날 세 개, 영국제도에서 발견된 최초의 금제 머리 장식 한 쌍이 포함된다. 그는 또한 이베리아반도에서 북쪽으로 퍼져 나간 최신 도자기 양식인 종 모양의 음료수 그릇 옆에 묻혔다.[57] 치아 에나멜의 산소 동위원소를 분석한 결과 그는 오늘날의 스위스에 해당하는 지역이나 그 근처에서 자란 1세대 이민자였음이 밝혀졌다. 유전적으로 뚜렷하게 구별되는 이 새로운 집단이 영국제도에 도착한 후 처음 몇 세기 동안 이들이 인구에서 차지하는 비율은 변화가 많았다. 하지만 기원전 2000년이 되자 이 새로운 이민자들은 고대 골격 DNA의 약 90퍼센트를 차지했다.[58] 다시 말해 영국제도는 불과 몇 세기 만에 거의 모든 인구가 교체된 것이다. 이 새로운 이주자들은 누구였으며, 그들이 대체한 사람들은 어떻게 되었을까?

마지막 대초원

유라시아 대초원은 서쪽의 헝가리와 루마니아에서 동쪽의 몽골과 중국 북동부까지 약 8000킬로미터에 걸쳐 펼쳐져 있다. 신석기 혁명 이후 수천 년 동안 이 광활한 지역은 농경의 손길이 거의 미치지 않은 채로 남아 있었다. 농사를 짓기에는 비가 너무 적게 내리고 동물 무리를 유지하기에도 수자원이 너무 적었기 때문이다. 그러다가 약 5000년 전, 알타이산맥 동쪽까지 이어지는 대초원의 서쪽 지역에서 문화적으로나 유전적으로 독특한 집단이 폭발적으로 번성하기 시작했다. 고고학자들은 얌나야Yamnaya족이라고 부르고 유전학자들은 서부 대초원 유목민이라고 부르는 사람들이다. 이들은 두 가지 기념비적 혁신의 혜택을 누렸다. 바퀴의 발명으로 소를 마차에 연결하여 강에서 먼 곳까지 물을 운반하는 데 사용할 수 있게 되었다. 덕분에 유목민이 처음으로 대초원의 넓은 지역에 접근할 수 있었다. 또한 말을 가축화함으로써 한 사람이 걸어 다닐 때보다 더 많은 동물을 관리할 수 있었다. 덕분에 가축 무리의 규모가 현저하게 증가했다.[59]

대초원 유목민이 남긴 주요 고고학적 유물은 쿠르간kurgan이라고 불리는 수 미터 높이의 흙더미 무덤으로, 서부 유라시아 스텝 전역에 흩어져 있다. 쿠르간에는 때때로 말과 마차가 포함되어 있어 당시 이것들이 얼마나 중요했는지 알 수 있다. 또한 다양한 종류의 최첨단 청동 도구도 함께 묻혀 있었다. DNA 분석 결과 대초원 목축민은 피부가 하얗고 금발에 키가 큰 것으로 밝혀졌다. 유럽의 초기 주민들과 달리 많은 초원 목축민은 가축의 젖에 포함된 유당을 분해할 수 있었다.[60] 이와 달리 신석기시대 유럽 농경민의 후예들은 유당불내증이 있었다. 그러나 소와 다른 동물이 일단 길들여지자 이들은 치즈를 먹었다. 실제로 최근 연구에 따르면 신석기인들은 유당을 분해하는 유전자가 없는데도 유제품을 섭취했지만, 기근과 전염병이 발생했을 때 이 영양소를 흡수하지 못해 생존에 큰 불이익을 받았다고 한다.[61]

20년 전에 고대 DNA 분석이 등장하기 전까지 선사시대 공동체를 식별하는 가장 정확한 방법은 그들과 함께 묻힌 도자기를 확인하는 것이었다. 19세기 후반, 고고학자들은 약 4900년 전에 놀라운 일이 일어났다는 사실에 주목했다. 서쪽 라인강에서 동쪽 볼가강 너머 서부 유라시아 대초원에 인접한 광대한 지역에 걸쳐 새로운 스타일, 즉 끈무늬 문양의 도자기가 등장했다는 것이다. 이 문양은 지역별로 각기 다르던 기존의 문양을 대체했다. 고고학자들은 이 범유럽 끈무늬 도기 문화가 어떻게 그리고 왜 등장했는지 전혀 알지 못했다. 하지만 최근 몇 년 동안 고대 DNA 분석 덕분에 이 수수께끼가 풀렸다.

끈무늬 도기 옆에 묻힌 유골의 DNA는 대초원 목축민의 것이 압도적으로 많았다. 이 유골의 연대 측정을 통해 알게 된 것은 4800년 전과 4900년 전 사이에 대초원 목축민이 북유럽 전역으로 이주하기 시작했고, 매우 빠르게 기존의 농경 공동체를 어느 정도 대체했다는 사실이다.[62] 고고학자들은 유럽 끝자락의 광활한 지역을 돌아다니던 소수의 목축민이 어떻게 이미 인구 밀도가 높은 농경 공동체에 그토록 큰 규모의 인구 감소 현상을 만들 수 있었는지 이해하기 어려웠다.[63] 그들은 이민자 수가 기존 인구에 비해 너무 적어서 눈에 띄는 차이를 만들 수 없었을 것이라고 추론했다. 그러나 유전적 증거는 그렇지 않다는 것을 보여 준다.

수천 년 전 신석기시대 유럽 농경민의 확산과 달리 고대 DNA 분석에 따르면 초원 목축민은 대륙을 가로지르며 폭력을 행사했을 가능성이 있다. 이주민의 90퍼센트가 남성이었다는 사실은 서부 대초원 목축민의 서쪽 확산이 최첨단 청동 무기, 말, 마차를 동원한 전사들의 침략을 포함했을 수 있음을 시사한다.[64] 물론 석기시대 농경민에 대한 군사적 우위 덕분에 침략자들이 북유럽을 정복하고 지배할 수 있었을 수도 있다. 하지만 그렇게 짧은 기간에 인구 구성이 급격하게 변동한 것은 설명할 수 없는 일이다. 데이비드 라이크는 서부 대초원 목축업이 유럽인의 DNA에 미친 영향을 최근의 역사적 침략과 비교했다.[65] 무굴제국, 그 이후에는 영국이 남아시아의 대부분을 정복한 후 수세기 동안 인도 아대륙을 통치했을 때와는 전혀 다른 양상을 보인다. 이러한 침략이 남아시아 지역의 정치, 경제, 언어, 문화에 미친 영향은 아직도 분명하게 남아 있다. 하지만 현대 인도인의 게놈에는 감지할 수 있는 흔적을 거의 남기지 않았다. 오히려 대초원 유목민이 이주한 데 따른 영향은 1492년 이후 유럽의 아메리카 식민지화와 훨씬 더 유사해 보인다. 스페인인들은 아메리카 대륙에 도착한 후 수십 년 만에, 때로는 불과 수십 명의 인원으로 광대하고 정교한 제국을 기어이 정복했다. 구세계의 병원균이 그들보다 앞서 아메리카 원주민을 문자 그대로 몰살한 탓이다.

기원전 5000년 전에서 기원전 4500년 전까지 상대적으로 소규모였던 유목민 공동체가 북유럽의 잘 정립된 농경 사회를 대체하는 데 질병이 상당한 역할을 했을까? 아직 확실한 증거는 없지만, 그랬을 수도 있다는 강력한 정황 증거가 있다. 이 지역의 인구는 농업이 도입된 후에도 쭉쭉 늘어나지 않았다. 대륙 북서부에서는 약 6000년 전에서 5500년 전까지 초기 성장기가 있었지만 그 후 인구가 급감하여 5000년 전에는 최고조에 달했을 때보다 최대 60퍼센트 줄었다.[66] 그 후 500년간 인구는 낮은 수준을 유지했다. 영국에서는 사람들이 계속 가축을 사육했지만 많은 사람이 곡물 재배를 포기하고 수렵채집으로 돌아선 것으로 보인다.[67] 흥미롭게도 신석기시대 유럽 농부들이 스톤헨지를 건설하기 위해 온갖 수고를 다한 시기는 인구가 가장 적었던 5000년 전에서 4500년 전까지였다. 이 거대한 기념물의 건설은 신을 달래고 공동체의 쇠퇴를 막기 위한, 궁극적으로 헛된 노력이었을까?

신석기시대의 흑사병

약 20년 전, 고고학자들은 약 4900년 전 스웨덴 서부 프렐세고르덴Frälsegården에서 단기간에 사망하여 함께 묻힌 80여 명의 DNA를 추출하는 데 성공했다.[68] 유골은 유럽 최북단에 살던 농부들의 것이었다. 그들은 분산된 농장으로 구성된 작은 정착촌에 살았기 때문에 그 많은 사람이 함께 묻힌 공동묘지가 발견되었다는 것은 놀라운 일이다. 실험실에서 표본을 분석한 결과, 무덤에 묻힌 사람들의 조상은 신석기시대 유럽 농경민이 절반, 기존의 수렵 채집인이 절반 정도로 드러났다. 하지만 이들의 사망 원인은 여전히 밝혀지지 않았다.

고대 인류의 DNA를 추출하는 과정에서는 사망 당시 혈류에 있던 미생물의 유전 물질도 채취한다. 처음에 연구자들은 이 방대한 양의 정보를 간과했다. 하지만 최근 몇 년 동안 연구자들은 에나멜로 보호되어 뼈보다 더 잘 보존되는 고대 치아의 치수齒髓(치아 내부의 치수강과 근관 내부를 채우고 있는 결합조직으로, 신경과 혈관이 풍부하게 분포한다)에서 발견되는 미생물의 DNA를 분석하기 시작했다. 이 연구는 신석기시대 전염병에 대한 우리의 이해를 혁신적으로 바꾸고 있다.

과학자들은 프렐세고르덴 무덤에 묻힌 고대 유골에서 채취한 DNA를 다시 조사한 결과 페스트균의 흔적을 발견했다. 이는 지금까지 발견된 페스트균 중 가장 오래된 증거다.[69] 연구자들은 거의 5000년 전에 스웨덴 남부를 휩쓴 전염병이 이 공동묘지에 묻힌 사람들을 포함해 많은 사람을 죽였을 것이라고 결론지었다. 하지만 이 발견의 중요성은 스칸디나비아를 훨씬 넘어선 것이다. 과학자들은 비슷한 방법을 사용하여 현대 독일에서 시베리아에 이르는 유라시아 전역의 고대 유골에서 페스트 DNA를 확인했다.[70] 이렇게 다양한 박테리아 균주의 게놈을 비교하면 얼마나 오래전에 서로 분화했는지 계산할 수 있다. 예르시니아 페스티스의 모든 다양한 샘플은 약 5700년 전에 유행하던 공통 조상과 관련 있는 것으로 밝혀졌다.

약 5000년 전 영국과 서유럽에서 발생한 인구의 급격한 감소는 '신석기시대 흑사병'이 원인이었을 가능성이 높다. 하지만 이 파괴적인 전염병은 14세기 흑사병과는 한 가지 중요한 점에서 달랐다. 예르시니아 페스티스는 기원전 1000년 초까지 벼룩을 매개로한 림프절 페스트로 진화하지 않았다.[71] 그 이전에는 재채기와 기침으로 전파되어 폐를 감염시켰을 것이다. 세계보건기구에 따르면 폐페스트는 치료하지 않고 방치하면 거의 모든 감염자가 사망하는 반면, 림프절 페스트는 30~60퍼센트가 사망한다. 그러나 중세 유럽어디에나 있던 곰쥐를 타고 다니는 감염된 벼룩에 물리는 것을 피할 수는 없었다. 이보다는 페스트 박테리아 흡입을 피하는 것이 더쉬웠다.

이제 과학자들은 페스트가 인간을 감염시킬 수 있는 질병으로처음 등장한 곳을 꽤 잘 알고 있다.[72] 가장 초기의 마을 중 일부는 약 6000년 전에 세워졌으며, 오늘날 우크라이나 키이우와 오데사 사이쯤에 있었다.[73] 고고학자들은 각각 1제곱킬로미터가 넘는 쿠쿠테니-트리필리아Cucuteni-Trypillia '거대 정착지' 열다섯 곳을 확인했다. 1제곱킬로미터는 축구장 약 200개에 해당하는 면적이다. 정착지 중 가장 큰 마을은 이보다 세 배나 큰 규모로 런던시티보다 약간 크고 뉴욕 센트럴파크보다 약간 작았다.[74] 이 마을에는 1만 5000명에 달하는 주민이 거주했으며, 이들은 돌 기초 위에 지은 초가집과 흙집에서 살았다. 집들은 가운데에 큰 공간이 있는 동심원 모양으로 배열되었다.[75] 고고학자들은 중심부의 열린 공간이 의식, 집회 또는 가축을 기르는 데 사용되었을 것으로 추측한다.[76]

쿠쿠테니-트리필리아 거대 정착촌의 전례 없는 규모는 이 지역의 검은 토양이 특히 비옥했기 때문에 가능했다. 주민들은 소규모 농작물 농업, 과수원 재배, 축산업을 병행했으며, 부수적인 식량은 사냥으로 조달했다. 이로 인해 그들은 가축과 기생 종 모두와 밀접하게 접촉하게 되었다. 이처럼 인구 밀도가 높으며 동물과 밀접하게 접촉하는 생활 조건은 전례 없는 일이었다. 제임스 스콧이 농담조로 한 표현을 빌리자면, 이곳은 탁월한 다종 재정착 캠프였다. 유럽 동남부와 유라시아 대초원이 만나는 지점이라는 위치와 거주 시기를 고려할 때, 이 대규모 정착촌은 인간을 감염시킬 수 있는 질병으로 페스트가 처음 출현한 장소의 유력 후보가 된다.[77]

유럽 남동부의 쿠쿠테니-트리필리아 거대 정착촌에서 시작된 페스트는 장거리 무역 네트워크를 통해 유라시아 전역, 심지어 스칸디나비아같이 먼 곳까지 퍼져 나갔을 것이다. 정착 농업이 도입된 후, 장인들이 더 많은 상품을 생산하고 새로 부유해진 지배 엘리트들이 이를 구매할 수 있는 자원을 확보하면서 멀리 떨어진 인구 사이에 연결 고리가 생겨났다. 이 시기 장거리 무역의 가장 주목할 만한 증거는 이집트의 5500년 된 고고학 유적지에서 발견된 청금석을 함유한 장신구다. 청금석은 현재 아프가니스탄 북동부에 있는 바다흐샨Badakhshan에서 채굴되어 5000킬로미터 떨어진 이곳으로 옮겨졌다.[78] 일부 학자는 구세계의 먼 지역 간 연결성 증가가 선사시대의 세계화라고 주장한다.[79] 이러한 네트워크는 유라시아대륙 전체에 전염병이 확산되는 것을 촉진했다. 마치 코로나19가 중국 우한에서 전 세계로 확산되는 데 항공 여행과 관광이 기여한 것과 비슷하다. 페스트가 5000~5500년 전 인구 급감의 원인이었을까? 예르시니아 페스티스가 스톤헨지를 건설한 최초의 농경민들이 쇠퇴하는 데 기여했을까? 고대 페스트 박테리아의 흔적이 영국제도에서 발견된 적이 없기 때문에 확실하게 말할 수는 없다. 그러나 페스트가 유럽의 다른 외딴 지역에도 존재했으며 영불해협 양쪽에 사는 사람들 사이에 접촉이 있었다는 사실은 우리가 알고 있다.[80] 영국이 섬이었기 때문에 한동안 병원균에서 안전했을지 모르지만, 고립되어 있었기 때문에 초기 농경 인구는 궁극적으로 대륙의 전염병에 더 취약해졌다. 따라서 기원전 2300년 에임즈베리 아처와 그의 양치기 동료들이 대륙에서 영국으로 건너왔을 때, 그들은 상대적으로 땅이 비어 있으며 신석기시대 유럽 농부들의 저항이 크지 않다는 점을 발견했을 것이다.

이민자의 대륙

기원전 3000년대에 대초원 유목민의 유입은 유럽에서 일어난 마지막 대규모 이주 움직임이었다. 그 후에도 다양한 이민자 그룹이 계속해서 유전자 풀을 풍부하게 만들었지만, 대초원 유목민이 도착하면서 현대 유럽 게놈의 모든 구성 요소가 존재하게 되었다. 유럽인의 기원에는 유전적으로 뚜렷한 차이가 나는 세 가지 인구 집단이 혼합되어 있다(경우에 따라 미량의 다른 DNA도 포함된다).[81] 첫째는 체다맨 같은 서부 수렵 채집인으로 피부와 머리카락이 검고 눈이 밝은색이었다.[82] 둘째는 올리브색 피부와 검은 머리를 한 신석기시대 유럽 농부들이다. 약 9000년 전 아나톨리아에서 유럽으로 이주하여 농경을 시작하고 3000년 후 영국에 도착한 얼음인간 외치 같은 부류다. 셋째는 키가 크고 금발에 피부가 흰 대초원의 목축민이다. 약 5000년 전 유라시아 초원에서 서쪽으로 이주하여 유럽에 정착하면서 농경을 시작했다. 현대 유럽인은 유전적으로 '순수'하지도 않고 그 지역의 원주민도 아니기 때문에 이 사실이 시사하는 바는 매우 크다. 백인 유럽인조차도 혼혈 이민자라는 말이다.[83]

이 세 가지 조상 구성 요소의 비율은 유럽 내에서 다양하며 현재 유럽 대륙의 각기 다른 지역에 사는 인구 집단 간의 신체 차이를 설명하는 데 도움이 된다. 수렵 채집인은 모든 현대 유럽인의 게놈에 소량의 DNA를 기여한다. 신석기시대 농경민은 그리스, 스페인, 이탈리아를 포함한 남부 유럽 게놈의 많은 부분을 차지한다. 사르데냐섬은 대초원 목축민의 유입을 피한 것으로 보인다. 이 지역 DNA의 80~90퍼센트는 신석기시대 유럽 농경민에서 유래한다.[84] 스페인 북동부와 프랑스 남서부의 바스크 산악 지역 인구도 유럽에 정착 농업을 처음 도입한 사람들과 밀접한 관련이 있다.[85] 대초원 목축민 DNA는 북유럽에서 조상의 가장 큰 원천이다. 현대 노르웨이인 게놈의 약 절반, 영국제도 출신을 포함한 다른 북유럽인의 경우 이보다 약간 적은 비율을 차지한다.

신석기시대 흑사병 이후 유럽 전역을 휩쓸었던 초원 목축민은 현재 전 세계 인구의 절반에 가까운 사람들이 사용하는 인도유럽어의 가장 유력한 기원이다.[86] 영어, 독일어, 라틴어 및 관련 언어, 그리스어, 러시아어, 페르시아어, 힌디어 등은 모두 하나의 공통 조상 언어에서 유래했다. 먼 과거의 어느 시점에 유라시아 어딘가에서 비교적 적은 인구가 원시 인도유럽어를 사용했으며, 이들이 유럽과 남아시아 전역으로 퍼져 나가면서 언어도 가져갔을 것이다. 그 후 시간이 지남에 따라 원시 인도유럽어는 지리적으로 격리된 인구가 사용하는 별개이지만 서로 연관된 언어로 분화되었다.

지난 2세기 반 동안 인도유럽어의 상호 연관성이 처음 발견된 이후 학계에서는 이 언어의 원래 기원에 대해 궁금해했다. 최근의 고대 DNA 발견으로 마침내 그 실마리가 풀렸다. 모든 인도유럽어는 바퀴를 서로 연결하는 차축과 마구, 바퀴 등 마차와 관련된 단어에서 유사한 어휘를 공유한다. 이는 원시 인도유럽어를 사용했던 인구가 5000~6000년 전에 바퀴 달린 탈 것이 고고학적 기록에 나타나기 시작한 후 유럽으로 이주했음을 보여 주는 매우 강력한 증거다.[87] 신석기시대 유럽 농경민이 아나톨리아에서 유라시아 서부로 이주한 첫 번째 대이동은 9000년 전에 시작되었으므로 이것은 인도유럽어의 원천이 될 수 없다.[88] 반면에 초원 목축민이 서쪽으로 이동하기 시작한 것은 5000년 전으로 이때 바퀴와 마차가 유럽에 도입되었다. 이들의 DNA는 유럽뿐만 아니라 중앙아시아 및 남아시아에서 인도유럽어를 사용하는 사람들 사이에서 상당량 발견된다.[89] 따라서 현재 수십억 명이 사용하는 언어의 기원은 대초원 목축민일 가능성이 가장 높다.

5000년 전 유라시아 서부 대초원에서 소수의 목축민이 이주한

데 따른 영향을 오늘날 전 세계에서 문자 그대로 여전히 보고 들을 수 있다고 생각하면 놀랍다. 이 같은 이주가 가능했던 것은 파괴적인 전염병이 대유행한 덕분일 가능성이 매우 높다.

3장

고대

제국의 부상과 몰락

"종교는 억압받는 피조물의 한숨이며, 무정한 세상의 심장이며, 영혼 없는 환경의 영혼이다."

- 카를 마르크스

무자비한 소년들이 파리 취급하듯

호메로스의 『일리아스』는 전염병으로 시작한다. 이야기는 그리스 아카이아 군대의 트로이 포위 공격이 끝날 무렵을 배경으로 한다. 도입부에서 그리스 침략자들은 인근 마을을 습격하여 아름다운 트로이 처녀 두 명을 포로로 잡는다. 크리세이스는 미케네의 왕이자 아카이아 군대의 사령관인 아가멤논의 소유가 되고, 브리세이스는 위대한 전사 아킬레스가 차지한다. 사제인 크리세이스의 아버지가 아카이아 진영에 나타나 딸을 돌려 달라고 간청했지만 아가멤논은 몸값을 주겠다는 제안을 거절하고 잔인하게 조롱한다. 낙담한 아버지는 아폴론에게 그리스 왕을 처벌해 달라고 간청하고, 아폴론은 올림포스산에서 내려와 그리스 진영에 역병의 화살을 쏘아 댄다. 9일 동안 질병과 죽음에 시달린 아가멤논은 아폴론을 달래야 한다는 사실을 인정한다. 크리세이스는 아버지에게 돌아가고 전염병은 멈추지만, 체면을 살리기 위해 왕은 아킬레스에게서 브리세이스를 빼앗는다. 이로 인해 서사시의 나머지 부분에서 펼쳐지는 파괴적인 불화가 시작된다.

호메로스가 『일리아스』에서 묘사한 트로이 전쟁 이야기는 기원전 8세기에 기록될 때까지 수백 년 동안 구전되고 꾸며져 서양 문학의 가장 오래된 작품 중 하나로 꼽힌다. 전염병이 이야기에서 중요한 역할을 했다는 사실은 이것이 당시 사회에 얼마나 파괴적인 영향을 미쳤는지 보여 준다. 이외에도 『일리아스』는 수천 년 전에 살았던 사람들이 세상을 어떻게 이해했는지에 대한 통찰력을 제공한다. 그리스의 신앙 체계는 의인화된 신들이 지배했는데, 이들은 인간의 삶에 자주 간섭했으며 전염병은 아폴론이 휘두르는 신성한 보복의 도구로 이해되었다. 수전 손택Susan Sontag의 표현대로 전염병의 발생은 "집단적 재앙이자 공동체에 대한 심판"으로 여겨졌다.[1]

기원전 5세기 후반 아테네와 스파르타 사이에 27년간 계속된 전쟁을 투키디데스가 기록한 『펠로폰네소스 전쟁사』는 최초의 역사서 중 하나로 꼽힌다. 여기서도 전염병의 파괴적인 확산이 중요한 역할을 했다. 이 책은 기원전 430년 스파르타가 아티카를 공격했을 때 아테네가 당대 최고의 장군이자 정치가였던 페리클레스가 고안한 방어 전략을 따랐던 과정을 묘사한다. 아티카의 시골 주민들은 침략군에게 지역을 내주고 아테네의 성벽 뒤로 후퇴했다. 이는 군사적인 관점에서 타당하다. 스파르타 군대가 우세했기 때문에 아테네는 전투를 피하고 싶었기 때문이다. 적군이 인내심을 잃고 귀환할 때까지 기다렸다가 해군의 우위를 이용해 전쟁에서 승리할 수 있었을 터이다. 그러나 공중 보건의 관점에서 볼 때 이 전략은 재앙이었다. 시골에서 수십만 명의 인구가 유입되면서 아테네 인구는 두 배, 심지어 네 배로 증가했다.[2] 도시는 혼잡하고 비위생적이 되었다. 얼마 지나지 않아 기원전 430년에서 기원전 426년 사이에 치명적인 전염병이 여러 차례 발생했다.

호메로스 신화에 심취해 있던 보수적인 아테네 시민들은 이 전염병을 신들, 특히 아폴론이 스파르타를 편애한다는 증거로 해석했다. 투키디데스는 스파르타가 전쟁을 벌이기 전에 델포이의 신탁을 찾아갔고, 전력을 다해 아테네를 공격하면 아폴론이 그들을 도울 것이며 자신들이 전쟁에서 승리할 것이라는 말을 들었다고 사무적으로 기록했다. 많은 아테네인이 기억하는 오래된 예언에 따르면 스파르타와의 전쟁에는 전염병이 동반될 터였다. 투키디데스는 동포들의 미신을 전하면서도 신탁을 통해 인간과 소통하며 세상에 간섭하는 신들에 대한 이야기를 호메로스보다 훨씬 덜 믿었다. 이러한 회의주의는 투키디데스에게만 국한된 것이 아니라 그리스 계몽주의로 불리는 5세기 아테네의 지적 운동의 일부였다. 예를 들어 동시대 히포크라테스는 성난 신이 질병 발생의 원인이라는 관점을 깨고 대신 의사가 환자의 증상을 관찰하고 무엇이 문제인지 진단한 후 적절한 조치를 취해야 한다고 주장했다. 물론 소크라테스는 아테네의 신들에 대한 불경죄와 아테네 젊은이들을 타락시킨 죄로 사형을 선고받았다.

기원전 5세기 아테네를 초토화한 병원균의 정체에 대한 결정적인 증거는 아직 없다. 고대 인류의 유해에서 박테리아나 바이러스 DNA를 복구하려는 노력은 지금까지 헛된 것으로 판명되었다.[3] 가장 좋은 단서는 투키디데스가 기술한 증상인 인후통, 심한 기침, 설사, 작열감, 고통스러운 발진, 해갈되지 않는 갈증, 불면증 등이다. 그는 이 병에 걸렸다가 회복되었기 때문에 병을 설명하는 데 확실히 좋은 위치에 있었다. 연구자들은 심지어 소포클레스가 『오이디푸스 왕』의 시작 부분에서 테베를 강타한 전염병을 묘사한 대목을 분석하여 단서를 찾기도 했다. 이 희곡은 아테네에 전염병이 발생한 직후 쓰였으며, 여기 나오는 가상의 전염병은 실제 전염병에서 영감을 받은 것으로 추정한다. 현재까지 알려진 자료에 따르면 발진티푸스와 천연두가 가장 유력한 후보로 거론된다.[4]

투키디데스는 "헤아릴 수 없이 많은" 아테네 시민이 전염병으로 사망했다고 주장한다. 그는 "죽은 자와 죽어가는 자들이 서로 엎치고 겹쳐 있었으며 반쯤 죽은 사람들이 길거리에 쓰러져 있었다"고 묘사한다. 현대의 추정에 따르면 3년 남짓한 기간 동안 해당 인구의 약 4분의 1, 즉 7만 5000명에서 10만 명이 사망했다.[5] 1990년대 후반, 밀레니엄 올림픽을 준비하기 위해 아테네 구시가지 성문 바로 밖에 새 지하철역을 건설하던 노동자들은 투키디데스의 설명을 뒷받침하는 암울한 발견을 하게 되었다. 건설 인부들은 페스트가 창궐한 연도와 정확히 일치하는 대규모 무덤을 우연히 발견했다. 고고학자들은 추가 조사를 통해 시체 층의 상층부가 하층부보다 훨씬 더 무질서하게 버려진 것을 발견하고 "도시의 공포감이 커지고 있었다"고 지적했다.[6] 결정적인 사실은 스파르타인들은 전염병의 영향을 전혀 받지 않은 것처럼 보인다는 점이다. 아테네로부터 안전한 거리를 유지했고 장례식의 장작이 타는 것을 보고 후퇴했기 때문이다. 결과적으로 전염병은 스파르타에 대항하는 아테네의 전투력을 약화시켰고 펠로폰네소스 전쟁의 진행 과정과 결과에 큰 영향을 미쳤다.

투키디데스는 아테네와 스파르타 간 갈등의 기원을 기원전 479년, 그리스 도시국가 연합이 크세르크세스가 이끄는 페르시아 침략군을 물리친 때로 거슬러 올라가 추적한다. 내륙에 위치한 스파르타는 한 세기 이상 그리스 문명의 지배적인 정치 세력이었지만, 그리스-페르시아 전쟁이 끝나자 스파르타는 범헬레니즘 정치계에서 물러나고 해안의 도시국가인 아테네가 주도권을 잡았다. 섬과 연안 폴리스의 해군 동맹인 델로스 동맹은 페르시아의 또 다른 공격에서 그리스인을 보호하기 위해 결성되었지만, 점차 아테네 제국주의의 도구가 되었다. 기원전 454년 연맹의 국고가 델로스에서 아테네로 이전되고 군사적 기여는 금전적 공물로 바뀌게 된다. 델로스 동맹에서 탈퇴하려는 도시국가들은 성벽을 허물고 훨씬 더 열악한 조건에서 동맹에 남아야 했다. 헤로도토스는 『역사』에서 아테네가 그리스-페르시아 전쟁에서 자신이 패배시켰던 공격적인 제국주의 세력으로 변모하고 있다는 우려를 표명한다. 투키디데스는 아테네가 에게해 초강대국으로 부상하면서 이전 지역 패권국이던 스파르타와의 충돌을 피할 수 없었다고 주장한다. "아테네의 부상과 이로 인해 스파르타에 스며든 공포 때문에 전쟁이 불가피해졌다"라는 것이다.

두 도시국가는 현저하게 달랐다. 아테네의 기원전 5세기 중반은 역사상 유례를 찾아보기 힘들 정도로 문화적, 지적, 정치적으로 매우 번성했던 시기다. 우리가 고대 그리스와 연관 짓는 많은 인물과 사상이 이 시기에 탄생했다. 소크라테스는 본인이 철학에 큰 영향을 미쳤을 뿐만 아니라 그의 제자 플라톤과 플라톤의 제자 아리스토텔레스도 마찬가지였다. 투키디데스는 아테네에서 태어났고

헤로도토스는 그곳으로 이주했다. 소포클레스와 그의 동시대 작가들이 쓴 희곡은 오늘날에도 여전히 공연된다. 히포크라테스는 현대 의학의 기초가 되는 임상 관찰과 질병의 체계적 분류를 개척한 인물로 서양 의학의 아버지라고 불린다. 이 시기 아테네의 민주주의는 번성했다. 거의 매주 시민들은 아크로폴리스 옆 언덕인 프닉스에 모여 중요한 정치적 사안에 대해 토론하고 투표했다.[7] 페리클레스는 도시국가 아테네에서 가장 영향력 있는 정치인이었으며, 이 시기를 흔히 페리클레스 시대라고 부른다. 또한 아크로폴리스에 있는 아테나 신전을 재건하는 등 대규모 공적 자금을 투입한 건설 프로젝트가 진행되던 시기이기도 했다. 파르테논 신전의 벽을 장식하던 대리석 조각품은 현재 대영박물관에 소장되어 있지만, 신전 자체는 여전히 기원전 5세기 아테네의 찬란했던 영광의 상징으로 그리스 수도를 굽어보며 위용을 뽐내고 있다.

고대 그리스인들이 라케다이몬Lacedaemon이라 불렀던 스파르타는 매우 달랐다. 스파르타는 문학이나 예술에 관심이 거의 혹은 전혀 없었으며 문자 기록도 남기지 않았는데, 'laconic(과묵한)'의 어원이 라케다이몬에서 유래했다는 점을 고려하면 이는 놀라운 일이 아니다. 스파르타에 호의적이었던 아테네 작가들조차 스파르타를 잔인하고 군사화된 계급사회로 묘사한다.[8] 시민들은 강인함과 국가에 대한 헌신을 무엇보다도 중시하는 전사 계급을 구성했다. 약한 남자 유아는 타이게투스산 기슭에서 죽도록 내버려 두었다. 스파르타 소년들은 일곱 살이 되면 군사 훈련을 위한 기숙 시설인 아고게agōgē에 입소하여 스무 살이 될 때까지 그곳에 머물렀다. 그후 성인 남성은 40년 동안 군대에 복무했다. 이 제도는 인구의 대부분을 차지하는 헬로트Helot(국유 노예)를 폭력적으로 예속시키기 위해 필요했다. 스파르타 통치자들은 매년 공식적으로 노예에 대한 전쟁을 선포했고, 신민들은 신벌의 위험 없이 노예들을 죽일 수 있었다.

투키디데스는 아테네의 전염병이 펠로폰네소스 전쟁의 결과에 중대한 영향을 미쳤다고 주장한다. 그는 전염병 발발에 대해 이렇게 언급한다. "아테네인들에게 이만큼 큰 피해를 입히거나 전쟁에 대비할 힘을 약화시킨 것은 없었다." 기원전 430년에서 기원전 426년 사이에 군대의 4분의 1에서 3분의 1이 사망했지만, 전염병으로 인해 아테네 군사력은 수십 년 동안 크지 못했다. 군인으로 성장할 소년이 줄어들고 소년을 출산할 여성이 줄어들었기 때문이다.[9] 전염병으로 인해 페리클레스가 기원전 429년에 사망했고 투키디데스는 이를 전환점으로 보았다. 나는 일반적으로 '위인' 역사학파에 회의적이지만, 이 특별한 경우에는 투키디데스가 일리 있을 수 있다. 페리클레스의 후계자들은 훨씬 더 공격적이고 덜 성공하는 전략을 추구했다. 이는 기원전 415년 아테네가 시칠리아의 시라쿠사에 있는 스파르타 동맹국을 공격하기 위해 대규모 원정군을 파견한 재앙적인 공격에서 가장 잘 드러난다. 나폴레옹과 히틀러의 러시아 침공에 비견될 만큼 재앙적인 작전이었다. 아테네는 빠른 승리를 기대했지만 육군과 해군이 괴멸하는 굴욕적인 패배를 겪었다. 이로 인해 기원전 404년 스파르타의 최종 승리는 피할 수 없는 일이 되었다.

아테네가 스파르타를 물리치고 고대 그리스Hellas에서 지배적인 세력으로 자리를 굳혔다면 어떻게 되었을까 하는 질문은 고대사 최대의 '만약의 경우' 중 하나다. 펠로폰네소스 전쟁은 민주적이고 국제적이며 문화적, 지적으로 역동적인 아테네와 보수적이고 내향적이며 군사주의적이고 과두적인 스파르타라는 매우 다른 두 국가와 사회가 충돌한 전쟁이었다. 영국의 역사가 아널드 토인비는 아테네의 패배로 인해 서구 문명의 첫 번째 완성형이 시작되자마자 사라졌다고 주장한다.[10] 그러나 스파르타는 27년에 걸친 전쟁에서 승리하기 위해 너무 많은 노력을 소모했기 때문에 전쟁이 끝났을 때 다른 도시국가들에 대한 지배력을 강화할 입장이 아니었다.

그 후 반세기 동안 경쟁하는 도시국가들 간의 산발적인 전쟁이 계속되다가 기원전 300년대 중반, 그리스 문명의 최북단에 위치한 마케도니아의 필리포스왕이 이 같은 권력 공백을 이용해 대부분의 그리스 세계를 정복했다.[11] 그의 아들 알렉산드로스 대왕의 업적은 훨씬 더 놀라웠다. 그는 기원전 336년 스무 살의 나이에 아버지의 왕좌를 물려받았다. 영국의 고전주의 작가 메리 비어드Mary Beard의 표현을 빌리자면 "술 취한 청소년 깡패"였던 알렉산드로스 대왕은 얼마 지나지 않아 그리스 세계에 대한 통치를 공고히 한 다음 거대한 페르시아 제국을 공격하는 일련의 군사 작전을 시작했다. 서른 두 살의 나이에 죽는 알렉산드로스는 그리스와 지금의 인도 사이에 있는 모든 땅과 이집트를 정복했다. 광대한 제국은 휘하의 장군들에게 분할되었고 이들은 대왕의 전리품을 빚어 자신들만의 헬레니즘 왕조를 세웠다. 이집트의 프톨레마이오스 왕조와 소아시아에서 지금의 아프가니스탄에 이르는 셀레우코스 왕조 등이 대표적이다.

아테네 황금시대 당시에 로마 공화국은 이탈리아반도의 작은 도시국가였다. 하지만 서서히 주변 지역에 대한 지배력을 확대하고 계속 성장해 나갔다. 기원전 220년 로마는 이탈리아반도 전체를 지배했다. 기원전 146년에는 그리스 대부분을 정복하고 헬레니즘 왕국들도 정복했다. 덩치가 매우 작아진 셀레우코스 제국은 기원전 63년에 로마에 의해 삼켜졌다. 클레오파트라는 기원전 30년에 이집트가 로마의 영토가 되기 전 프톨레마이오스 왕조의 마지막 통치자였다. 하지만 그리스 문명은 계속 이어졌다. 로마의 시인 호라티우스가 "정복당한 그리스는 정복자를 포로로 잡았다"라고 지적한 것처럼, 그리스를 애호하는 로마인들은 그리스 문화와 아폴론을 비롯한 그리스 신들을 받아들였다. 실제로 가장 유명한 로마 기원 신화 중 하나인 베르길리우스의 서사시 『아이네이스』에서는 로마와 고대 그리스를 명시적으로 연결한다. 『일리아스』 등 그리스 신화 여러 곳에 등장하는 아이네이아스는 트로이 함락 후에도 살아남은 몇 안 되는 트로이인이다. 그는 에게해를 탈출하여 북아프리카의 디도(카르타고를 창설한 여왕)와 함께 이탈리아 서부에 정착하여 왕조를 세운다. 거기서 훗날 로물루스와 레무스(로마의 시조가 되는 형제)가 등장한다. 실제로 그리스인이 로마로 유입된 것은 훨씬 뒤의 일이다. 고대 유골에서 추출한 DNA 연구에 따르면 로마제국이 확장됨에 따라 제국의 수도에 살던 대다수의 사람은 더 이상 유럽계가 아니었다. 오히려 기원전 1세기 반 동안 번영했던 동부 지방에서 로마로 몰려든 수많은 노예와 시민의 후손이었다.[12]

기원후 첫 밀레니엄이 시작될 무렵에는 전 세계 인구의 약 4분의 1이 로마가 지배하는 지역에 거주했다.[13] 로마제국은 지중해 해안선 전체와 세 개 대륙의 내륙 대부분에 걸쳐 영토를 확장했다. 로마 영토는 영국 북부에서 라인강과 다뉴브강을 따라 동쪽의 유프라테스강까지 뻗어 있었고, 남쪽으로는 사하라사막을 끼고 서쪽으로는 이베리아반도에 이르렀다. 로마인들은 이 놀라운 영토 확장의 원동력이 된 군사적 승리가 집단적 신앙심이 가져다준 신의 은총 덕분이라고 믿었다. 그러나 수백 년이 지나지 않아 다신교적 이교는 사라지고 중동에서 등장한 두 개의 유일신교 종파가 그 자리를 대신했다. 이 새로운 종교의 추종자들은 교세의 확대가 자신들의 신앙 체계가 옳다는 데 따른 논리적 결과라고 확신했다. 그러나 앞으로 살펴보겠지만, 그리스-로마 신들의 멸망과 두 가지 새로운 종교, 즉 기독교와 이슬람교의 등장에서 중요한 역할을 한 것은 전염병이었다.

로마인들은 우리에게 무엇을 해 주었나?

영국 코미디 영화인 몬티 파이선의 〈브라이언의 삶Monty Python's Life of Brian〉(예수와 같은 날 태어나 구세주로 오인받는 인물인 브라이언의 삶을 그린 영화)의 한 장면에서 존 클리즈John Cleese가 연기한 유대 인민전선 지도자는 로마인을 공격하기 위한 지지를 이끌어내려고 다음과 같이 외친다. "그들이 우리의 모든 것을 빼앗아 갔다. 그 대가로 그들이 우리에게 무엇이라도 준 것이 있는가"라는 수사적 질문이다. 고지식한 인민전선 사람들은 로마 정복자들이 개선한 일의 목록을 나열한다. 이에 격분한 지도자는 이렇게 대답한다. "좋아요, 하지만 위생, 의학, 교육, 포도주, 공공질서, 관개, 도로, 상수도 시스템, 공중 보건을 제외하고 로마인들이 우리를 위해 해 준 게 뭐가 있죠?" 이 질문에 청중 중 누군가가 큰소리로 "평화를 가져다주었지"라고 대답한다.

이 농담은 많은 사람, 특히 유럽과 식민지 후예들이 로마인들에 대해 갖는 존경심을 반영하는 것이다. 이런 느낌을 잘 표현한 것으로 유명한 사람은 18세기 영국 역사가 에드워드 기번Edward Gibbon 이다. 그는 이 시기 로마제국을 역사상 "가장 행복하고 번영한"사회 라고 묘사했다. 그러나 옥스퍼드와 케임브리지에서 교육을 받은 백인 남성들이 식민주의의 미덕을 찬양하는 것은 코미디 효과를 위한 것이기는 하지만 뭔가 마음을 불편하게 하는 점이 있다. 로마 제국주의가 호전적이고 무식하며 불결한 중동 사람들에게 우월한 문화를 강요했다는 주장이 시사하는 바 때문이다. 이는 대영제국이 자신이 정복한 사회에 철도, 영어, 자본주의 등의 문명을 가져왔다는 흔한 주장과 최근 중동과 아시아에서의 신식민주의적 개입을 정당화하는 행태를 떠올리게 한다. 이라크와 아프가니스탄 침공이 그런 개입의 예다.

하지만 그리스도(와 브라이언)가 십자가에 못 박힌 후 한 세기 반 동안이 팍스 로마나pax Romana로 알려진 전례 없는 인정과 풍요의 시기였다는 것은 부인할 수 없는 사실이다. 제국의 확장은 멈추었다. 50만 명에 이르는 군대는 국경에서 여러 차례 전쟁을 치렀는데, 특히 이란에 기반을 둔 파르티아제국과 벌인 전쟁이 가장 유명하다. 또한 여러 차례 봉기를 일으킨 유대 지역을 비롯해 제국 내부에서 일어난 반란을 진압해야 했다. 하지만 전후의 상황으로 볼 때 이 시기는 놀라울 정도로 평온한 시기였다. 제국 정치의 상층부를 장악하고 있던 지중해 엘리트들은 광활한 영토를 통치하는 데 집중할 수 있었다. 로마는 제국 전체에서 세금을 징수했는데, 이는 무려 경제 생산량 전체의 5퍼센트에 달했다.[14] 무엇보다도 이 돈은 군대에드는 비용을 대고, 수십만 명의 로마 주민에게 무상으로 곡물을 제공하고, 인프라를 구축하고, 이교도 사원과 사제들에게 자금을 지원하는 데 사용되었다.

로마인들은 또한 수 세기 동안 상인과 여행자를 위협하던 해적들을 지중해에서 소탕하는 데 성공했다. 이제 제국의 한쪽 끝에서 다른 쪽 끝까지 바다와 광활한 도로망을 통해 비교적 안전하게 이동할 수 있었다. 덕분에 상인들은 제국이 단일 통화와 공통 법률 시스템을 갖춘 자유무역지대라는 사실을 최대한 활용할 수 있었다. 이는 오늘날 유럽연합의 한계를 훨씬 뛰어넘는 규모다. 북서부 유럽에서 채굴한 은, 남부에서 생산한 포도주와 올리브유, 러시아 남부와 아나톨리아 북부에서 생산한 목재, 시리아에서 생산한 말린 과일, 에게해 연안의 대리석, 북아프리카와 다뉴브강 계곡의 곡물 등이 제국 전역으로 운송되었다.[15]

무역 네트워크는 당시까지 알려진 세계의 대부분으로 확장되었다. 표범, 사자, 코끼리, 코뿔소 등 수천 마리의 이국적인 동물들이 제국의 원형극장에서 잔인한 오락을 제공하기 위해 운송된 것은 사하라사막 이남 아프리카와 밀접한 관계를 유지했음을 나타낸다. 기원후 새로운 천년이 시작될 무렵, 인도 남부 도시 무지리스에는 아우구스투스 황제에게 바치는 신전을 후원할 만큼 규모가 큰 로마 상인 공동체가 형성되어 있었다. 기원후 2세기 중반 로마의 세계 지식을 보여 주는 프톨레마이오스의 『지리학』에는 말레이반도와 남중국해가 포함되어 있다. 기원후 166년, 중국 연대기 기록자들은 황실에 로마인이 도착했다고 기록한다. 이는 유라시아대륙의 양쪽 끝에 있던 두 대제국이 직접 접촉했다는 최초의 증거다. 당시 두 제국

은 구세계 인구의 약 3분의 2를 통치하고 있었다.[16]

팍스 로마나는 전례 없는 번영의 시기였다. 제국 전역에 건설된 공공건물의 수, 지중해에서 발견된 난파선의 연대, 건조한 이집트 기후에서 보존된 파피루스 문서에서 수집된 임금과 물가 정보는 모두 이를 뒷받침한다.[17] 한 연구에서는 그린란드 중부에서 시추한 얼음 코어의 납 오염량을 분석했다. 납은 고대 세계의 경제 활동을 나타내는 좋은 지표가 된다. 로마인들의 표준 은화인 데나리우스 denarius를 만드는 데 쓰이는 은을 추출하기 위해 납 광석을 제련하는 과정에서 주로 생성되기 때문이다.[18] 평화와 번영의 시기에 증가하고 경제적, 정치적 불안정 시기에 감소했던 납 오염은 팍스 로마나 시대에 네 배로 증가했다.

이와 동시에 로마제국은 점점 더 인구가 많아지고 도시화되었다. 인구는 약 6000만 명에서 7500만 명으로 증가했다. 로마는 인구 100만 명이 넘는 도시로 성장했다. 다음으로 이 정도 규모에 도달한 대도시는 런던이었는데, 거의 2000년이 지난 19세기 초에 이르러서였다. 안티오크, 알렉산드리아, 카르타고 등 몇몇 다른 도시에는 수십만 명의 주민이 거주했으며, 제국 전체 인구 다섯 명 중 한 명이 도시 지역에 살았다.[19]

여기까지는 좋다. 하지만 로마인들이 정복지에 깨끗한 물, 위생, 공중 보건과 의학을 가져왔다는 몬티 파이선의 주장은 어떤가? 표면적으로는 일리가 있다. 로마인들은 수로를 통해 주변 지역에서 도시로 물을 공급했다. 몇몇 수로는 길이가 100킬로미터 이상이었으며, 그 일부는 오늘날 프랑스 남부 님 근처의 퐁 뒤 가르Pont du Gard에서 여전히 볼 수 있다. 로마는 열한 개의 수로를 통해 매일 50만

세제곱미터 이상의 물을 제국의 수도 중심부로 공급했는데, 이는 1인당 약 500리터에 달하는 양이다.[20] 수로는 식수, 목욕, 공공 분수 등에 필요한 물을 공급했다. 지금도 트레비 분수의 물은 기원전 1세기에 만들어진 수로에서 공급되고 있다. 로마만큼 거대한 도시에서 생활이 가능한 것은 상수도 덕분이었다. 대大플리니우스는 "온 우주를 통틀어 이보다 더 감탄할 만한 것은 없다"라고 썼을 정도로 상수도의 중요성을 잘 알고 있었다.

물론 규칙적인 목욕은 모든 계층의 로마인에게 중요한 삶의 일부였다. 공중목욕탕은 단순히 더러움을 씻어 내는 장소가 아니라 사람들이 만나고 사교하는 장소였다. 로마에는 수백 개의 목욕탕이 있었다. 가장 큰 디오클레티아누스 욕장은 3000명을 수용할 수 있었다. 목욕탕은 영국 남서부의 배스Bath—그렇다 도시 이름 자체가 목욕을 뜻한다—에서 알제리의 함맘 에살리히네에 이르는 제국 전역에 건설되었다. 방문객들은 지금도 2000년 된 목욕탕에 몸을 담글 수 있다. 로마의 도시들에는 수십 명이 나란히 앉을 수 있는 좁은 간격의 변기를 갖춘 웅장한 공중화장실도 있었다. 제국의 수도 아래에는 광범위한 하수구 네트워크가 있었다. 여기에는 건초를 실은 마차가 지나갈 수 있을 정도로 높고 넓었던 클로아카 막시마Cloaca Maxima가 포함되었다. 이 하수구는 심지어 그 자체의 여신인 클로아시나Cloacina의 보호를 받았다.

따라서 2000년 전 로마의 마을과 도시가 더럽고 악취가 나며 질병이 만연했다는 사실이 놀랍게 보일 수도 있다. 로마인들은 병원균이 어떻게 사람들을 병들게 하는지 이해하지 못했고, 심지어 제국의 저명한 의사 갈레노스조차도 몰랐다.[21] 따라서 장엄한 토목

공학적 업적에도 불구하고 로마 사회에는 공중 보건의 씨앗조차 존재하지 않았다. 예를 들어 오늘날 우리는 정기적으로 손을 씻는 것이 질병 확산을 막는 가장 기본적이고 효과적인 방법 중 하나라는 것을 알고 있다. 특히 화장실 사용 후와 음식을 만지기 전에 그렇다. 그러나 흐르는 물이 풍부했는데도 불구하고 로마인들에게 이러한 개인위생 조치는 일상의 일부가 아니었다. 지역사회 위생도 마찬가지다. 로마의 정교한 하수도 시스템은 사람의 배설물을 제거하기보다는 저지대의 고인 물을 배수하기 위해 건설되었다. 미국의 역사가 앤 콜로스키오스트로Ann Koloski-Ostrow는 "가축의 똥, 토사물, 오줌, 사람 똥, 쓰레기, 더러운 물, 썩은 채소, 동물 가죽과 내장, 그리고 인도를 따라 늘어선 여러 상점에서 나온 기타 쓰레기로 어수선한 거리"를 생생하게 묘사했다.[22]

마지막으로 사용된 지 1500년 지난 로마의 공동 화장실은 프라이버시가 없다는 점이 이상하게 느껴질 수도 있지만 인상적인 모습을 하고 있다. 하지만 그 당시에는 멀리 떨어져 일을 보는 것이 좋았을 터이다. 배설물을 깔끔하게 처리하는 수세식 화장실이 아니었으니까. 특히 여름에는 냄새가 거의 견딜 수 없을 정도였을 것이다. 하수구에 황화수소나 메탄 같은 가스가 쌓여 있다가 열이나 불꽃에 점화되면 변기 구멍으로 불길과 대소변이 튀어나왔다.[23] 로마인들이 엉덩이를 닦을 때 사용했던 막대기에 달린 공용 스펀지 테르소리아Tersoria는 기본적 위생이 지켜지지 않았음을 보여 주는 또 다른 기이한 물건이다.[24]

많은 집에는 개인 화장실이 있었는데, 그 위치가 부엌인 경우가 많았다. 대부분의 화장실은 공공 하수도와 연결되어 있지 않았다.

만일 연결하는 경우 쥐를 비롯한 온갖 종류의 동물이 집에 들끓었을 것이기 때문이다. U자형 하수관이 발명되기 전에는 그런 상황일 수밖에 없었다. 로마의 작가 아에리아누스가 썼다는 믿을 수 없는 이야기에 따르면 거대한 문어가 바다에서 하수구로 헤엄쳐 들어와 나폴리만의 한 부유한 상인의 집에 화장실을 통해 침입한 뒤 식료품 저장실에 있는 절인 생선을 모두 먹어 치웠다고 한다.[25] 대신 대부분의 개인 화장실은 집 아래에 있는 오물통으로 연결되었다. 위층에 화장실이 있는 경우, 배설물은 이음새가 새는 테라코타 파이프를 통해 지하실로 운반되었다.[26] 오물통의 내용물은 주기적으로 제거되어 들판이나 정원에 뿌려졌다. 이 유기질 비료는 농작물 수확량을 늘렸지만 썩혀서 만든 퇴비가 아니었기 때문에 병원균 확산에도 도움이 되었다. 어떤 지역이 로마 식민지가 되기 전과 후에 사람의 배설물에서 미생물 흔적을 조사한 연구자들은 화장실 도입이 건강을 개선하지 못했다는 결론을 내렸다.[27]

심지어 찬사를 받던 목욕탕조차 공중 보건에 도움이 되기보다는 위험에 가까웠다. 로마의 대형 목욕탕에서는 매일 수천 명이 같은 물에 몸을 담갔다. 목욕객들은 비누를 사용하지 않고 올리브유를 몸에 바른 다음 스트리길strigil이라는 도구로 긁어내는 것을 선호했다. 그 시대의 작가들은 물이 더럽고 인간의 배설물로 오염되었다고 불평한다. 다시 말해 로마의 목욕탕은 수인성水因性 질병이 퍼지기에 이상적인 환경을 조성했다.

위생 문제를 고려할 때 로마와 다른 대도시에서 수인성 설사병으로 매년 많은 사람이 사망한 것은 놀라운 일이 아니다. 미국의 역사가 카일 하퍼Kyle Harper는 로마에 있는 약 5000개의 고대 기독교

묘비에 적힌 날짜를 조사하여 로마 주민들이 1년 중 어느 시기에 몇 살에 사망했는지 알아냈다.[28] 독감과 같은 호흡기 질환으로 노인이 사망하는 추운 겨울철에 사망률이 급증했다. 현대 유럽과 마찬가지 현상이다. 그러나 고대 로마에서는 더운 여름철에 어린이와 청소년의 사망률이 훨씬 더 눈에 띄게 급증했는데, 이는 오늘날에는 볼 수 없는 패턴이다. 이러한 급증은 거의 확실하게 대변으로 오염된 물이나 음식을 통해 체내로 유입되어 위와 장에 병을 일으키는 병원체 때문이다. 여름에 더 자주 발생하는 것은 원충이 더운 날씨에 더 빠른 속도로 번식하기 때문이다. 말라리아는 아직 면역력이 발달하지 않은 영유아와 농촌에서 새로 도착한 사람들에게 특히 큰 영향을 미쳤다. 말라리아는 로마에서도 창궐했으며 아마도 두 번째로 많은 사망자를 냈을 것이다. 말라리아는 가을철에 특히 기승을 부렸다. 건조하고 더운 여름이 끝나고 비가 내리면서 폰티노 습지가 다시 모기의 이상적인 번식지가 되는 계절이다.[29]

풍토병은 수많은 로마인을 죽였지만, 설사병과 말라리아가 제국의 수도 주변에 보호막 같은 역할을 하는 놀라운 이점도 있었다. 성인이 될 때까지 살아남은 로마인이라면 누구나 면역력이 생겼겠지만, 도시 정복자들을 포함하여 외부에서 온 사람들은 이곳에 너무 오래 머물면 병에 걸리거나 사망할 위험이 높았다. 한니발이 6만 명의 군대와 1만 2000마리의 말, 37마리의 전투 코끼리를 이끌고 알프스를 힘겹게 넘었던 기원전 3세기 후반부터 말라리아는 제국의 수도에 대한 공격을 막아 주었다. 카르타고 군대는 여러 차례 로마인들을 격파했다. 침략을 막아내고 로마를 구한 것은 한니발의 아내와 아들, 많은 병사를 죽인 말라리아였다.[30]

하지만 전염병은 오랫동안 로마에게만 유리하게 작용했다. 팍스 로마나는 전염병이 출현하기에 이상적인 조건을 만들어 냈다. 사하라사막 이남 아프리카, 인도, 중국과의 장거리 무역이 증가하면서 로마인들이 새로운 병원균과 접촉할 위험이 커졌다. 서로 잘 연결되고 고도로 도시화된 로마제국은 빠르게 확산하는 신종 질병의 완벽한 번식지가 되었다. 전염병이 창궐하면 전례 없는 평화와 번영의 시대가 갑자기 중단되는 것은 시간문제였다.

세균은 독일인보다 더 치명적이다

고대 그리스에서는 고전적인 그리스 관습을 따르지 않고 그리스어를 사용하지 않는 사람들을 야만인Barbarian, βάρβαρος이라 불렀는데, 그 이유는 알아들을 수 없는 그들의 말이 '바르바르바르 barbarbar'처럼 들렸기 때문이다. 로마인들은 그리스적인 모든 것을 수용하면서 제국의 국경 너머에 사는 문명화되지 않은 것으로 추정되는 집단을 지칭하기 위해 이 용어를 채택했다. 북쪽의 다양한 게르만족, 영국의 켈트족, 동유럽의 훈족, 중동의 아랍인, 북아프리카의 베르베르족이 여기에 포함된다. 야만족의 침입은 로마제국이 광대하고 통합적이며 평화롭게 번영하는 팍스 로마나의 정부 형태에서 매우 다른 모습으로 변모하고 여러모로 쇠퇴하는 데 결정적인 역할을 했다.[31]

최근까지 로마제국의 쇠퇴나 변화에 대한 주류의 설명에서 전염병은 거의 무시되어 왔다. 하지만 카일 하퍼는 최근 저서 『로마의 운명』에서 일련의 전염병이 로마제국에 막대한 피해를 입히고 제국을 약화시키는 데 결정적인 역할을 했음을 보여 주는 방대한 증거를 수집했다. 전염병이 입힌 피해는 절대적인 측면뿐 아니라 이웃 '야만인'과 비교한 상대적인 측면에서도 매우 컸다. 야만인에 속하는 모든 집단은 로마인보다 훨씬 인구가 적고 연결성이 낮은 사회에 살았다는 공통점을 지녔기 때문이다. 물론 야만인이라는 용어 자체는 엄청나게 다양한 공동체를 구별할 수 없게 만들며 이들을 열등한 집단으로 묶는다는 점에서 문제가 있는 것은 사실이다. 결과적으로 전염병은 야만인 사회보다 로마인에게 훨씬 더 큰 피해를 입히는 경향이 있었다. 전염병의 차별적 영향은 로마제국의 정치적 역학 관계에서 핵심적 요소였다. 기원후 2세기 중반부터 1453년 콘스탄티노플이 오스만제국에 함락될 때까지 그랬다.

로마제국에 큰 영향을 미친 최초의 전염병은 안토니누스 역병으로, 이 병이 창궐할 당시 집권하던 왕조의 이름을 따서 명명되었다. 이 전염병은 기원후 165년 제국의 남동부에서 발생했다. 이로 미루어 볼 때 병원체는 아프리카 남부, 인도 또는 중국에서 기원해 인도양을 통해 도착한 것으로 추정된다.[32] 이 전염병은 이듬해 로마에 도달한 후 제국 전역으로 퍼져 나갔다. 전염병이 제국의 수도를 향해 거침없이 이동하자 저명한 의사 갈레누스는 도망쳤다가 기원후 168년 공동 황제 마르쿠스 아우렐리우스와 그의 양형제인 루키우스 베루스가 그를 소환한 후에야 돌아왔다. 이후 역사가들과 전염학자들은 온몸을 뒤덮은 검은 발진을 포함하는 갈레누스의 증상 설명에서 병원균을 찾아내려고 노력했다. 가장 유력한 후보는 천연두이다. 질병의 원인과 치료법에 대한 갈레누스의 논의는 로마 의학의 열악한 상태를 드러낸다. 그는 흑담즙이라는 체액의 과잉이

원인이라고 믿었으며, 치료법으로 산양의 젖, 아르메니아의 흙, 소년의 소변 등을 제시했다.[33]

대부분의 로마인은 이 치명적인 전염병의 창궐을 신의 분노로 이해했다. 그보다 6세기 전 그리스인들의 생각에 따르면 아테네의 페스트는 아폴론이 그들의 호전성에 불만을 품은 탓이었다. 마찬가지로 로마인들은 안토니누스 역병이 아폴론의 불만 때문이라고 믿었다. 로마 군단이 티그리스강변에 있는 헬레니즘의 전초기지이자 셀레우코스 제국의 수도인 셀레우키아의 신전에서 아폴론 조각상을 훔쳐 165년에 로마로 가져온 탓이라는 것이다. 로마가 아폴론을 달래려 했다는 증거는 제국의 모든 곳에서 발견되었다. 예컨대 "날뛰는 전염병의 시끄러운 소리를 쫓아내 달라"라고 신들에게 간청하는 백랍 부적은 1989년 런던에서 발견되었다. "악을 물리치는" 아폴론 동상은 오늘날 튀르키예의 히에라폴리스에 기원후 165년 세워졌다.[34]

안토니누스 역병은 치명적이었다. 총 사망자 수는 제국 인구의 2퍼센트에서 3분의 1까지 매우 다양하게 추산된다. 하퍼는 10퍼센트, 즉 700만 명에서 800만 명 사이로 추정한다. 이후 25년 동안 전염병은 주기적으로 재발했다. 이로 인해 로마 사회는 큰 혼란에 빠졌고 팍스 로마나는 갑작스러운 종말을 맞이한다. 경제가 붕괴된 것으로 보인다.[35] 이집트 지방에서는 주화에서 은이 차지하는 비율이 160년대에 현저하게 감소했고, 170년대에는 알렉산드리아에서 주화가 생산되지 않았다. 이 무렵 팔레스타인과 시리아에서도 비슷한 시기에 지방 주화 생산이 중단되었다. 그린란드 얼음에 남아 있는 납의 흔적은 은 채굴이 안토니누스 역병 직후부터 현저하게 감

소하여 500년 이상 낮은 수준을 유지했음을 보여 준다.[36]

강력한 로마 군대는 전염병으로 인해 심각하게 약화되었다. 당시의 여러 기록에 따르면 168년 이탈리아 북부 아퀼레이아에서 군대에 전염병이 창궐했고, 172년에는 군대 전체를 초토화했다고 한다. 군인들은 일반 인구보다 50~100퍼센트 높은 비율로 사망한 것으로 보인다.[37] 마르쿠스 아우렐리우스 황제는 병력을 보충하기 위해 노예와 검투사를 군대에 모집하는 이례적인 조치를 취해야 했다.[38] 반면, 인구 밀도가 훨씬 낮고 결속력이 약한 북유럽 게르만족에게는 전염병이 이 같은 영향을 거의 미치지 않은 것으로 보인다. 야만족 군대는 전염병이 가져다준 기회를 틈타 로마 영토 깊숙이 침입하여 아퀼레이아를 포위하고 아테네에 근접했다.

안토니누스 역병으로 인한 위기는 결국 가라앉았다. 제국은 다시는 팍스 로마나의 자신감을 누릴 수 없었지만 질서를 회복하고 광활한 영토를 다시 장악했다. 그러던 중 3세기 중반, 로마제국은 또 다른 전염병에 휩싸여 더 큰 격변을 겪는다. 연대기에서는 이 병이 에티오피아에서 발생하여 249년 이집트를 강타한 것으로 묘사한다. 이 전염병은 251년 로마에 도달하여 제국 전체를 뒤흔들었고 15년 동안 지속되었다. 알렉산드리아 주교 디오니시우스는 사람들이 맏아들만 잃어도 행복했을 정도로 전염병이 매우 치명적이었다고 묘사한다. 구약성경에 따르면 모세 시대에도 이집트인들에게 이런 일이 일어났다. 디오니시우스는 해당 도시에서 곡물을 배급받는 사람 수를 기초로 추정한 결과 인구가 약 50만 명에서 19만 명으로 감소했다고 보고한다. 과장된 수치와 시골로 도망친 사람들을 감안하더라도 사망자 규모는 엄청났던 것이 분명하다.[39]

죽음과 황폐화를 막기 위해 다시 한 번 신들이 호출되었다. 로마 국가는 '치료자 아폴론'의 이미지가 담긴 주화를 주조했다. 아테네 역병이나 안토니누스 역병과는 달리 증상을 기록한 투키디데스나 갈레누스는 없었다. 그 대신 우리는 전염병에 자신의 이름을 붙인 카르타고 주교 키프리아누스가 남긴 장황한 이야기에 의존해야 한다. 고열과 구토, 설사, 때로는 귀·눈·코·입에서 출혈이 있었다는 그의 설명을 바탕으로 하퍼는 이 전염병이 에볼라와 유사한 바이러스성 출혈열로 발생했을 가능성이 가장 높다고 생각한다. 오늘날 현대 의료 시설에서 최신 약물로 환자를 치료해도 에볼라 감염자의 절반은 사망한다. 이것이 사실이라고 가정하면 키프리아누스 역병은 이 책의 기준에서 보더라도 유난히 잔인하고 치명적인 전염병이었을 것이다.

전염병으로 인해 로마 국경은 무너졌다. 하퍼에 따르면 "세균은 대규모 침략 중에서도 최초의 보이지 않는 공격의 물결이었다." 게르만족이 다시 한 번 다뉴브강을 건너왔다. 251년 아브리투스 전투에서 그들은 데키우스 황제와 그의 아들을 죽이고 그의 군대를 격파했다. 250년대 중반에는 라인강 방어선도 무너졌다. 약탈을 위한 공격은 로마 영토 깊숙이 침투하여 이베리아반도와 에게해, 260년에는 로마 외곽까지 도달했다. 파르티아족보다 훨씬 더 공격적인 사산족이 점령한 동부 국경의 상황도 똑같이 위험했다. 사산왕조가 동쪽을 공격한 이유는 로마 군대가 질병으로 거의 소진되었다는 것을 알아챘기 때문이다. 그들은 252년 유프라테스강을 건너 시리아와 소아시아를 점령했다. 260년에는 로마 군대를 포위하고 발레리아누스 황제를 사로잡았다. 일부 역사 기록에 따르면 사산왕조 페르시아의 지도자 샤푸르 1세는 로마 황제를 살아 있는 발판으로 사용하다가 가죽을 벗겨 속을 채운 뒤 전리품으로 보관했다고 한다.[40]

로마제국도 내분으로 어려움을 겪었는데, 황위를 찬탈한 자들이 잇따라 나타났기 때문이다. 260년대에 제국은 분열되었다. 서쪽에서는 갈리아, 게르마니아, 브리타니아, 그리고 한동안 히스파니아가 분리되어 갈리아제국을 형성했다. 몇 년 후 중동과 북아프리카 지방과 소아시아의 많은 지역이 팔미라의 제노비아 여왕 지배하에 들어갔다. 정치적 붕괴는 경제적 재앙을 동반했다. 그린란드 빙하 코어 데이터에 따르면 3세기 중반 유럽의 은 채굴 및 가공은 1000여 년 만에 최저치를 기록했다.[41] 로마의 화폐 체계는 붕괴했다. 데나리우스를 비롯한 고대 화폐 단위는 다 녹아내려 사라졌다. 새로운 안토니니아누스 화폐는 계속 유통되었지만 점점 가치가 떨어졌다. 3세기 전반기에는 동전당 약 2그램의 은을 함유했지만 270년에는 거의 0으로 떨어졌다.[42]

로마제국은 '3세기의 위기'로 알려진 시기를 겪은 후 가까스로 재건에 성공했다. 268년부터 황제들은 군인들에게 입대 시 금으로 보너스를 지급하고 이후에도 5년마다 보너스를 지급하여 군대의 충성심을 확보했다. 빼앗긴 영토는 270년대에 다시 정복했다. 그 후 한 세기 동안 로마제국은 정치적, 경제적으로 새로운 안정기를 맞았지만, 로마는 지울 수 없는 변화를 겪었다. 270년대에 로마 주변에 지은 성벽은 기원전 4세기 후반 이후 로마에 건설된 최초의 주요 방어 시설로, 로마가 새롭게 느낀 취약성을 반영한다. 이 위대한 제국의 수도는 이제 스스로 난공불락이라고 느끼지 못했다. 하지만 제국에서 로마의 중요성은 점점 더 줄어들고 있었다. 이전 500년 동안 로마 정치는 돈 많은 지중해 귀족들이 지배했다. 이후 3세기 반 동안 로마 황제의 4분의 3이 로마 영토의 2퍼센트에 불과한 다뉴브강 유역 출신이었으며, 이 시기부터 황제의 대다수는 그 지역 군인 출신이었다. 수 세기 전 북부 국경에 정착한 군단장들의 후손인 새로운 통치자들은 스스로를 로마인으로 규정했다. 그러나 그들은 대부분의 시간을 북부에서 보냈고 로마를 방문한 적이 거의 없었기 때문에 로마는 제국의 행정 수도가 아니게 되었다. 대신 군사 통치자들은 이탈리아 북부의 밀라노와 라벤나, 또는 지금의 튀르키예에 있는 니코메디아에서 통치했다.[43]

로마제국은 키프리아누스 역병과 3세기의 위기를 가까스로 넘겼지만 그 피해는 막심했다. 로마는 오랫동안 변혁의 위기에 빠지면서 국력이 약해졌다. 그러나 역병의 가장 지속적인 영향은 정치적인 것이 아니라 종교적이었다. 전염병은 제국 변방의 작고 잘 알려지지 않은 유대교 종파를 오늘날 전 세계 인구의 거의 3분의 1을 차지하는 23억 명의 신자를 보유한 주요 종교로 만들었다.[44]

그리스도의 부활

기독교는 예수 사후 처음 2세기 동안은 사실상 보이지 않는 종교였다. 신약성경에 따르면 예수 승천일 아침에는 120명의 추종자가 있었고, 하루가 끝날 무렵에는 베드로의 설교 덕분에 신자가 3000명에 달했다고 한다. 그러나 이 기하급수적인 성장은 계속되지 않았다. 팔레스타인의 유대인들은 기독교로 대거 개종하지 않았으며, 교회는 이들 대신 이방인을 포섭하는 데 주력했다. 3세기 초에는 약 10만 명의 신자가 제국 전역에 흩어져 있었다.[45] 이는 전체 인구의 약 0.15퍼센트에 해당하는 수치로, 오늘날 미국 시크교도 비율과 거의 같고 영국(0.7퍼센트)의 경우보다 훨씬 낮은 수치다.[46]

로마 황제들은 소수에 불과한 기독교 신자들을 잔인하게 박해했다. 제국 전역에 걸친 최초의 공격은 마르쿠스 아우렐리우스(161~180년 재위) 통치 기간에 일어났다. 가장 악명 높은 사건 중 하나는 177년 현재의 리옹에 있는 원형극장 앙피테아트르 데 트루아골 Amphithéâtre des Trois-Gaules에서 일어났다. 수많은 군중이 보는 앞에서 초기 기독교도들이 고문 형틀에서 잡아 늘려진 뒤 붉게 달궈진 철제 의자 위에서 익혀지고 사자들에게 찢겨진 사건이다. 그 후 박해는 완화되었지만 3세기 중반에 재개되었다. 250년에 데키우스 황제는 유대인을 제외한 모든 제국민이 집정관 면전에서 로마의 신들에게 제물을 바쳐야 한다고 선언했다.[47] 이 임무를 완수한 사람에게는 증서가 발급되었다. 증서는 이집트의 경우 파피루스로 만들어졌으며 많은 실물이 남아 있다. 기독교는 다른 신을 숭배하는 것을 허용하지 않았기 때문에 이는 예수를 믿는 자들을 식별하는 효과적인 방법이었다. 당시 파비아노 교황을 비롯한 기독교계의 저명한 인사들이 이교도 신에게 제물을 바치지 않았다는 이유로 처형당했다. 탄압이 극심했던 두 시기가 안토니누스 역병과 키프리아누스 역병이 일어난 시기와 일치한 것은 우연이 아니었다. 이교도들은 새로운 종교의 존재가 로마의 신들을 불쾌하게 만들거나 쫓아낸다고 믿었고, 따라서 기독교가 광범위한 죽음과 혼란의 원인이라고 생각했다.[48]

그러나 기독교 교회에 대한 탄압은 원하는 효과를 거두지 못했다. 3세기 중반에 기독교는 갑자기 대중적 현상이 되었던 듯하다. 그 성장의 증거는 로마의 지하 묘지에서 찾을 수 있다. 2세기 말과 3세기 초에는 소수의 기독교인 무덤만이 발견되었지만, 3세기의 3분기에는 그 수가 급증한다.[49] 또한 제국의 일부 지역에서 기독교인 이름이 점점 더 대중화되었다는 것도 분명하다. 예를 들어 이집트 인구의 15~20퍼센트는 4세기 초에 기독교인이 되었던 듯하다. 312년 콘스탄티누스 황제는 기독교로 개종했다. 박해가 끝나고 로마제국은 그 제국의 새로운 종교를 지지하기 시작했다. 예를 들어 일요일은 안식일이 되었고 예루살렘의 부활 교회와 로마의 성 베드로 대성당을 비롯한 예배당을 짓는 데 공적 자금이 투입되었다. 콘스탄티누스의 후계자들은 계속해서 기독교를 지지했고, 380년에 기독교는 로마제국의 공식 종교가 되었다. 동시에 이교는 놀라운 붕괴를 겪었다. 기원후 3세기 중반에 신전 건축이 중단되었고, 259년 이후에는 국가가 더 이상 신전 인원과 재산에 대한 등록부를 갱신하지 않았다.[50] 적어도 호메로스 시대부터 광활한 지역에서 사람들의 삶에 지배적인 역할을 했던 그리스-로마 신들이 짐을 싸서 떠난 것과 마찬가지였다.

기독교가 유대교의 변두리 종파에서 대중 종교로 갑자기 변모한 것을 어떻게 설명할 수 있을까? 미국의 사회학자 로드니 스타크 Rodney Stark는 전염병이 이 이야기의 중요한 부분이라고 주장한다. 기독교 신앙은 2~3세기에 치명적인 전염병이 창궐해 로마제국을 강타했을 때 다신교보다 더 매력적이고 확실한 삶과 죽음의 지침을 제공했기 때문에 급성장했다. 심지어 스타크는 실제로 안토니누스 역병과 키프리아누스 역병이 아니었다면 "기독교가 결코 그렇게 지

118

배적인 신앙이 될 수 없었을지 모른다"라고까지 말한다.[51]

　다신교와 기독교의 가장 큰 차이점 중 하나는 우리가 죽으면 어떻게 되는가 하는 문제다. 예수는 낙원에서 영원한 생명을 약속했지만, "다신교도들은 지하 세계에서 매력적이지 않은 존재로 살게 된다고 믿었다." 당시 전염병이 발생하는 이유에 대한 질문도 있었다. 그리스-로마 신들은 변덕스럽고 화를 잘 내며 인간의 고통에 무관심하고 때로는 잔인하기까지 한 존재였다. 아폴론이 2세기 중반에 손버릇 나쁜 몇몇 로마 군단 병사의 죄를 벌하기 위해 700만 명을 죽인 전염병을 일으켰다고 로마인들이 믿었음을 기억하자. 이 신앙 체계에서 아폴론의 분노로부터 자신을 구하는 가장 좋은 방법은 희생물이나 다른 형태의 제물을 바쳐서 그의 분노를 돌리는 것이었다. 이와는 대조적으로 고난이 구원을 가져온다는 예수의 메시지는 반복되는 재앙의 참화 앞에서 훨씬 더 안심이 되었다. 다음 세상에서 더 나은 삶을 명쾌하게 약속함으로써 이 땅에서 고통 받는 사람들에게 희망과 의미를 제공했다.

　기독교는 다신교에 비해 또 다른 가시적 혜택도 제공했다. 전성기에는 국가가 수도 로마의 20만 명에게 밀과 빵을 공짜로 나누어 주는 등 전통적인 로마 사회도 자비롭지 않은 사회는 아니었지만, 그들의 신은 이타주의에 보답하지 않았다. 그래서 전염병이 창궐하자 갈레누스를 비롯한 부자들은 도망쳤고, 남은 사람들은 병자와의 접촉을 피하려고 노력했다. 알렉산드리아의 디오니시우스 주교는 이교도들을 관찰하면서 다음과 같이 말했다. "그들은 가장 소중한 사람들한테서 도망치거나 반쯤 죽은 이들을 길에 던져 버렸다." 기독교는 달랐다. 신자들은 서로에게 친절하게 행동함으로써 하나님에 대한 사랑을 보여 주어야 했다. 그 결과 예수를 따르는 사람들은 지상 생활에서 선행을 통해 천국 입성을 보장받으려고 노력했다. 디오니시우스는 키프리아누스 대재앙 당시 기독교인들이 병자들을 어떻게 돌보았는지 다음과 같이 묘사한다. "그들은 위험을 무릅쓰고 병자들을 돌보며 병자들이 필요로 하는 것을 다 채워 주었다." 기독교인들은 음식과 물을 제공하는 등 기본적인 간호만으로도 사망률을 최대 3분의 2까지 줄일 수 있었을 것이다.[52] 더 많은 기독교인이 살아남았다는 사실과 기독교인들이 가족에게 버림받은 이교도들을 구해냈다는 사실은 모든 종교가 바라는 최고의 포교 자료, 즉 기적을 제공했을 것이다.

기번은 기독교 교회가 성장함에 따라 가장 영리하고 용감한 로마인들이 시민의 의무를 거부하고 대신 신에게 삶을 바치도록 장려함으로써 제국이 내부에서 약화되었다고 주장한다. 그는 "마지막 남은 군인 정신은 수도원 회랑에 묻혔다"라고 말한다. 서양 제국의 쇠퇴에 대한 이러한 설명은 그의 확고한 친계몽주의, 반교회적 관점을 반영하지만, 그 안에 무언가 있는 것처럼 보인다. 4세기 말에는 사제, 수도사 등의 총 인원수가 군대 규모의 절반에 이르렀기 때문에 기독교는 상당한 인력 낭비 요인이었다. 이 무렵 로마 국가는 입대자의 최소 신장을 낮추고 야만인 부대를 늘리는 등 군대 신병 모집에 어려움을 겪었던 것으로 보인다.[53]

5세기 초, 수많은 고트족이 훈족에 의해 대초원에서 밀려나고 훈족 자신들도 서쪽으로 밀려 들어오자 한때 대제국이었던 로마는 그 압박을 견디지 못했다.[54] 410년, 고트족 지도자 알라리크는 800년 만에 처음으로 3일 동안 로마를 점령했다. 말라리아는 알라리크의 대도시 입성을 막지는 못했지만, 그가 성취의 영광을 만끽할 수 없게 만들었다. 그는 곧이어 말라리아로 죽었다.[55] 5세기 중반 아틸라가 이끄는 훈족은 로마 영토 전역에서 날뛰었다. 452년 그의 군대는 아퀼레이아를 초토화했다. 이탈리아반도 전체가 무방비 상태였지만 아틸라는 말라리아로 추정되는 치명적인 질병으로 군대가 무너지자 고지대의 건조한 헝가리 대초원으로 후퇴할 수밖에 없었다. 수 세기 동안 침략군을 격퇴한 방어막에 마침내 균열이 생긴 이유는 분명하지 않지만, 476년 로물루스 아우구스툴루스 황제는 퇴위당했다. 대신 제위에 오른 이는 게르만족 연합을 이끌고 이탈리아의 왕이 된 용병대장 오도아케르다. 전통적으로 이 시기를 서로마제국의 종말로 본다.

로마제국은 서방에서 멸망한 후에도 부유한 동부 지방에서 계속 번성했다. 콘스탄티노플은 324년에 제국의 수도가 되었고 인구는 수십 년 만에 3만 명에서 30만 명으로 열 배나 증가했다.[56] 6세기 중반에는 약 50만 명에 달해 로마보다 더 큰 도시가 되었다. 옛 제국의 수도에서와 마찬가지로 전염병은 새로운 수도 주변에 방어막을 형성했다. 447년, 지진이 일어나 콘스탄티노플의 방어 시설이 무너졌고 도시가 노출되었다. 훈족이 도시를 점령했지만 장내 미생물에 의해 쫓겨났다. 한 연대기 작가에 따르면 "활을 잘 쏘던 사람이 장염에 걸려 쓰러졌고, 군마에 탄 사람들은 졸다가 잠이 들었으며 잔인한 군대는 잠잠해졌다."[57]

콘스탄티노플은 또한 상업, 금융, 산업의 중심지가 되어 전 세계에서 온 사람과 상품으로 넘쳐났다. 한때 로마로 향하던 이집트 곡물이 새로운 수도로 향하게 되었다. 알렉산드리아와 콘스탄티노플 사이를 오가는 배가 너무 많아서 두 대도시 사이에 인공 육지를 만들었다는 말이 있을 정도였다. 배는 식량 외에도 쥐와 벼룩을 실어 나르며 세계를 뒤바꾼 또 다른 치명적인 전염병을 가져왔다.

다신이 아닌 유일신

단테 알리기에리의 『신곡』은 기독교의 사후 세계를 문학적으로 표현한 가장 유명한 작품이다. 순례자 단테는 지옥, 연옥, 천국을 여행하는 과정에서 내가 이미 언급한 수많은 인물과 마주친다. 그에게 지옥을 안내한 인물은 로마 시인 베르길리우스다. 지옥의 첫 번째 층인 연옥에서 우리는 이교도라서 천국에 들어갈 수 없는 그리스-로마 문명의 위대하고 선한 사람들을 만나게 된다. 살인자와 폭군을 위한 지옥의 일곱 번째 층에서 훈족의 아틸라와 알렉산드로스 대왕은 영원히 끓는 피의 강에 눈썹까지 빠진 채 꼿꼿이 서 있어야 한다. 그 후 단테는 연옥산에 올라 천국으로 올라간다. 그리고 지상에서 선행을 베풀어 천국의 자리를 차지한 고결한 그리스도인들을 다양하게 만난다. 그중에는 527년부터 565년까지 동로마제국의 통치자였던 유스티니아누스 황제가 있는데, 그는 기독교 신앙의 수호자이자 로마시를 다시 로마제국 지배하에 둔 인물로 묘사된다.

단테가 유스티니아누스를 긍정적으로 묘사한 것은 일견 타당해 보인다. 유스티니아누스는 콘스탄티노플에서 초기 기독교 건축의 걸작인 아야소피아 성당을 포함한 대규모 건축 계획을 추진했다. 이곳은 지금 이슬람 사원으로 사용되지만 오늘날 여전히 이스탄불의 중심부를 차지한다. 532년 유스티니아누스는 가장 위험한

적인 페르시아인들과 '영구 평화'에 합의했다. 이 평화는 540년까지만 지속되었지만, 로마인들은 게르만 침략자들이 지배하던 제국의 옛 서부 지방을 정복할 충분한 시간을 벌 수 있었다. 그의 비잔틴 제국 군대는 533~534년 북아프리카에서 반달족을 격파했다. 그리고 동고트족이 지배하던 이탈리아반도로 눈을 돌려 시칠리아와 나폴리를 빠르게 점령했다. 536년에는 로마를, 540년에는 라벤나를 탈환했다. 552년 비잔틴 제국은 서고트족한테서 스페인 남부를 빼앗았다. 여러 지방을 다시 흡수하면서 비잔틴 제국의 군사력과 재정력은 더욱 커졌다. 한동안은 로마제국 부활(레노바티오 임페리renovatio imperii) 정책이 성공하여 로마인들이 다시 한 번 지중해 전역을 지배할 것처럼 보였다.

그러나 초기 승리의 기쁨도 잠시, 자연의 세계는 유스티니아누스의 노력을 훼손하고자 음모를 꾸미는 듯했다. 536년부터 아이슬란드에서 여러 차례 대규모 화산 폭발이 일어나 화산재가 대기 중으로 분출되었다. 콘스탄티노플의 목격자들은 18개월 동안 하늘이 어두워지고 계절에 맞지 않는 날씨를 목격했다고 보고했다. 그 후 10년은 기온이 섭씨 1.5~2.5도 떨어지면서 지난 2000년 이래 가장 추운 시기를 기록했다.[58] 541년, 나일강 삼각주 동쪽 끝에 위치한 펠루시움에서 치명적인 전염병이 발생했다. 질병은 알렉산드리아와 콘스탄티노플로 퍼져 나갔고, 유스티니아누스는 병에 걸렸지만 가까스로 목숨을 건졌다. 첫 번째 팬데믹은 544년까지 지속되었고 로마 전역을 넘어 전 세계에 영향을 미쳤다. 이후 2세기 동안 반복되는 전염병은 유럽과 아시아를 황폐화했다.

이전 1000년 동안 그리스-로마 세계를 강타했던 다른 치명적인 전염병이 대략적인 기록으로만 파악할 수 있는 것과 달리 유스티니아누스 역병은 림프절 페스트인 것이 거의 확실하다. 이런 추정은 증상에 대한 목격자의 설명, 특히 특징적인 림프절 부종과 통증, 즉 '가래톳buboes'을 근거로 오랫동안 유지되어 왔다. 그러다 최근 독일 남부, 영국 케임브리지, 프랑스 중남부, 스페인 발렌시아에서 발굴된 6세기 중반 유골에서 예르시니아 페스티스 DNA의 흔적이 발견되면서 이 진단이 확인되었다.[59]

유스티니아누스 페스트를 일으킨 박테리아는 청동기 시대와 5세기 사이에 유전적 변이를 일으켰다.[60] 이러한 적응 덕분에 예르시니아 페스티스는 벼룩에서 생존할 수 있었다. 사실 벼룩은 특히 배고픔을 느낄수록 이빨, 더 정확하게는 주둥이를 다른 사람이나 무언가에 박을 가능성이 높아졌다. 결과적으로 박테리아는 더 이상 감염된 비말을 통해 사람에서 사람으로 이동할 필요가 없었다. 이제는 벼룩이 물었을 때 혈류로 유입될 수 있었다. 벼룩은 기원전 2세기에 동남아시아에서 유럽으로 처음 건너온 곰쥐에 의해 운반되었으며, 곰쥐는 시민들을 먹여살리기 위해 막대한 양의 곡물을 이동하고 저장하는 로마의 성향으로 인해 점점 더 많은 곳으로 퍼졌다.[61] 병이 퍼진 뒤 열흘 정도면 한 지역의 쥐 개체는 모두 페스트로 죽고 벼룩은 인간에게 옮겨 간다.[62]

페스트 박테리아의 관점에서 볼 때 인간과 곰쥐는 병원균이 체내에 침입한 후 빠르게 죽는 경향이 있기 때문에 2등급 숙주다. 중앙아시아 산악 지역에 서식하는 대형 게르빌루스쥐와 마못marmot 등 일부 종은 예르시니아 페스티스에 부분적으로 저항력을 가지고 있다. 이들의 몸은 박테리아가 숙주를 죽이지 않고도 번식할 수 있는 환경을 제공한다. 즉, 페스트가 인간과 쥐의 개체군에서 빠르게 소멸하는 동안 병원균은 게르빌루스쥐와 마못에서 수 세기 또는 수천 년 동안 생존할 수 있으며, 조건이 허락하면 다시 쥐와 인간 개체군으로 퍼져 나갈 수 있다.

월리엄 맥닐은 대초원에 살던 유목민들이 "마못에 의한 전염병 감염 위험에 대처할 역학적으로 타당한 규칙을 정당화하기 위해 신화적인 설명을 사용했다"라고 지적한다. 여기에는 해당 동물을 가두거나 만지는 것에 대한 금기 사항이 포함되었지만 이러한 조치가 전염병 확산을 막는 데 항상 성공한 것은 아니다. 고대 DNA 분석을 통해 기원전 2세기 중앙아시아의 톈산산맥에서 예르시니아 페스티스 변종으로 사망한 유목민 훈족이 확인되었다. 유스티니아누스 페스트를 일으킨 것과 유사한 흑사병균이다(훈족의 유목 생활 방식 때문에 대규모 발병으로 이어지지는 않은 것으로 보인다. 다른 사람과 접촉하기 전에 이미 질병으로 사망한 탓이다).[63]

430년대에 기후가 눈에 띄게 추워지자 게르빌루스쥐와 마못은 먹이를 찾아 전통적 서식지를 벗어나 모험을 떠날 수밖에 없었다. 조만간 이들은 곰쥐와 접촉했을 것이고 병균에 감염된 벼룩은 한 종에서 다른 종으로 옮겨졌을 것이다. 이런 일이 발생하자 예르시니아 페스티스는 불가피하게 북아프리카와 서부 유라시아 전역으로 확산되었다.[64]

전염병의 도래는 유스티니아누스 제국의 부흥에 큰 타격을 주었다. 전염병의 첫 번째 물결을 목격한 비잔틴 제국의 작가 프로코피우스는 "전 인류가 전멸할 뻔했다"라고 묘사한다. 그는 전염병이 한창일 때 콘스탄티노플에서 매일 1만 명이 사망했다고 주장한다.

과장된 표현일 수도 있지만, 전염병이 얼마나 치명적이었는지는 분명하다. 541년 페스트가 처음 창궐했을 때 알렉산드리아에 있다가 레반트와 소아시아를 거쳐 육로로 콘스탄티노플에 도착한 기독교 주교 에페수스(에베소)의 요한도 이 사실을 확인했다. 그는 많은 정착촌이 "주민이 전혀 없는 채로 방치되어" 가축 무리가 사나워지고 농작물이 밭에서 썩어가는 것을 목격했다. 그는 콘스탄티노플에서 총인구 50만 명 중 25만~30만 명이 사망했다고 추정했다.[65]

페스트가 유럽을 휩쓸면서 동로마제국은 군대에 합류할 병사를 구하는 데 어려움을 겪었다. 이는 부분적으로는 인구 감소의 결과이기도 했지만, 조세 기반이 붕괴되면서 지난 200년 동안 군단 병들의 충성도를 보장하기 위해 정기적으로 지급하던 금 보너스를 유스티니아누스가 취소했기 때문이기도 했다. 페스트가 창궐하기 전 비잔틴제국 군대의 총 규모는 약 35만 명이었으며 한 번에 2만 5000명에서 3만 명의 병사를 전장에 보내는 것은 드문 일이 아니었다. 전염병이 처음 발생한 지 수십 년이 지나자 군대는 총 15만 명으로 줄어들었고, 전투에 투입할 병사 1만 명을 모으는 데도 어려움을 겪었다.[66] 560년대부터 동로마제국은 막 되찾은 서부 지방을 야만인 침략자들에게 다시 한 번 빼앗기기 시작했다. 롬바르드족은 이탈리아에서 로마 영토를 줄여 나갔고, 슬라브족과 아바르족은 발칸반도로 밀고 들어왔으며, 서고트족은 로마의 히스파니아 지방을 정복했고, 베르베르족은 북아프리카의 시골 지역 대부분을 점령했다.

그리스-로마는 페르시아와 함께 유라시아 서부의 주요 강대국이었다. 1000여 년 전 스파르타가 주도한 그리스 연맹이 크세르크세스의 침략을 성공적으로 물리친 이후 쭉 그랬다. 그 이후 두 대제국의 후예들은 여러 차례 충돌했지만 어느 쪽도 상대에게 결정적 타격을 입히지 못했다.[67] 7세기 초는 양측의 관계가 특히 험악하던 시기다. 당시 페르시아를 지배하고 있던 사산 왕조는 전염병으로 약해진 비잔틴제국을 상대로 초반에 성공을 거두었다. 614년 예루살렘과 중동 대부분을 정복하고 예수가 못 박혔다고 전해지는 십자가 유물을 전리품으로 가져갔으며, 618~621년에는 알렉산드리아와 이집트의 속주를 점령했다. 이 속주는 콘스탄티노플에 곡물의 대부분을 공급하던 곳이다. 사산 왕조는 626년 제국의 수도를 포위하기도 했지만 점령에는 실패했다. 그러다 627년 전세가 역전되었다. 사산 왕조는 인구의 절반이 사망한 것으로 알려진 전염병으로 큰 타격을 입었고, 이 전염병에 자신의 이름을 붙인 황제 셰로에 Sheroe(카바드 2세)도 사망했다.[68] 그 후 2년에 걸쳐 비잔틴제국은 예루살렘과 십자가를 되찾은 후 알렉산드리아와 나머지 이집트도 수복했다.

동로마와 페르시아를 강타한 질병의 물결이 계속되면서 두 제국은 점점 약해졌다. 그 와중에 예언자 무함마드는 메디나에서 상황을 주시했다.[69] 기독교 동로마제국과 조로아스터교 사산 왕조 사이에 벌어진 여러 차례의 전쟁을 말이다. 그가 지켜본 양상은 아라비아반도의 다신교 이교도들 사이에서 유일신 신앙을 전파하기 위한 자신의 투쟁과 비슷했다. 메카에 위치한 작은 정육면체 건물 카바Kaaba의 역사는 무함마드가 이 지역을 얼마나 많이 변화시켰는지 잘 보여 준다. 이슬람 이전 아라비아에는 이집트인들이 이시스라고 부르고, 그리스인들은 아프로디테, 로마인들은 비너스라 불렀던 여신, 예수와 성모 마리아, 시리아의 달의 신 후발 등 360명의 신 목록이 있었다.[70] 632년 무함마드는 이 지역을 이슬람으로 개종하는 데 성공하여 처음으로 이질적인 부족들을 통합했다. 이들은 유일한 진짜 신을 숭배하기 위해 계속해서 카바를 방문했다. 그러나 그 후 수십 년 동안 이 새로운 신앙의 영향력은 무함마드의 고국을 훨씬 뛰어넘어 확장되었다.

630년대와 640년대에 무슬림 아랍 군대는 중동과 북아프리카의 부유하고 인구 밀도가 높은 로마 지방을 휩쓸었다. 성스러운 도시 예루살렘은 637년에 점령당했다. 그리스 문화의 중심지이던 알렉산드리아는 641년에 함락되었다. 콘스탄티노플의 지배자들은 1453년까지 많이 쪼그라든 비잔틴제국을 계속 통치했지만 빼앗긴 영토를 다시는 되찾지 못했다. 아랍인들은 또한 동쪽으로 메소포타미아와 페르시아로 세력을 확장했다. 650년대 초에 사산 왕조는 완전히 패배했고 페르시아제국은 사라졌다. 수십 년 만에 라시둔 Rashidun 칼리프(무함마드 사후 4인의 장로가 연달아 지도자로 나섰던 정통 칼리프 시대)는 지금의 알제리에서 파키스탄, 흑해에서 인도양에 이르는 지역을 지배하게 된다. 그 후 100년 동안 이슬람 제국은 우마이야Umayyad 칼리프(우마이야 가문이 이끌던 세습 칼리프 왕조) 시대에 더욱 성장했다. 14세기 아랍 역사가 이븐 칼둔은 이러한 확장이 기적적이라고 말했는데, 그 이유를 어렵지 않게 알 수 있다. 하지만 좀 더 산문적인 설명이 있을까?

무함마드의 사상은 아라비아반도의 이질적인 민족들을 통합하는 데 중요한 역할을 했다. 전염병과 전쟁, 기후 변화로 인해 많은 사람이 세상의 종말이 임박했다고 확신하던 시기에 "때가 가까웠으니 유일신에게 경배하라"라는 이슬람의 핵심 메시지는 분명 호소력이 있었을 것이다.[71] 그러나 종교 교리로만 아랍제국의 폭발적인 부흥을 설명할 수는 없다. 아랍제국이 정복한 로마 지방과 사산 왕조 영토의 주민 대부분이 즉시 이슬람으로 개종하지는 않았기 때문이다. 이러한 이유로 영국 작가 팀 매킨토시스미스Tim Mackintosh-Smith 는 초기 칼리프가 수플레(달걀 흰자위, 우유, 밀가루를 섞어 거품을 낸 것에 치즈와 과일 등을 넣고 구운 음식)처럼 부상했다고 묘사한다.[72] 기독교, 유대교, 조로아스터교 공동체는 세금을 납부하고 새로운 정복자의 정치적 권위를 존중하는 한 고유한 전통을 유지할 수 있도록 허용했다. 실제로 칼리프의 신민 대부분은 수 세기 동안 기독교와 조로아스터교를 계속 신봉했다.[73] 시리아-팔레스타인은 12세기에 이르러서야, 이집트는 14세기에 이르러서야 무슬림이 다수가 되었다. 실제로 이집트 북부, 레반트의 산악 지대, 메소포타미아 북부 지역 인구의 상당수는 1900년대까지 기독교를 믿었다.[74]

아랍제국의 탄생은 전염병으로 황폐화된 비잔틴제국과 사산 왕조를 상대로 거둔 일련의 놀라운 군사적 승리의 결과였다. 아라비아반도의 남쪽과 서쪽에는 무함마드를 비롯한 많은 주민이 영구 정착촌에 살았다. 그러나 인구의 대부분은 유목민인 베두인족이었다. '아랍'이라는 단어의 기원에 대해 매킨토시스미스는 "알려진 역사에서 이 단어는 정착 사회의 손이 닿지 않는 곳에 사는 부족 집단을 의미하는 경향이 있었으며, 서기 1000년대에는 대부분 확실히 그랬다"라고 지적한다.[75] 결과적으로 이 지역은 벼룩을 옮기는 쥐가 퍼뜨리는 질병에 훨씬 덜 취약했고, 로마와 페르시아 제국은 절대적인 측면에서뿐만 아니라 최근 무슬림화하여 통일된 아랍인에 비해 상대적으로도 약해져 있었다.

무슬림 군대는 새로 정복한 지역에서 활동하면서 전염병 창궐로 끔찍한 고통을 겪기 시작했다. 아랍제국을 강타한 첫 번째 주요 전염병은 638~639년에 발생한 암와스Amwas의 역병으로, 시리아에서 침략자와 현지 주민을 가리지 않고 수많은 희생자를 낳았다. 그 후의 혼란은 라시둔 칼리프 왕조의 쇠퇴에 기여했고, 10년간의 내분 끝에 661년 우마이야 왕조가 등장했다.

그러나 아랍 지휘관들은 전염병이 발생하면 위험이 사라질 때까지 도시를 떠나 고립된 고지대나 사막으로 병력을 옮기는 것이 가장 안전하다는 사실을 알게 되었다. 마찬가지로 우마이야 칼리프들도 전염병이 창궐하는 시기에는 사막의 궁전으로 후퇴하여 베두인족처럼 생활했다.[76]

아랍 무슬림 군대가 구세계 대부분에 뻗어 나간 성장세는 놀라울 정도다. 무함마드 사후 100년이 채 지나지 않아 우마이야 칼리프 왕조는 대서양에서 인도 북부와 중국 서부 국경에 이르는 제국을 통치했다. 알렉산드로스 대왕이 아시아에서 정복했던 광활한 영토를 술과 잔인한 폭력 없이 지배했던 것이다. 로마제국의 영토도 절반 이상 정복했다. 이 시기는 구세계의 상당 부분이 근대적 형태를 갖추게 된 때다. 스페인의 무슬림 통치자들은 1492년에 마침내 패배했지만, 7~8세기에 등장한 새로운 문명은 오늘날까지도 어떤 형태로든 살아남았다. 예르시니아 페스티스의 치명적인 영향이 없었다면 이슬람이 히자즈의 작은 종파에서 전 세계 인구의 거의 4분의 1이 믿는 주요 종교로 꽃을 피우리라고 상상하기란 거의 불가능하다. 아랍어가 일부 사막 부족의 언어에서 현재 북아프리카와 중동 전역에서 거의 5억 명이 사용하는 언어로 성장한 일도 마찬가지다.[77]

아랍 군대의 확장은 그들이 정복한 지역을 넘어 현대 세계를 형성하는 데 중요한 역할을 했다. 팍스 로마나 시대부터 지중해는 사람과 상품, 생각, 세균이 훨씬 더 발전한 동쪽에서 북서쪽 유럽으로 흘러가는 주요 통로였다. 동로마제국의 황폐화와 함께 이 동맥이 단절되었다. 벨기에의 저명한 역사가 앙리 피렌느Henri Pirenne의 유명한 주장에 따르면 무함마드가 없었다면 샤를마뉴 대제의 존재는 상상할 수 없었을 것이다.[78] 북서 유럽의 정치적 공백은 궁극적으로 소왕국, 봉건 영주, 번성하는 도시국가들이 조각보처럼 갈라져 지배하는 새로운 질서의 출현으로 이어졌지만, 이는 기독교 정체성으로 통일된 체제이기도 했다. 남쪽과 동쪽의 이슬람 이웃과 대조적이었다.[79]

4장

중세

흑사병, 근대의 문을 열다

"그때 페스트가 닥쳤다. 그리고 유럽을 황폐화시켰다. 그러나 페스트가 가져온 혼란에도 불구하고 이는 서양에 도움이 되었다. 페스트는 1348년 이후 유럽이 13세기의 사회와 문화 패턴을 답습하지 않도록 보장했다."

- 데이비드 헐리히

천국의 고요함

잉마르 베리만의 영화 〈제7의 봉인〉(1957)은 성지 탈환을 위해 10년간의 전투를 마치고 스웨덴으로 돌아와 흑사병으로 황폐해진 조국을 보게 된 기사와 그의 시종 이야기다. 영화 초반에 주인공은 검은 두건을 쓰고 하얀 얼굴을 한 죽음의 화신과 마주한다. 영화 역사상 가장 상징적인 이미지로 꼽히는 장면이다. 하지만 안토니우스 블록은 아직 죽을 준비가 되지 않았기 때문에 필연적인 죽음을 막기 위해 상대에게 체스 대결을 제안한다. 블록이 전염병으로 황폐해진 시골을 지나 자신의 성으로 향하는 다사다난한 여정 동안 죽음이 수락한 게임은 여러 장소에서 계속된다.

이후 90분 동안 관객은 충격적인 장면을 연달아 목격한다. 교회에서 블록은 자신의 목숨을 구할 체스 수를 포함하여 자신의 가장 깊은 비밀을 고백하려고 하지만 한동안 이야기한 후 가림막 반대편에 있는 이는 신부가 아니라 죽음이라는 것을 깨닫는다. 악마와 성관계를 가졌다는 혐의를 받은 젊은 여성이 기둥에 묶여 화형당한다. 피학적으로 자신에게 채찍질을 하며 비명 지르는 고행자들의 비참한 행렬이 지나가고, 10년 전 블록에게 십자군 전쟁 참전을 권유했던 신부가 시체의 소지품을 훔치고 젊은 벙어리 여성을 강간하겠다고 위협하는 장면도 목격한다. 결국 체스 게임에서 승리한 죽음은 다음에 자신을 만나면 그것이 마지막일 것이라고 선언한다. 기사는 간신히 성에 도착한다. 식사하는 동안 그의 아내는 영화의 제목이 된 요한계시록의 한 구절을 읽는다. "일곱째 봉인을 뗄 때에 하늘은 약 반 시간 동안 고요했습니다." 그때 죽음이 끼어들어 그들을 데려가 버린다.

〈제7의 봉인〉에는 역사적으로 부정확한 부분이 많으며, 다른 무엇보다도 감독인 베리만 자신의 신앙 상실에 대한 명상록에 해당한다. 그럼에도 불구하고 이 영화는 사회적 규범의 붕괴와 전염병의 끊임없는 위협과 같은 흑사병의 주요 특징을 명쾌하게 포착하고 있으며, 블록의 체스 시합은 이를 두드러지게 암시한다. 이 영화가 제2차 세계대전과 홀로코스트의 참화와 냉전이 핵 재앙으로 이어질 것이라는 만연한 두려움에 시달리던 1950년대에 제작된 것은 우연이 아니다. 14세기 중반 유럽을 강타한 페스트의 창궐은 베리만에게 당시의 실존적 불안과 불길한 예감의 분위기에 대한 분명한 은유였다. 다른 사람들도 이러한 연관성을 발견했다. 미국의 역사가 바버라 터크먼Barbara Tuchman은 1300년대를 "폭력적이고, 괴로우며, 혼란스럽고, 고통에 시달리는, 붕괴하는 시대"로 묘사하며 "확실한 미래가 보이지 않는" 시대였다고 말한다. 그뿐만 아니라 그 시대

가 우리 자신의 문제적 시대를 반영하는 "먼 과거의 거울"이라고 주장한다.[1]

14세기와 현재 사이에는 비슷한 점이 많지만 분명한 차이점이 있다. 서유럽에서는 로마제국 쇠퇴 후 영주와 기사가 성에서 지역을 다스리는 봉건사회가 등장했다. 이 시스템은 기술 혁신을 억제했기 때문에 들판에서 땀 흘리는 대중의 생활수준은 로마 시대 이후 거의 또는 전혀 개선되지 않았다. 가톨릭교회는 신자들에게 의심 없이 교리를 받아들이도록 가르쳤을 뿐만 아니라, 교리를 벗어난 사람을 잔인하게 처벌했다. 중세 유럽인들의 머릿속에서 기독교 문명의 심장부는 여전히 남쪽과 동쪽에 있었다. 그곳은 콘스탄티노플이었으며 적어도 대중의 상상 속에서는 예루살렘이었다. 여러 교황이 기독교인들에게 무기를 들고 성지를 수복하자고 촉구했을 때 수만 명의 남성과 여성, 어린이가 열렬히 호응했다.

1300년대 초에 살았던 사람들에게는 이런 사회가 영원히 계속될 것처럼 보였을 것이다.[2] 하지만 700년을 빠르게 앞당겨 보면 유럽은 정치적, 사회적, 경제적으로 비교할 수 없을 만큼 달라져 있다. 정체된 봉건주의는 끝없는 이윤 추구와 거침없는 성장을 특징으로 하는 자본주의 시스템으로 대체되었다. 이제 대다수 사람이 마을과 도시에 살고 있다. 이 지역의 많은 곳에서 가톨릭교회의 힘은 개신교와 최근에는 세속주의의 도전에 직면하여 약화되었다. 예루살렘뿐만 아니라 콘스탄티노플과 동로마제국 대부분의 영구적 상실은 아메리카대륙의 식민지화로 이어졌고, 서방 세계의 리더로서 미국의 위상이 높아지면서 유럽의 중심은 점점 더 북쪽과 서쪽으로 이동했다.

중세 유럽의 쇠퇴와 근대 세계의 출현을 어떻게 설명할 수 있을까? 흑사병은 수 세기에 걸쳐 거대한 변화를 가져온 일련의 사건을 촉발하는 결정적인 역할을 했다. 한 역사가의 표현을 빌리자면, 흑사병은 "중세 역사의 거대한 분수령"으로 "중세가 서구 발전의 마지막이 아닌 중간 단계"가 될 수 있도록 한 사건이다.[3]

겨울이 오고 있다

약 1000년에서 1300년 사이의 시기를 역사가들은 중세 중기, 기상학자들은 중세 온난기라고 부른다. 여름이 길고 따뜻해지면서 농업 수확량이 증가했고 인구가 급증했다. 봉건사회는 증가하는 인구를 흡수했지만, 농업 생산성을 높이기보다는 더 많은 토지를 경작함으로써 이를 달성했다. 숲을 벌채했으며 습지를 메웠다. 사람들은 이전에는 농사에 적합하지 않았던 고지대로 이주했다. 영주들은 대륙의 가장자리에 있는 지역을 새로이 식민화해 했다. 예를 들어 게르만 지주 귀족인 융커Junker들은 엘베강을 건너 동쪽으로 진출했고, 폴란드 귀족계급인 슐라흐타Szlachta는 현재 우크라이나의 유라시아 대초원으로 영역을 확장했다. 인구 전반이 증가함에 따라 마을과 도시도 성장했다. 도시의 장인과 상인은 길드를 조직하여 무기와 사치품, 특히 직물에 대한 봉건 영주들의 증가하는 수요를 충족시켰다. 이 시기에 많은 고딕 양식의 대성당이 지어졌는데, 예를 들어 노트르담 대성당은 1163년에 건설이 시작되었다. 유럽에서 가장 오래된 대학은 1088년 볼로냐에 설립되었다. 이 무렵 옥스퍼드와 파리에도 대학이 생겨났다. 그러나 농업 생산성이 향상되지 않앉기 때문에 도시 인구의 절대적인 수는 증가했지만 전체 인구에서 차지하는 비율은 높아지지 않았다.

그러다가 13세기 말, 세계는 이른바 소빙기에 접어들었다. 이는 현재 인도네시아령인 롬복섬에서 그 이전 7000년을 통틀어 가장 강력한 화산 폭발로 시작되었다.[4] 대기 중으로 퍼져 나간 엄청난 양의 화산재가 태양빛을 차단했다. 여름은 더 시원하고 짧아지고 겨울은 더 길고 혹독해졌다. 그중 1315년은 유난히 혹독한 해였던 것으로 보인다. 여름 내내 거의 끊임없이 비가 내렸다. 농작물이 땅에서 썩었고 수확은 실패했다. 에드워드 2세는 8월 10일 세인트올번스에 들렀을 때 수행원들을 먹일 빵을 구할 수 없었다. 한 연대기 기록자에 따르면 포도 수확량이 너무 적어서 "프랑스 왕국 전체에 포도주가 없었다"라고 한다.[5] 또 다른 기록자는 가난한 사람들이 개, 고양이, 새 배설물, 심지어 자신의 자녀까지 먹었다고 적는다.[6] 이른바 대기근은 1317년까지 계속되었으며 북서 유럽 인구의 약 10분의 1이 이때 사망했다.[7] 그 후 수십 년 동안 기후는 더 추워졌고 수확은 몇 차례 더 실패했다.

유스티니아누스 페스트(541~549년) 이후 2세기 동안 유럽, 중동, 북아프리카에서 예르시니아 페스티스는 반복적으로 전염병을 일으켰다. 그 후 500년 이상 페스트가 발생했다는 기록은 없다.[8] 박테리아가 완전히 사라진 것은 아니었다. 중앙아시아의 산악 지역에 서식하는 게르빌루스쥐와 마못 속에서 계속 살아남았다. 기후가 변화하면서 이들 야생 설치류가 고립된 서식지로부터 다시 출현했다. 500년 만에 처음으로 페스트가 대규모로 발병할 수 있는 무대가 마련되었다.[9]

유라시아대륙 전역에 전염병이 확산한 데에는 지정학적 조건이 한몫을 했다. 13세기에 칭기즈칸과 그 후계자들은 역사상 가장 큰 제국 중 하나를 건설했다. 중국뿐만 아니라 중앙아시아 대부분과 현재의 러시아, 이란, 이라크까지 포함하는 광대한 영역이었다. 병원균이 유라시아대륙을 횡단할 수 있었던 것은 몽골이 대륙에 가져온 안정 덕분이었다. 이른바 팍스 몽골리카 시대에 극동 지역은 실크로드를 이루는 비교적 안전하고 잘 정비된 경로를 통해 흑해와 연결되었다. 마르코 폴로가 무역로를 개척하고 칭기즈칸의 손자 쿠빌라이 칸을 기독교로 개종시킨다는 희망을 품고 베네치아에서 상도上都를 향해 출발한 것도 이 무렵이었다. 폴로는 하루에 160킬로미터를 달릴 수 있는 전령, 낙타에 물품을 싣고 느리게 이동하는 상인들, 그의 앞쪽이나 뒤쪽으로 행군하는 군대 등 다양한 여행자들과 길을 공유했을 것이다.[10]

14세기 페스트에 대한 최초의 유전적 증거는 1330년대 후반 중앙아시아 키르기스스탄에서 사망한 일곱 명의 치아에서 발견된 예르시니아 페스티스 박테리아다.[11] 현재 남아 있는 역사 기록에 따르면 중국은 1331~1334년, 1344~1346년, 1350년대 내내 일련의 전염병에 시달렸다.[12] 제국의 기록에 따르면 이 전염병은 엄청난 피해를 입혔다. 1331년 허베이성 북동부에서 발생한 페스트는 주민의 90퍼센트를 사망케 한 것으로 보고되었다. 14세기 초 약 1억 2500만 명에 달하던 중국 인구는 14세기 말에는 6500만 명으로 감소했다. 전쟁과 홍수도 사망자 수에 영향을 미쳤지만 말이다.[13] 공식 기록에는 증상에 대한 설명이 없기 때문에 어떤 병원체가 이 전염병을 일으켰는지 확신할 수는 없다. 하지만 발병 시기와 높은 사망률 모두 예르시니아 페스티스를 지목하고 있다. 윌리엄 맥닐은 페스트가 14세기 중반 중국을 강타한 정치적 불안정의 핵심 요인이었다고 주장한다. 이는 칭기즈칸의 후예인 원나라의 몰락과 1368년 명나라의 등장으로 절정에 달했다.

1340년대에 예르시니아 페스티스는 실크로드를 따라 유럽으로 유입되었다.[14] 13세기 후반 제노바 상인들의 흑해 무역 기지인 카파(오늘날의 페오도시야)를 통해 대륙에 다시 흘러든 것으로 추정된다. 카파는 제노바 상인들이 서부 유라시아 대초원을 지배했던 몽골제국의 일부인 킵차크 칸국金帳汗國으로부터 사들인 무역 중계소였다. 흑사병은 몽골 영토와 지중해를 잇는 중요한 연결 고리 중 하나인 이곳에서 퍼져 나갔다. 제노바 상인들이 흑해 이북 지역에서 포로로 잡아 온 사람들을 사들여 유럽, 중동, 북아프리카로 인신매매를 하던 이 지역 최대의 노예시장이 있던 곳이기 때문이다. 1346년 가을, 몽골군이 카파를 포위하고 페스트 희생자의 시체를 성벽 너머로 투석기로 던졌을 때 이탈리아 상인들이 페스트에 감염된 것으로 대략 추정된다. 이 이야기는 공인된 사실은 아니지만 일부 학자는 이 사건을 생물학전의 첫 사례로 본다.[15] 겨울이 끝나자 제노바 사람들은 배를 타고 서쪽으로 도망치면서 전염병을 가져갔다. 흑사병은 1347년 여름 콘스탄티노플에 도착했고, 그곳에서 지중해의 모든 주요 항구 도시로 옮겨진 뒤 유럽 전역은 물론 중동과 북아프리카로 퍼져 나갔다.

1348년 봄, 페스트는 이탈리아반도를 황폐화했다. 흑사병에 대한 가장 유명한 목격담 중 하나는 피렌체 작가 지오반니 보카치오의 단편 소설집인『데카메론』의 서문에서 찾아볼 수 있다. 책은 흑사병을 피해 시골 별장에 숨어든 열 명의 부유한 젊은 남녀가 들려주는 100편의 외설적인 이야기를 담고 있다. 이들이 토스카나 시골에서 즐겁게 지내는 2주일은 이들이 탈출한 혼잡한 도시에서 벌어지는 충격적인 장면과 극명한 대조를 이룬다. 보카치오는 길거리에서 사람들이 죽어가고 집 안에서 시체가 썩어가는 등 죽음의 악취로 가득 찬 고향 도시의 모습을 묘사한다. 몇 주 만에 10만 명 이상의 주민이 사망했다는 보카치오의 묘사를 통해 비극의 규모를 알수 있다. 페스트가 창궐하기 전 그가 상상했던 피렌체의 주민 수보다 많은 숫자다. 인근 시에나의 연대기 작가인 아뇰로 디 투라Agnolo di Tura는 다섯 자녀를 모두 자신의 손으로 직접 묻어야 했던 상황을 묘사한다. 대부분의 사망자는 이처럼 존엄한 대우를 받지 못했다. 피렌체의 또 다른 목격자는 "파스타와 치즈를 겹겹이 쌓아 라자냐를 만드는 것처럼" 시신을 집단 무덤에 던져 넣고 흙으로 덮은 다음 시신을 더 넣고 흙을 덮었다고 기록했다.[16]

얼마 지나지 않아 흑사병은 14세기 대부분의 기간 동안 교황들이 유배되었던 프랑스 남부의 아비뇽에 도달했다. 시신은 거대한 새 묘지를 파서 봉헌할 때까지 론강에 버려졌다. 교황 클레멘트 6세는 주치의 기 드 숄리아크Guy de Chauliac의 조언에 따라 자신의 방으로 피신하여 두 차례 대화재 사이 기간에 아무도 만나지 않고 지냈다. 이는 프로방스의 봄과 여름에는 결코 쉬운 일이 아니었다.[17] 다행히 불길이 쥐의 접근을 막아 주었기 때문에 그는 살아남을 수 있었다 6월이 되자 흑사병은 파리, 저지대 국가들(북해 연안의 베네룩스 3국 지역), 영국에까지 퍼졌다. 이후 흑사병은 북유럽 전역으로 퍼져 나갔다. 세계 전체가 종말을 맞는 것 같았다. 흑사병으로 사망한 아일랜드 킬케니의 프란체스코회 수도사는 자신이 쓰던 연대기에 "혹시 아담의 어떤 자녀라도 이 역병에서 벗어나 이렇게 시작된 일을 계속할 수 있을 경우에"라는 메시지와 함께 페이지를 비워 두었다.[18] 그 아래에는 1349년에 쓰인 "저자가 여기서 죽은 것 같다"라는 후기가 덧붙여졌다.

보카치오의 친구이자 동료 르네상스 시인인 페트라르카는 당시 상황이 너무 끔찍해서 후세 사람들은 "우리의 증언을 우화처럼 여길 것"이라고 말하기도 했다. 하지만 사실은 그렇지 않았다. 얼마나 많은 사람이 죽었는지 정확하게 추정하기 위해 중세 인구 조사, 세금 기록, 영지 등록부를 꼼꼼히 살펴본 학자들에 의해 그 참상이 확인되었다. 이들의 연구 결과는 막대한 사망자가 나왔다는 목격자들의 증언을 뒷받침한다. 노르웨이의 역사가 올레 베네딕토브Ole Benedictow는 1346년에서 1353년 사이에 유럽 인구의 60퍼센트, 즉 8000만 명 중 약 5000만 명이 흑사병으로 사망한 것으로 추정한다.[19] 스위스 알프스에서 시추한 얼음 코어를 분석한 결과 이 시기에 납 오염이 대기에서 사라진 것으로 나타났다.[20] 흑사병 기간에는 은 채굴이 이루어지지 않았다는 말이다. 경제가 완전히 멈춘 것으로 보인다.

대부분의 사람은 얼마간 고대 그리스-로마에서와 비슷한 방식으로 주변에서 일어난 참상의 책임을 돌린 것 같다. 흑사병은 신이 내린 벌의 한 형태로 널리 이해되었지만, 무엇 때문에 내린 벌인지는 명확하지 않았다.[21] 유럽에서 가장 권위 있는 교육 기관인 파리대학의 의학 교수진은 1345년 3월 20일 오후 1시에 발생한 토성, 목성, 화성의 악의적인 결합으로 인해 이 참사가 발생했다고 주장했다. 별은 하나님의 뜻이 지상에서 실현되는 도구라고 믿었던 시대였기 때문에 이것은 전염병이 하나님의 뜻이라는 생각과 일치했다. 행성의 정렬이 어긋나면서 지진이 발생한 후 유해 가스가 방출되어 동쪽으로부터 대륙을 가로질러 퍼진 것으로 생각했다. 이러한 이해는 셰익스피어의 작품에서 잘 드러난다. 아테네의 티몬이 알키비아데스에게 금을 건네며 저주하는 말을 보자. "조브Jove(로마신화의 최고 신인 주피터를 가리킨다)가 어떤 악덕한 도시의 병든 공기 속에 그의 독을 뿌리니 온 세상이 역병에 시달릴지라."[22] 그러나 흑사병의 원인에 대해 똑같이 터무니없지만 훨씬 더 어두운 설명이 있었다.

비난 게임

1998년 독일 중부의 작은 도시 에르푸르트의 고고학자들은 어느 지하실 벽에 숨겨져 있던 30킬로그램에 달하는 보물을 발견했다. 3000개가 넘는 은화, 열네 개의 은괴, 복잡하게 장식된 은잔, 700개가 넘는 금은 장신구였다. 가장 아름다운 아이템은 지붕에 히브리어로 'Mazel Tov'라고 새겨진 고딕 양식 탑 모양의 금제 결혼반지다. 또한 유일하게 남은 중세 화장품 세트로 알려진 유물도 포함되어 있다. 귀 세정제, 족집게, 아직도 향기가 남아 있는 향수병을 제대로 갖추고 있었다.

에르푸르트 보물은 14세기 중반에 유대인 상인 칼만 폰 비헤Kalman von Wiehe가 가족과 함께 살던 집에서 발견되었다. 1349년 3월 21일, 마을의 유대인 구역이 성난 폭도들의 공격을 받기 직전에 그가 귀중품을 지하실에 숨겼을 가능성이 높다. 아마도 폰 비헤는 사태가 진정되면 귀중품을 되찾으리라 바랐겠지만 에르푸르트의 유대인 공동체 전체와 함께 살해당했을 것으로 추정된다. 그의 세속적 재산은 거의 650년 동안 발견되지 않았고, 그사이 그의 후손들은 폭력적인 억압자들에 의해 전 세계로 쫓겨 다니며 인류 역사상 가장 수치스러운 사건의 희생자가 되었다.

에르푸르트 학살은 하나의 고립된 사건과는 거리가 멀었다. 1348년 봄, 스페인 북부와 프랑스 남부에서 폭력이 난무하기 시작했다. 표면적으로는 유대인 공동체가 흑사병의 근원지라고 기독교인들이 믿었기 때문이다. 1348년 여름과 가을, 프랑스 알프스산맥의 유대인 몇 명이 우물에 독을 타서 흑사병을 일으켰다고 자백했다. 형틀에서 고문당한 후에 자백한 것이지만 말이다.[23] 비슷한 소문이 독일어권 세계로 병 자체보다 더욱 빠르게 퍼지면서 유대인 공동체에 대한 공격도 늘어났다. 이러한 음모론은 널리 받아들여진 것으로 보인다. 스트라스부르 시의회는 인근 마을들에 공문을 보내 유대인들이 우물에 독을 탔다는 소문이 사실인지 물었다. 스트라스부르시 기록보관소에 있는 열아홉 개의 답변서 중 단 하나만이 여기에 회의적인 입장을 표명했다.[24] 이것은 학살을 계속하라는 신호로 받아들여진 것으로 보인다. 1349년 발렌타인데이에 스트라스부르의 유대인 2000명은 강제로 시내를 행진한 뒤 불에 타 죽었다. 행진 동안 군중은 이들의 옷을 찢어발겼다. 옷 속에 꿰매 넣은 금을 찾으려는 기대를 품은 탓이다. 목격자들의 증언에 따르면 독일어권 전역에서 끔찍한 공격이 연이어 발생했다. 유럽에서 가장 크고 부유한 마인츠의 유대인 공동체는 첫 번째 공격을 격퇴하고 공격자 200명을 살해했다. 그러나 다음 날 폭도들은 지원군을 이끌고 돌아와 3000명을 몰살했다. 북부의 한자 마을에서는 유대인들이 입구와 창문이 막힌 집 안에 갇혀 굶어 죽었다. 남서부 에슬링겐의 유대인 공동체는 자신들의 운명을 기다리기보다 스스로 회당에 갇혀 불을 지르기로 결심했다. 필립 지글러Philip Ziegler는 "유럽 대륙을 강타한 아마도 사상 최대일 자연재해에 압도된 유럽인은 자연의 잔인함과 경쟁하듯이 자신들의 손으로 소름 끼치는 잔혹 행위를 저지르는 방식으로 대응했다. 이는 인간의 본성에 대해 호기심과 굴욕감을 가지고 성찰하게 만든다"라고 비꼬았다.[25]

1348년 교황 클레멘트 6세는 우물에 독 풀기 명예훼손에 근본적인 결함이 있음을 지적하는 교서를 두 차례 발표했다. 유럽 대륙에서 비유대인과 비슷한 수의 유대인이 죽어 가고 있었고, 페스트는 1290년 유대인 공동체를 추방한 영국에도 큰 타격을 입혔다. 교황은 유대인 공격에 가담한 사람들을 "거짓말쟁이 악마의 유혹에 넘어간 자들"이라고 비난하며 파문하겠다고 위협했다. 그러나 그의 개입이 미친 영향은 제한적이었다. 유럽에서 가장 강력한 세속 지도자였던 신성로마제국의 황제이자 보헤미아의 왕인 카를 4세는 폭력을 부추겼다.[26] 그는 트리어 대주교에게 "이미 살해되었거나 살해될 가능성이 있는" 알자스 유대인들의 재산을 제공했고, 브란덴부르크 후작에게 "다음에 유대인 학살이 발생하면" 뉘른베르크에서 가장 좋은 집 세 채를 주겠다고 약속했다.[27] 지역 정치 엘리트들도 이 상황을 이용했다. 쾰른에서는 유대인 재산이 시의회와 대주교에게 분할되었고, 그 수익금은 성당을 아름답게 꾸미고 새 시청사를 짓는 데 사용되었다. 아우크스부르크에서 외부 침입자들에게 성문을 열어 준 하인리히 포트너Heinrich Portner 시장은 유대인 고리

대금업자들에게 큰 빚을 지고 있었다.[28] 학살 이후에는 빚진 돈을 받을 사람이 아무도 남아 있지 않았다.

1351년 폭력이 잦아들 무렵까지 유럽에서 유대인들을 향한 공격은 350여 차례에 달했다.[29] 60개 대규모 공동체와 150개 소규모 공동체가 몰살당했다.[30] 전염병과 박해의 이중 타격에서 겨우 살아남은 많은 유대인은 당시까지 유대인 인구가 거의 없던 동유럽으로 피난을 떠났다. 폴란드의 카시미르 대왕은 현대의 폴란드와 리투아니아뿐만 아니라 새로 식민지로 삼은 현재의 우크라이나 땅을 포함하는 광대한 왕국에서 이주민들을 보호했다. 당시의 가십에 따르면 카시미르가 난민에게 호의적이었던 것은 그의 애첩이 에스테르카 Esterka라는 유대인 여성이었기 때문이다. 진실은 그다지 낭만적이지 않다. 그에게는 난민들이 고리대금업과 장거리 무역에 전문성을 지녔다는 점을 이용해 이득을 취하려는 욕망이 간절했던 것이다.

이민자들은 농촌 지대에 인접하여 성장하는 작은 시장 마을들에 집단 정착했다. 이후 몇 세기 동안 이런 곳은 유대인의 문화적, 지적, 종교적 삶이 번성할 수 있는 비교적 안전한 환경을 제공했다. 18세기 말이 가까워지자 폴란드-리투아니아 연방은 로마노프, 합스부르크, 프로이센 제국에 의해 삼켜졌다. 폴란드-리투아니아 유대인의 약 4분의 3은 이제 러시아에 거주하게 되었다. 처음부터 그들은 차별과 억압에 직면했다. 집단 학살을 뜻하는 '포그롬 pogrom'은 제정러시아의 유대인 집단 학살에서 비롯된 외래어다. '지붕 위의 바이올린 Fiddler on the Roof'이라는 은유는 '(지붕에서 떨어져) 목이 부러질 수 있는 (아슬아슬한) 상황에서 즐겁고 단순한 선율을 연주하려고 애쓰는' 유대인 공동체 정착촌의 위태로운 상황을 가리킨다.

브로드웨이 뮤지컬 〈지붕 위의 바이올린〉의 기반이 된 단편소설을 쓴 숄렘 알레이헴Sholem Aleichem과 제목에 영감을 준 마르크 샤갈의 그림은 20세기 초 작은 정착촌들에서 유대인의 문화생활이 계속 활발하게 이루어졌음을 증명한다.

전염병의 귀환

만일 유럽에 큰 타격을 입힌 전염병이 14세기 중반 단 한 차례만 발생했다면 유럽 사회는 몇 세대 안에 회복되어 정상으로 돌아갔을 것이다.[31] 안타깝게도 흑사병은 단순한 변칙이 아니었다. 페스트균이 중앙아시아의 산악 지대에서 유럽으로 재유입되면서 이 전염병은 이후 몇 세기에 걸쳐 반복적으로 발생했다. 문제의 균이 산악 지대의 야생 설치류 개체군에서 계속 퍼지고 있었던 탓이다.[32] 이 전염병은 반복해서 유행한 탓에 엄청난 타격을 입혔으며 결국 사회, 정치, 경제에 큰 변화를 초래했다. 1361년에 발생한 두 번째 흑사병으로 인구의 약 20퍼센트가 사망했다. 하지만 10년 전에 세상에 태어나지 않아 면역력이 발달하지 않은 어린이들의 사망률은 첫 번째 흑사병 유행 때와 비슷할 정도로 높았다.[33] 이탈리아 시인 페트라르카는 초기 흑사병이 "애도의 시작에 불과하다"라고 한탄했다. 흑사병은 14세기의 나머지 기간과 15세기 내내 몇 년에 한 번씩 재발했다. 1500년 이후에는 전염병 발생 빈도와 확산 정도가 줄어들었지만, 여전히 큰 피해를 입혔다. 이탈리아 도시의 기록을 보면 그 피해를 자세히 알 수 있다. 1629~1630년 페스트는 베네치아 인구의 3분의 1, 피아첸차 인구의 거의 절반, 베로나 인구의 거의 3분의

2를 사망에 이르게 했다.[34] 1656~1657년에는 나폴리와 제노바 주민의 절반이 전염병으로 사망했다. 연이은 전염병이 남긴 인구학적 상처는 깊고 오래 지속되었다. 인구가 1300년 수준으로 회복한 것은 이탈리아와 프랑스에서는 16세기, 영국에서는 18세기, 당시 오스만 제국에 속했던 이집트에서는 19세기가 되어서였다.[35]

이탈리아의 도시국가들은 페스트로부터 스스로를 보호하기 위한 조치를 취한 최초의 공동체였다. 1370년대부터 베네치아에 입항하고자 하는 모든 배는 인근 산라차로섬에서 보건 담당관이 승무원 하선 허가를 내줄 때까지 기다려야 했다. 시간이 지나면서 대기 기간은 40일로 표준화되었는데, 검역을 위한 격리quarantine라는 단어는 이탈리아어로 40을 뜻하는 쿼란타quaranta에서 유래했다. 이 기간은 과학적 관찰에 의한 것이 아니라 성경에서 지니는 의미에 따라 결정되었다.[36] 그럼에도 불구하고 40일은 사람들에게서 증상이 나타나는 데 걸리는 시간보다 길었기 때문에 효과적이었다. 배와 사람, 물품은 격리 기간이 끝날 때까지 항구 도시에서 멀리 떨어진 섬의 검역소에 머물러야 했다. 베네치아는 15세기 초에 최초의 영구 검역소를 건설했다. 앞에서 언급했듯이 여전히 가끔씩 발병이 있었지만 검역 격리는 효과적인 공중 보건 개입으로 받아들여져 서유럽 전역에서 채택되었다.

또 다른 주요 전염 방지책은 완충지대를 설정하여 육로 이동을 제한하는 것이었다. 이는 흑사병 당시 외부인에 대한 두려움과 의심 탓에 자경단원들이 자신들의 도시나 마을에 들어오려는 이방인들을 돌려보내는 임시방편적 행태로 시작했다. 결국 이 전략은 정규화되어 앞서의 검역 격리와 동일한 논리를 국경에도 엄격히 적용하게 되었다. 1720년 마르세유 대역병 때 도시와 내륙을 오가는 사람들을 막기 위해 쌓은 '페스트 장벽Le Mur de la Peste'의 일부는 아직도 남아 있다. 가장 주목할 만한 방역선은 합스부르크제국의 동쪽 영역에 건설되었다. 오스만제국이 지배하는 영토에서 육로로 전염병이 이동하는 것을 막기 위해서였다. 이 제국은 텐샨산맥의 마못과 게르빌리우스쥐와 훨씬 더 가깝기 때문이다. 방역선은 1710년부터 1871년까지 아드리아해에서 트란실바니아산맥에 이르는 1600킬로미터의 군사 경계선을 따라 운영되었다. 경계가 엄격했던 시기에는 동쪽에서 서쪽으로 이동하려는 사람들이 공식 국경 교차로에 위치한 격리 시설에서 48일 동안 머물러야 했다. 구금을 피하려다 적발된 사람은 총살형에 처해질 위험이 있었다.[37]

중세 후기 사회에서 검역 및 위생 구역과 같은 규제의 도입은 공중 보건 이상의 의미를 가졌다. 이전에는 정치적 권위의 대상이 아니었던 인간 생활의 영역으로 국가 권력을 확장했기 때문이다. 미셸 푸코Michel Foucault는 국가의 초점이 영토 통제에서 국민의 신체 통제로 옮겨 가는 것을 근대 세계의 핵심 특징으로 보았다(코로나19 팬데믹 기간 동안 봉쇄와 기타 이동 제한 조치는 현대 국가가 우리의 삶에 막강한 권력을 행사한다는 점을 극명하게 드러냈기 때문에 논란이 되었다).[38] 하지만 공중 보건 측면에서 보면 검역과 이동 제한 조치는 모두 효과가 있었다. 서유럽에서 마지막으로 유행했던 페스트는 18세기 전반기에 발생한 것이다. 1720~1721년 마르세유와 그 주변 지역에서 10만 명, 1743년 시칠리아 메시나에서 4만 8000명의 희생자를 냈다.[39]

주기적인 전염병 발생은 19세기 중반까지 오스만제국을 계속 괴롭혔다.[40] 그러나 예르시니아 페스티스가 중동에 가장 큰 영향을 미친 시기는 흑사병이 휩쓸고 지나간 직후였다.

새로운 야만인

1453년 오스만제국이 마침내 콘스탄티노플 공략에 성공하는 장면에 대한 기록은 마치 화려한 액션 영화의 한 장면을 보는 듯하다. 오스만튀르크 군대의 대포가 성벽을 두드렸다. 콘스탄티노플 인구의 두 배에 달하는 6만 명의 군대가 수도를 포위했다. 비잔틴제국의 마지막 황제 콘스탄티누스는 휘하에 그리스와 이탈리아 병사 수천 명밖에 없었지만 항복을 거부했다. 싸울 수 없었던 이들은 아야소피아 성당에 모여 8세기 우마이야 왕조가 공격했을 때 성모 마리아가 그랬다는 이야기처럼 콘스탄티노플을 구원해 달라고 기도했다. 결국 성벽에 구멍이 뚫리고 포위하던 군대가 밀려 들어왔다. 콘스탄티누스와 그의 측근들은 칼을 뽑아들고 적군을 향해 달려갔지만 헛수고였다. 그의 모습은 다시는 보이지 않았다. 사흘간의 약탈 끝에 술탄 메흐메드 2세는 백마를 타고 오스만의 새 수도로 입성했다.

우리가 앞에서 살펴본 것은 수 세기에 걸쳐 전염병이 로마제국을 약화하고 전염병이 퍼지기에 좋은 환경이 아니었던 제국 변경의 이른바 야만인 사회에 힘을 실어 주는 과정이었다. 중세 시대가 되자 다양한 게르만 부족과 아랍인 등 이전의 야만인들은 인구 밀도가 높고 잘 결속된 그들만의 정치 체제 속에서 살았다. 따라서 흑사병으로 인한 사망률은 대륙 전체에 걸쳐 놀랍도록 균일했으며, 중세 전염병은 고대처럼 대륙의 세력 균형을 뒤엎지 못했다. 예외는 오스만제국이 눈부시게 부상한 남동부 지역 정도였다.[41]

11세기까지만 해도 동로마제국은 많이 쇠퇴한 채로 콘스탄티노플에서 아나톨리아(지금의 튀르키예)와 발칸반도 대부분을 통치했다. 제국의 수도 콘스탄티노플은 인구 50만 명에 달하는 거대 도시로 남아 있었다. 하지만 강력한 새로운 적이 등장한 탓에 이후 200년에 걸쳐 모든 것이 바뀌었다. 민족언어학적으로 보아 튀르크족은 중앙아시아 대초원에서 유래한 것으로 보이는 목축 민족이다. 그들은 몽골의 팽창으로 인해 전통적인 방목지에서 밀려났다. 900년대 후반에 이슬람으로 개종한 튀르크인들은 11세기 셀주크 왕조 때 광대한 중동 지역을 정복했다. 여기에는 헬레니즘화된 기독교 소아시아의 많은 영역이 포함된다. 이로 인해 2000년 동안 그리스-로마 세계의 부유하고 지적으로 활기찬 일부였던 이 지역의 성격이 완전히 바뀌었다.[42]

13세기 말, 셀주크 술탄령은 튀르크의 작은 공국들, 즉 베일릭 beylik으로 분열되어 해체되었다. 비잔틴제국과 국경이 나뉘는 아나톨리아 북서부에서는 고도로 숙련된 기마 전사인 가지ghazi(튀르크계 이슬람 군인) 집단이 이웃의 기독교인들을 습격하여 재산을 약탈하고 사람을 납치하여 노예로 팔아 생계를 유지했다.[43] 오스만 제국은 13세기 말에서 14세기 초에 오스만이 이끄는 유목민 가지 집단에서 시작되었다. 오스만은 비잔틴 습격에 성공함으로써 명성과 추종자, 권력을 얻었고, 남쪽과 동쪽으로 확장하여 아나톨리아의 여러 베일릭을 지배하에 두었다.

1326년 오스만이 사망하고 나서 한 세기가 채 지나지 않아 그의 왕조는 광활한 남동부 유럽을 정복했다. 로마제국의 수도 콘스탄티노플을 점령했으며, 고대 로마제국의 마지막 흔적까지 소멸시켰다. 오스만제국의 확장은 북서부 유럽에 큰 불안을 야기했다. 많은 사람은 이를 신이 간섭한 탓으로 의심했다. 1498년 알브레히트 뒤러는 요한계시록의 여러 장면을 판화로 제작하면서 '묵시록의 네 기수' 중 둘인 전쟁과 전염병을 오스만제국의 보병군단 예니체리 janissaries 스타일로 표현했다. 비슷한 시기에 에라스뮈스와 마르틴 루터는 죄를 짓는 기독교인들을 벌하기 위해 신이 튀르크인들을 보냈다고 선언했다. 그러나 흑사병의 영향을 고려하지 않으면 기적적으로 보이는 오스만제국의 확장을 이해할 수 없다.

  1347년 제노바 상인들이 카파에서 콘스탄티노플로 페스트균을 옮겼을 당시 이 비잔틴 국가는 이미 1320년대와 1340년대 두 차례의 파괴적인 전쟁을 연이어 거치며 힘을 잃고 취약해져 있었다. 아나톨리아도 흑사병의 영향을 받았으며, 특히 인구 밀도가 높고 해안을 따라 잘 연결된 도시들이 큰 피해를 입었다. 하지만 오스만제국은 여전히 유목민이었다. 북아프리카의 탐험가이자 학자인 이븐 바투타는 14세기에 무슬림 세계를 광범위하게 여행했다. 그의 설명에 따르면 오스만의 후계자이자 1323년부터 1362년까지 오스만제국을 이끌었던 술탄 오르한Orhan은 "항상 이동 중이었으며 며칠 이상 같은 장소에 머무르지 않았다"라고 한다.[44] 이러한 이동 생활 방식은 그와 추종자들을 이 전염병으로부터 보호해 주었을 것이다. 유목민들은 정착촌이나 마을에 사는 사람들과 달리 많은 양의 곡물을 저장하거나 음식물 쓰레기를 쌓아 두지 않았기 때문에 쥐를 끌어들이지 않았다. 유목민인 튀르크인은 이웃의 정착민 비잔틴인과 발칸

반도의 슬라브인보다 전염병으로 인한 희생자가 적었을 것이다.[45]

오스만제국의 영토는 흑사병 발생 전부터 넓어지기 시작했지만, 가장 중요한—그리고 예상 밖의—정복은 그 이후에 일어났다. 1354년 오스만제국은 지진으로 피해를 입은 다르다넬스해협 서쪽의 갈리폴리 요새를 점령했다. 이를 계기로 제국은 유럽으로 확장하기 시작했다. 1360년대에는 콘스탄티노플에서 서쪽으로 240킬로미터 떨어진 아드리아노플을 점령하여 수도로 삼고 에디르네Edirne라고 불렀다. 오스만제국은 20년 만에 발칸반도의 대부분을 정복했다. 이 정복으로 동로마 황제가 통치하던 지역의 규모가 줄어들었다. 1453년 함락되기 전까지 거의 한 세기 동안 콘스탄티노플은 제국 없는 제국의 수도였으며, 비잔틴인들은 수도 주변의 작은 영토와 펠로폰네소스반도 일부만을 지배했다.

이 도시가 결국 오스만제국에 함락된 것은 그리 놀라운 일이 아니었지만, 기독교인들에게는 여전히 큰 충격을 안겨 주었다. 교황의 표현대로 오스만제국은 "그리스도교의 두 눈 중 하나를 뽑아낸 것"이었다. 다른 하나의 눈은 로마였다.[46] 오스만은 유럽의 심장부까지 확장하겠다고 위협하며 1529년 빈을 포위했고, 이후 한 세기 반 동안 군사적 긴장이 지속되었다. 오스만은 1683년에 다시 공격했지만 폴란드-리투아니아 연방과 합스부르크 왕가가 이끄는 신성로마제국 연합군에게 패배했다. 그러나 그 무렵 오스만제국의 등장은 유럽의 성격을 완전히 바꾸어 놓았다.

오스만제국은 유럽에서만 확장한 것이 아니었다. 16세기 초에는 예루살렘, 다마스커스, 메카, 메디나 등 중동과 북아프리카 대부분을 정복했다. 이들 지역은 맘루크Mamluk 술탄국이 수도 카이로를 중심으로 통치했다. 흑사병은 튀르크가 남부와 동부로 확장하는 데 다시 한 번 도움이 되었다. 이집트, 레반트, 시리아는 인구 밀도가 높고 아시아와 잘 연결되어 있었기 때문에 이 전염병으로 인해 반복적으로 큰 피해를 입었다. 유럽보다 훨씬 더 큰 혼란을 겪은 것으로 보인다. 카이로가 오스만제국에 함락된 1347년부터 1517년까지 이집트에서는 20건의 주요 페스트가 발생했다. 같은 기간 유럽에서 발생한 17건의 페스트보다 많다.[47] 인구 밀도가 높은 나일강 삼각주에서 많은 수의 농민을 잃은 탓에 술탄국의 조세 기반이 약해졌다. 맘루크 군대는 북아프리카와 중동에서 병사를 모집하지 않고 제노바 노예 상인에게서 병사를 구입했기 때문에 이 전염병의 영향을 특히 더 심하게 받았다. 흑해 북쪽의 고립된 시골 지역에서 자란 맘루크 군인들은 면역력이 낮았던 탓에 현지인보다 훨씬 더 많이 사망했다. 15세기 말과 16세기 초에 여러 차례 발생한 이 전염병으로 인해 맘루크 군인의 3분의 1 이상이 사망한 것으로 보고되었다.[48] 1510년대 맘루크 술탄국이 패배했을 당시 아나톨리아 인구의 4분의 1 이상이 유목민이었기 때문에 전염병이 오스만제국에 미치는 충격은 훨씬 적었을 것이다.[49]

오스만제국의 세력이 확장되면서 그들은 전염병 방역에서 이점을 제공했던 유목 생활을 포기했고, 다른 인구와 마찬가지로 전염병의 악영향을 받기 시작했다. 그들이 아나톨리아에서와 달리 발칸반도에서 그곳 주민들을 대체하지 못한 이유가 여기에 있을 것이다.[50] 알바니아인과 보스니아인을 중심으로 일부 공동체가 이슬람으로 대거 개종했지만 대다수는 기독교인으로 남았다. 500년 전 이 지역이 부분적으로 개종한 결과는 1990년대 유고슬라비아 전쟁으로 나타났다. 민족주의 정치인들이 비교적 관용적이고 다양한 오스만제국의 잔재를 종교적, 인종적으로 동질적인 국가로 만들고자 했던 것이다. 정통 기독교를 신봉하는 보스니아 세르비아 군대는 무슬림 보스니아인을 대상으로 대량 학살을 자행했다. 스레브레니차에서 8000명 이상의 성인 남성과 소년을 살해한 사건이 가장 악명 높다. 또 다른 유산은 무슬림이 대다수인 알바니아계 코소보 지방이 세르비아로부터 독립하려고 벌이는 지속적인 투쟁이다.

흑사병이 없었다면 오스만제국이 북쪽의 다뉴브강에서 남쪽의 예멘, 서쪽의 알제리에서 동쪽의 페르시아만까지 이어지는 광활한 영토를 빠르게 장악하는 일은 상상도 할 수 없었을 것이다. 오스만제국은 제1차 세계대전이 끝날 때까지 유럽, 북아프리카, 중동에서 계속해서 주요 강대국으로 군림했다. 그뿐 아니라 이들의 영향력은 자신들이 정복한 영역 너머까지 미쳤다. 미국 역사가 앨런 믹헤일 Alan Mikhail에 따르면 오스만제국의 확장은 극동 지역과의 무역로를 붕괴시켰고, 이로 인해 스페인과 포르투갈의 모험가들은 인도에 도달할 새로운 방법을 찾아야 했다.[51] 제노바의 무역 식민지 카파가 오스만제국에 함락되고 20년 후 제노바의 선원이던 크리스토퍼 콜럼버스가 북아메리카에 도착한 것은 우연이 아니었다. 게다가 믹헤일에 따르면 아메리카 식민지 개척은 이미 상실한 성지를 회복할 가능성이 없다는 깨달음에 대한 반응이었다.

흑사병에서 강력한 힘을 얻은 이슬람 오스만제국의 부상은 유럽에 막대한 영향을 미쳤지만, 이 병은 유럽 대륙도 내부에서 변화시켰다. 특히 북쪽 지역 사람들이 신과 관계를 맺는 방식을 근본적으로 바꾸어 놓은 것이다.

종교개혁의 샛별

친구, 가족, 이웃의 절반 이상이 갑작스럽고 고통스럽게 연이어 죽고 자신도 곧 죽을 것이라는 전망이 현실로 다가오면 자신이 사후에 어떻게 될지, 천국으로 가는 길을 가장 잘 보장하는 방법은 무엇인지 궁금해지는 것은 당연한 일이다. 기독교가 압도적으로 우세한 사회에서 특히 그렇다. 이 새로운 종교적 성찰의 분위기가 초기에 가장 두드러지게 나타난 것은 흑사병이 창궐하던 시기 중부 유럽을 떠돌아다니던 채찍질 고행자 집단에서 비롯되었다. 이들은 새로운 도시에 도착하면 시장으로 가서 상체를 벗고 날카로운 금속 가시가 달린 가죽끈 서너 개로 이루어진 채찍을 꺼내 들었다. 하나님께 죄를 용서해 달라고 빌고 참회 찬송가를 부르면서 자신들의 가슴과 등을 때렸다. 필립 지글러의 지적에 따르면 "각자 경건한 고통을 이웃보다 더 많이 받으려고 노력했고, 말 그대로 고통을 현실로 느끼지 못하는 광란에 빠져들었다"라고 한다. 한 목격자는 때때로 가시가 살에 너무 깊숙이 박혀, 이를 빼내려고 여러 차례 애써야 했다고 묘사했다.[52]

고행자들은 흑사병이 중세 유럽 사회의 타락에 대한 신의 분노에 응답하는 것이며 극적인 회개 행위가 신을 달래 주리라 믿었던 평신도들이 대부분이었다. 그들은 자신들의 행동이 신의 승인을 받았다고 주장했으며, 이는 흔히 고행 공연 중에 하늘에서 편지가 내려와 낭독되는 형식을 띠었다. 교회는 고행파를 자신들의 권위에 대한 위협으로 간주했다. 성직자가 신자와 신 사이를 중재해야 한다는 생각에 도전하고 가톨릭 신앙의 핵심이던 고해성사와 참회 등의 의식을 훼손했기 때문이다. 이 운동은 동력을 얻으면서 반체제 성직자들을 끌어들여 더욱 급진적으로 변했다. 이들은 교회의 위계 구조를 비난하고 전통을 조롱하며 예배를 방해하고 교회 재산을 파괴했다. 또한 라인란트 지역의 유대인에 대한 폭력을 선동했다는 비난도 받았다.

1349년 10월이 되자 클레멘트 6세는 더 이상 참을 수 없었다. 그는 공개 행진을 금지하고 참가자들을 파문하겠다고 위협하는 교황 칙령을 발표했다. 이는 유럽의 유대인 공동체에 대한 악랄한 공격을 중단시키려던 명령보다 훨씬 더 효과적이었다. 운동은 빠르게 사그라들었다. 그러나 이러한 고행파가 만들어진 동기는 쉽게 억누를 수 없었다. 이 고행파 행진은 흑사병 이후 종교에 대해 광범위하고 오랫동안 나타난 태도 변화를 일찌감치 충격적인 피학적 방식으로 표현한 것이었다. 기독교는 안토니우스 역병과 키프리아누스 역병 기간에 삶과 죽음에 대한 보다 매력적이고 확실한 지침을 제공했기 때문에 한때 이교를 대체했다. 이제 질병이 다시 사람들을 몰살하기 시작하면서 많은 사람이 가톨릭교회의 가르침을 거부하기 시작한 것이다.

중세 유럽에서 예수파Jesus sect는 더 이상 원칙적이고 자기희생적인 순교자들로 구성된 반란 운동이 아니었다. 예수파는 매우 부유하고 강력한 조직으로 성장했으며, 기독교인들에게 소득의 10퍼센트에 해당하는 십일조를 내도록 요구했다. 많은 사람이 죽으면서 교회에 재산을 증여했기 때문에 중세에는 서유럽 경작지의 약 3분의 1을 교회가 소유했다.[53] 교황청은 이탈리아 중부의 소국을 지배했지만, 교황은 온 대륙이 복종해야 한다고 여긴 칙령을 발표하고 기독교권을 대표하여 전쟁을 선포할 수 있는 권한을 가졌다. 14세기 중반에 가톨릭교회는 예수와 그의 추종자들이 전한 겸손, 연민, 믿음의 메시지에서 크게 멀어졌다. 이 시기에는 이교도들에게 그랬던 것과 달리 기독교의 대안이 될 신흥 종교가 없었다. 그 대신 반란은 기존 신앙 안에서 일어났다.

흑사병과 그 이후 전염병이 창궐했을 때 사람들은 위안을 얻기 위해 교회를 찾았다. 하지만 실패하는 경우가 너무 많았다. 예를 들어 영국 요크와 링컨 교구의 사제 중 약 20퍼센트가 교구에 남아 신도들을 돌보지 않고 직무를 포기했다.[54] 죽어 가는 대중에게 마지막 예식을 집전하기 위해 교구에 남아 있던 사제들은 페스트에 노출되어 사망할 가능성이 더 높았다. 많은 도시와 마을에는 가족의 죽음이라는 상실감을 극복하는 데 도움이 되는 의식을 인도할 사람이 없었다. 아비뇽의 한 목격자는 "죽어 가는 이들의 고해성사를 듣거나 성사를 집전할 사제가 없었다"라고 한탄했다.[55] 보카치오는 죽은 자들이 더 이상 "눈물, 촛불, 애도객이라는 영예를 누리지 못한다"라고 한탄했다.

흑사병 이전에도 교회의 권력과 부는 영적인 측면보다는 개인적 출세에 관심을 가진 사람들을 사제직으로 끌어들였다. 이제 너무 많은 성직자가 사망하자 교회는 이들을 대체하기 위해 성직 진입 요건을 완화할 수밖에 없었다. 그 결과 경험이 부족하고 심지어 부적합한 사람들이 다수 사제직에 유입되었다.[56] 14세기 후반 문헌에 묘사된 성직자의 모습은 이들이 얼마나 존중받지 못했는지 보여 준다. 보카치오의 『데카메론』에서는 사제, 수도사, 탁발수도사, 심지어 수녀까지 성관계 기회가 있는 온갖 장소를 찾아 배회한다. 제프리 초서의 『캔터베리 이야기』는 영국 사회, 무엇보다도 교회를 풍자한다. 기도보다는 좋은 말을 타고 사냥을 즐기는 수도사, 청빈을 서약했지만 사치스러운 생활비를 충당하기 위해 가난한 과부들의 돈을 즐겁게 챙기는 수사 등 게으르고 탐욕스러운 성직자의 모습을 그리고 있다.

가톨릭교회는 사람들의 영적 필요를 충족시키는 데는 실패했지만, 신자들의 실존적 불안을 이용해 수익을 창출하는 데는 성공했다. 1350년대부터 교황의 명령에 따라 연옥에서 보내는 시간을 줄여 천국행을 앞당길 수 있는 종잇장인 면죄부 판매를 장려했다.[57] 예를 들어 시기심을 품은 죄인이 철사로 눈을 꿰매는 단테의 연옥 묘사를 믿는다면 면죄부 구매는 매우 좋은 거래처럼 보였을 것이다. 그러나 분명히 많은 사람이 교회의 동기를 의심했다. 초서의 면죄부 판매인은 "탐욕은 만악의 근원"이라는 주제로 설교하고 다니지만 모든 등장인물 중 가장 타락한 인물이다. 그는 청중에게 교황이 자신에게 부여한 힘 덕분에 양의 어깨뼈를 포함한 가짜 유물로 가장 극악한 죄를 제외한 모든 죄를 용서할 수 있다고 말한다. 연설이 끝나면 면죄부 판매인은 신도들에게 다가가 현금을 내고 죄를 면하라고 권유한다. 그는 군중에게 자신의 관대한 제안을 이용하지 않는 사람은 사면받을 수 없을 만큼 끔찍한 죄를 지었다고 이웃들이 생각할 것이라는 점을 상기시킨다.

가톨릭교회가 페스트의 트라우마에 효과적으로 대응하지 못하자 사람들은 다른 구원 수단을 고민하기 시작했다. 이전에도 가톨릭 교회의 권위와 가르침에 대한 도전은 있었지만, 흑사병이 발생하기 전까지 그러한 생각은 광범위한 지지를 얻지 못했다. 옥스퍼드대학의 사제이자 신학자인 존 위클리프John Wycliffe는 1320년대에 태어나 14세기 후반에 종교적 정통성과 교회의 부패에 반대하는 반란의 선봉에 섰다. 그는 복음을 전하고 가난한 이들을 위로할 시간이 없는 교구 사제들과 지상에서 하나님의 대리자라고 자처하는 교황을 겨냥했다. 위클리프는 교회가 성경 말씀에서 멀어지고 있다고 비판했다. 그는 미사에 참석하고, 죄를 회개하고, 성인에게 기도하고, 면죄부를 사는 등 교회가 장려하는 많은 행태에 성서적 정당성이 없다고 주장했다. 위클리프는 성직자가 평신도와 신과의 관계를 중재할 필요는 없으며, 오히려 성경만이 성직자가 어떻게 행동해야 하는지에 대한 신뢰할 수 있는 유일한 지침이라고 주장했다. 사람들은 라틴어를 모를 경우 모국어로 성경을 공부하고 하나님의 메시지가 무엇인지 스스로 결정해야 한다는 것이다. 위클리프는 1382년 라틴어로 된 불가타 성경(가톨릭교회의 공인 성경. 성 히에로니무스가 405년경 히브리어 성서를 라틴어로 완역했다)을 중세 영어로 최초로 번역하는 데 중요한 역할을 했다.

물론 위클리프의 비정통적 견해는 교회로부터 비난받았지만, 영국 정치 지도층은 그를 후원했다. 권력과 돈을 놓고 로마 교회와 투쟁하는 데 유용한 도구로 보았던 것이다. 위클리프의 활기차고 효과적인 설교는 추종자들을 움직여 영국 전역에 성경의 메시지를 전파하게 했다. 그의 지지자는 '롤라드Lollard'로 알려지게 되었다.[58] 흥미롭게도 『캔터베리 이야기』에서 긍정적 시각으로 묘사된 유일한 종교적 인물은 목사이며, 그가 롤라드인 것으로 보인다. 초서는 그를 "아마도 가난하겠지만 생각이 깊고 행위가 거룩하며 (…) 가장 신실한 방식으로 그리스도의 복음을 전한 사람"으로 묘사한다.

위클리프가 사망한 지 30년이 지난 1415년, 콘스탄츠 공의회는 그를 이단으로 선언했다. 그리고 위클리프의 저작물 사본을 폐기하고 축성된 땅에 묻힌 그의 유해를 없애라고 명령했다. 뒤의 명령은 1428년에야 이행되어 위클리프의 시신을 파내 불태웠다. 보헤미안 설교자 얀 후스Jan Hus를 비롯해 위클리프 추종자 다수는 운이 좋지 않아 콘스탄츠에서 산 채로 화형을 당했다. 그러나 가톨릭교회의 강경한 대응은 이러한 초기 개신교 사상을 억누르지 못했다. 위클리프의 유골은 가장 가까운 개울에 뿌려졌는데, 17세기의 한 작가는 이를 다음과 같이 기록했다. "유골은 이 개울을 통해 에이번강으로, 에이번 강에서 세번강으로, 세번강에서 좁은 바다로, 다시 대양으로 이동했다. 따라서 위클리프의 유골은 그의 교리의 상징이 되었고, 지금은 전 세계에 전파되었다."[59]

우리는 종교개혁이 1517년 마르틴 루터Martin Luther라는 젊은 수사가 요한 테첼Johann Tetzel의 공격적인 면죄부 마케팅에 혐오감을 느낀 후 독일 중부 비텐베르크의 교회 문에 「95개조 논제」를 못 박아 내걸면서 시작되었다고 배운다. 그러나 이 익숙한 이야기는 가톨릭교회를 비판하는 루터의 핵심 주장이 150년 전 위클리프가 흑사병을 계기로 제기한 문제와 동일하다는 사실을 간과한다. 교구 사제의 탐욕뿐 아니라 부적절성과 부도덕성, 교황권과 교회 계층 구조의 불법성, 성경의 우월성 등이 그런 예다. 그렇다면 위클리프는 '종교개혁의 샛별'로만 알려져 있고 루터는 종교개혁의 아버지, 어머니, 산파처럼 묘사되는 이유는 무엇일까?

한 가지 요인은 이단 사상에 대한 접근성이 좋아졌다는 점이다. 위클리프가 살아 있을 당시 독서는 교육받은 소수 엘리트의 전유물이었다. 필경사들이 원고를 수작업으로 일일이 베껴야 했기 때문에 사본 만들기는 힘들고 비용이 많이 드는 일이었다. 그러던 중 15세기 중반 요하네스 구텐베르크가 인쇄기를 발명했다. 노동력 절감 장치의 사용 증가는 흑사병과 연이은 페스트 발생으로 인한 어려움에 대한 직접적인 대응이었다. 노동력이 너무 적어 노동집약적 공정이 불가능해졌기 때문이다.[60] 인쇄된 팸플릿은 이전에는 상상할 수 없었던 많은 사람과 비교적 빠르고 저렴하게 소통할 수 있는 방법을 제공했고, 독일 작은 마을의 무명 수사가 반가톨릭 메시지를 유럽 전역의 방대한 청중에게 전파할 수 있게 했다. 루터의 팸플릿에는 투박하고 풍자적인 목판화 이미지가 첨부되어 문맹률이 높았던 시대에 그의 사상을 최대한 많은 청중에게 전달할 수 있었다. 루터는 16세기의 베스트셀러 작가 중 한 명이었다. 1521년까지 30만 권의 팸플릿과 책이 인쇄되어 배포되었고,[61] 30년 후에는 그 수가 310만 권에 달했다.[62] 인쇄술이 개신교 확산에 미친 영향은 너무나 중요해서 루터가 "하나님의 최고이자 가장 극단적인 은혜의 행위"라고 언급했다고 전해질 정도다.[63]

흑사병 이후 대학의 성장은 새로운 지적 정신을 고취해 종교개혁의 토대를 마련하는 데도 도움이 되었다. 1348년 이전까지 유럽의 고등 교육은 파리와 볼로냐에 있는 대학에서 주도해 왔으며, 이곳에 유럽 전역의 학생들이 모여 라틴어로 공부했다. 페스트는 모순되는 영향을 미친 것으로 보인다. 처음에는 경험 많은 학자들이 대거 사망하고 잠재적 학생 풀이 크게 줄어들면서 큰 타격을 입었지만, 페스트가 학문과 교육받은 성직자 공급에 미치는 영향을 우려한 부유한 후원자들이 유럽 전역의 대학에 기부했다.[64]

유대인에 대한 공격을 장려하기 위해 많은 노력을 기울였던 신성로마제국 황제 카를 4세는 "전염병으로 인한 광기 어린 분노가 전 세계에 걸쳐 귀중한 지식을 억압하고 있다"라며 심각한 우려를 표명했다.[65] 그는 1348년 프라하대학(현재 카를로바대학)을 설립하고 이후 5년 동안 다른 다섯 개 교육기관에 황실 인가를 내렸다. 흑사병 발생 전까지 유럽의 라인강 동쪽과 알프스산맥 북쪽에는 대학이 없었다. 흑사병 창궐 후 프라하뿐만 아니라 1364년 크라쿠프, 1365년 빈, 1367년 퓐프키르헨(오늘날 페치), 1386년 하이델베르크에 다섯 개 대학이 설립되었다. 모두 현재 폴란드, 오스트리아, 헝가리, 독일에서 가장 오래된 대학이다. 흑사병 발생 후 5년 동안 케임브리지에는 곤빌 앤드 키즈Gonville & Caius, 트리니티 홀Trinity Hall, 코퍼스 크리스티Corpus Christi 등 세 개 단과대학이 신설되어 전체 단과대학 수가 두 배로 늘어났다.[66] 이 새로운 대학과 단과대학의 설립 인가서에는 흑사병의 폐해가 언급되어 있다. 심지어 1441년에 설립된 케임브리지대학 킹스 칼리지도 정관에서 지난 세기의 참상을 언급하고 있다.

(학자, 변호사, 의사뿐 아니라) 새로운 세대의 신학자들은 파리나 볼로냐의 범유럽인 집단이 아닌 모국에서 자국민들과 함께 교육을 받았다. 위클리프는 옥스퍼드에서 공부하여 베일리얼대학 학장이 되었고, 후스는 자신이 다니던 프라하 카를대학 학장이 되었다. 루터는 에르푸르트대학(1379년 설립)에서 공부한 후 인근 비텐베르크대학의 신학 교수가 되었다(1501년). 이러한 교육기관은 개별 국가의 지식인들이 가톨릭교회에 대해 점점 더 비판적인 태도를 가질 수 있는 환경을 제공했다.[67]

특히 북유럽의 많은 정치 지도자와 국민이 종교개혁 사상을 받아들여 로마의 권위를 거부하기 시작했다.[68] 개신교의 확장은 16세기와 17세기의 가장 중대한 분쟁에서 중요한 요인이었다. 하지만 개신교의 이름으로 벌어진 많은 전쟁의 동기는 교리 문제 못지않게 로마로부터 정치적, 경제적 권력을 빼앗을 수 있다는 전망에 있었으며 때로는 이것이 더 큰 몫을 차지했다. 영국의 헨리 8세가 1530년대에 가톨릭교회와 결별하기로 결정한 이후 한 세기 반 동안의 투쟁은 영국 내전(1642~1651)과 명예혁명(1688)으로 절정에 달했다. 독일어권 국가에서는 개신교를 믿는 군주나 대공들과 가톨릭을 믿는 합스부르크 왕가 신성로마제국 황제 간의 갈등이 30년전쟁(1618~1648)의 원인이었다. 이 기간 동안 중부 유럽 일부 지역에서는 분쟁, 기근, 질병의 복합적인 영향으로 인구의 최대 40퍼센트가 사망했다.[69] 개별 군주가 자국의 종교를 선택할 수 있도록 결정한 베스트팔렌 평화조약은 분쟁을 종식시켰을 뿐만 아니라 가톨릭 교회의 지고한 정신적 권위를 무너뜨렸다. 다음 장에서 살펴보겠지만 서유럽에서 박해를 피해 탈출한 개신교, 특히 백인 앵글로색슨 개신교는 영국의 북미 식민지와 그 이후 미국에서 지배적인 세력이 되었다. 현재 개신교는 전체 기독교인의 37퍼센트를 차지하며, 전 세계 개신교 인구는 8억 명이 넘는다.[70]

종교개혁의 가장 큰 영향은 서유럽 사람들의 사고방식에 있었다. 위클리프와 마찬가지로 루터의 궁극적인 메시지는 각 개인이 성경을 읽고 스스로 결론을 내려야 한다는 것이다. 이는 기독교에 대한 교회의 유권해석에 무의식적으로 순종하는 것에서 벗어나 개인의 비판적 능력을 강조하는 방향으로 초점을 옮겼다. 결국 일부 사람이 성경을 읽기 시작한 뒤 그 내용을 통째로 거부했다. 대신 그들은 이성과 관찰을 통해 세상을 설명하려고 했다. 이런 의미에서 흑사병이 촉발한 실존적 의문은 개신교의 부상으로 이어졌을 뿐만 아니라 세속주의 출현의 길을 열었다.

흑사병과 자본주의의 정신

중세 서유럽을 지배했던 봉건제도의 주요 특징을 이해하려면 조지 R. R. 마틴George R. R. Martin의 소설 『얼음과 불의 노래』나 이를 HBO에서 각색해 제작한 〈왕좌의 게임〉만 봐도 된다. 철 왕좌를 차지한 자는 웨스테로스 대륙의 다른 대가문 가운데 적어도 일부의 도움과 지원을 받아야만 일곱 왕국을 통치할 수 있으며, 각 가문은 자체적으로 성과 군대를 보유하고 있다. 왕이나 여왕은 동맹 귀족 가문이 '무릎을 꿇는' 대가로 광대한 영토의 통제권을 부여하는데, 이는 전쟁이 일어났을 때 충성심과 군대를 제공하겠다는 약속을 표시하는 제스처다. 그런 다음 대영주는 예컨대 볼튼Bolton 가문이나 프레이Frey 가문 같은 소영주에게 작은 땅을 지배할 권리를 주고 이들은 그 대가로 군대 양성에 도움을 주어야 한다. 온라인 포럼에서 한 팬이 웨스테로스의 사회 구조에 대해 질문했을 때 마틴은 다음과 같이 답했다. "봉건제입니다. 영주에게는 가신이 있고, 가신에게도 가신이 있으며, 때로는 가신의 가신이 또 가신을 둘 수 있는데, 최소한의 자격은 친구 다섯 명을 부양할 수 있는 사람까지입니다"라고 답했다.

피라미드의 맨 아래에는 농노가 있다. 농노는 스토리 전반에 걸쳐 벌어지는 수많은 전투에서 용의 불에 타거나 좀비에게 학살당하지 않는 한 〈왕좌의 게임〉에서 거의 보이지 않는다. 실제 봉건제에서 농노는 인구의 대부분을 차지하며 식량 생산이라는 가장 중요한 기능을 수행한다. 농노는 봉건 영주와 상호적 관계에 묶여 있었다. 농노는 토지를 경작하고 공유지에서 가축을 방목할 수 있는 권리를 부여받지만, 그 대신 생산물의 일부를 영주에게 바치고 영주의 사유지에서 일정 시간 무상 노동을 해야 했다. 농노는 노예가 아니다. 농노는 영주의 영지에서 자신이 원할 때 자유롭게 떠날 수는 없지만, 팔릴 수 있는 재산은 아니었다.[71]

유럽인 대부분의 생활수준은 로마제국 시대 이후 거의 변하지 않았다. 미국의 역사가 로버트 브레너Robert Brenner의 지적에 따르면 봉건제도는 경제 침체로 이어지게 마련이다. 이윤 극대화는 봉건 농노나 영주 모두의 이익에 부합하지 않기 때문이다.[72]

농노들의 최우선 과제는 생존에 필요한 식량을 충분히 생산하는 것이었다. 그 결과 농노들은 위험을 회피하는 생계 전략을 채택했다. 농노들의 땅은 여러 밭에 분산되어 있어 수확물 전체가 한꺼번에 손상될 위험이 적었다. 또한 다양한 작물을 재배했기 때문에 한 작물이 실패하더라도 식량은 충분했다. 농노는 토지에 대해 시장 가격으로 임대료를 지불할 필요가 없었기 때문에 경쟁이라는 압력을 받지 않을 수 있었다. 이것은 농노가 상거래에 전혀 관여하지 않았다는 이야기가 아니다. 농노는 잉여 농산물이 있으면 팔거나 물물교환을 했다. 하지만 농노는 조직적으로 농사를 지어 가능한 한 많은 농산물을 생산해 시장에 판매하려 하지는 않았다.

농노는 영주의 주요 수입원이었다. 영주들은 잉여 농작물을 팔아 성을 짓고 병사를 고용하고 무기를 구입하는 등 군사력을 강화하는 데 그 수익금을 사용했다. 이는 영주의 유일한 합리적 전략이었다. 농노를 통제하고 약탈자와 정복자로부터 영지를 방어해야 했기 때문이다. 영주들은 또한 자신의 지위를 과시하고 지지자들에게 보답하고 추종자를 확대하는 데 사용할 수 있는 사치품에 잉여 수입을 지출했다. 그러지 않고 농업 생산성을 향상시키는 기술에 투자하는 것은 엄청나게 위험한 일이었을 것이다. 영주들이 다들 군대를 양성하고 성을 짓는 데 돈을 쓰는 봉건사회에서 부유하지만 무력이 빈약한 영주는 매우 유혹적인 표적이 되었을 것이다. 〈왕좌의 게임〉 비유를 계속하자면 스노 가문이 모든 수입을 농업 혁신에 투자했다면 단기적으로 부유해졌을지 모르지만, 중기적으로는 성을 유지하고 군 장비를 갖추며 추종자들을 만족시키는 데 돈을 쓴 호전적인 가문으로부터 북부를 방어할 수 없었을 것이다.

심지어 10~11세기에도 장인 생산자와 상인 중개인은 자본주의의 필수 요소인 시장 경쟁에 완전히 노출된 적이 없었다. 이 시기는 유럽 영주들의 무기와 사치품 수요를 충족시키기 위해 저지대 지역과 이탈리아 북부에 거대한 산업 및 상업 도시가 생겨났던 때인데도 그랬다. 장인들은 길드를 조직하여 특정 분야에서 일하는 사람 수를 제한하고, 표준을 강제하며, 생산량을 제한하여 가격을 안정적으로 유지했다. 이와 마찬가지로 상인들은 영주, 군주, 왕에게 로비를 벌이는 회사를 설립했다. 특별한 거래 특권을 부여하고 경쟁을 제한하는 허가장을 얻기 위해서다. 길드와 기업은 농업 생산성 정체와 함께 마을의 규모와 비농업 노동력을 제한하는 역할을 했다. 중세 내내 서유럽 대부분 지역에서 전체 인구 대비 비농업 일자리에 종사하는 인구 비율은 증가하지 않았다. 그리고 인구 1만 명 이상의 도시에 거주하는 인구는 10퍼센트에서 12퍼센트로 증가했다.[73]

유럽은 어떻게 정체된 봉건 체제에서 애덤 스미스가 『국부론』에서 묘사한 역동적인 자본주의 사회로 변모할 수 있었을까? 즉 개인이 이윤 극대화에 몰두하고 개인의 경제적 이기심이 시장의 보이지 않는 손에 의해 경제의 지속적 성장으로 이어지는 사회 말이다. 독일 사회학자 막스 베버Max Weber에 따르면 이러한 사고방식 변화는 종교개혁 덕분이다. 그는 이른바 프로테스탄트 윤리가 자본주의 정신과 '선택적 친화성'을 가진다고 주장한다. 열렬한 가톨릭 신자들은 1000년 넘는 기간 동안 수도원에 스스로를 가두어 두었다. 이와 달리 독실한 개신교 신자들은 금욕주의적 이상을 일상생활에 적용하여 열심히 일하고 돈을 저축했다. 이러한 변화는 봉건제에서 자본주의로 전환하는 데 중요한 역할을 했다. 이 논리를 비판하는 사람들은 다음과 같이 지적했다. 어떻게 자신을 부인하는 금욕주의가 개인적 차원에서는 끊임없는 이윤 추구로, 사회적 차원에서는 지속적인 경제성장으로 이어지는지를 그의 이론은 제대로 설명하지 못한다는 것이다. 존 메이너드 케인스John Maynard Keynes는 『화폐론』(1930)에서 다음과 같이 썼다. "검약" 또는 "단순한 금욕만으로는 도시를 건설하거나 둑을 쌓는 데 충분하지 않다." 오히려 그는 "세계의 부를 건설하고 개선하는 것은 기업"이며, "기업을 움직이는 엔진은 검약이 아니라 이윤"이라고 주장한다. 그렇다면 자본주의 또는 기업의 정신인 이 중단 없는 역동성은 어디서 왔으며 어떻게 봉건주의를 대체할 수 있었을까? 그 해답을 찾기 위해서는 중세 유

럽이 페스트와 그 후의 전염병 발생으로 인한 인구 폭락에 어떻게
대응했는지 살펴봐야 한다.

인구의 절반 이상이 사망하면서 봉건제도에 위기가 닥쳤다. 영
주의 경제 상황은 흑사병 이전보다 훨씬 더 악화되었다. 영주에게
농산물과 노동력을 제공할 농노가 훨씬 더 적었기 때문이다. 영주
가 잉여 농산물을 팔아도 인구가 줄어들어 수요가 감소했기 때문에
가격은 흑사병 이전보다 훨씬 낮게 책정되었다. 따라서 영주들은
생계를 유지하기 위해 필사적으로 농노들로부터 더 많은 것을 쥐어
짜내려 했다.[74] 동시에 농민들은 일손이 부족하고 경작 가능한 토지
가 남아돈다는 상황을 잘 이용해 더 나은 조건을 요구했다. 이 투쟁
은 대륙 전역에서 다양한 방식으로 전개되었다.[75]

영주들이 광활한 대초원 지역을 식민지로 삼았던 중세 중기의
동유럽을 보자. 흑사병이 발생하기 전 농민들은 봉건적 부역에서
자유로웠다. 지주들은 농민들에게 매우 유리한 조건을 제시할 때만
자신의 영지에서 살도록 설득할 수 있었다. 흑사병 이후 농민 숫자
가 점점 더 부족해지자 영주들과의 투쟁이 장기화되었다. 결국 동
유럽 농민들은 패배했다. 이 지역에 새로 도착한 데다 그때까지 거
의 억압받지 않았기 때문에 정치적 조직이 결성되지 못한 탓이다.
폴란드와 프로이센 귀족들은 16세기 초 자신들의 영지에 농노제를
그럭저럭 강제할 수 있었으며 19세기까지 이 제도를 유지했다.

프랑스의 영주들은 인구 감소에 대응하기 위해 절대주의 국가
를 건설했다. 지방에 분산된 봉건적 부과금 대신 농민을 대상으로
전국적인 보편적 세금을 걷어 수입을 조달하는 체제다. 이는 농노
가 더 나은 조건이나 자유를 얻기 위해 영주들을 서로 경쟁시킬 만

한 수단이 없어졌다는 뜻이다. 그러나 프랑스 농민들은 여전히 생계 유지에 필요한 작은 토지를 소유할 수 있었기 때문에 봉건 농노로서 계속 활동하며 위험을 회피하는 방식을 유지했다. 흑사병 이후 영주와 농민 간의 갈등으로 인해 봉건제가 소멸하고 자본주의로 전환한 곳은 영국이었다.

영국은 당시 유럽의 다른 어느 곳보다 중앙집권적인 봉건국가였다. 1066년 노르만디공公 윌리엄과 그의 추종자들이 기존 봉건 지배층을 거의 완전히 대체하며 정복한 데 따른 유산이다. 영국 특유의 강력한 국가성을 드러내는 한 가지 특징은 모든 영주와 자유민이 왕실 법정의 관할권을 따라야 한다는 관습법 제도였다(그러나 자유민이 아닌 농노는 봉건 영주가 관리하는 법원에 탄원해야 했다). 다른 하나의 특징은 영주와 기사들이 모여 중요한 주제를 논의하고 법을 제정하는 의회Parliament였다. 이 제도는 영국에서 봉건 영주와 농노 간의 투쟁이 비정상적인 결과를 빚은 이유를 설명해 준다.

흑사병이 발생하자 봉건 영주들은 의회를 이용해 농누의 사회적, 지리적 이동을 제한함으로써 자신들의 통제권을 유지하려고 했다. 1349년 초, 국가는 임금과 물가를 1347년 수준으로 고정하고 농노가 전염병 이전에 속해 있던 장원이 아닌 다른 곳에서 거주하거나 일하는 것을 불법으로 규정하는 법령을 발표했다. 처음에는 법 위반에 대한 처벌이 벌금에 그쳤지만 1360년대 초에 벌칙이 강화되었다. 이는 이전 법안이 원하는 효과를 거두지 못했음을 나타낸다. 더 높은 임금을 요구하거나 더 나은 조건을 제시하는 다른 영지로 이주한 농민은 이제 투옥시켜 이마에 '불충실falsity'을 뜻하는 'F' 자 낙인을 찍을 수 있었다.[76] 1363년 의회는 사회 각 계층이 입을 수

있는 옷의 종류와 심지어 먹을 수 있는 음식까지 규정한 사치금지
법Sumptuary Law을 발표했다. 이러한 규칙은 강제력이 없었지만(『캔터베리 이야기』의 순례자 대다수도 허용된 것보다 더 화려한 옷을 입었다), 그러한 법이 필요하다고 생각했다는 사실은 영주들이 새로 부자가된 평민들의 과시적 소비에 위협을 느꼈다는 것을 나타낸다.

농노를 구속하려는 봉건 영주들의 노력은 많은 분노를 불러일으켰고, 1381년 농민 반란으로 폭발했다. 전국 곳곳에서 농노들은 주인을 공격하고 그들의 의무를 기록한 장원 기록을 불태웠다. 군중은 수도 런던으로 행진하여 매춘 업소를 불태우고 캔터베리 대주교의 목을 자르고 런던탑을 습격하는 등 대혼란을 일으켰다. 표면적 이유로는 백년전쟁 자금을 마련하기 위해 부과된 일련의 인두세에 반발한 것이었다. 그러나 근본적으로는 흑사병 이후 인구 붕괴로 인한 기회를 농민들이 이용하지 못하도록 막으려는 국가의 총체적인 노력에 반발한 것이었다. 위클리프의 영향을 받은 급진적 성직자들이 반란을 부추기는 데 중요한 역할을 했다. 그들의 발언은 반란의 급진적 성격을 증언한다. 그중 가장 유명한 사람은 존 볼John Ball이다. 그는 런던 남동부의 블랙히스에서 군중에게 설교했다. 그는 "아담이 힘써 일하고 이브가 실을 자았을 때 당시에 귀족이 어디 있었습니까"라고 질문한 후 봉건제도의 불의에 대해 "태초부터 모든 인간은 본질적으로 똑같이 창조되었으며, 우리의 속박이나 노예 상태는 못된 사람들의 부당한 압제에 의해 도입되었다"[77]라고 비난했다.

결국 농민 봉기는 봉건 영주들에 의해 잔인하게 진압되었지만, 토지는 지나치게 남아돌고 농업 노동력은 너무 부족하여 사회

적, 경제적 변화의 흐름을 막을 수 없었다. 절망에 빠진 영주들은 결국 서로 협력을 멈추고 농노를 차지하기 위해 서로 경쟁하기 시작했다. 농노들은 법적으로 묶여 있던 영지를 떠나 가장 좋은 조건을 제시하는 곳이면 어디든 정착했다. 15세기 중반에 이르러 대부분의 영국 농노는 영주에게 지는 부담이 훨씬 낮아졌다. 더 나아가 그들은 자유를 얻었다. 심지어 임차 조건을 명시한 장원 영지문서 사본까지 받았다. 영국의 농노해방은 돌이킬 수 없었는데, 농민들은 이제 자유인이 되어 왕립 법원에 가서 새로운 소작 계약 조건을 시행하도록 만들었기 때문이다. 이로 인해 영주들에게는 큰 문제가 생겼다. 이미 소작료를 적게 내는 소작농의 숫자가 줄어들었을 뿐만 아니라 앞으로 더 많은 소작료를 거둘 가능성도 없어졌기 때문이다. 영주들은 소작농이 사망하면 소작권이 상속인에게 동일한 조건으로 자동 승계되지 않도록 왕실을 설득하여 상황을 수습했다. 이는 시간이 지나면서 영주가 시장에서 결정된 요율로 농업 생산자에게 토지를 임대하는 제도로 이어졌다.

이 새로운 경제 환경에서 토지를 임대할 여력이 있는 계층은 위험을 회피하는 생계 방식을 버리고 이윤을 극대화하는 방식을 채택한 자유농민들밖에 없었다. 대다수는 이러한 변화를 따라잡지 못했고, 그 후 몇 세기에 걸쳐 땅 없는 처지가 되었다. 결정적으로 신석기 혁명 이후 처음으로 대부분의 인구가 농작물을 직접 재배할 수 없게 되었다. 식량과 기타 필수품을 살 돈을 벌기 위해 다른 사람을 위해 일하는 것 외에 다른 선택의 여지가 없었다. 하지만 소수의 전직 농민들은 농업 자본주의로 전환한 덕분에 큰 혜택을 받았다. 그들은 최신 기술을 사용하고 가장 수익성 높은 작물을 특화 재배했으며, 인건비를 최소화한 채 이윤을 극대화하며 농산물을 판매했다. 흑사병 당시 20에이커였던 평균 경작지는 비효율적인 생산자들이 밀려나면서 1600년경에는 60에이커로 증가했다. 그러나 이보다 훨씬 더 넓은 토지를 소유하는 것이 일반적이었고 100에이커 넘는 농장이 영국 경작지의 70퍼센트를 차지했을 정도다.[78] 상업 마인드를 가진 새로운 계층의 자작농 yeoman은 가축에 투자하여 가축으로 수레를 끌고 땅을 갈며 비료를 만들었다. 그들은 지역 토양과 기후에 적합한 작물을 재배하고 수확량을 높이기 위해 돌아가며 다른 작물을 심는 윤작 방식을 사용했다. 남의 땅을 빌려 경작하는 이 임차농 tenant farmer들 간의 경쟁은 역동적이고 지속적인 생산량 증가라는 새로운 패턴을 만들어 냈다. 제2의 농업혁명이라 할 수 있을 정도였다.

이러한 변화의 영향은 여전히 봉건사회로 남아 있던 프랑스와 영국을 비교해 보면 명확히 알 수 있다. 영국의 농업 생산성은 1500년에서 1750년 사이에 50퍼센트 증가했다. 프랑스에서는 같은 기간 생산성이 감소했다. 인구 증가로 인해 점점 더 좁은 토지에서 생계를 유지해야 했기 때문이다.[79] 16세기 동안 영국은 일련의 흉작을 경험했지만 1597년 이후에는 큰 위기가 없었다.[80] 프랑스는 1693년과 1709년에 기근이 발생하여 전체 인구의 10퍼센트인 200만 명이 사망했다.[81] 이 시기에 이미 농업혁명을 겪은 뒤인 영국은 영향을 받지 않았다. 농민들이 가능한 많은 식량을 생산하는 데 초점을 맞추고 있었기 때문이다.

농업 자본주의의 출현으로 영국 사회는 신석기 혁명 이후 처음으로 인구의 급증과 급락이 반복되는 맬서스식 순환에서 벗어날 수 있었다.[82] 식량 생산이 크게 증가하면서 급속히 도시화되는 인구를 농촌이 먹여 살릴 수 있게 되었다. 영국에서 도시에 거주하는 인구 비율은 1500년에서 1750년 사이에 거의 네 배 증가해 23퍼센트로 늘어난 반면, 프랑스에서는 거의 변화가 없었다.[83] 17세기 후반에 영국의 농업 생산성 증가는 식량 가격이 하락하고 인구 대부분의 임금이 상승하는 결과를 낳았다. 사람들은 생필품 이외의 소비에 더 많은 돈을 쓸 수 있었고, 소비재 시장이 크게 확대되었다. 그 결과는 엄청났다. 천연자원이 풍부하고 교통이 편리한 곳에 섬유 제조 클러스터가 발달하기 시작했고, 이러한 클러스터는 산업 단지와 도시로 성장했다. 그러나 영국 대중의 가처분소득 증가는 훨씬 더 먼 곳에도 영향을 미쳤다. 원면과 설탕, 담배 및 기타 상품에 대한 수요 증가는 유럽의 식민지 확장과 대서양 노예무역 출현에 기여했다. 새로 정복당한 민족에게 그 영향은 치명적이었다.

5장

식민지 시대

침략을 위한 최고의 무기

"유럽 제국주의자들은 자기 자신과 자신들의 종교, 관습에 대한 자기애가 병적으로 강했으며 성질이 급한 데다 큰 칼을 지니고 다녔는데 왜 아시아나 아프리카보다 아메리카와 태평양에서 훨씬 더 큰 성공을 거두었을까?"

- 앨프리드 크로스비

병균, 병균, 병균

베르너 헤르초크의 영화 〈아기레, 신의 분노〉(1972)는 남미의 엘도라도를 찾아 떠나는 불운한 정복자 무리의 이야기를 다룬다. 5분 길이의 도입부 시퀀스는 한 비평가의 말처럼 헤르초크의 "『내셔널 지오그래픽』과 부조리극의 만남" 스타일의 전형이다.[1] 갑옷을 입은 군인, 전신 드레스를 입은 여성, 사제, 아메리카 원주민(일부는 쇠사슬에 묶여 있음), 닭, 돼지, 라마 행렬이 안개로 덮인 안데스산맥에서 아래쪽 아마존 열대우림으로 이어지는 가파르고 좁은 길을 따라 구불구불 이어진다. 보물 사냥꾼들은 곧 울창하고 습기 찬 정글에 갇힌다. 사령관은 식량과 전설 속 황금 도시의 위치 정보를 찾기 위해 뗏목을 타고 물이 불어난 강을 따라 내려가라고 명령한다. 정찰대가 초반에 몇 가지 문제를 겪은 후, 리더는 본대로 돌아가야겠다고 발표한다. 이때 클라우스 킨스키Klaus Kinski가 연기한 정찰대의

2인자 돈 로페 데 아기레Don Lope de Aguirre가 반란을 일으킨다. 그는 대원들에게 엄청난 부가 기다린다고 말하며 에르난 코르테스Hernán Cortés가 명령을 어기고 멕시카Mexica(즉 아즈텍)제국을 정복했다는 사실을 상기시킨다.[2] 반란군은 영화 내내 강을 따라 떠내려가면서 장기간 서로 간의 폭력과 보이지 않는 공격자의 폭력에 시달리며 차례로 죽어 간다. 마지막에는 점점 망상에 빠진 아기레만 살아남는다. 마지막 장면에서 그는 뗏목에 올라탄 수십 마리의 원숭이에게 자신과 이미 살해당한 자신의 딸이 맡은 임무, 즉 아메리카대륙의 스페인 식민지를 장악하는 임무에 동참할 것을 촉구하며, 이를 통해 "다른 사람들이 연극을 만들어 내듯 역사를 만들"라고 요구한다.[3]

킨스키가 연기한 아기레는 분명 망상에 빠져 있지만, 원숭이 군대를 이끌고 뉴스페인New Spain 식민지를 정복하고 죽은 딸을 여왕으로 세우려는 그의 욕망은 정복자들의 실제 업적보다 조금 더 엉뚱할 뿐이다. 아기레의 롤 모델을 예로 들어보자. 1519년 코르테스는 스페인 식민지 쿠바에서 500명의 부하를 이끌고 메소아메리카 정복을 위해 인가받지 못한 탐험을 떠났다. 현지에 도착한 직후, 그는 누구도 떠날 생각을 하지 못하도록 배에 구멍을 내 침몰시켰다.[4] 스페인인들이 도착하자 아즈텍제국의 통치자 몬테주마Montezuma는 금으로 만든 호화로운 선물을 보냈다. 이 선물은 아마도 침략자들을 달래기 위한 것이었겠지만, 현재의 멕시코시티에 위치한 거대한 섬 도시 테노치티틀란Tenochtitlan에 다다르려는 그들의 의지를 더욱 강하게 만들었을 것이다. 해발 2000미터가 넘는 이곳에 가려면 해안에서 출발해 얼음으로 덮인 화산을 지나 400킬로미터 넘게 걸어가야 했다. 당시 테노치티틀란은 인구 25만 명이 거주하는 제국의 수도였다. 규모는 콘스탄티노플을 제외한 유럽의 어떤 도시보다 크고 인구는 스페인에서 가장 큰 도시인 세비야의 네 배에 달했다.[5] 이곳은 수백 개의 반*자치 도시국가에 거주하는 인구 500만 명을 지배하는 제국의 중심지였다. 제국의 영역은 대서양에서 태평양에 이르며 남쪽으로 열대우림까지 행군하려면 한 달이 걸릴 정도로 광대했다. 코르테스의 갱단은 일부 역사가가 고대 스파르타에 비유할 정도로 거대하고 부유하며 군사력이 막강한 정치 체제에 맞서 싸웠다. 하지만 코르테스는 역사상 가장 불가능할 것 같았던 정복의 위업을 달성했다. 중앙아메리카에 상륙한 지 2년여 만에 몬테주마를 죽이고 그의 수도를 파괴하여 뉴스페인 식민지를 건설했다.

그로부터 10년이 조금 지난 1532년, 프란시스코 피사로Francisco Pizarro는 더욱 믿기 힘든 일을 해냈다. 그는 106명의 보병과 62명의 기병을 이끌고 아메리카대륙에서 가장 크고 발전한 문명을 정복하기 위한 침략에 나섰고, 그 결과 잉카제국을 정복했다. 스페인 정복 직전 전성기를 구가하던 잉카제국은 안데스산맥과 남미 서부의 해안 평야를 따라 약 2500킬로미터에 걸쳐 뻗어 있었다. 스페인군은 카하마르카에서 전투로 단련된 8만 명의 강력한 군대와 맞섰지만, 어찌어찌해서 절대 군주 아타후알파Atahualpa를 단 한 명의 전사자도 없이 생포할 수 있었다. 피사로가 아타후알파를 8개월 동안 포로로 붙잡아 두는 동안 아타후알파의 부하들은 역사상 가장 큰 몸값을 모았다. 아타후알파가 갇혀 있던 2.75미터 높이의 넓은 방을 채울 수 있는 금과 인접한 두 개의 방을 은으로 충분히 채울 수 있는 양이었다. 아타후알파가 스페인에 반역 음모를 꾸미고 있다고 생각한 피사로는 그를 죽였지만 몸값을 지불하기 위해 모아 둔 6톤의 금과 11톤의 은 등 보물은 그대로 챙겼다. 약탈품은 대부분 녹였다. 보병 한 명당 20킬로그램의 금을 받았고 기병은 그 두 배를 받았다. 피사로의 몫은 약 250킬로그램에 달했고, 여기에 잉카의 15캐럿 금 왕좌(무게 83킬로그램)까지 더해졌다. 정복자들은 수도 쿠스코로 이동하여 26.5킬로그램에 달하는 순금 라마상을 비롯한 더 많은 보물을 발견했다.[6]

코르테스와 피사로가 각각 수백 명과 수십 명의 병사로 광활하고 세련된 문명을 빠르게 정복한 것은 불가능해 보이는 승리였지만 이것은 시작에 불과했다. 스페인은 이후 300년 동안 중남미 대부분을 지배하며 잔인하게 원주민들을 정복하고 막대한 부를 수탈했다. 현대에 비유하자면 미국의 우익 민병대나 영국의 축구 훌리건 폭력배들이 모스크바로 쳐들어가 블라디미르 푸틴을 납치하고 살해한 후 러시아의 석유와 가스 매장량을 탈취하고 그 영토를 식민지로 선포하여 그 후손들이 수 세기 동안 지배하는 것과 비슷할 터이다. 스페인의 정복은 기적(기독교 신의 우월함)이나 인종차별(유럽인의 타고난 우월성)에 의지하지 않고는 설명하기 어려울 정도로 놀라운 일이었다. 이 두 가지 설명에는 분명 결함이 있지만, 여전히 많은 사람이 의식적이든 무의식적이든 현대 라틴아메리카의 탄생을 이해하는 방식을 규정하고 있다.

퓰리처상을 받은 재레드 다이아몬드의 『총, 균, 쇠』(1997)는 스페인의 아메리카 정복에 대해 가장 잘 알려지고 가장 영향력 있는 설명을 제공한다. 간단히 말해 신석기시대 유라시아에는 작물화하고 가축화할 수 있는 야생 식물과 동물이 더 많았다는 것이 그의 주장이다. 덕분에 유라시아 사람들은 더 많은 잉여 식량을 생산할 수 있었고, 그 결과 다른 사회를 지배할 수 있는 중앙집권적이고 계층화된 기술 혁신적 사회가 출현할 수 있었다는 것이다. 따라서 다이아몬드가 보기에 유럽 사회는 아메리카 사회보다 훨씬 더 선진적이지만, 이러한 이점의 원천은 지리적 요인에 있다. 책 제목에서 알 수 있듯이 그는 병원균의 중요성도 강조한다. 유라시아에는 가축이 많고 인구 밀도가 높았기 때문에 전염병이 출현하고 확산할 가능성이 높았으며 유럽인들은 이러한 병원균에 면역력을 갖추지 못한 사람들을 만났을 때 우위를 점할 수 있었다는 이야기다. 하지만 다이아몬드의 아메리카 대륙 정복에 대한 설명에서 세균의 역할은 카메오(잠시 등장하는 스타 배우)에 불과하다. 그는 "스페인의 우수한 무기가 어떤 경우에도 스페인의 궁극적인 승리를 보장했을 것"이라고 주장한다.

하지만 구세계의 우월성은 과장된 것이었다. 중세 말기 스페인과 콜럼버스 이전의 아메리카대륙 사이에는 생활수준에 큰 차이가 없었다. 코르테스는 국왕 카를 5세에게 보낸 편지에서 테노치티틀란의 건물, 도자기, 보석, 옷, 신발, 음식, 시장, 이발소 등이 스페인과 비슷하거나 더 나은 수준이었다고 놀라움을 표시했다.[7] 1500년 스페인의 1인당 국내총생산GDP은 중남미의 약 1.5배로 추정되며 이는 오늘날 미국과 영국의 차이와 비슷하다.[8]

총과 **쇠** 같은 군사 기술 측면에서 스페인은 아메리카 원주민보다 실제로 우위에 있었다. 그러나 이는 잘 훈련된 수만 명의 병사를 전장에 투입할 수 있는 크고 복잡한 두 국가를 소규모 원정대가 어떻게 물리치고 식민지로 만들었는지 설명할 수 있는 정도의 격차는 아니었다. 정복자들의 총기는 충격 효과를 가져다주기는 했지만 문제도 있었다. 헤르초크의 〈아기레〉에서 보았듯이 원시적인 머스킷 총은 재장전하는 데 1분 이상 걸렸고 대포는 험준한 지형을 가로질러 운반하기 어려웠다. 스페인군의 강철 칼날과 갑옷은 전투에서 우위를 점했지만 이마저도 과장된 측면이 있다. 일부 아메리카 원주민의 무기는 매우 효과적이었는데, 예를 들어 야구공 크기의 돌을 빠른 속도로 발사하는 슬링샷slingshot[Y 모양의 틀에 가죽이나 고무밴드를 연결한 다음 돌 등을 끼워 발사할 수 있게 만든 무기]이 있었다. 아즈텍인들이 사용한 퀼트 갑옷(이카후이필리ichcahuipilli)은 베개 싸움이나 할 때 입는 옷이 아니었다. 가볍고 시원하며 놀라울 정도로 튼튼했다. 실제로 많은 정복자가 이 퀼트 갑옷을 채택했다.

다이아몬드는 아즈텍과 잉카가 이전에 전혀 접하지 못했던 말이 침략 결과에 결정적 역할을 했다고 주장한다. 스페인군이 적을 상당한 높이에서 빠른 속도로 공격할 수 있게 해 주었기 때문이라는 것이다.[9] 말의 역할은 중세 후기에 지프와 셔먼 탱크가 등장한 것에 비견된다고 그는 말한다. 그러나 말의 중요성을 과장해서는 안 된다. 스페인군이 보유한 말은 코르테스의 침공 당시 16마리, 피사로의 침공 당시 68마리로 매우 적은 수에 불과했다. 정복자들의 가장 결정적인 작전에서는 거의 또는 전혀 도움이 되지 못했을 것이다. 1521년 3개월에 걸친 테노치티틀란 포위 공격에서 승리하거나 1536년 잉카 반란군이 펼친 게릴라 공격을 압도하는 데 있어서 말이다.

다이아몬드가 **균**보다 **총**과 **쇠**를 강조한 것은 1990년대 미국 주도의 아프가니스탄 침공이 현지의 단호한 저항에 직면했을 때 군사 기술이 얼마나 비효율적일 수 있는지 상기시키기 전의 주장이었다.[10] 이 침공 당시 미국은 세계에서 가장 부유한 국가 중 하나였고 아프가니스탄은 가장 가난한 국가 중 하나였다. 세계은행 데이터에 따르면 미국의 1인당 국민소득은 3만 8000달러로 아프가니스탄(877달러)의 40배가 넘었다.[11] 미국과 동맹국들은 거의 상상도 못할 막강한 화력을 보유하고 있었다. 분쟁이 절정에 달했을 때 아프가니스탄에는 최첨단 무기로 무장한 13만 명의 나토군이 주둔하고 있었다. 전투기와 드론은 초음속으로 날며 불을 뿜는 21세기의 전지전능한 용과 같아서 전쟁 기간 동안 수만 개의 폭탄을 투하했다.

반면 탈레반은 1980년대, 경우에 따라서는 제2차 세계대전으로 거슬러 올라가는 매우 기본적인 무기로 무장하고 있었다. 그런데도 미국인들은 비교적 소박한 정치적, 군사적 목표도 달성하는 것이 불가능함을 알았다. 2021년 서방 세력은 20년간의 점령을 마친 뒤 철수하고 탈레반이 다시 권력을 장악했다.

그렇다면 정복자들이 중남미를 그토록 단호하게 정복할 수 있었던 이유가 **총**과 **쇠**로 설명되지 않는다면, 그 이유는 무엇일까? 답은 간단하다. **균**, **균**, **균**이다.

500년간의 노예 생활

1492년 크리스마스 날, 크리스토퍼 콜럼버스가 이끌고 첫 대서양 횡단 항해에 나선 세 척의 배 중 한 척이 나중에 히스파니올라Hispaniola로 불리게 되는 카리브해의 섬 북쪽 해안에서 좌초했다. 산이 많은 이 섬은 오늘날 아이티와 도미니카공화국으로 나뉘어 있다. 땅은 놀랍도록 비옥했으며 콜럼버스가 "다정하고 악의 없다"라고 묘사한 타이노Taíno 원주민이 거주하고 있었다. 좌초하지 않은 두 척의 배가 너무 작아 해변에 좌초해 있던 배의 선원들을 태울 수 없었기 때문에 39명의 선원이 남았다. 이들은 정착용 요새인 나비다드La Navidad를 건설했다. 두 척의 배는 '발견'을 알리기 위해 스페인으로 돌아갔고, 남겨진 이들에게는 식량과 무기, 금을 찾으라는 지시가 내려졌다. 헤르초크의 정복자들과 마찬가지로 아메리카대륙을 발견한 스페인인들도 엄청난 부자가 되고자 하는 열망에 사로잡혔다.[12]

1년이 채 지나지 않아 17척의 배를 이끌고 히스파니올라로 돌아온 콜럼버스는 나비다드가 불타고 인근 들판에서 정복자가 되려던 자들의 시체가 썩어 가는 것을 발견했다. 타이노족이 여자와 금에 대한 스페인인들의 탐욕에 지쳐 이들을 공격했던 것이다. 압도적인 수적 우세와 지역 환경에 대한 월등한 지식은 침략자들의 총과 쇠가 가진 모든 기술적 우위를 압도했다. 하지만 이는 신대륙 원주민들에게 앞으로 일어나기 어려운 드문 승리가 될 터였다.

스페인인들이 도착했을 때 히스파니올라에 정확히 얼마나 많은 사람이 살았는지는 알 수 없다. 콜럼버스는 "수백만 명"이라고 주장했지만, 현대 학자들은 수십만 명이 더 현실적이라고 본다.[13] 원주민들은 정복자들의 계획에서 중요한 부분을 차지했다. 금을 채굴하고 농장에서 일하며 유럽으로 노예로 팔려 갈 예정이었는데, 콜럼버스의 표현을 빌리자면 "우상 숭배자들 중에서 그들의 폐하가 명령하는 숫자만큼이 노예"였다.[14] 본국에서는 아메리카 원주민들이 기독교 신앙을 배우기 전에 노예로 만드는 것이 옳은지에 대한 논쟁이 치열했다. 어쨌든 1492년 이후 수십 년 동안 수많은 원주민이 죽었기 때문에 노예화 계획은 실패로 돌아갔다. 1514년 인구 조사에 따르면 타이노족은 2만 6000명밖에 남지 않았고, 16세기 중반에는 거의 사라졌다.[15]

원주민 인구의 감소는 부분적으로는 정복자들의 무자비한 잔인함의 결과였다. 지주이자 노예상이었다가 성 도미니크회 수사가 된 바르톨로메 데 라스 카사스Bartolomé de las Casas는 아메리카대륙에서 50년을 지낸 뒤인 1552년 『인디언 파괴에 관한 짧은 기록』을 출간했다. 이 책에서 그는 타이노족이 "어떤 연대기로도 제대로 표현할 수 없을 정도로" 잔혹한 일을 일상적으로 당하는 모습을 기록했다. 개를 풀어놓아 물어뜯게 했으며, 칼로 내장을 도려내거나 문이 잠긴 건물에 가두고 산 채로 불태워 죽였다. 그러나 스페인의 동물, 무기, 성냥보다 원주민에게 훨씬 더 큰 피해를 입힌 것은 구세계의 병원균이었다.

유럽인들이 카리브해에 정착하기 시작하자, 신석기 혁명에 뒤이어 구세계에서 진화한 바이러스와 박테리아가 대서양을 건너오는 것은 시간문제였다. 타이노족은 과거에 이러한 병원균에 노출된 적이 없었기 때문에 저항력을 키우지 못했다. 그들은 처음 접하는 전염병이 파도처럼 연이어 밀려온 탓에 멸종했다.[16] 처음에는 감기나 장염 같은 질병이 나타났다. 이 병은 유럽인에게는 비교적 가벼운 증상을 보였지만 면역력이 없는 히스파니올라 원주민에게는 치명적이었다. 1518년에는 천연두가 발생하여 인구의 3분의 1에서 절반을 죽였다. 그 후 몇 년 동안 각기 다른 전염병들이 쏟아져 나왔다. 신대륙 정복은 이러한 파괴적인 전염병 덕분에 가능했다. 이와 비슷한 질병과 죽음, 정복 이야기는 이후 몇 세기 동안 카리브해, 아메리카 본토, 그 후 태평양 섬과 호주, 뉴질랜드에서 계속 반복되었다. 찰스 다윈이 간결하게 표현한 대로다. "유럽인이 밟고 지나간 곳마다 죽음이 원주민을 뒤쫓는 것 같다."

구세계 병원균의 도움 없이 아메리카 본토를 식민지화하려는 초기 노력은 실패로 돌아갔다. 1517년 프란시스코 에르난데스 데 코르도바Francisco Hernández de Córdoba는 탐험대를 이끌고 유카탄반도에 상륙했지만, 화살과 돌이 쏟아져 두 차례나 쫓겨났다. 이 과정에서 코르도바를 포함한 대원의 절반 이상이 사망했다.[17] 상륙 중 한 번은 스페인인 두 명이 사원에서 여러 개의 금품을 훔치는 사건이 발생했다. 그들이 금붙이를 발견했다는 소식이 쿠바에 전해지자 정복을 희망하는 여러 사람의 관심을 불러일으켰다. 코르테스가 중앙아메리카로 향하는 항해에 열중했던 이유도 바로 이 때문이었지만, 그의 초기 노력조차도 결국 굴욕스럽게 끝났다.

스페인은 1519년 11월에 테노치티틀란에 입성했다. 정복자가 아닌 몬테주마의 손님으로 본토에 첫발을 내디딘 지 약 반년 후의 일이다. 역사가들은 코르테스가 멕시카(아즈텍제국) 황제를 포로로 잡았는지 아니면 그 반대인지에 대해 확실한 판단을 내리지 못하고 있지만, 양측 사이에 공식적으로 충돌이 발생한 것은 스페인인들이 이 도시에 7개월 동안 머무른 후의 일이다. 몬테주마는 계속되는 폭력 사태로 사망했다. 멕시코 역사가들은 그가 정복자들에게 칼에 찔렸다고 주장하지만, 스페인인들은 그가 동족에게 돌에 맞아 죽었다고 묘사한다. 수가 훨씬 많은 원주민에게 포위된 코르테스의 군대는 이 도시를 떠날 수밖에 없었다. 그들은 1520년 6월 30일에 방죽길 중 하나를 따라 탈출할 계획을 세우고 출발했다. 그러나 아즈텍군은 그들을 발견하고 사방에서 공격했다. 전투는 격렬했다. 결국 스페인 침략자의 3분의 2가 '슬픔의 밤La Noche Triste'에 사망했다.[18] 목격자들의 증언에 따르면 약탈한 보물을 녹여 금괴로 만든 스페인 인들이 그 무게로 인해 물에 빠져 익사했다고 한다. 이 이야기는 정복자들의 광기 어린 탐욕에 대한 헤르초크식 우화처럼 들릴 수도 있지만, 1981년 멕시코시티 시내에서 스페인인들의 탈출 경로를 따라 건축 공사를 하던 중 2킬로그램짜리 귀금속 주괴가 발굴되었고, 검사 결과 1519년이나 1520년에 주조된 것으로 밝혀졌다.

코르테스의 부하들이 아즈텍인들에게 대패한 것은 그리 놀라운 일이 아니다. 자신들의 수도를 지키려는 훨씬 더 많은 군대와 싸웠기 때문이다. 정말 놀라운 것은 불과 약 1년 만에 정복자들이 테노치티틀란을 파괴하고 아즈텍제국의 폐허 위에 뉴스페인 식민지를 세웠다는 사실이다. 이러한 놀라운 사건의 반전을 어떻게 설명할 수 있을까?

1520년 봄, 1000명에 이르는 스페인군이 쿠바를 통해 내륙으로 들어갔다. 표면적으로는 코르테스의 허가받지 않은 임무를 막기 위해 파견된 군대였지만, 일행 중 많은 수가 코르테스와 함께하기로 결정했다. 반역자들은 '슬픔의 밤'이 일어나기 직전에 테노치티틀란에 들어갔다. 그중 한 명이 천연두에 걸렸던 것으로 보인다. 그래서 정복자들이 완패당한 직후 바이러스가 도시를 휩쓸었다. 지역 주민들이 '큰 발진huey ahuizotl'이라고 부르는 이 전염병의 희생자 중에는 전임 황제가 죽은 후 정복자들과의 싸움을 이끌었던 새 황제 쿠틀라후악Cuitláhuac도 포함되어 있었다. 천연두는 중앙아메리카 전역으로 퍼져 불과 몇 달 만에 인구의 3분의 1에서 절반을 죽였다.[19]

코르테스와 동행한 프란체스코회 수도사는 현지인들이 "빈대처럼 무더기로 죽어 갔다"고 묘사한다.[20] 물론 스페인인들은 아무런 영향을 받지 않았다. 코르테스의 원정대가 패배하고 수도에서 쫓겨나면서 최악의 위기를 맞았을 때, 구세계의 병원균이 그에게 구원의 기회를 제공했다. 운명의 반전은 너무 갑작스럽고 심오해서 스페인인들은 이를 신의 개입이라고 생각했다. 또 다른 동행자 프란시스코 데 아길라르Francisco de Aguilar는 "기독교인들이 전쟁으로 지쳐 있을 때 하나님께서 인디언들에게 천연두를 보내셨고, 도시에 큰 역병이 창궐했다"라고 말했다.[21]

뉴스페인의 탄생과 통합에 전염병이 미친 영향은 아무리 강조해도 지나치지 않다.[22] '슬픔의 밤'이 발생한 지 1년도 채 지나지 않아 스페인인들은 테노치티틀란을 포위했다. 아즈텍의 수도가 함락되기까지 75일이 걸렸다. 군대는 도시의 대부분을 파괴하고 대다수의 귀족을 포함하여 수만 명의 주민을 학살했다. 코르테스와 그의 동료들이 남긴 기록은 당연히 스페인인들이 승리에 큰 역할을 했다고 강조한다. 실제로 정복자들은 아즈텍제국에 반기를 든 여러 부족 국가와 힘을 합쳐 싸웠는데, 이들 부족 국가 병력이 아즈텍에 맞선 병력의 99.5퍼센트를 차지했다.[23] 그러나 이 동맹국들도 결국 천연두 피해를 입었다. 정복자들의 건강에는 이상이 없었다. 중앙아메리카 원주민들에게 세상이 무너지고 있는 동안 정복자들은 끔찍한 상황을 지켜본 후 다시 일상으로 돌아갈 수 있었다.

천연두는 그저 시작에 불과했다. 그 후 수십 년 동안 메소아메리카 원주민들은 치명적인 전염병에 계속해서 시달려야 했다. 홍역은 1530년대 초에 등장했다. 그리고 1545년 아즈텍에서 '코코리츨리cocoliztli'('전염병'을 뜻하는 현지 나와틀어Nahuatl)라고 부르는 어떤 질병이 이 지역 주민의 최대 80퍼센트를 사망에 이르게 했다. 이는 역사에 기록된 가장 치명적인 전염병이 되었다.[24] 이 병은 1576년과 1578년 사이에 재발했다. 프란체스코회 수도사 후안 데 토르케마다 Friar Juan de Torquemada는 "도시와 큰 마을에서 넓은 도랑을 파고 아침부터 해 질 녘까지 사제들은 시체를 운반해 도랑에 던지는 일 외에는 다른 일을 하지 않았다"라고 묘사한다. 당시 남아 있던 인구의 절반이 사망했다.[25] 16세기 중반에 유행했던 문제의 박테리아 DNA를 최근 분석한 결과, 식중독을 일으키는 살모넬라균과 유사한 병균인 것으로 추정된다. 해당 박테리아는 오늘날 멕시코 남부 지역에 있는 공동묘지에 묻힌 코코리츨리 희생자 29명의 치아에서 발견된 것이다.[26] 기록에 남아 있는 최초의 인플루엔자 대유행이 1558년 발생해 인구의 3분의 1이 사망했다.[27] 수확할 사람이 없어 밭에서 농작물이 썩었고, 전염병에서 살아남은 원주민 중 많은 사람이 기아로 죽었다. 영양실조에 걸린 생존자들은 향후 스페인에서 도착할 어떤 병원균에든 취약했다. 누적되는 역병에 의한 피해는 상상하기 어려울 정도였다. 코르테스가 도착했을 당시 메소아메리카의 원주민 인구는 약 2000만 명이었지만, 한 세기 후 150만 명으로 감소했다.[28]

천연두는 앨프리드 크로스비의 표현을 빌리자면 "축지법을 쓰는 질병"이다. 이 끔찍한 질병이 처음 발발하면 겉보기에 건강해 보이는 많은 사람이 두려움에 떨며 도망친다. 하지만 천연두의 잠복기는 최대 2주이기 때문에 도망친 사람들은 이미 해당 바이러스를 지니고 있는 경우가 많다. 이런 식으로 천연두는 스페인인보다 앞서 퍼져 나갔다. 1524년 잉카제국을 강타한 첫 번째 전염병은 아메리카대륙에서 가장 크고 정교한 이 사회를 혼란에 빠뜨렸다. 이 바이러스로 인해 인구의 30~50퍼센트가 사망했다. 여기에는 황제 후아이나 카팍Huayna Capac과 그의 정식 후계자, 대부분의 궁정인들이 포함된다.[29] 이로 인해 후아이나 카팍의 다른 두 아들 사이에 후계 전쟁이 벌어졌고, 현 황제인 후아스카Huáscar는 스페인군이 도착하기 직전에 이복형제 아타후알파Atahualpa에게 패했다. 피사로가 이 광대하고 정교한 사회를 침략하려고 두 번이나 시도했지만 100여 명의 보병과 수십 명의 기병으로 잉카제국을 정복할 수 있었던 것은 천연두로 인해 제국이 쇠약해지고 분열된 후의 일이었다. 뉴스페인에서와 마찬가지로 원주민들은 다음 세기에 걸쳐 연속적인 전염병 발생으로 타격을 입었고, 이로 인해 스페인 제국주의에 저항할 수 있는 역량과 의지가 더욱 약화되었다.[30]

유럽에서 전염병이 유입되면서 아메리카대륙의 전체 인구는 1500년 약 6050만 명에서 한 세기 후 600만 명으로 90퍼센트 감소했다. 그사이 전 세계 인구는 10퍼센트 감소했다. 화전 농법에 의한 농경지 경작이 감소하고 수천만 헥타르의 경작지가 다시 숲으로 변하면서 대기 중 이산화탄소가 줄어들었다. 과학자들이 남극에서 시추한 얼음 코어에서 이를 볼 수 있다. 인구 감소는 지구 표면 기온을 섭씨 0.15도 낮춰 1600년대 초 소빙기가 도래하는 데 기여했다.[31]

그렇다면 왜 아메리카대륙의 병원균은 유럽 침략자들에게 이와 비슷한 재앙적인 영향을 미치지 않았을까? 4000년 전에 신석기 혁명을 겪은 잉카인과 아즈텍인은 광활하고 잘 연결된 도시화된 제국에서 살고 있었다.[32] 그런데도 아메리카 원주민이 유럽인에게 전염시켰다는 증거가 있는 전염병은 매독 한 가지뿐이다. 매독의 기원이 불분명하다는 점은 15세기 말과 16세기 초에 구세계로 퍼지면서 다양한 이름으로 불린 데에서 알 수 있다.[33] 영국에서는 프랑스 천연두, 프랑스에서는 게르만 질병morbus germanicus이라고 불렀다. 그리고 피렌체에서는 나폴리 병이라고 불렀다. 윌리엄 블레이크 William Blake는 매독을 하나의 '역병'이라고 부르며 "결혼이라는 영구차〔17세기 런던의 부패와 위선을 풍자하는 모순어법. 신부가 창녀 출신인 탓에 결혼에 이미 죽음을 드리웠다는 화자의 생각을 담고 있다. 시 「런던」의 마지막 구절〕를 재앙으로 물들이는 젊은 창녀의 저주"라고 표현했다. 매독은 분명 유럽인들에게 많은 고통과 짜증, 당혹감을 안겨 주었지만, 사망과 파괴의 측면에서 볼 때 그 영향력은 아메리카대륙의 구세계 병원균에 견줄 수 없었다.[34]

　멕시코와 페루의 인구 밀도가 상대적으로 높았는데도 병원균이 거의 일방적으로 유럽에서 아메리카대륙으로 유입되는 현상은 어떻게 설명할 수 있을까? 신석기 혁명 이후 인간을 감염시키도록 진화한 전염병은 가축화된 무리 동물에서 시작되었다. 유라시아에는 돼지, 양, 소, 염소, 말을 포함해 이런 동물이 많았다.[35] 이와 달리 기니피그, 개, 칠면조, 머스코비오리, 알파카, 라마는 모두 아메리카대륙의 각기 다른 지역에서 가축화되었다. 하지만 이 중 무리를 짓는 동물은 남미에서만 발견되는 알파카와 라마뿐이다. 유라시아 농장 동물의 조상과 달리 알파카와 라마는 가축화 이전에는 대규모로 무리를 지어 살지 않았기 때문에 이들에게서 질병이 발생하여 풍토병이 될 기회가 많지 않았다.[36] 그 결과 아메리카대륙의 신석기 혁명은 파괴적인 전염병 혁명을 동반하지 않은 것으로 보인다.

　구세계 병원균이 일으키는 질병이 거의 전적으로 아메리카 원주민만 죽었다는 사실은 양쪽 모두에서 하나님 또는 신들이 스페인 침략자들을 지원한다는 명백한 신호로 해석되었다. 이는 정복자들에게 자신들의 잔인하고 탐욕스러운 임무가 정당하다는 믿음을 더해 주었다. 반면에 아즈텍과 잉카는 당황하고 절망에 빠졌다. 스페인 역사가들은 원주민들이 "이렇게 하면 전염병이 멈출 수 있을지" 궁금해하며 자살로 죽거나 갓 태어난 아기를 버리거나 주술사들을 살해하는 장면을 묘사했다.[37] 아메리카 원주민들은 자신들이 가진 증거를 기반으로 훨씬 우월해 보이는 종교로 개종할 준비가 되어 있었다. 오늘날 전 세계 가톨릭 신자의 40퍼센트가 라틴아메리카에 거주할 정도로 이들 원주민은 가톨릭을 열렬히 받아들였다.[38] 그러나 스페인 문화가 일괄적으로 수용된 것은 아니다. 정복자 중 상당수는 부를 찾아 혼자 여행을 떠난 젊은 남성이었다. 이들은 전염병에서 살아남은 아즈텍과 잉카의 귀족 여성들과 결합하며 정착하여 원주민 문화와 유럽 문화가 혼합된 새로운 혼혈인 메스티소mestizo 사회를 만들었다.[39]

스페인은 식민지에 봉건주의의 부패한 구조를 강요했다. 정복자들은 주로 가난한 귀족 가문 출신이었다. 그들의 인생 목표는 금을 찾는 것 외에도 영지를 소유하고 그곳에서 일하는 사람들의 노동을 통제하는 것이었다. 저명인사들은 스페인 왕실로부터 토지 인증서 엥코미엔다encomienda를 받았고, 이를 통해 '자신의' 땅에 사는 원주민들에게 공물을 걷고 노동력을 착취할 권리를 얻었다. 스페인 군주 페르난도Fernando와 이사벨Isabel은 많은 고심 끝에 아메리카 원주민을 노예로 삼는 것은 옳지 않다고 판정했다. 무슬림과 달리 그들은 유일신 하나님을 외면하지 않았고 스페인에 아무런 해를 끼치지 않았기 때문이다. 전염병의 파도에서 살아남은 원주민들은 명목상으로는 적어도 노예가 아니었고, 자신의 마을에서 계속 살았으며 팔려 갈 수도 없었다. 스페인인 영주인 엥코멘데로에게도 고국의 봉건 영주처럼 의무가 있었는데, 원주민들에게 종교 교육을 시행하고, 보호해 주며 옷값으로 1년에 금 1페소라는 상징적인 임금을 지급해야 했다. 그러나 이러한 책임은 종종 무시되었다.[40]

스페인인들은 신화 속 엘도라도를 결코 찾지 못했지만 1545년 차선책으로 순은으로 된 산을 발견했다. 현재 볼리비아 남부의 안데스산맥에 위치한 포토시Potosí의 세로 리코Cerro Rico이다(스페인어로 'Cerro Rico'는 '부유한 산', 'Cerro Potosí'는 '포토시 산'이라는 뜻으로, 둘 다 같은 곳을 가리킨다). 이곳은 리마에서 짐을 나르는 가축을 타고 두 달 반 동안 이동해야 하는 해발 4000미터의 산이다. 고급 은광석이 풍부하게 매장되어 있어 이후 250년간 전 세계에서 채굴된 은의 약 80퍼센트를 공급했다.[41] 외딴곳에 위치해 있는데도 광상이 발견되고 50년 후 포토시는 당시 스페인의 어느 도시보다 인구가 많은 16만 명의 광산 도시가 되었다. 그리고 이곳 상점에서는 실크와 린넨, 베네치아 유리 제품, 중국 도자기 등 전 세계의 사치품을 구입할 수 있었다.[42]

이 놀라운 번영은 미타mita라는 강제 노동 시스템을 기반으로 이루어졌다. 잉카의 전통 제도에서 이름을 따서 조금 변형한 형태다. 1570년대부터 포토시 근처에 살던 원주민 공동체의 성인 남성 일곱 명 중 한 명은 항상 광산에서 일해야 했다. 가파르고 좁은 갱도를 통해 구부러진 사다리를 타고 무거운 광석을 지상으로 옮기는 작업은 힘들고 위험했다. 미타는 1812년에야 폐지되었는데, 그 무렵에는 세로 리코의 은이 거의 고갈된 상태였다. 하버드대학의 경제학자 멜리사 델Melissa Dell은 미타가 여전히 볼리비아에 뚜렷하게 부정적 영향을 미치고 있다는 사실을 입증했다. 오늘날 포토시에서 강제 노동을 강요당했던 지역에 사는 가족은 미타가 없었던 인근 지역보다 가난하고 건강하지 못하며 교육 수준이 낮다.[43]

포토시에서 얻은 수익으로 스페인은 한동안 엄청난 부를 누렸지만, 새로 찾은 부를 자생적인 경제성장의 시발점으로 삼지는 못했다. 오히려 봉건적인 스페인은 라틴아메리카 식민주에서 오는 어마어마한 수익금을 장기간에 걸쳐 막대한 비용이 소요되는 일련의 전쟁 수행 자금으로 사용했다. 1648년 신교를 믿는 북부 지방이 분리 독립할 때까지 80년 동안 지속된 네덜란드 반란, 1571년 지중해의 지배권을 놓고 오스만제국과 벌인 해전, 네덜란드 반란에 간섭하고 아메리카대륙에서 돌아오는 스페인 선박을 약탈한 영국과 간헐적으로 벌인 전쟁 등이 그런 예다. 또한 스페인은 30년전쟁에 참여하여 북유럽의 신교도들에 맞서 가톨릭 편에서 싸웠으며, 이 전쟁은 프랑스와의 갈등으로 번졌다. 포토시가 발견된 후 150년 동안 유럽 대륙의 거의 모든 국가가 스페인과의 전쟁에 직간접적으로 연루되었다.[44]

결국 포토시 은에 대한 지나친 의존은 재앙을 초래했다. 세로 리코에서 은이 점점 더 많이 반출되면서 가격은 점차 하락했고, 스페인 왕실은 더 이상 국외 전쟁에 자금을 조달할 여력이 없었다. 스페인은 정체된 봉건제를 역동적인 자본주의로 대체한 영국 같은 국가를 따라잡을 수 없었다. 영국이 제국을 건설하던 19세기 초, 스페인은 아메리카대륙의 식민지 대부분을 잃었다. 스페인은 다시는 세계 강국은커녕 유럽의 강대국도 되지 못했다. 오늘날 스페인은 포르투갈과 함께 서유럽 국가 중 1인당 국민소득이 가장 낮은 나라다.

　포토시에서 채굴한 은의 대부분은 유럽으로 실려 가지 않고 필리핀으로 운송되어 중국 상인들에게 팔렸다. 중국은 16세기부터 은을 주요 화폐로 삼았기 때문에 수요가 많았다. 1570년대에 명나라 통치자들은 모든 세금을 은으로 납부하도록 명시했다.[45] 당시 중국은 전 세계 인구의 약 4분의 1을 차지했기 때문에 이는 매우 중요한 일이었다. 은에 대한 그들의 욕구는 극동 지역의 은 가격을 유럽의 두 배까지 끌어올렸다. 유럽 상인들은 남미산 은을 필리핀에서 향신료, 비단, 도자기로 교환하여 본국에 가져가 팔았다. 이로써 구세계와 신세계가 복잡하게 연결된 진정한 글로벌 경제가 시작되었다.[46] 그러나 스페인이 점점 더 많은 은을 수출하면서 은 가치가 하락했고, 심지어 중국에서도 그렇게 되었다. 16세기 마지막 수십 년 동안 포토시가 막대한 양의 은을 생산하기 시작했을 때, 금 1온스는 은 6온스의 가치가 있었다. 반세기 후 그 비율은 1대 13이 되었다.[47] 중국은 그때 모든 세금을 은으로 받고 있었기 때문에 국가적 재정 위기가 발생했다. 불안정이 계속되던 명 왕조는 1644년 군사 쿠데타로 전복되었다. 몇 주 후 만주족이 북경 장벽 북쪽에서 침입하여 청나라를 건국하고 1911년까지 중국을 통치했다.[48]

리틀 브리튼

　스페인 정복자들이 아메리카대륙에 발을 디딘 최초의 유럽인은 아니었다. 스칸디나비아 선원들은 수 세기 전에 대서양을 건너

서쪽으로 항해한 바 있다. 스페인과 달리 이들은 금과 노예를 노린 것이 아니었다. 바이킹은 가축을 방목할 땅, 건축용 목재, 유럽에서 팔 수 있는 바다코끼리 상아 같은 자원을 찾고 있었다.[49] 13세기에 아이슬란드 학자들이 쓴 두 편의 사가saga에 따르면 신대륙을 처음 목격한 것은 서기 1000년 무렵이다. 대서양 북서쪽에 새로 만들어진 북유럽 식민지인 아이슬란드에서 같은 식민지인 그린란드로 가던 배가 항로를 이탈한 사건이 시작이었다. 그 후 몇 년 동안 여러 그룹이 그린란드에서 출발해 해안선을 탐험했다.

그들이 빈란드Vinland라고 부른 탐험 지역은 어느 모로 보나 정착하기에 좋은 곳이었다. 이런 항해의 지도자 중 하나인 토르발드 에릭손Thorvald Eriksson은 "아름다운 곳이군. (…) 여기에 내 집을 짓고 싶다"라고 선언했다. 그러나 이 식민주의자는 곧 북유럽 말로 이누이트와 아메리카 원주민을 모두 가리키는 스크렐링족skræling의 공격을 받고 화살에 맞아 사망했다. 얼마 지나지 않아 토르핀 칼세프니Thorfinn Karlsefni는 60명 또는 160명(영웅담에 따라 다름)의 남성과 다섯 명의 여성, 가축으로 구성된 또 다른 무리를 이끌고 왔다. 고고학적 증거에 따르면 이들은 뉴펀들랜드섬 북쪽 끝에 있는 란세오메도스L'Anse aux Meadows에 정착한 것으로 추정된다.[50] 그러나 이들 고대 스칸디나비아인들은 현지인들의 격렬한 저항에 부딪혀 몇 년 후 계획을 포기하고 비교적 안전한 그린란드로 돌아갔다.

스크렐링족은 바다 포유류를 사냥하는 작은 공동체로 살았으며, 방어력은 대제국 아즈텍이나 잉카에 크게 미치지 못했다. 그렇다면 코르테스와 피사로가 광활한 중남미를 정복할 수 있었던 반면 칼세프니와 에릭손은 그 500년 전에 북미 식민지 개척에 실패한 이유는 무엇일까? 해답은 군사력이나 국가 건설 능력에 있지 않다. 중세 스칸디나비아의 항해 민족은 노르만족, 고대 스칸디나비아족, 루스족Rus, 바랑기아족Varangians, 바이킹 등 다양한 이름으로 불린다. 이들은 여러 측면에서 16세기 스페인보다 아메리카대륙에 식민지를 건설하는 데 훨씬 더 적합했던 것으로 보인다. 물론 이들이 무시무시하다는 평판은 오늘날까지 이어지고 있다. 예를 들어 만화『아스테릭스와 노르만족』에서 노르만인 한 명은 "친구에게 결혼 선물로 두개골 세트를 주고 싶어서" 24명의 적을 죽였다고 인정한다. "다만 그는 그다지 만족하지 못했는데 (…) 모두가 같은 생각을 했기 때문"이라고 한다. 북유럽인들은 스크렐링족과 달리 강철 무기를 가지고 있었다. 그들은 또한 유럽 전역에서 용병으로 귀하게 여겨졌으며 비잔틴 황제의 최정예 부대인 바랑기아 근위대를 구성하는 등 유능한 전사였다.[51] 그리고 스칸디나비아인들은 놀랍도록 성공적인 국가 건설자임을 입증했다. 9세기에 루스족 족장 루리크Rurik는 유럽 북동부에서 서로 전쟁 중인 부족들로부터 자신들을 통치해 달라는 요청을 받았다. 이는 700년 이상 지속된 러시아 왕조의 시작이었다. 러시아라는 명칭도 여기서 왔다. 같은 시기에 노르만족은 프랑스 북서부에 정착하여 영국제도와 시칠리아 왕국(이탈리아 남부와 북아프리카 일부 포함)을 정복했다.

스페인인들은 박테리아와 바이러스의 도움을 받아 아메리카대륙 대부분을 식민지화하는 데 성공한 반면, 고대 북유럽인들은 그런 도움을 받지 못해 실패했다. 사실 그린란드와 아이슬란드의 유럽 주민들은 고립되어 살았기 때문에 신대륙 원주민들만큼이나 구세계 병원균에 취약했다. 여기에는 간단한 역학적 이유가 있다. 북대서양에 위치한 이 지역 사회는 유럽 본토와 같은 방식으로 전염병이 퍼지기에는 너무 작고 외딴곳이었기 때문이다. 천연두 같은 많은 구세계 병원균은 중세 말기에 스페인의 풍토병이었다. 이런 질병은 유라시아와 아프리카의 방대한 인구 사이에서 끊임없이 순환했기 때문에 대부분의 어린아이가 이 병에 노출되어 사망하거나 면역력을 갖게 되었다. 그러나 북대서양의 식민지 섬에서는 이런 질병이 유행병이 되었다. 병균은 덴마크와 노르웨이에서 오는 배를 타고 주기적으로 도착하여 면역력 없는 사람을 감염시켰다. 이후 현지의 모든 사람이 면역력을 얻거나 사망하면 병균은 소멸했다. 따라서 빈란드에 정착하려 했던 소수의 고대 스칸디나비아인이 치명적인 전염병을 가지고 있었을 가능성은 거의 없다.[52]

반복되는 전염병은 이미 소빙기에 적응하려고 고군분투하던 지역사회에 큰 타격을 주었다. 천연두는 1241년 아이슬란드를 처음 강타하여 인구의 약 3분의 1을 사망에 이르게 했다.[53] 흑사병은 유럽 본토를 강타한 지 50여 년 지난 1400년대 초 이곳에서 발생하여 인구의 3분의 2를 죽였다.[54] 사망자가 매우 많았던 것은 북극 가까운 지역에서 농사를 짓는 데 어려움이 많았던 탓이다. 춥고 어두운 겨울 내내 가축을 먹이려면 짧은 여름철에 사료를 모아야 했다. 하지만 흑사병이 닥쳤을 때는 이런 일을 할 수 없었기 때문에 기근이 뒤따랐다. 아이슬란드는 가까스로 살아남았다. 그러나 그린란드의 훨씬 더 작고 고립된 공동체는 15세기 중반 무렵 사라졌다.[55] 증거는 희박하지만 전염병이 적어도 북유럽 정착민들이 사라지는 데 기여했을 가능성은 높다. 천연두는 1430년경 그린란드를 강타했다.[56] 비록 그린란드에서 페스트가 발생했다는 기록은 없지만, 감염된 쥐들이 곡물 수송선에 무임승차하는 것을 상상하기는 어렵지 않다. 앨프리드 크로스비는 이것이 사실이라면 식민지 멸망의 원인에 대해 "더 이상 묻지 않아도 된다"라고 지적한다.[57] 그린란드가 쇠퇴하고 아이슬란드가 생존에 어려움을 겪자 고대 스칸디나비아인들은 빈란드 식민지 개척을 다시 시도하지 않았다.

고대 스칸디나비아인들이 북미 정착을 시도한 지 500여 년이 지난 후, 유럽인들은 다시 한 번 탐험을 시작했다. 1539년 피사로의 부하인 에르난도 데 소토Hernando de Soto는 더 많은 보물을 찾기 위해 탐험을 떠났다. 그는 페루에서 얻은 막대한 재물로 군인 600명, 말 200마리, 돼지 300마리로 이루어진 사병 부대를 꾸려 플로리다의 탬파베이Tampa Bay에 상륙했다.[58] 이후 몇 년 동안 그들은 오늘날의 미국 남동부 지역을 가로질러 테네시주와 아마도 아칸소주에 이르는 내륙으로 진출했다. 데 소토 일행은 콜럼버스가 도착하기 이전 북미에서 가장 인구가 많고 고도로 조직화된 사회였던 미시시피 문화권의 구성원들을 만났다. 앨프리드 크로스비는 이 사람들을 아즈텍의 "인상적인 농촌 사촌"이라고 묘사한다. 정복자들이 목격한 바에 따르면 인구가 대단히 많으며, 광활한 경작지 사이에 간간이 대규모 정착지와 그곳 흙 언덕 위에 세운 사원들이 있었다. 하지만 현지인이 그들에게 전한 바로는 불과 1~2년 전에 전염병이 창궐하기 전까지는 더 많은 사람이 살았다고 한다. 길어서 이동하던 데 소토 일행은 버려진 마을들, 역병으로 죽은 사람들의 시체가 썩어 가는 집들을 발견했다. 잉카 제국을 침략했을 때와 마찬가지로 구세계의 병원균이 스페인인들보다 먼저 퍼져 나갔던 것이다. 전염병은 중앙아메리카에서 육로로 이전의 유럽인 방문객과 함께 도착했거나, 플로리다 남서부 해안에 살면서 16세기 초 상거래를 위해 카누로 쿠바를 오간 것으로 알려진 아메리카 원주민 칼루사족Calusa족이 옮겼을 수 있다.[59]

542년 늦봄, 미시시피강 유역에서 데 소토는 열병으로 고통받다가 사망했다. 정확한 장소가 아칸소인지 루이지애나인지는 출처에 따라 다르다. 큰 부를 찾지 못한 남은 일행은 뉴스페인으로 돌아갔다. 1600년대 후반 프랑스인들이 미시시피강 주변 지역을 탐험했을 때는 데 소토가 묘사한 대규모 정착지와 농경지가 대부분 사라진 뒤였다. 한때 잘 가꾸어져 있던 옥수수밭에는 야생 버펄로(아메리카들소)가 돌아다녔고, 대부분의 지역사회는 파트타임 농사와 수렵을 병행하는 생활로 돌아갔다.[60] 500년 이상 번성하며 북미에서 가장 선진적인 사회였던 미시시피 문화는 사라진 지 오래였다. 가장 그럴듯한 설명은 유럽인이 가져온 전염병의 잇따른 파도로 인구가 몰살당했다는 것이다. 데 소토가 이끌던 예비 정복자들이 구세계 병원균을 유입했을 수도 있지만, 그 파괴 규모를 고려할 때 전염병은 다양한 출처에서 왔을 가능성이 크다. 그중 하나는 1607년 북미 본토에 최초로 건설한 버지니아의 영국 식민지일 가능성이 있다.

유럽의 북미 정착은 식민지 개척자들이 구세계 병원균의 도움을 받을 때에만 비로소 성공할 수 있었다.[61] 또한 1607년 영국의 무역회사(포펌 콜로니Popham Colony)가 오늘날의 메인주 남부에 기지를 세우려 했지만 잘 무장한 수많은 아메리카 원주민의 저항에 부딪혀 14개월 만에 계획을 포기했다. 프랑스인들도 비슷한 시기에 케이프코드의 채텀 근처에 정착지를 세우려고 시도했지만 비슷한 이유로 실패했다. 그러다 우연히도 1620년 말, 네덜란드 레이던에서 추방당한, 영국성공회로부터 분리하려는 청교도들(영국 국교회에 반발하여 생긴 개신교 교파인 청교도의 일파)로 구성된 오합지졸들이 뉴잉글랜드에 상륙하여 최초의 영구 정착지를 건설하는 데 성공했다. 다른 사람들이 실패한 곳에서 필그림들Pilgrims(메이플라워호를 타고 북미에 도착해 식민지를 개척한 분리파 청교도. 이들을 '필그림 파더스Pilgrim Fathers'라 부른다)이 성공할 수 있었던 이유는 무엇일까? 그들이 준비를 더 잘했거나 수가 더 많았기 때문은 아니다. 오히려 그보다는 1616년에서 1619년 사이에 매사추세츠만 지역을 야만적인 전염병이 휩쓸었기 때문이다. 이 병은 이곳에서 조업하던 유럽인 어부나 상인이 옮긴 것으로 추정된다. 일부 학자는 천연두로, 다른 일부는 바이러스성 간염으로 추정한다. 어느 쪽이든 이 전염병으로 인해 인구의 90퍼센트가 사망한 것으로 보인다.[62] 현대 미국인들이 역사적으로 정확하게 기억하고 싶다면 추수감사절에 플리머스 식민지 정착을 가능하게 해 준 구세계 병원균에 감사를 표해야 한다.

　뉴잉글랜드를 식민지화하려던 이전의 시도가 원주민의 격렬한 저항에 부딪혔던 반면, 필그림들은 버려진 마을과 유골이 있는 집을 발견했다. 실제로 그들은 버려진 아메리카 원주민 마을 한 곳에 첫 정착지를 세웠다. 고향에서 가져온 곡식과 콩을 먹고 심지어 현지의 무덤 속에 있던 물품을 파내 쓰면서 겨울을 넘겼다. 이 집단의 지도자 중 한 명인 에드워드 윈슬로Edward Winslow는 "우리가 어떻게 해야 할지 모르는 상황에서 옥수수를 발견한 것은 하나님의 선하신 섭리라고 확신한다"라고 썼다. 이는 그의 놀라운 자신감뿐만 아니라 순례자들이 처음 몇 달 동안 처한 상황이 얼마나 위태로웠는지를 잘 드러내는 말이다. 1620년 이전 몇 년 동안 원주민을 초토화한 전염병은 또 다른 중요한 방식으로 식민지 개척자들에게 이득이 되었다. 바로 이 지역에서 서로 경쟁하던 원주민 공동체 간의 세력 균형을 불안정하게 만들었다는 점이다. 특히 큰 피해를 입은 왐파노아그족Wampanoag족은 상대적으로 피해를 덜 입은 라이벌 공동체에 대항해 자신들의 입지를 강화하고자 영국인들과 기꺼이 동맹을 맺었다. 또 다른 저명한 필그림 윌리엄 브래드포드William Bradford는 정착민들에게 새로운 환경에서 생존하는 방법을 가르쳐 준 아메리카 원주민 티스콴텀Tisquantum(일명 스콴토Squanto)을 "신이 보내 주신 특별한 도구"로 여겼다. 사실 이 원주민이 기꺼이 협조한 것은 몇 년 전에 자신의 공동체가 질병으로 완전히 전멸했기 때문이다.[63]

필그림들은 '올드' 잉글랜드에서 '뉴' 잉글랜드로 향하는 청교도 이민 물결을 주도했다. 그 후 20년 동안 수많은 사람이 찰스 1세의 종교 박해를 피해 탈출했고, 그중 2만 1000명이 북미에 정착했다.[64] 이주민들은 1630년 자신들이 유입한 것이 거의 확실한 또 다른 천연두로 인해 이득을 보았다. 이 병으로 매사추세츠의 남은 원주민 인구가 절반으로 줄어든 것이다.[65] 그 후 수십 년 동안 전염병이 계속 발생하면서 북미 정착이 가능해졌다. 이전 정복자들과 마찬가지로 청교도 정착민들은 아메리카 원주민의 멸망을 신의 섭리의 징조로 해석했다. 매사추세츠만 식민지의 초대 총독 존 윈스럽John Winthrop은 1634년에 "원주민들이 천연두로 모두 죽었으니 주님께서 우리가 소유한 것에 대한 소유권을 정리해 주신 것"이라고 말했다.[66]

1830년대 미국을 방문한 프랑스의 정치이론가 알렉시 드 토크빌Alexis de Tocqueville은 "미국의 숙명 전체를 이들 해안에 상륙한 최초의 청교도에게서 볼 수 있다고 나는 생각한다"고 썼다. 플리머스 식민지를 건설한 후 20년 동안 유입된 2만 1000명의 정착민은 1840년대 아일랜드 가톨릭계의 이민이 시작되기 전까지 뉴잉글랜드에 들어온 유일한 대규모 인구 집단이었다. 청교도들은 "미국 양키 인구의 모태"였으며 20세기 말에는 1600만 명으로 증가했다.[67] 청교도의 영향력은 숫자 그 이상이다. 재산을 노린 정복자들과 달리 청교도들은 박해 없이 가족을 부양할 수 있는 독실한 사회를 새로 건설하기 위해 신대륙으로 이주했다.[68] 청교도들은 자본주의의 출현을 촉진하는 제도, 특히 재산권을 보호하고 정부가 권력을 남용하지 못하게 견제하는 법률 시스템을 가져왔다. 북미 식민지에는 강력한 귀족이 없었기 때문에 본국보다 더 살기가 좋았다. 본국의 귀족 중 많은 사람은 1066년 노르만족이 영국을 침공한 이래로 광대한 영지를 장악하고 있었다. 미국 북동부의 해안 정착민들이 만든 정치 및 경제 체제는 독립 이후에도 지속되었으며, 미국이 세계에서 가장 개인주의적이고 부유한 사회로 발전한 이유를 설명하는 데 도움이 된다.[69]

유럽의 식민주의는 아프리카에도 지속적인 영향을 미쳤지만, 북미와 달리 아프리카의 과거 식민지들은 현재 세계에서 가장 가난한 나라들에 속한다. 두 대륙이 서로 다른 길을 걷게 된 데에는 전염병이 결정적 역할을 했다.

백인의 무덤

1980년대 영국에서 자란 사람은 아프리카, 적어도 사하라사막 이남의 아프리카는 한결같이 가난하고 무력하다는 생각에서 벗어나기 어려웠다. 1984년 밴드 에이드Band Aid가 발표한 크리스마스 노래〔제목은 〈Do They Know It's Christmas?〉〕가사처럼 "아무것도 자라지 않고 비도 오지 않고 강물도 흐르지 않는" 지역이었다.[70] 하지만 유럽인들이 항상 아프리카를 이런 식으로 생각한 것은 아니다. 중세의 세계지도mappae mundi는 아프리카를 엄청나게 부유한 지역으로 묘사한다. 실제로 이러한 세계지도에는 물이 흐르는 강뿐 아니라 황금 강들이 있는 대륙이 그려져 있다. 예를 들어 마요르카의 유대인 지도제작자 아브라암 크레스케스Abraham Cresques가 1375년경 제작한 커다란 채색 지도〔사건 설명도 써넣고 상상의 존재도 그려 넣은 화려한 중세 지도〕『카탈루냐 지도집Catalan Atlas』을 보자. 서아프리카 연안에는 배 그림과 함께 "1350년 8월 10일에 하우메 페레르Jaume Ferrer의 배가 황금의 강을 향해 출발했다"라는 문구가 적혀 있다. 이 지도책에는 유럽인들이 아프리카를 놀라운 부의 지역으로 생각했다는 다른 흔적도 담겨 있다. 예컨대 사헬 지대 한가운데에는 14세기 말리 통치자 만사 무사Mansa Musa의 캐리커처가 그려져 있다. 그는 머리에 금관을 쓰고 왕좌에 앉아 있으며 오른손으로 낙타를 탄 베르베르족에게 금 원반을 건네고 있다. 무사 옆에는 "이 왕은 그의 땅에서 발견되는 많은 양의 금으로 인해 지역 전체에서 가장 부유하고 이름 높은 통치자"라는 설명이 적혀 있다.

　『카탈루냐 지도집』같은 지도는 마요르카를 지나는 여행자와 상인에게서 얻은 최신 지식을 바탕으로 제작되었다. 지리학적으로 정확하지는 않지만 당대 유럽인들이 세계의 다른 지역을 어떻게 이해했는지에 대해 많은 것을 알려 준다. 서아프리카가 금과 연관된 이유는 이 지역이 중세 기독교와 이슬람 세계에서 이 금속의 주요 공급처였기 때문이다. '황금의 강'은 신화이지만 무사는 실제로 존재했으며 서아프리카의 금광을 장악하여 상상할 수 없을 정도로 부유했다.[71] 우리가 무사의 부에 대해 알고 있는 대부분은 1324~1325년 그의 호화로운 메카 순례에 대한 설명에서 비롯된다. 그는 하즈Hajj(무슬림이라면 평생 한 번은 해야 한다는 메카 성지순례로, 이슬람력 12월 8~12일에 행한다)에 참여해 18톤의 순금을 운반했다고 전해지며, 그가 아낌없이 뿌린 금은 이후 여러 해 동안 지중해 주변의 금값을 떨어뜨리는 데 일조했다.[72] 그로부터 10년이 지나지 않아 지도 제작자들은 자신들의 작업물에 무사를 포함하기 시작했다. 만사 무사의 성지순례는 말 그대로 그와 그의 막대한 재산을 세계지도 위에 올려놓았다.

『카탈루냐 지도집』 같은 지도, 더 정확하게는 지도가 표현하는 아이디어는 부를 찾는 이베리아 사람들을 유혹했다. 1400년대 초 포르투갈의 '항해자' 엔히크Henrique 왕자는 선원과 지도 제작자들로 구성된 팀을 모아 서아프리카 해안을 탐험하고 지도를 만들었다. 그때까지 유럽으로 수입되는 모든 금은 낙타 대상隊商을 통해 사하라사막을 건너 지중해 남부 해안으로 운반되던 터였다. 15세기 중반에 포르투갈 선박은 사막 육로라는 독점 체제를 깨뜨렸다. 당대 이탈리아인들은 1490년대 포르투갈 왕 주앙 2세João II를 서아프리카 금 시장을 개척했다고 해서 '황금왕il rei d'oro'이라 불렀다. 포르투갈은 군사적 승리보다는 상거래를 통해 아프리카 금에 접근했다. 포르투갈은 서아프리카 해안을 따라 여러 곳의 교역소(페이토리아feitoria)를 세웠는데, 특히 1482년 황금해안Gold Coast(서아프리카 기니만의 북쪽 해안)의 '상 조르즈 다 미나São Jorge da Mina' 성城이 유명하다. 이곳에서는 유럽 상품을 금과 향신료, 상아, 노예와 교환했다. 포르투갈인들은 이런 교역에서 심지어 대등한 존재도 아니었다. 대부분의 경우 해당 지역의 지배자가 유럽인들의 체류 조건을 정했고, 이를 위반한 사람은 사형을 포함해 가혹한 처벌을 받았다.[73]

중세 후기 포르투갈인들의 동기는 스페인 정복자들의 동기와 매우 유사했다. 오스만제국의 확장으로 지중해에서 수익을 올린 기회가 사라졌던 것이다. 행운을 노리는 탐험가들은 무엇보다도 금을 찾아 대서양으로 쏟아져 나왔다. 아메리카대륙에서와 마찬가지로 강력한 국가들이 이들의 앞길을 가로막았다. 하지만 포르투갈 탐험가들의 경험은 동시대 스페인 탐험가들과는 극명한 대조를 이루었다. 아즈텍과 잉카제국이 무너지는 동안 서아프리카의 정치조직은 확고하게 유지되었다. 포르투갈은 서아프리카 지역에 소소하게 진출할 수밖에 없었다. 무사가 금을 채굴한 광산을 발견하지 못했고, 해안의 고립된 교역소 몇 곳을 제외하면 영토를 지배하지도 못했다.

전염병은 지역에 따라 매우 다른 결과를 초래했다. 아메리카대륙의 식민지화는 구세계의 병원균이 정복자들을 도왔기에 가능했다. 포르투갈인들에게는 그런 행운이 없었다. 서아프리카 해안은 사하라 횡단 무역로를 통해 유럽과 아시아의 다른 지역과 연결되어 있었다. 사람들이 이동하는 곳에는 박테리아와 바이러스도 함께 이동한다. 따라서 이러한 경로를 따라 또는 항구 근처에 사는 사람들은 유럽에서 흔한 전염병에 대해 면역력이 생겼을 것이다. 그러나 당시 아프리카는 한 가지 중요한 점에서 유럽과 달랐다. 상대적으로 인구 밀도가 낮았던 것이다.[74] 내륙의 많은 사람은 고립된 공동체에서 살면서 구세계 병원균에 노출되지 않았기 때문에 내성이 생기지 않았다.[75] 만일 유럽인들이 대륙을 샅샅이 여행할 수만 있었다면 천연두, 홍역, 독감 같은 질병이 내륙의 인구 집단에 위험을 초래했을 수 있다. 하지만 모기가 매개하는 질병 탓에 이것은 불가능했다.

서아프리카는 모기가 매개하는 두 가지 전염병에 매우 유리한 환경이었으며 이것은 지금도 마찬가지다.[76] 열대열 원충Plasmodium falciparum은 가장 치명적인 형태의 말라리아를 일으킨다. 이 원충은 3주 동안 기온이 섭씨 20도를 넘는 경우 암컷 모기 체내에서만 번식할 수 있다. 날씨가 더워지면 번식 속도는 더 빨라진다. 따라서 열대열 말라리아는 열대 기후에서 번성한다. 아노펠레스 감비애 모기는 고인 물에 알을 낳는데, 축축하고 습도 높은 서아프리카에는 이런 곳이 많다. 그 결과 서아프리카에는 말라리아가 매우 만연하여 감염된 아노펠레스 모기에 물리지 않기란 거의 불가능했을 것이다.[77] 말라리아 발생 지역에 사는 사람들은 내성을 진화시켰지만, 선천적 면역력으로는 완전한 보호를 받지 못한다.[78] 오늘날에도 사하라 이남 아프리카에서는 매년 수십만 명이 말라리아로 사망하며, 대부분은 처음으로 질병에 노출된 어린아이들이다. 어린 시절에 사망하지 않은 사람도 재감염되어 열대열 원충을 보유할 수 있지만, 신체에 저항력이 생기면 경미한 증상 이상이 나타나는 경우는 드물다. 따라서 서아프리카에서 평생을 살아온 성인에게는 비교적 무해한 질환이다. 이에 반해 열대열 말라리아라는 풍토병이 유행하는 지역에서 자라지 않은 성인에게는 치명적이다. 사실 유럽 정착민 중 상당수가 도착 직후 말라리아로 사망했다.

황열병은 서아프리카에서도 흔하지만 전염병의 동역학은 다르다. 이 바이러스는 어린 시절에는 치명적이지 않은 경향이 있으며 한 번 감염되었던 사람은 평생 면역력이 생겨 다시는 병원균의 숙주 역할을 하지 않는다. 그러나 황열병은 성인에게 매우 심각한 질병이다. 피해자는 엄청난 내출혈을 겪는다. 혈액은 뱃속에 모이고 검은 점액으로 응고된다. 환자는 이를 토해낸다. 황열병 증상 중 하나는 황달이다. 피부가 노랗게 변하기 때문에 황열병이라 불린다. 증상이 나타난 환자의 약 3분의 1이 사망한다.[79] 말라리아와 달리 황열병 바이러스는 특정 지역에서 감염시킬, 면역력 없는 사람이 충분하지 않으면 소멸할 수 있다. 그러나 새로운 어린이 또는 이민자가 충분히 많아지면 다시 유행할 수 있다. 말라리아와 황열병은 이렇게 차이가 있지만 끔찍하게 많은 사망자가 발생한다는 점에서 유럽인의 관점에서 볼 때 결과는 동일하다. 서아프리카의 성인 인구가 여기에 영향을 받지 않는 것처럼 보이는 것과 대조적이다.

유럽인들의 아메리카대륙 정착 시도가 전염병의 도움이 없었을 때는 대체로 실패했다는 사실이 시사하는 바가 있다. 설사 말라리아와 황열병이 원주민을 돕지 않았더라도 포르투갈은 서아프리카를 식민지로 삼는 데 큰 어려움을 겪었을 것이라는 점이다. 모기 매개 질병은 군사적 정복을 거의 불가능하게 하는 방어막이 되어주었다. '포르투갈의 리비우스Livius'로 불리는 역사가 주앙 드 바후스João de Barros가 16세기에 쓴 글은 식민지 개척자들의 좌절감을 명쾌하게 포착하고 있다.

그러나 우리의 죄 때문에, 또는 우리가 헤아릴 수 없는 하나님의 심판 때문에 우리가 항해하는 이 거대한 에티오피아 연안의 모든 입구에 하나님은 치명적인 열병이라는 불타는 검을 가진 무시무시한 천사를 배치했다. 이 탓에 우리는 이 동산의 원천을 향해 내륙으로 뚫고 들어가지 못했다. 우리가 정복했던 그토록 많은 지역에서는 황금의 강이 바다로 흘러들게 만드는 원천이 있었는데 말이다.[80]

영국이 세계를 지배하는 식민 세력으로 발돋움하던 18세기 말과 19세기 초, 말라리아와 황열병이라는 치명적인 열병은 여전히 열대 아프리카를 결코 정복할 수 없는 곳으로 만들었다. 미국의 역사가 필립 커틴Philip Curtin은 이 무렵 서아프리카 해안에 도착한 유럽인의 30~70퍼센트가 첫해에 사망했다고 추정한다. 이 지역이 영국인들에게 "백인의 무덤"으로 알려진 것은 당연하다.[81] 말라리아와 황열병은 사망 원인의 80퍼센트를 차지했다.[82] 초기 통계에서는 두 질병을 구분하지 않았지만, 이후 통계에 따르면 말라리아가 황열병보다 5~10배 더 많은 사망자를 낸 것으로 나타났다.[83] 식민지에서 1년 동안 생존한 유럽인의 경우, 감염 후 생존하고 면역력을 획득하면서 사망률이 감소했지만 여전히 매년 열 명 중 한 명꼴로 사망 위험이 존재했다.

아프리카대륙의 내륙은 훨씬 더 치명적이었다. 식민지 탐험가들은 항해가 가능한 강을 통해 내륙으로 이동하는 경향이 있었다. 중세 지도에 나타난 '황금의 강'은 실제로는 "죽음의 강"이었다.[84] 만일 코르테스, 피사로, 아기레가 아메리카대륙이 아닌 아프리카에서 엘도라도를 찾으려 했다면 전염병으로 사망했을 가능성이 높다. 15세기 후반 주앙 2세는 만사 무사의 후손을 찾기 위해 여덟 명으로 구성된 탐험대를 감비아강으로 보냈다.[85] 한 명 빼고 모두 사망했다. 19세기 전반기에도 내륙으로 모험을 떠난 유럽인들은 놀라울 정도로 많은 수의 사망자를 냈다. 커틴의 데이터에 따르면 말리에서 유럽인의 생존 기간은 평균 4개월에 불과했다. 이는 연간 사망률이 300퍼센트라는 말이다!

1805년, 스코틀랜드의 의사이자 탐험가인 먼고 파크Mungo Park는 서아프리카 내륙 지도를 만들기 위해 영국 식민성이 후원하는 탐험대를 이끌었다. 40명의 유럽인으로 구성된 탐험대가 우기에 감비아에서 니제르까지 첫 번째 육로 구간을 완주하는 데 11주가 걸렸다. 바마코에 도착했을 때 일행 중 열 명을 제외하고는 모두 사망했고 생존자들도 질병으로 쇠약해 있었다. 파크와 다른 생존자 네 명은 카누를 타고 니제르강을 따라 이동했지만 하류 1600킬로미터 지점인 부사Bussa 근처에서 급류에 빠져 익사했다.[86] 1827년 먼고 파크의 아들 토머스는 아버지에게 일어난 일을 알아보기 위해 출발했지만 내륙에 도착하기도 전에 열병으로 사망했다. 그 후 영국 해군은 1841~1842년 세 척의 철제 증기선을 니제르강으로 보냈다. 이 증기선에는 치명적인 열대 열병의 원인으로 추정한 '미아스마miasma(나쁜 공기)'로부터 선원들을 보호하기 위해 설계된 최첨단 화학 필터가 장착되어 있었다. 이 필터는 안타깝게도 모기를 걸러내지 못했다. 말라리아와 황열병이 어떻게 전염되는지 과학자들이 이해하기까지는 거의 반세기가 더 걸렸기 때문이다. 이 탐험대는 파크의 경우보다 약간 나은 성과를 거두었을 뿐이다. 탐험대의 유럽인 152명 중 55명이 사망했다.[87]

전염병 위험 탓에 유럽인들은 사하라사막 이남 아프리카 대부분을 식민지화할 수 없었다. 1870년 당시 유럽이 지배하던 아프리카 땅은 전체 면적의 10분의 1에 불과했다. 3세기 반 전에 아즈텍과 잉카를 정복하고 대륙 전체가 유럽의 점령하에 있었거나 점령이 진행 중이던 아메리카대륙과 비교해 보라. 19세기 후반 이전에 아프리카에 세워진 유럽의 주요 식민지는 좀 더 온대에 가까운 기후이자 질병이 적은 지역에 위치했다. 북쪽의 알제리는 프랑스가, 남쪽의 케이프 식민지와 나탈은 영국이 점령했으며, 두 곳 모두 많은 유럽인이 이주했다. 그러나 열대 지역에서는 정착하려는 이들이 영토를 점령하고 보유하는 것이 불가능했다. 대신 유럽인들의 영역은 해안을 따라 몇 개의 정착지로 제한되었다. 이들은 노예, 금, 상아 및 기타 귀중한 상품의 무역을 독점하는 데 집중했다. 이는 그들이 서아프리카에 붙인 황금해안, 상아해안(코트디부아르Côte d'Ivoire) 같은 이름에서도 명백하다.[88]

어둠의 심장

『카탈루냐 지도집』을 거의 500년 후에 제작된 지도와 비교하면 중세 마요르카의 지도 제작자들이 빅토리아 시대 제국주의자들보다 사하라사막 이남 아프리카에 대해 더 많이 알고 있었다고 생각할 만하다. 전자는 적어도 내륙에 대해 현실적인 힌트라도 담고 있는 인상파적 장면을 포함하지만, 후자는 해안을 제외한 거의 모든 곳을 공백으로 남겨 두었다. 이 모든 것은 19세기의 마지막 25년 동안 완전히 바뀌었다. 조지프 콘래드Joseph Conrad가 콩고강을 항해하는 증기선 선장을 맡았던 1890년대 초에는 아프리카에 대한 유럽인의 지식에 구멍이 거의 남아 있지 않았다. 『어둠의 심장』에 나오는 콘래드의 화자이자 분신인 말로Marlow에 따르면 불과 수십 년 전만 해도 존재했던 아프리카 지리에 대한 지식의 공백은 "내가 어린 시절에 이미 강과 호수, 이름들로 채워졌다. 아프리카는 더 이상 유쾌한 신비의 여백, 소년이 영광스러운 꿈을 꿀 수 있는 지도상의 여백이 아니었다." 20세기에 접어들면서 아프리카 땅의 90퍼센트 이상을 유럽 국가들이 점령했고, 남은 곳은 (미국식민협회에 속해 있던) 아비시니아(에티오피아)와 라이베리아뿐이었다. 말로는 아프리카 대륙이 "어둠의 땅이 되었다"라고 말했는데, 이는 유럽의 착취와 억압 탓에 아프리카가 상상할 수 없을 정도로 끔찍한 곳으로 변했다는 의미인 것 같다.[89]

역사가들은 일반적으로 '아프리카 쟁탈전Scramble for Africa'을 유럽 산업가들의 욕망에서 비롯된 결과라고 설명한다. 새로운 원자재 공급원을 그 더러운 손에 넣고 상품 판매 시장을 강제로 열어젖히려는 욕망 말이다. 물론 산업혁명으로 인해 제조업 활동이 급증한 것은 분명한 사실이며, 따라서 공장주들은 값싼 천연자원 공급처와 제품을 구매할 사람들을 찾고자 했을 것이다. 하지만 이러한 야망은 중세 말 포르투갈 시대까지 거슬러 올라가는 유럽인들의 야망과 놀라울 정도로 유사한 것이다. 가장 큰 차이점은 1880년대 이후 식민주의자들이 마침내 아프리카에 식민지를 건설하고 유지할 수 있었다는 점이다. 무엇이 달라졌을까?

증기선과 최초의 자동 화기火器인 맥심기관총 같은 기술 발전도 중요한 역할을 했다.[90] 하지만 이는 이야기의 일부에 불과하다. 유럽인들은 증기선을 타고 내륙까지 항해하고 1초에 10발씩 현지인의 육체를 향해 총알을 발사할 수 있을 만큼 오래 살아남아야 했다. 운송 수단과 무기의 혁신은 말라리아 예방 및 치료법의 개선과 함께 아프리카 쟁탈전에 힘을 실어 주었다. 이 점에서 퀴닌Quinine은 결정적인 역할을 했다.

자연계에서 퀴닌은 안데스산맥의 동쪽 산기슭에서 자라는 기나나무cinchona 껍질에서 발견된다. 1500년대 후반, 스페인 예수회 수사들은 원주민들이 나무껍질을 갈아 달인 물에 달콤한 물을 섞은 일종의 원시 토닉워터(퀴닌을 섞은 탄산음료)로 열을 치료하는 것을 관찰했다. 17세기 중반에 이르러 '예수회 가루'는 당시 유럽 전역에서 말라리아 치료제로 사용되었다. 당시 대부분의 유럽 지역에 풍토병으로 퍼져 있던 말라리아는 대부분 더 낮은 온도에서 번식할 수 있는 증상이 가벼운 삼일열vivax 균주였지만 말이다. 1649년 찰스 1세가 처형된 후 엄격한 개신교 독재를 이끌었던 올리버 크롬웰Oliver Cromwell은 말라리아에 걸렸지만 가톨릭 신자와 밀접한 관련이 있는 이 약의 복용을 고집스럽게 거부했다.[91] 그는 얼마 지나지 않아 사망했다. 크롬웰을 대체한 찰스 2세는 그런 거리낌이 없었으며 당시 '학질 ague'이라 불린 말라리아에 걸렸지만 살아남았다.

1677년 왕립의과대학의 의약품 목록을 담은 『약전Pharmacopoeia Londinensis』 최신판에 기나나무 껍질을 갈아 만든 퀴닌이 열병 치료제로 포함되었다. 그러나 퀴닌은 18세기에 유행하지 않았는데, 그 이유는 열대지방의 의사들이 지켜본 바로는 주기적으로 파괴적인 영향을 미치는 전염병인 황열병을 퀴닌으로 예방하거나 치료하지 못했기 때문이다. 근대 초기인 당시 의학에서는 황열병을 말라리아와 구별하지 못했다. 그 대신 의사들은 사혈 같은 최신 치료법을 사용했다. 사혈이란 정맥을 절개하여 환자가 엄청난 양의 피를 흘리게 하는 요법이다. 출혈량은 체내 총량의 절반 이상인 3리터에 달하는 경우도 가끔 있었다. 말라리아는 빈혈을 유발하는 경우가 많기 때문에 이러한 치료법은 효과가 없었으며, 오히려 아무것도 하지 않느니만 못했다.[92]

기나나무 껍질의 명예 회복은 재앙으로 끝난 1841~1842년 니제르 탐험에서 시작되었다. 탐험에 참여한 영국 해군 의사 중 한 명인 토머스 톰슨Thomas Thomson은 일부 대원에게 소량을 사용해 치료한 결과 긍정적인 효과를 발견했다. 이후 몇 년 동안 그는 더 많은 용량을 투입하는 실험을 했다. 1846년, 그는 자신의 연구 결과를 런던의 저명한 의학 저널 『랜싯The Lancet』에 발표했다. 얼마 지나지 않아 영국 육군 의무부는 서아프리카 식민지 총독들에게 기나나무 껍질을 사용하도록 권고하는 회람을 보냈고, 이 소식은 이 지역 유럽인들 사이에서 빠르게 퍼져 나갔다. 1854년에는 철제 증기선 플레이아드Pleiad 호가 해군이 후원하는 또 다른 탐험을 위해 니제르강을 거슬러 올라갔다. 이 탐험과 1841~1842년 탐험의 유일한 차이점은 탑승자 모두가 정기적으로 퀴닌을 복용했다는 점이다. 이 탐험은 전례 없는 성공을 거두었고, 그 어떤 유럽인보다 더 깊숙이 아프리카 내륙에 침투한 후 단 한 명의 승무원도 잃지 않고 해안으로 돌아왔다.[93] 갑자기 유럽의 아프리카 식민지화가 가능해졌다.

스코틀랜드의 선교사이자 탐험가인 데이비드 리빙스턴David Livingstone은 '위대한 영국인' 명부에서 (문제도 있지만) 중요한 위치를 차지한다. 그는 아프리카대륙 사람들에게 "기독교, 상업, 문명"을 전하는 일을 평생의 사명으로 삼고 "나는 내륙으로 가는 길을 열지 못하면 죽어 버리겠다"라고 선언했다. 1850년대에 그는 중앙아프리카를 이쪽 해안에서 저쪽 해안까지 횡단한 최초의 유럽인이 되었다. 지도의 많은 공백을 메우고 이제 대륙 중심부까지 여행할 수 있다는 것을 보여 준 것이다. 리빙스턴의 여행기는 그를 유명하게 만들었고 아프리카에 대한 관심이 급증하는 계기가 되었다. 리빙스턴은 다른 선교사, 탐험가, 상인, 그리고 궁극적으로 식민지 세력에게 영감을 주어 그의 발자취를 따르도록 했다.

퀴닌 덕분에 리빙스턴은 먼고 파크와 그의 아들이 실패한 곳에서 성공할 수 있었다. 의사이기도 했던 리빙스턴은 퀴닌이 치명적인 열대성 질병을 예방한다는 증거가 점점 늘어나는 것을 보고 확신을 가졌다. 그는 아프리카로 떠나기 전 런던 약제상회관Apothecaries' Hall에서 엄청난 양의 퀴닌을 구입했다. 다양한 양으로 실험한 끝에 그는 귀가 울릴 정도로 많은 양을 복용해야 한다고 추론했다. 그가 퀴닌과 할라파, 대황, 감홍(염화제1수은)을 섞어 만든 조제약은 훗날 버로스웰컴 제약회사Burroughs Wellcome & Co.에서 '리빙스턴의 각성제'라는 이름으로 판매했다.[94] 이 약은 그가 심하게 앓는 것을 막아 주지는 못했다. 그는 일기에 자신이 말라리아에 수십 번 걸렸다고 기록했다. 그러나 그는 죽지 않았다. 그의 아프리카 내륙 여행은 퀴닌이 없던 시절 유럽인들에게 어떤 일이 일어났는지를 슬프게 상기시킨다. 1862년, 리빙스턴의 아내 메리는 병으로 인해 퀴닌의 약효를 몸속에서 유지할 수 없었다[중증 말라리아에 수반되는 구토나 장염 등이 원인으로 추정된다]. 그녀는 곧 사망했다. 1870년 리빙스턴은 퀴닌이 들어 있던 자신의 상자가 사라지자 일기에 이렇게 적었다. "마치 사형 선고를 받은 듯했다." 리빙스턴은 건강이 매우 안 좋아졌지만 죽지는 않았는데, 아마도 이전에 여러 차례 감염되어 면역력이 어느 정도 쌓였기 때문일 것이다. 결국 그는 퀴닌 덕분에 여행이 가능했던 또 다른 탐험가 헨리 모턴 스탠리Henry Morton Stanley에게 발견되어 보급품을 보충할 수 있었다.[95]

필립 커틴은 19세기 후반에 퀴닌 사용이 증가하고 사혈 같은 위험한 치료법이 줄면서 열대 아프리카에서 유럽인의 사망률이 "적어도 절반 이상" 감소했다고 추정한다.[96] 물론 퀴닌이 말라리아 위험을 완전히 제거하지 못했고, 모기가 옮기는 또 다른 무서운 질병인 황열병 예방과 치료 방법은 아직 없었기 때문에 이 지역은 여전히 유럽인에게 매우 위험한 곳이었다. 예수회 가루는 대륙을 지키던 "치명적인 열병이라는 불타는 검을 든 천사"를 죽이지 못했다. 하지만 이 천사를 약화시키긴 했다. 포르투갈 탐험가들이 아프리카의 광활한 천연자원을 탐낸 지 500년이 지나자 정착민 사망률은 식민 지배가 가능한 수준으로 떨어졌다.[97] 리빙스턴과 스탠리를 비롯한 탐험가들은 이제 이 지역의 주요 지리적 특징을 도표화하여 콘래드의 '빈 공간'을 채울 수 있게 되었다. 유럽 국가들이 아프리카 쟁탈전에서 영토를 차지했을 때, 식민지 관리자와 군인들은 과거와 전혀 다른 방식으로 이 지역에 거주할 수 있었다.

열대 아프리카에서 전염병의 지속적인 위협은 식민주의의 구체적인 형태에 막대한 영향을 미쳤다. 이 지역에는 가능한 한 적은 자본으로 짧은 시간에 많은 돈을 벌고 질병으로 쓰러지기 전에 손을 떼고 도망치려는 야심 차고 부도덕한 유럽인들이 몰려들었다. 그들은 식민지 정착민이 아니었다. 따라서 뉴잉글랜드와 달리 가족을 데려와 토끼처럼 번식하고 고국의 모습을 본떠 제도와 기관을 만들지 않았다. 오히려 19세기 말 아프리카를 식민지로 삼은 유럽인들은 '채굴 기관'을 만들어 폭력과 폭력 위협으로 주민들을 강압하여 천연자원을 채취하고 이를 해안으로 운반해 유럽으로 보냈다. 이 잔인한 노력의 궁극적인 목표는 새롭고 더 나은 사회의 건설이 아니라 이 지역에서 부를 빼내 소수의 유럽인을 부유하게 하는 것이었다.[98]

수탈 식민지의 가장 끔찍한 사례는 거의 틀림없이 벨기에의 레오폴드 2세가 저지른 일이다.[99] 해외 영토가 없는 유럽 약소국의 왕이 된 것에 좌절감을 느낀 그는 헨리 모턴 스탠리를 고용해 아프리카에 제국을 건설하도록 했다. 1870년대 말과 1880년대 초, 퀴닌의 도움으로 이 탐험가는 후원자를 위해 대서양과 오대호 사이에 광활한 영토를 개척했다. 벨기에 면적의 76배, 아프리카 전체 면적의 13분의 1에 이르는 면적이었다. 1885년에 세운 콩고자유국Free State of Congo은 레오폴드의 사유 영지였지만, 그는 전염병이 건강에 미칠 영향을 우려해 이곳으로 여행한 적이 없었다. 벨기에 국왕은 다른 유럽 국가 정상들에게 아랍 노예상을 막고 자유무역을 촉진하며 평화를 전파하는 자선 프로젝트라며 자신의 모험적 사업을 소개했다. 식민지의 국기는 이러한 고상한 목표를 반영했다. 진한 파란색 바탕에 노란색 별은 벨기에인이 아프리카의 가장 어두운 구석에 가져온 빛나는 빛을 상징했다. 하지만 실제로는 현지 주민들에게 미칠 피해는 전혀 고려하지 않고 레오폴드의 부를 축적하는 것을 목표로 한 사업이었다.

벨기에의 첫 번째 주요 인프라 프로젝트는 해안에서 콩고강 항해가 가능해지는 스탠리풀Stanley Pool(지금의 풀말레보Pool Malebo 호수)까지 400킬로미터 길이의 철도 건설이었다. 철도가 건설 중이던 1890년 콩고에 도착한 콘래드는 이곳 노동자들이 처참한 환경에서 일하는 모습을 목격했다. 그는 목에 걸린 쇠목걸이를 사슬로 연결해 함께 묶어 놓은 죄수들과 고된 노동에 지친 채 나무 밑에 앉아 죽음을 기다리는 사람들을 묘사했다. 스탠리풀에서 출발한 증기선은 내륙으로 수백 킬로미터를 이동했다. 『어둠의 심장』에서 가장 충격적인 것은 아마도 가장 멀리 떨어진 강 부두에서 벌어지는 장면일 것이다. 범죄 성향의 회사 직원 커츠Kurtz를 찾으러 파견된 말로는 커츠가 자신의 정원을 둘러싼 울타리 기둥에 아프리카인들의 잘린 머리를 꽂아 놓은 것을 쌍안경으로 목격한다. 이 사건은 작가의 상상이 만들어 낸 허구가 아니다. 콘래드가 콩고를 떠난 지 몇 년 후 유럽에서 매우 유사한 이야기가 보도되었고, 이것이 콘래드가 유럽의 식민 지배에 대한 반쯤 허구적인 체험담을 쓰게 된 계기로 보인다. 콘래드는 자신이 목격한 것을 "인류 양심의 역사를 더럽힌 가장 사악한 약탈품 쟁탈전"이라고 묘사했다. 하지만 최악의 상황은 아직 오지 않았다.[100]

콘래드가 콩고강에서 증기선 선장으로 일할 때 주요 약탈품은 상아였다. 1890년대 말에는 고무 수요가 급증했다. 고무는 전선을 절연하고 자전거와 나중에는 자동차 타이어를 만드는 데 쓰인다. 콩고의 적도 열대우림은 브라질과 함께 세계 천연고무의 주요 공급원이었다. 다른 유럽 식민지 세력들은 열대 아시아에 광대한 고무 농장을 조성해 이 경제적 기회에 대응했지만, 나무에서 제대로 된 결실을 얻으려면 최소 10년이 걸렸다. 레오폴드는 그 기간 동안 최대한 많은 돈을 벌고자 했다. 20세기에 접어들면서 식민지 예산의 절반이 콩고자유국 군대Force Publique('공권력'이라는 뜻으로 벨기에가 식민지 콩고에서 운용하던 군대)에 쓰였다. 점령군 겸 기업 경찰로 구성된 이 군대는 마을에서 마을로 이동했다. 그들은 여성과 아이들을 납치했고 고무를 채취하라며 남자들을 열대우림 깊숙이 보냈다. 할 당량을 채우지 못하면 군인들은 포로들을 살해하고 강간하고 불구 로 만드는 등 무자비하고 잔인한 짓을 저질렀다. 특히 악명 높은 사 진 중 하나는 자기 딸의 몸에서 잘린 채 바닥에 놓인 작은 손과 발 을 절망에 빠져 바라보는 한 아버지의 모습을 보여 준다. 안타깝게 도 이것은 한 번의 특수한 사건이 아니었다. 벨기에인들이 너무 많 은 사지를 잘라 냈기 때문에 콩고인들 사이에서는 잘린 신체 부위 가 열대지방에서 유럽인 식단의 중요한 부분을 차지하는 콘비프 통 조림을 만드는 데 사용된다는 소문이 돌았다.[101]

미국 작가 애덤 호크실드Adam Hochschild에 따르면 1885년 콩 고자유국 설립 당시 인구는 약 2500만 명이었으나 고무 붐이 끝난 1923년에는 770만 명으로 줄었다고 한다. 고무 수출량이 10킬로그 램 늘어날 때마다 인구는 한 명씩 감소했다. 콩고인들은 콩고자유 국 군대의 폭력으로 직접적으로 사망한 것만이 아니었다. 벨기에의 통치는 기근과 출산율 급락으로 이어져 중앙아프리카 주민들의 삶 에 막대한 혼란을 초래했다. 군인, 상단의 짐꾼, 증기선 선원, 실향민 들이 식민지를 가로질러 이동하면서 해안에서 내륙으로 질병을 퍼 뜨렸다. 내륙에는 벨기에인들이 도착하기 전에는 상대적으로 고립 된 생활을 하던 사람들이 살고 있었다. 1901년에만 50만 명이 수면 병으로 사망했다. 천연두는 또 다른 주요 사망 원인이었다. 한 관찰 자는 천연두로 황폐해진 마을을 방문했는데, 독수리들이 인육을 먹 고 너무 살이 쪄서 날지 못하는 모습을 목격했다고 보고했다.[102]

식민 지배는 콩고인들에게는 재앙이었지만 레오폴드 2세는 그로 인해 엄청난 부자가 되었다. 그는 '건축왕'이라는 별명이 붙을 정도로 대부분의 돈을 건축에 투자했다. 본국에서는 브뤼셀의 기념비와 박물관, 안트베르펜의 기차역, 해변 휴양지 오스텐트에는 골프장, 경마장, 산책로, 공원 등을 지었다. 프랑스 남부에는 1만 5000톤급 요트를 정박할 수 있는 부두를 건설했으며, 카프페라Cap Ferrat의 빌라 레 세드레Villa Les Cèdres 저택을 매입했다. 이 저택은 2017년 4억 1000만 달러가 넘는 가격에 시장에 나와 당시 세계에서 가장 비싼 주택으로 기록되었다. 또 다른 주요 지출은 65세의 레오폴드가 매춘으로 생계를 유지하던 16세 소녀 카롤린 라크루아Caroline Lacroix를 만났을 때 일어났다. 레오폴드는 사망할 때까지 10년 동안 그녀에게 막대한 돈을 아낌없이 투자했는데, 그중 하나는 파리의 칼로 쇠르Callot Soeurs에서 옷값으로 300만 프랑을 지불한 일이다.[103]

레오폴드가 사망한 지 반세기 후인 1960년 콩고가 독립한 후에도 식민주의의 영향은 지속되었다. 식민지의 유산이 민주주의와 법치주의였던 북미와 달리 콩고에서는 권위주의와 약탈이 지배적이었다. 벨기에 정부는 옛 식민지 군대 및 미국 CIA와 결탁하여, 민주적으로 선출된 최초의 총리가 된 지 불과 몇 달 만에 파트리스 루뭄바Patrice Lumumba를 살해했다. 1965년, 여러 차례의 반란과 반역, 분리 독립을 거친 끝에 당시 콩고 국군의 수장이던 모부투 세세 세코Mobutu Sese Seko가 권력을 장악했다. 식민지 군대의 하사관 출신인 그는 이후 32년 동안 콩고의 독재자로 군림한다. 모부투는 레오폴드와 다를 바 없이 잔인하고 부패한 통치를 했고, 레오폴드보다 더 많은 수십억 달러의 재산을 축적했다. 서로의 취향도 비슷했다. 모부투는 콩코드기를 전세 내어 파리로 쇼핑 여행을 떠나는 것으로 악명이 높았으며, 유럽의 여러 궁전 저택과 요트를 구입했다. 저택 중 하나는 벨기에 국왕의 옛 저택이 있는 카프페라에서 불과 20킬로미터 떨어진 로크브륀카프마르탱Roquebrune-Cap-Martin 에 있었다.[104]

　모부투는 1997년에 권좌에서 물러났다. 콩고민주공화국은 다이아몬드, 금, 목재, 구리, 코발트, 콜탄 등 천연자원이 풍부한데도 오늘날 세계에서 가장 가난한 나라 중 하나다. 세계은행 자료에 따르면 인구의 4분의 3이 하루 1.90달러 미만으로 생활하는 극빈층이다. 1인당 연간 GDP는 1200달러 조금 넘으며, 세계에서 세 번째로 낮은 수준이다. 콩고민주공화국의 사례는 극단적이기는 하지만 19세기 말 아프리카 쟁탈전에서 탄생하여 20세기 후반기에 독립을 쟁취한 국가들의 전형적인 이야기다. 세계에서 가장 가난한 10개국은 모두 사하라사막 이남 아프리카의 식민지였다. 유럽인들이 말라리아에 대해 제법 효과가 있는 치료법을 발견하지 못하고 이 지역이 백인의 무덤으로 계속 남아 있었다면, 이들 사회가 더 나아졌으리라고 결론 내려도 무리는 아니다.

6장

혁명의 시대

전쟁의 판도를 바꾸다

"우리가 반란을 일으키는 것은 특정한 문화를 위해서가 아니다. 우리는 그저, 여러 가지 이유로 더 이상 숨을 쉴 수 없기 때문에 반란을 일으킨다."

– 프란츠 파농

숨을 쉴 수 없어요

2020년 5월 25일, 미국 미니애폴리스의 한 편의점에서 어느 고객이 20달러 위조지폐로 담배 한 갑을 결제한 후 점원이 경찰에 신고했다. 이후 상황을 촬영한 휴대폰 영상에는 출동한 경찰관 중 한명이 길거리에서 용의자를 제지하는 모습이 담겨 있다. 백인인 이 경찰관은 아프리카계 미국인 남성의 목에 무릎을 대고 머리를 아스팔트에 짓누르면서 기도를 막고 있다. 용의자는 살려 달라고 애원한다. "숨을 쉴 수 없어요"라고 그는 반복해서 말한다. "제발, 제발, 제발, 숨을 쉴 수 없어요, 제발요." 시민들이 경찰관에게 멈추어 달라고 간청한다. 그의 동료 세 명은 아무것도 하지 않고 지켜본다. 9분 30초 후, 위조지폐로 담뱃값을 지불한 혐의를 받던 남성이 사망한다.

조지 플로이드George Floyd가 살해당한 사건은 아프리카계 미국인에게 가하는 경찰의 폭력에 대해 전례 없는 슬픔과 분노를 촉발시켰다. 그해 여름 최대 2600만 명이 '흑인의 생명도 소중하다Black Lives Matter'를 지지하는 여러 시위에 참여했다. 이는 미국 역사상 가장 큰 규모의 시위가 되었다.[1] 그러나 공권력에 의한 사망은 흑인이 직면한 차별을 가장 충격적이고 폭력적으로 드러낸 사례일 뿐이다. 아프리카계 미국인의 가구당 평균 자산은 1만 7600달러인 데 비해 백인은 17만 1000달러이며,[2] 수감될 확률은 거의 여섯 배나 높다.[3] 2020년 여름 미국을 뒤흔든 시위는 한 건의 잔인한 살인을 넘어 훨씬 더 근본적인 문제에서 비롯되었다. 미국은 남북전쟁이 끝나고 노예제를 폐지했지만 백인 우월주의와 흑인 종속을 결코 없애지 못했다. 그 결과 남부 주들의 주도에 남부연합의 정치인과 장군들의 모습을 받침대에 올려놓은 동상들은 시위대 집결지가 되었다.

그러나 신대륙 노예제도와 그 유산은 북미에만 국한된 문제가 아니다. 대서양을 건너 인신매매된 1250만 명 중 나중에 미국으로 독립하는 지역으로 건너간 사람은 약 3퍼센트에 불과했다.[4] 노예선의 가장 흔한 목적지는 카리브해의 유럽 식민지들로서 아프리카 노예 노동력이 처음 사용된 지역이다. 이는 1619년 영국의 북미 영토로 노예가 처음 운송되기 1세기 전의 일이었다. 아프리카 출신인 카리브해 노예 노동자의 많은 후손이 유럽으로 이주했고, 그곳에는 '흑인의 생명도 소중하다'가 표현하는 정서를 수용하는 청중이 있었다. 조지 플로이드가 살해된 직후 영국 남서부 브리스틀 주민들은 17세기 상인이자 노예상인 에드워드 콜스턴Edward Colston의 동상을 철거했다. 동상은 마치 그와 그의 출신 도시가 대서양을 건너로 아프리카인을 인신매매하는 데 기여한 것을 기념하는 듯 도심에 한 세기 넘게 서 있었다.[5] 실제로 동상 받침대에는 그를 브리스틀의 "가장 고결하고 현명한 아들"이라 기술한 명패가 붙어 있었다. 수년 동안 지역 주민들은 시의회에 이 기념비의 철거를 청원했지만 아무런 성과도 거두지 못했다. 마침내 2020년 6월, 시위대가 문제의 동상을 거리로 끌고 나와 어두운 에이번강에 던져 버렸다.[6]

현대 세계를 이해하기 위해서는 미국 노예제도 같은 끔찍하고 사악한 제도가 어떻게 생겨났는지를 이해해야 한다. 오늘날 대부분의 사람이 노예제도에 반대하는 가장 큰 이유는 한 사람을 다른 사람의 소유물로 취급하는 것이 근본적으로 비인간적이라는 데 있다. 이보다 덜 근본적인 반대 이유도 있다. 경제학의 창시자인 애덤 스미스는 신대륙 노예제도가 도덕적으로 혐오스럽다는 데 동의했지만, 경제적으로 비효율적이라는 점도 지적했다. 『국부론』에서 스미스는 "자유인이 하는 노동이 노예가 하는 노동보다 결국에는 더 싸다"라고 주장했다. 해방될 가능성이 없는 노예 노동자들은 폭력과 협박을 통해서만 생산성을 높일 수 있기 때문이라는 것이다. 이와 동시에 노예들에게는 일터에서 사보타주를 일으키고, 감독관을 공격하고, 생지옥에서 탈출하려는 인센티브가 엄청나게 컸다. 스미스에 따르면 노예 노동력을 통제하는 데 필요한 폭력적인 감독 비용은 터무니없이 비쌌다. 만일 유럽 정착민이 경제적으로 합리적이라면 본국의 자유민 노동자를 고용했을 것이다. 위협이 적고 관리하기 쉬우며 궁극적으로 비용이 저렴하기 때문이다.

애덤 스미스는 노예제도를 타인을 지배하려는 인류의 의지의 표현으로 보았다. 하지만 이것이 이야기의 전부일까? 신대륙의 노예 농장 소유주들이 이윤을 극대화하기 위해 노동자들을 매우 잔인하게 대할 수 있었던 것은 분명하다. 하지만 농장주들이 너무나 가학적이라서 이 끔찍한 관행을 선택했을 가능성은 희박해 보인다. 본질적으로 비용이 더 많이 든다면 말이다. 그들의 잔인함에는 숨겨진 논리가 있었을까? 앞으로 살펴보겠지만, 미국 노예제의 출현과 이를 정당화하는 데 사용된 인종차별 이데올로기는 전염병과, 그리고 누가 전염병에서 살아남을 수 있는지 여부와 큰 관련이 있다.

노예제도와 전염병학

노예제도의 역사는 유럽의 카리브해 식민지 시대 훨씬 이전으로 거슬러 올라간다. 노예제는 정착 농업이 도입된 직후에 등장했으며, 동물의 가축화 논리를 우리 종의 불행한 구성원에게까지 확장한 것으로 개념화해야 한다.[7] 노예가 된 남성과 여성은 더 이상 동료 인간으로 취급되지 않고 짐을 운반하는 짐승으로 취급되었다. 그들은 포로로 잡혀 지칠 때까지 일하고, 매를 맞으며 복종하고, 다른 것으로 교환될 수 있었다. 하지만 미국 노예제에는 새롭고 특이한 점이 있었다. 수천 년 동안 피부색은 누가 노예로 적합한지 판단하는 데 아무 영향을 미치지 않았다. 아프리카계 인간이 처음으로 노예 상태와 연관된 것은 아메리카대륙에서였다.

기원전 5세기 아테네에서는 전체 인구의 4분의 1에 해당하는 8만 명에 달하는 사람들이 도시국가의 민주적 절차에서 아무 역할도 하지 않는 노예였다.[8] 노예 중에는 그리스인도 있었고 전쟁 중이나 해적질을 통해 포로로 잡힌 비그리스인도 있었다. 고대 로마에도 많은 수의 노예가 있었는데, 대부분 로마 군대가 지중해와 내륙에서 벌인 영토 확장 전쟁에서 포로로 잡아 온 사람들이었다. 기원전 167년 에피루스를 정복한 로마인들은 그리스 문화를 높이 평가했음에도 불구하고 15만 명의 그리스인을 노예로 삼았다.[9] 그리스-로마 세계의 일부 노예는 아프리카 흑인이었을지 모르지만 소수였고 피부색은 노예와 관련된 특성이 아니었다. 실제로 로마 황제와 다른 고위 관리들은 아프리카와 아라비아 지방을 포함한 제국 전역 출신이었으며, 그들의 피부색이 얼마나 어두웠는지는 분명하지 않지만 밝은 피부색의 유럽인이 아니었다는 것은 확실하다.

중세 지중해에서는 인신매매가 활발하게 이루어졌다. 노예제도의 기본 원칙은 자신의 종교를 따르지 않는 사람을 노예로 삼는 것이 허용된다는 것이었다. 가톨릭 신자인 이탈리아 노예 상인들은 때때로 이를 확장하여 정교회 기독교인까지 그 대상에 포함시켰다.[10] 지중해 서부에서 노예 노동력의 주요 공급원은 이베리아반도 정복 과정에서 붙잡힌 무슬림이었다. 이는 1492년 그라나다의 나스리드 Nasrid 왕국이 패배하면서 절정에 달했다. 제노바와 베네치아의 상인들은 흑해 노예시장에서 젊은 남성, 그보다 더 많은 젊은 여성을 사서 동부 지역 전역에 팔았다. 여기에는 조지아인, 아르메니아인, 체르케스인과 기타 백인이 포함되었다.[11] 당시 대부분의 노예는 가사도우미로 일했다. 그러나 예외도 있었다. 아랍 세계에서는 흑해 지역 젊은이들을 사들여 군인, 즉 맘루크라 불리는 노예 용병의 엘리트 계급으로 삼았다. 1250년 맘루크가 권력을 장악하고 1517년까지 카이로를 수도로 삼아 중동 대부분을 통치하면서 노예들은 주인이 되었다.

13세기에 노르만 십자군은 키프로스에 사탕수수 농장을 세우고 생산물을 서유럽으로 수출하기 시작했다.[12] 처음에는 봉건 농노들이 이 작업을 수행했지만, 설탕 수요가 증가하고 사탕수수 재배가 확대되면서 농장에서는 노예 노동자를 점점 더 많이 사용하게 되었다. 흑해 노예시장에서 구입하거나 그리스, 불가리아, 튀르크와의 전쟁에서 포로로 잡힌 사람들이다.[13] 이 모델은 시칠리아섬과 크레타섬으로 퍼진 후 서쪽으로 발레아레스제도로 퍼졌다.[14] 13~14세기에 세워진 사탕수수 농장은 16~17세기 아메리카대륙에 등장한 노예 사회와 주요 특징을 다수 공유했다. 노예 노동력은 서유럽인 소유의 영지에서 환금작물을 재배하고 가공하는 데 쓰였고, 생산물은 배로 운송되어 유럽으로 다시 팔려 갔다. 그러나 아프리카 흑인이 노예제도와 관련된 시기는 15세기에 이르러서였다.

흑사병 이후 오스만제국의 확장은 지중해의 경제생활을 혼란에 빠뜨렸고, 유럽의 탐험가·군인·기업가는 대서양으로 흘러나왔다. 스페인은 카나리아제도를 정복했고 포르투갈은 마데이라제도, 아조레스제도, 카보베르데제도, 상투메섬, 프린시페섬 등 이전에 사람이 살지 않던 군도에 정착했다.[15] 따뜻하고 습한 기후, 화산 토양, 풍부한 물은 사탕수수 재배에 이상적이었고 기업가적 귀족들은 유럽에서 계속 증가하는 수요를 충족하기 위해 농장을 세웠다. 이들이 직면한 가장 큰 과제는 노동자를 찾는 일이었다. 숲을 개간하고 산 중턱을 깎아 계단식 경작지를 만들고 관개 체계를 구축한 후 작물을 재배, 수확, 가공할 사람들 말이다. 레콩키스타Reconquista(8~15세기 기독교의 이베리아반도 탈환 전쟁)가 끝나면서 오스만제국에 의해 흑해 노예시장에 대한 접근이 차단되고 카나리아제도를 제외한 모든 섬에 사람이 살지 않게 되자 스페인과 포르투갈은 이를 대체할 다양한 강제 노동력을 찾았다.[16] 여기에는 북서 아프리카의 베르베르족과 기독교로 개종했지만 깊은 의심을 받았던 이베리아의 유대인과 이슬람교도인 콘베르소conversos(개종자)가 포함되었다. 그러나 스페인과 포르투갈 상인들이 서아프리카와 더욱 긴밀한 관계를 맺으면서 서아프리카는 가장 신뢰할 수 있는 노예 공급처가 되었다. 실제로 16세기 중반에는 세비야 인구의 7퍼센트, 리스본 인구의 10퍼센트 이상을 차지할 정도로 검은 아프리카(사하라사막 이남 아프리카) 사람들이 유럽으로 점점 더 많이 이송되고 있었다.[17]

콜럼버스가 히스파니올라섬에 첫발을 내디뎠을 때 그는 우연히 지구상에서 가장 비옥한 땅과 사탕수수 재배에 적합한 따뜻하고 습한 기후를 발견했다. 그는 1493년 두 번째 항해를 통해 사탕수수를 카리브해로 가져왔다. 처음에 정복자들은 아메리카 원주민을 고용해 땅을 일구려고 했지만, 이전 장에서 알 수 있듯이 원주민은 구세계 병원균으로 초토화되었다.[18] 1498년 콜럼버스는 세 번째 카리브해 항해에서 아프리카인 수입을 지지했다. 아프리카인은 이미 마데이라제도와 카나리아제도 같은 대서양 전초기지의 사탕수수 농장에서 일하고 있던 터였다. 이로부터 얼마 지나지 않아 대서양을 횡단하는 노예무역이 시작되었다. 25년 만에 히스파니올라에는 타이노족보다도 많은 아프리카인 노예가 있게 되었다. 16세기 중반에는 원주민 인구가 완전히 사라졌다.[19] 서아프리카가 육로와 이제는 해로를 통해 유럽과 아시아로 연결되면서 이미 구세계 병원균에 노출되어 있던 지역 주민들은 이 병원균을 훨씬 더 잘 견뎌 냈다. 1550년에서 1650년 사이에 65만 명의 아프리카인이 스페인과 포르투갈의 아메리카 식민지로 인신매매되었는데, 이는 같은 기간 대서양을 건너간 유럽인의 두 배가 넘는 숫자다.[20]

초기 정복자들이 노예화된 아프리카인들을 사탕수수 농장에서 사용하기로 한 결정은 예상치 못했지만 중대한 결과를 초래했다. 초기 대서양 횡단 노예무역은 사람뿐만 아니라 서아프리카를 유럽인들에게 치명적인 장소로 만든 모기와 미생물도 운반했기 때문이다. 이 탓에 의도치 않게 아메리카대륙의 열대지방 전체가 인종차별적 노예제의 길로 불가피하게 들어섰다.[21]

서아프리카에서 가장 치명적인 열대열 말라리아를 전파하는 아노펠레스 감비애 모기는 대서양을 건너오지 못했다. 대신 말라리아 원충은 인신매매를 당한 서아프리카인들의 혈액을 통해 카리브해로 옮겨졌는데, 그들 중 상당수는 최근 열대열에 감염되어 해당 원충을 가지고 있었을 것이다. 카리브해에는 해당 원충을 전파할 수 있는 다른 여러 종류의 아노펠레스 모기가 서식하고 있다. 그러나 이들은 사람의 피에 덜 끌리기 때문에 아프리카의 사촌만큼 전염병을 잘 옮기지는 않았다. 그 결과 서아프리카에서 주요 사망 원인이던 말라리아가 히스파니올라 같은 곳에서는 그다지 치명적이지 않았다.[22]

황열병은 다른 이야기다. 황열 바이러스를 사람에서 사람으로 옮기는 모기의 일종인 이집트숲모기Aedes aegypti는 늪이나 웅덩이보다는 용기 속에 담긴 물속에 알을 낳는 것을 선호하기 때문에 노예선을 타고 대서양을 건너는 데 매우 적합했다. 카리브해에 도착한 이 모기에게 사탕수수 재배 농장은 번식하기에 이상적인 생태계를 제공한다. 사탕수수 재배지에는 설탕을 결정화하는 데 사용되는 항아리가 가득한데 습한 여름에는 이곳이 물로 가득 차서 모기 번식지가 두 배로 늘어난다.[23]

서아프리카 병원균의 도착으로 카리브해는 백인의 새로운 무덤으로 변했다. 말라리아보다는 황열병이 유럽인들의 주요 사망 원인이었지만, 서아프리카에서 자란 거의 모든 사람은 이 질병에 노출되어 평생 면역력을 획득한 반면, 유럽에서 새로 정착한 사람들은 내성이 발달하지 않아 집단적으로 사망한다는 기본 결과는 동일했다.[24] 그 결과 아프리카인의 노동은 농장주들에게 경제적으로 '합리적인' 선택이 되었다.

영국 육군이 의뢰한 연구 덕분에 우리는 19세기 전반 카리브해에 새로 도착한 아프리카인과 유럽인의 사망률 차이를 잘 알 수 있다.[25] 평시에는 영국에 주둔한 군인의 1.5퍼센트가 매년 사망했다. 지중해, 북아메리카, 남아프리카 등 다른 온대 지역에 주둔하는 것은 사망률에 큰 영향을 미치지 않았다. 그러나 열대 지역으로 파견되면 사망 위험이 현저하게 증가했다. 아메리카 열대지방에서는 매년 여덟 명 중 한 명 이상이 사망했는데, 이는 온대 지역 군인 사망률의 약 열 배다.[26] 19세기 초 의학은 황열병과 말라리아를 구분할 수 없었지만, 데이터에 따르면 카리브해의 유럽인은 주로 '열병'으로 사망했다. 자메이카에서는 영국군 사망자의 84퍼센트가 그랬다. 바베이도스섬을 포함한 소小앤틸리스제도에서는 사망자의 절반에 약간 못 미치는 비율이 여기 해당했다.[27]

농장에서 일하는 사람은 항구와 마을에 주둔한 군인보다 모기에 더 많이 노출되었을 것이다. 게다가 사망자 한 명당 중환자 두 명이 발생한 점을 감안하면 영국에서 데려온 농업 노동자들이 카리브해에서 매우 나쁜 상황을 겪었을 것이 분명하다. 황열병과 말라리아에 대한 면역력을 이미 획득한 채 인신매매된 서아프리카인들의 사망률은 훨씬 낮았다. 이는 영국 해군에서 징집한 아프리카 병사들과 백인 병사들 간의 사망률 격차에서도 확인할 수 있다. 아프리카 병사들은 대서양을 건너는 노예선에서 징집되었는데 이는 1807년 노예무역 금지령을 집행하기 위한 노력의 일환이었다. 서아프리카 시에라리온에 주둔할 당시 매년 아프리카계 군인의 약 3퍼센트가 사망했다. 카리브해에서는 사망 위험이 4퍼센트로 약간 증가했지만 이는 여전히 영국 백인 병사들의 3분의 1에 불과했다.[28]

아프리카 노예 노동력 없이 아메리카대륙에 식민지를 건설하려던 유럽 정착민들에게 어떤 일이 일어났는지 잘 보여 주는 예가 있다. 17세기 말, 스코틀랜드가 지금의 파나마에 무역 정착지를 건설하려다 실패한 사건이다. 스코틀랜드 다리엔 회사Darien Company의 탐험대는 일반 공모로 자금을 조달했는데 수천 명이 평생 모은 노후대비 저축을 이 기업에 투자했다. 이는 스코틀랜드 전체 재산의 4분의 1에서 2분의 1에 해당하는 금액이었다.[29] 1698년 1200명이 1년치 식량과 "국내 최고급 모직 타이츠, 타탄tartan(색과 굵기가 다른 선들을 엇갈리게 배치한 스코틀랜드식 격자무늬 직물) 담요, 장식용 가발, 가죽 신발 2만 5000켤레"를 가지고 '뉴에든버러'로 항해하여 원주민과 교역을 시작했다.[30] 도착한 지 8개월 만에 4분의 3 이상이 사망하자 나머지 사람들은 스코틀랜드로 돌아갔다. 이 일행이 스코틀랜드에서 동포들에게 재난 상황을 알리기 직전에 다리엔 회사는 1300명으로 구성된 또 다른 일행을 뉴에든버러로 보내는 비극을 일으켰다. 9개월이 지나자 두 번째 그룹 중 살아남은 사람은 100명에 불과했다. 스코틀랜드 식민지 개척자들이 직면한 문제는 전염병만이 아니었다. 상상할 수 있듯이 가려움증을 유발하는 양말이나 따

뜻한 담요에 대한 수요는 많지 않았다. 하지만 가장 큰 실패 원인은 전염병이었다.[31]

놀랍게도 중앙아메리카를 향한 스코틀랜드인들의 모험이 끼친 영향은 오늘날에도 여전히 느껴진다. 17세기 말, 잉글랜드와 스코틀랜드는 별개의 국가였지만 1603년부터 같은 군주를 공유했다. 잉글랜드는 두 나라의 통합을 간절히 원했지만, 많은 스코틀랜드인은 훨씬 더 큰 이웃 국가에 압도당할 것을 두려워해 독립을 유지하고자 했다. 뉴에든버러의 실패는 2000명의 목숨을 앗아 갔을 뿐 아니라 이 운 나쁜 프로젝트에 투자하거나 도박을 건 모두의 돈을 날려 버렸다. 약삭빠른 영국은 투자자들이 두 나라 간의 긴밀한 관계에 동의하면 보상해 주겠다고 약속했다. 스코틀랜드의 헌신적인 민족주의자들도 재정적 파탄 가능성에 직면하자 1707년 연합법Act of Union을 지지했다. 역사가 존 맥닐은 "이와 같이 그레이트브리튼 Great Britain(잉글랜드, 스코틀랜드, 웨일스의 통합으로 이루어진 단일 국가)은 파나마 열병의 도움으로 탄생했다"라고 썼다. 300여 년이 지난 현재 스코틀랜드 의회에서 독립을 지지하는 정당이 과반수를 차지한 가운데 연합은 주요 정치 이슈가 되고 있다. 뉴에든버러는 아메리카 열대지방의 백인 식민지 정착민들에게 전염병이 끼친 피해를 단적으로 보여 주는 사례다. 그러나 식민지가 지속될 수 있었던 것은 인신매매된 서아프리카인이 유럽인보다 훨씬 더 안정적인 노동력을 제공한다는 사실을 농장주들이 빨리 깨달았기 때문이다.

카리브해에서 스페인 농장이 눈에 띄는 성공을 거둔 후, 다른 국가들도 늘어나는 설탕 수요에서 한몫 챙기고자 식민지를 건설하기 시작했다.[32] 영국인들은 1627년 바베이도스에 정착하여 사탕수수 농장을 개발하기 시작했다. 히스파니올라섬을 비롯한 다른 섬들과 마찬가지로 원주민들은 전염병으로 인해 빠르게 사라졌다. 하지만 농장주들은 고질적인 인력난을 해결하기 위해 곧바로 아프리카 흑인들을 고용하지는 않았다. 남유럽과 달리 영국제도에는 최근까지 노예노동의 전통이 없었기 때문이다. 당시 영국인들은 노예제라고 하면 흑인 아프리카인을 떠올리기보다는 해안 정착지나 배에서 바르바리Barbary〔북아프리카 해안 지방〕 해적에게 납치되어 북아프리카로 끌려간 자국민을 떠올렸을 것이다.[33] 농장주들은 영국의 전통적인 도제 제도를 도입했다. 초보자가 장인 밑에서 일정 기간 무보수로 일하며 기술을 배우는 제도다.[34] 아메리카대륙에서 도제 형태의 노역은 보통 3~7년의 기간 동안 무급으로 농장에서 일하기로 계약하는 것을 의미했다. 그 대가로 고용주는 대서양 횡단 여행 비용과 고용기간 동안의 숙식비를 부담했다. 계약이 끝나면 전직 일꾼들은 신세계에서 새로운 삶을 꾸릴 수 있도록 토지, 물품 또는 돈을 제공받았다.[35]

바베이도스섬 지주들이 영국제도에서 온 계약직 노동자를 고용하는 것은 겉보기에 당연한 일이었다. 애덤 스미스가 지적했듯이 자유 노동자가 통제하기 쉽고 따라서 더 저렴했기 때문만은 아니었다. 이에 더해 땅도 없고 일거리도 없는 노동자들이 많아진 것이 도움이 되었다. 이들은 농업혁명으로 인해 새로운 기회를 찾고 있었다. 산업혁명으로 이들에게 수많은 일자리가 생긴 것은 19세기가 되어서였다. 영국내전English Civil War의 여파로 농장주들은 노동자를 찾기 위해 멀리까지 눈 돌릴 필요가 없었다. 올리버 크롬웰은 정치적 반대파 수천 명을 카리브해로 추방했다. 그중 다수가 아일랜드인이었다.[36] 17세기 중반에는 바베이도스로 추방된다는 뜻의 'barbadoesed'라는 말이 널리 쓰였다. 이 낯선 땅에서 생계를 유지할 방법이 없었기 때문에 많은 유배자에게는 계약직 노역에 종사하는 것 외에 별다른 선택의 여지가 없었다.

바베이도스 식민지가 처음 세워지고 10년 후, 백인 계약직 노동자는 약 2000명이었고 노예화된 아프리카인은 200명이었다.[37] 교회에서 "뒷줄back row"에 앉아야 했던 백인 노동자들을 비하하며 아프리카인들은 그들을 "버크라buckra"라고 불렀다.[38] 이 가난한 백인 정착민은 열대 아메리카에서 생존하기 위해 고군분투했다. 17세기 중반, 섬 백인 인구의 절반인 약 6000명이 황열병으로 죽었다.[39] 황열병은 다른 직종 종사자보다 농장 노동자에게 훨씬 더 치명적인 영향을 미쳤을 것이다. 왜냐하면 밭에서 고된 노동을 하면서 질병을 옮기는 모기와 자주 접촉했기 때문이다. 카리브해 농장에서 노예화된 아프리카인들이 부르던 노래 가사처럼 말이다. "신입 버크라, 그는 병에 걸리네, 그는 열이 나네, 그는 죽네, 죽고 마네."[40] 많은 노동자를 잃은 영국 농장주들은 스페인이 개척한 모델을 모방하여 아프리카 출신 노예 노동력을 사용하기 시작했다. 1680년대에는 노예로 팔려 온 아프리카인이 카리브해에서 유럽의 계약직 노동자를 거의 다 대체했다.[41]

17세기 말에는 유럽 시장에서 팔리는 설탕의 대부분을 카리브해 지역에서 공급했다. 기후와 토양이 열대 아메리카의 설탕 생산자에게 매우 유리했기 때문이다. 해당 식민지가 스페인, 포르투갈, 영국, 프랑스, 네덜란드 등 어느 나라에 속하든 사탕수수 농장의 환경은 비슷했다. 열대 서아프리카에서 온 노예 노동자들이 유럽인 소유의 농장에서 수출용 설탕을 생산하기 위해 고된 노동에 시달렸다. 생산량이 급증하면서 가격은 하락했다. 한때 희귀한 사치품이던 설탕은 차, 커피, 초콜릿, 럼 펀치 등에 단맛을 내는 일상 가정용품이 되었다. 18세기 초와 말 사이에 영국의 1인당 연간 설탕 소비량은 4파운드에서 18파운드로 증가했다.[42] 카리브해 설탕 생산량의 엄청난 증가는 황열병이 들끓는 농장에서 사탕수수를 재배하고 가공하는 수많은 아프리카 노예 노동자가 있었기에 가능했다.

대서양 횡단 노예무역은 거의 상상할 수 없는 규모의 고통을 초래했다. 16세기 초부터 19세기 중반까지 1250만 명의 아프리카인이 아메리카대륙으로 이송되었는데, 이는 인류 역사상 가장 큰 규모의 비자발적 이주였다.[43] 대서양을 건너는 여정에서 거의 200만 명이 족쇄가 채워진 채 갑판 아래에 갇혀 사망했다. 살아남은 이들은 최고가 입찰자에게 팔려 노예가 되었다. 부모는 자녀와 헤어지고 남편은 아내와 헤어졌다. 농장에 도착한 노예들은 주인의 폭력에 대한 끊임없는 두려움 속에서 설탕과 기타 농작물을 수확하고 가공하는 힘든 노동을 강요당했다. 여성들은 광범위한 강간과 성적 강압에 시달렸다. 가장 악명 높은 성범죄자는 자메이카의 영국인 농장주 토머스 시슬우드Thomas Thistlewood이다. 그의 일기에는 1700년대 중반부터 37년 동안 138명의 노예 여성과 가진 3852회의 성관계가 기록되어 있다.[44] 생명공학 기업 23andMe에 제공된 5만 명의 DNA를 기반으로 한 최근 연구에 따르면 시슬우드는 예외적인 사례가 결코 아니었다.[45] 대서양을 건너온 남성의 숫자는 여성보다 거의 두 배 많았지만 아프리카 여성은 카리브해의 옛 영국 식민지에 사는 현대 인구에 두 배나 더 많은 DNA를 제공했다.

노예에 대한 비하적 고정관념은 새로운 것이 아니었지만, 신대륙에서 처음으로 아프리카 혈통을 가진 사람들이 오로지 노예 상태와 결부되었다.[46] 근대 미국 노예제도가 전근대적 형태의 강제노동과 구별되는 것은 바로 이 특수한 인종차별적 속성 때문이다. 그러나 일단 유럽인의 상상 속에서 아프리카 흑인이 노예제도와 불가분하게 연결되자 이 대단히 잘못된 상황을 정당화하기 위해 인종에 대한 근대적 관념이 개발되었다.

17세기와 18세기에 대서양 횡단 노예무역과 미국 노예제도가 크게 확대된 시기는 유럽에서 지적 에너지가 왕성했던 계몽주의 시대와 일치했다. 계몽주의의 주요 관심사 중 하나는 자연 세계를 다양한 범주로 분류하는 것이었다. 여기에는 인간도 포함되는데, 인간은 신체적, 지적, 도덕적 특성을 가진 여러 종족으로 분류되었다. 사이비과학적이고 인종차별적인 인간 분류법에는 명확한 위계가 있었고, 이 도식을 고안한 백인 유럽인이 맨 위에 위치했다. 예를 들어 임마누엘 칸트는 "백인종은 그 자체로 모든 재능과 동기를 포함한다"라고 썼다. 반면 아프리카 흑인은 "교육받을 수 있지만 하인 교육에 국한"된다. 다시 말해 "훈련시킬 수 있다"라는 것이다. 칸트에 따르면 아메리카 원주민은 "교육할 수 없고" "게으른" 존재다. 이는 유럽인들이 아메리카 원주민의 대륙을 식민지로 삼고 말 그대로 그들을 몰살한 것에 대한 죄책감을 완화하는 데 기여했을 것이다.

인종차별주의자들은 모르는 사실이지만 이러한 고정관념의 주요 요인은 전염병에 대한 면역력이었다. 흑인이 고된 노동을 하는 삶에 적합하다는 생각은 아프리카 이민자들이 아메리카 열대 지역의 농장에서 생존하는, 겉보기에 아주 특별한 능력의 영향을 받았다. 이와 대조적으로 아메리카 원주민은 "백인"과의 첫 만남 이후 사망하는 경우가 많았기 때문에 "약한 인종"으로 여겨졌다.[47]

자유와 혁명

2019년 8월, 「뉴욕 타임스」는 "노예제도의 결과와 미국 흑인의 공헌을 미국이라는 국가 서사의 중심에 놓는 것"을 목표로 하는 '1619 프로젝트'를 시작했다. 나중에 책으로 나와 베스트셀러가 된 이 특집의 첫 호에는 인종차별적 노예제도가 교통 체증부터 의료 서비스에 이르기까지 현대 미국 사회의 거의 모든 측면에 강력한 영향을 미쳤다는 점을 강조하는 다양한 기사가 실렸다. 프로젝트의 제목과 신문 발행일은 정확히 400년 전 영국의 북미 식민지에 인신매매된 아프리카인들이 최초로 도착한 날을 나타낸다. 20명가량의 남녀가 포르투갈 노예상인에 의해 대서양을 건너다가 멕시코 해안에서 영국 해적에게 붙잡혀 버지니아의 포인트 컴포트Point Comfort 에 도착한 날짜다. 아프리카인이 1619년 이래 아메리카대륙에 존재했다는 사실은 놀라운 것이다. 미국 건국 신화의 중심 역할을 하는 필그림 파더스조차도 그 이듬해에야 도착했기 때문이다. 하지만 1619년이 북미가 노예제 사회가 된 순간은 아니었다. 바베이도스섬에서와 마찬가지로 영국의 북미 식민지에서도 처음에 가장 선호하는 노동력은 계약직 하인이었다. 이 노동자들은 1600년대 신대륙에 도착한 25만 명의 유럽인 중 3분의 2를 차지했다.[48] 이에 비해 새로 도착하는 흑인의 수는 1680년 식민지 전체에 7000명 미만이었다. 전체 인구의 5퍼센트 미만일 정도로 적었다.[49] 그리고 그들은 노예

라기보다는 계약직 하인과 같은 대우를 받았으며, "영국인 및 아일랜드인 하인들과 함께 일하도록 투입되었으며 피부색 외에는 거의 차별점이 없었다."[50] 많은 사람이 일정 기간 주인을 위해 일한 후 자유를 얻었으며, 일부는 대규모 토지를 축적하고 인신매매된 아프리카인을 직접 구입하여 자신들을 위해 일하게 했다.

인종차별적 노예제도로 인정할 수 있는 최초의 기록은 1640년 버지니아에서 온 세 명의 계약직 노동자(백인 두 명, 흑인 한 명)가 일터에서 도망친 사건이다. 이들이 체포된 후 식민지 최고 법원은 두 유럽인에게 4년의 추가 노역형을 선고했다. 반면 존 펀치John Punch라는 이름의 불운한 아프리카계 미국인에게는 "이곳 또는 다른 곳에서 목숨이 다할 때까지 앞서 말한 주인이나 그가 부여한 임무를 위해 봉사하라"라는 판결이 내려졌다. 하지만 존 펀치는 당시 법제상 매우 예외적인 사례였다.[51]

북미의 아프리카계 미국인 수가 절대적, 상대적 측면에서 모두 증가하기 시작한 것은 17세기 말에 이르러서였다. 1680년 7000명 미만(전체 인구의 5퍼센트)이었던 흑인 수는 1690년 1만 7000명(8퍼센트), 1700년 2만 8000명(13퍼센트)으로 늘어난 후 계속 증가했다.[52] 1750년에는 북미 식민지에 약 25만 명의 흑인이 거주했으며 이는 전체 인구의 약 20퍼센트에 달했다. 식민지별 통계를 살펴보면 북부 식민지에서는 아프리카계 미국인의 비율이 거의 변하지 않았다. 비율 증가는 거의 전적으로 남부 식민지 때문이라는 점을 알 수 있다. 1700년까지 아프리카계 미국인이 전체 인구에서 차지하는 비율은 예컨대 사우스캐롤라이나의 경우 43퍼센트, 버지니아에서는 28퍼센트를 차지했다. 50년 후 그 수치는 각각 61퍼센트와 44퍼센트로 증가했다.

그들의 수가 늘어나면서 아프리카계 미국인의 지위는 더 나빠지기 시작했다. 17세기의 마지막 10년에 시행되기 시작한 새로운 법률에 따라 아프리카계 미국인은 하인에서 노예로 전락했다.[53] 1696년 사우스캐롤라이나는 이른바 '노예법'을 통과시킨 최초의 식민지였다. 노예법이란 노예제를 관리하고 노예가 된 아프리카계 미국인을 소유주의 개인 재산으로 정의하는 일련의 법률을 말한다. 이 법은 바베이도스섬의 1688년 법안에서 많은 부분을 차용했다. 다른 주들도 그 뒤를 따랐고, 독립전쟁이 시작될 무렵에는 열세 개 식민지 전역에서 노예제도가 합법화되었다. 그러다가 18세기 후반에 북부 주들이 노예법을 폐지하기 시작했다. 1780년 펜실베니아는 점진적 노예해방법을 통과시켰고 매사추세츠는 3년 후 노예제를 폐지했다.[54] 1800년대 초에는 모든 북부 주에서 노예제 폐지 법안을 통과시켰다. 물론 남부 주들은 남북전쟁에서 패할 때까지 노예제를 강력하게 옹호했으며, 그 후 마지못해 흑인 노예 노동자들을 해방시켰다.

17세기 말부터 남부에서는 노예제가 생겨났지만 북부 식민지에서는 그렇지 않은 것을 어떻게 설명할 수 있을까? 이 질문에 대한 가장 일반적인 대답은 기후와 토양에 적합한 종류의 농장용 작물을 재배하는 일이 엄청나게 노동 집약적이라는 점이다. 이 주장에 따르면 담배, 사탕수수, 쌀, 이후 면화 재배는 남부 식민지에서 노동 수요가 너무 많아 이를 충족할 수 있는 유일한 방법은 인신매매된 아프리카 인력이었다. 하지만 이 주장은 증거와 맞지 않는다. 북부 식민지의 농부와 기업가들도 노동력이 필요했지만 애덤 스미스라

면 예상했을 것처럼 유럽에서 온 무료 및 계약 노동력을 계속 사용했다.[55]

실제로 17세기 마지막 20년과 18세기 전반기, 그러니까 1680년에서 1750년 사이에 북부 식민지가 아닌 남부 식민지에서 아프리카계 미국인 노예가 갑작스럽고 현저하게 증가한 가장 큰 요인은 전염병이었다. 카리브해에서는 황열병이 주요한 위험이었다면, 북미 식민지에서는 말라리아였다. 이는 유럽 식민지 개척자들이 도착하기 전에는 이 지역에 존재하지 않았던 전염병이다. 가장 치명적인 열대열 원충은 서아프리카에서 왔는데 아마도 카리브해를 통해 유입되었을 가능성이 높다. 우리는 열대열 말라리아가 감염된 사람의 몸을 통해 전파되었다는 것을 아는데, 그 이유는 열대열 말라리아의 매개체인 아노펠레스 감비애 모기가 대서양을 건너지 않았기 때문이다. 적어도 세월이 훨씬 많이 흐르기 전까지는 말이다. 1930년 브라질에서 아노펠레스 감비애 모기가 발견되었다. 그 후 10년 동안 말라리아로 인한 사망자 수는 약 25퍼센트 증가했지만, 혼신의 노력 끝에 1940년 이 지역에서 문제의 모기를 박멸했다.[56] 미국 본토에서 열대열 말라리아는 동부 해안 저지대에서 흔히 볼 수 있는 모기 종인 아노펠레스 쿼드리마쿨라투스quadrimaculatus에 의해 전염되었다. 이 모기는 서아프리카의 '사촌'만큼 말라리아 원충을 퍼뜨리는 데 효과적이지는 않지만 사람 피를 선호하기 때문에 카리브해 종보다는 전염력이 높다.[57] 따라서 말라리아는 서아프리카만큼 치명적이지는 않았지만 카리브해 지역에서보다는 훨씬 더 치명적이었다.

열대열 말라리아는 1680년대 중반, 즉 북미 식민지에서 아프리카계 미국인 노예제도가 시작되기 직전에 버지니아와 사우스캐롤라이나에서 처음 나타났다.[58] 이 시기는 우연이 아니다. 이 책에서 살펴본 다른 많은 질병의 발생과 마찬가지로, 이 시기는 기후가 변화한 시기와 일치했다. 1680년대에 엘니뇨 현상이 그 이전 20년보다 훨씬 더 자주 발생했던 것이다. 이는 아노펠레스 모기가 번식하는 데 필요한 고인 물을 만들어 말라리아 확산을 도왔을 수 있다.[59] 기후는 또 다른 중요한 방식으로 북미의 말라리아 분포에 영향을 미쳤다. 열대열 원충이 번식하려면 상대적으로 따뜻한 기온이 오래 지속되어야 하기 때문이다. 이 모기는 남부 식민지에서는 생존할 수 있지만 북부에서는 그러지 못했다. 실제로 이 원충이 번식할 수 있는 지역과 번식할 수 없는 지역 사이의 지리적 경계는 메릴랜드와 펜실베이니아, 델라웨어를 분리한 메이슨-딕슨 라인Mason-Dixon Line과 거의 정확히 일치한다.[60]

남부에서는 열대열 말라리아에 대한 면역력을 키우지 못한 농업 노동자들이 중병에 걸릴 확률이 높았다. 그 결과 이 지역에서는 유럽의 계약직 노동자들을 더 이상 원하지 않았고, 당사자들도 그곳에 정착하기를 원하지 않았다.[61] 도덕을 무시한 경제적 관점에서 볼 때 서아프리카 노동력은 농장주들에게 갑자기 훨씬 더 매력적인 대상이 되었다. 이탈리아 경제학자 엘레나 에스포지토Elena Esposito 는 1680년대 열대열 말라리아의 발생이 당시 남부 식민지에서 아프리카계 미국인이 급증한 현상을 설명해 준다고 추정한다. 이는 어떤 자치주의 토양이 담배나 면화 같은 작물을 키우기 적합한가와 같은 노예제 확대에 대한 다른 가능한 설명을 고려하더라도 여전히 유효한 결론이다.[62] 실제로 말라리아는 노동 집약적 작물을 재배하는 자치주에서 노예제 확대에 가장 큰 영향을 미쳤는데, 아마도 건강한 노동자의 경제적 수익성이 가장 높기 때문인 것으로 추정한다.

에스포지토에 따르면 농장주들은 서아프리카에서 인신매매된 사람들이 서유럽에서 자진해서 온 사람들보다 말라리아에 훨씬 덜 취약하다는 사실을 알고 있었다. 그뿐 아니라 아프리카 내에서도 특정 지역에서 자란 사람들이 다른 지역 출신보다 말라리아에 덜 취약하다는 사실도 이해하고 있었다. 노예 매매를 광고하는 포스터에는 시에라리온이나 윈드워드 코스트Windward Coast 및 라이스 코스트Rice Coast(모두 노예 매매가 활발하던 서아프리카 해안 지역들을 가리키던 명칭) 같은 지역이 언급되는 등 아프리카의 출신 지역이 놀라울 정도로 구체적으로 명시되었다. 에스포지토가 1719년에서 1820년 사이에 루이지애나의 노예시장에서 판매된 3000명의 아프리카인 데이터베이스를 분석한 결과를 보자. 이에 따르면 서아프리카에서 말라리아가 가장 많이 발생하는 지역에서 온 사람들, 즉 면역력이 가장 높은 사람들이 그렇지 않은 사람들보다 훨씬 높은 가격을 받았다는 것을 알 수 있다.[63]

조지아의 상황은 특이했지만 말라리아가 노예제 확산에 얼마나 중요한 역할을 했는지 잘 보여 준다. 1730년대에 식민지를 세웠을 때, 식민지 관리자들은 영국에서 온 소규모 농부들로 구성된 사회를 건설하기로 결정했다. 처음에는 아프리카계 미국인 노예의 반입을 금지했는데, 이는 군사적 우려에 따른 결정이었다. 지도자들은 이웃 플로리다에 있는 스페인인들의 위협을 우려했다. 조지아를 방어하는 가장 좋은 방법은 땅을 지키기 위해 목숨을 걸고 싸울 영국 출신의 식민지 개척 정착민으로 구성된 군대를 보유하는 것이라고 판단했다. 현상을 유지해야 할 동기가 없는 소수의 농장주와 수많은 흑인 노예보다 낫다는 것이다. 이 전략은 군사적 관점에서는 타당했을지 모르지만 몇 년 만에 경제적으로 실행 불가능한 것으로 판명되었다. 새로 도착한 이주민들에게 말라리아가 미친 영향 때문이다.

1740년 선교사로서 조지아에 도착했지만 상인이자 정치인이 된 제임스 하버샴James Habersham은 "어디서 하인 한 명을 합리적인 가격에 구입하거나 고용할 수 있을지 모르겠다"라며 노동력 부족을 불평했다. 당대 조지아 사람들은 노동력 부족이 말라리아에 대한 유럽인의 취약성 때문이라는 사실을 잘 알고 있었다. 어떤 사람은 유럽인들이 "1년의 거의 절반 동안 쓸모없게 만드는 열병Distemper에 굴복한다"라고 지적했고, 또 다른 사람은 말라리아에 매우 취약한 "백인 하인 한 명에게 드는 비용은 그가 생산할 수 있는 것의 세 배에 이른다"라고 불평했다. 아프리카계 미국인을 배제하는 것이 초기 식민지에 실존적 위협이 되자 조지아는 1751년 인종차별적 노예제 금지를 뒤집고 4년 후 이웃 사우스캐롤라이나와 매우 유사한 노예법을 채택했다. 1760년이 되자 아프리카계 미국인이 전체 인구의 37퍼센트를 차지했다.[64]

남부 식민지에서는 노예화된 아프리카계 미국인 수가 빠르게 증가했지만, 여전히 유럽계 백인 정착민이 인구의 상당 부분을 차지했다. 정착민은 노예 경제에서 상대적으로 수익성이 좋고 지위가 높은 모든 종류의 직책을 차지하기 위해 사람을 쇠약하게 만드는 열병을 앓고 견뎌 냈다. 초기에 죽지 않은 유럽인들은 어린 시절을 살아서 견딘 아이들과 마찬가지로 열대열 말라리아에 대한 면역력을 갖게 되었다. 이 시점에서 정착민 식민지의 후손들은 심각한 질병에 걸리지 않고 현지에서 일할 수 있었지만, 이미 주사위는 던져진 후였다. 인종차별적 계급 체계를 정당화하는 이데올로기가 완전히 자리 잡았기 때문이다. 백인들이 이익을 긁어모으는 동안 아프리카계 미국인들은 농장에서 수고하는 것이 당연시되는 이데올로기 말이다.

남부 백인 인구가 말라리아에 대한 저항력을 갖게 되었다는 사실은 새로운 국가를 건국하는 데 중요한 역할을 했다. 1776년 여름 대륙의회Continental Congress(열세 개 식민지 대표자 회의)가 투표를 통해 독립선언서를 채택했을 때만 해도 이 반란군이 전쟁에서 승리하리라 확신할 방도는 전혀 없었다. 영국은 반란을 진압하기 위해 대규모 해군 함대와 3만 4000명의 군인을 북미로 보냈다. 그러나 3년간의 전투 끝에 독립전쟁은 교착 상태에 빠졌다. 영국은 이른바 '남부 전략'으로 교착 상태를 타개할 계획을 세웠다. 이때까지 전쟁은 주로 북부, 특히 반군에 대한 지지가 가장 강했던 뉴잉글랜드에서 벌어졌다. 영국은 9000명의 군대를 남부로 보냈는데, 영국은 이 지역 주민들이 영국 왕에 대한 충성심이 강하고 대영제국군을 지원하기 위해 결집하리라 믿었다. 그런 주민 지지는 실현되지 않았지만 찰스 콘월리스Charles Cornwallis 장군의 군대는 뛰어난 전투력을 갖추었고 식민지와의 전투에서 대부분 승리했다. 하지만 남부 전략은 말라리아가 창궐하는 시기에 무너졌다.

많은 영국 군인이 1~2년 동안 북미에 주둔했지만 주둔지가 뉴욕과 뉴잉글랜드였기 때문에 열대열 말라리아에 대한 내성이 발달하지 않았다. 1780년 늦여름과 가을에 콘월리스 군대의 병사들 중 많은 수가 말라리아에 걸렸다. 그들은 겨울에 회복한 후 1781년 봄

버지니아 고지대로 향했다. 장군은 이런 이동을 통해 "지난 가을 군대를 거의 파멸시킬 뻔했던 치명적인 질병으로부터 군대를 보호"할 수 있기를 바랐다. 그러나 콘월리스는 뉴욕에 있는 상급자로부터 저지대 해안 평야인 타이드워터에 있는 "허약한 방어 진지"로 진군하라는 명령을 받았다. 북미에 도착한 이후 기껏해야 말라리아 한 시즌을 견뎌 낸 영국군의 면역 체계는 평생을 남부에서 살아온 식민지 독립군이나 민병대에 비해 허약했다.

8월 초, 영국 육군은 요크타운에 캠프를 설치했다. 9월 말, 영국군은 미국 군대만이 아니라 자국 출신 혁명가들을 돕기 위해 새로 도착한 프랑스 군인들을 포함한 적에게 포위당했다. 콘월리스는 포위 공격이 시작된 지 21일 만에 항복했다. 그가 지휘하는 병사의 절반 이상이 열대열 말라리아로 인해 싸울 수 없었기 때문이다. 새로 도착한 프랑스 병사들도 말라리아에 취약했지만 감염된 모기에 물린 후 증상이 나타나기까지 최대 한 달이 걸리기 때문에 이들은 영국군이 항복한 후에야 발병했다.[65] 요크타운에서 영국군 병력의 4분의 1에 해당하는 7000명이 포로로 잡혔다. 이로 인해 전쟁의 판도가 바뀌었다.

1781년 미국 독립주의자들은 정말 고군분투하고 있었다. 의회는 해산했고 군대는 그해 초에 두 차례 반란을 일으켰다. 그러나 유럽과 대영제국의 많은 지역에서 전쟁이 다시 격화되는 상황에서 요크타운에서의 패배는 영국에게 미국 식민지를 되찾을 가능성이 거의 없음을 보여 주었다. 이 전투는 독립전쟁의 주요 전투 작전이 끝나고 미국과 영국이 협상을 시작하는 계기가 되었다. 협상은 1783년 파리조약에서 영국이 미국의 독립을 인정하는 데 동의하면서 끝이

났다. 존 맥닐은 조지 워싱턴 같은 '위인'의 역할을 완전히 무시하는
데는 조심스러운 태도를 보이면서도 암컷 아노펠레스 쿼드리마쿨
라투스 모기를 "미국 건국의 어머니" 중 하나로 간주해야 한다고 익
살스럽게 제안한다. 그가 지적했듯 말라리아는 미군의 총보다 여덟
배나 많은 영국군을 죽였다.

　수십 년 후, 카리브해에서 다른 유럽 강대국들로부터 독립하기
위해 싸우던 식민지를 돕기 위해 모기(이 경우 이집트숲모기)가 다시
한 번 등장한다.

흑인 자코뱅과 황열병

　프랑수아 마캉달François Makandal은 18세기 전반 서아프리카의
부유한 무슬림 가정에서 태어났다.[66] 열두 살 때 붙잡혀 대서양을 건
너 히스파니올라섬의 서쪽 3분의 1을 차지하던 프랑스 식민지 생도
맹그Saint-Domingue로 이송되었다. 마캉달의 생애를 다룬 동시대 기
록은 부족하고 모순적이지만, 설탕 농장에서 일하던 그가 밤에 사탕
수수를 갈다가 산업 재해로 오른팔을 잃었다는 사실은 확실하다.[67]
그 후 그는 내륙 산악 지대로 달아났고, 이 섬의 도망친 전 노예들,
이른바 마룬Maroon의 카리스마 넘치는 지도자가 되었다. 일부 소식
통에 따르면 그는 아웅간oungan, 즉 부두교의 사제였다고 한다. 트
리니다드의 역사가이자 『검은 자코뱅』(1938)의 저자 C. L. R. 제임스
에 따르면 마캉달은 미래를 예측할 수 있다고 주장했으며, 열렬한
추종자들이 자신을 불멸의 존재로 믿게 만들었다고 한다. 수년 동
안 그는 식민지의 프랑스인 공동체의 상수원에 독을 뿌려 공동체를

파괴하는 활동을 주도했다. 1758년 프랑스군은 그를 체포한 후 수도인 카프프랑세에서 많은 군중이 지켜보는 가운데 화형에 처했다. 마캉달의 추종자들은 그가 모기로 변신해 날아가 죽음을 피했다고 확신했다.[68] 만일 마캉달이 실제로 이 곤충으로 변신했다면 이는 선견지명 있는 선택이었을 것이다. 이집트숲모기는 한 세대 후 아이티 혁명에서 중요한 역할을 하게 되기 때문이다. 이 혁명은 노예로 살던 아프리카인들이 유럽 압제자들을 굴복시키는 데 성공한 역사상 유일한 사례다.

오늘날 아이티는 서반구에서 가장 가난한 나라로 알려져 있다. 하지만 1789년 생도맹그는 전 세계에서 가장 생산성과 수익성이 높은 지역 중 하나였다. 면적은 매사추세츠와 비슷했지만 생산량은 전 세계 설탕의 5분의 2와 커피의 절반 이상을 차지했다.[69] 유럽에서 수요가 급증한 덕분에 1780년에서 1789년까지 이들 상품의 수출이 두 배로 증가해 프랑스 농장주, 상인, 국가에 막대한 부를 안겨주었다.[70] 하지만 생도맹그의 생산성은 거의 50만 명에 이르는 아프리카계 노예의 강제노동을 기반으로 한 것이다. 마캉달처럼 노예제도를 피해 산속에서 생계를 꾸려온 5만 명의 마룬을 포함해 아프리카계 흑인이 전체 인구의 거의 90퍼센트를 차지했다. 나머지는 부유하거나 가난한 백인들과 소수의 자유 물라토mulatto(백인과 흑인의 혼혈 인종)였다. 생도맹그의 노예 인구는 카리브해에서 가장 많았으며, 그다음으로 많은 자메이카의 두 배에 달했다. 당시 미국에는 70만 명의 노예 흑인이 있었지만 전체 인구에서 차지하는 비율은 약 4분의 1에 불과했다.[71]

C. L. R. 제임스는 농장주들과 그 대리인들이 "식민지 생활을 싫

어했으며 그들의 희망은 오로지 은퇴해 프랑스에서 살거나 최소한 파리에서 몇 달 보낼 수 있을 정도의 돈만 버는 것이었다"라고 설명한다.[72] 프랑스인들이 식민지에서 벗어나고 싶어 했던 주된 이유 중 하나는 전염병, 특히 황열병이었다. 죽음의 위협은 가난한 귀족들이 빨리 돈을 벌기 위해 고국을 떠나는 것을 막을 만큼 크지는 않았지만, 가족을 데리고 와서 영원히 정착할 만큼 작은 수준도 아니었다. 그 결과 그들은 단기적 이익을 극대화하는 방향으로 농장을 운영했다. 이러한 현상은 노예화된 아프리카인에 대한 처우에서 더욱 분명하게 드러났다. 이들의 절반 이상이 생도맹그에 도착한 지 5년 이내에 사망했다. 그 이유는 황열병이 아니라 과로와 영양실조, 이질·장티푸스·파상풍에 취약한 혼잡하고 비위생적인 환경 탓이었다.[73] 사망자 증가를 막고 노예의 생산성을 높이기 위해 파리의 식민지부는 1780년대 중반 일련의 법령을 발표했다. 노예 노동자에게 일주일에 하루 휴가를 주고, 굶지 않도록 충분한 식량을 제공하며, 노예를 살해하지 말 것을 농장주와 그 대리인에게 촉구하는 내용이었다. 생도맹그의 프랑스 주민들은 이 법령에 격렬하게 반대했고, 카프프랑세 법원도 이 법을 인정하지 않았다.

이들이 노예화된 아프리카인들을 잔인하게 대우한 데는 단순한 경제적 이유가 있었다. 교체 비용이 너무 저렴했기 때문이다. 그들에게 적절한 생활수준을 제공하고 아이를 낳도록 장려하는 것보다 불과 몇 년마다 새로운 노예를 구입하는 편이 비용 면에서 더 효율적이었다. 생도맹그로 수입되는 아프리카인 노예 수는 18세기 후반에 현저히 증가했다. 1760년대 중반 연간 1만 명에서 1770년대 초에는 1만 5000명, 프랑스혁명 직전에는 4만 명으로 늘었다.[74] 농장주들의 단기적인 경제적 계산 탓에 생도맹그 사회는 불안정해졌다. 이들이 간과한 사실은 노동자의 대다수가 아프리카에서 태어났고, 노예 이전의 삶을 기억하고 있으며, 다시 자유를 갈망하고, 들고 일어나지 않으면 자신들이 몇 년 안에 죽을 가능성이 높다는 사실을 인식하고 있었다는 점이다.[75]

1780년대에 들어와서 안목 있는 프랑스 방문객들은 상황이 얼마나 위험해졌는지 깨달았다. 그중 한 명은 생도맹그를 베수비오 화산에 비유할 정도였다. 프랑스혁명은 생도맹그를 더욱 불안하게 만들었다. 정치적 혼란으로 인해 왕당파 농장주들과 그 동맹 세력인 이른바 '그랑 블랑grands blancs'이 혁명을 지지하는 가난한 프랑스인 '프티 블랑petits blancs'과 대립했다. 그리고 미국에서는 자유, 평등, 박애라는 프랑스혁명의 이상이 자신들에게 적용되지 않는다는 것이 분명해지자 메스티소mestizo(중남미의 아메리카 원주민과 스페인, 포르투갈계 백인의 혼혈 인종)와 흑인들은 분노의 씨앗을 품었다. 프랑스에서는 혁명이 일어나 봉건주의의 잔재를 빠르게 휩쓸어 버렸지만 카리브해 식민지에서는 백인 우월주의 노예사회가 변함없이 유지되었다. 생도맹그의 흑인 인구가 스스로 문제를 해결하기 전까지는 말이다.

1791년, 노예 노동자들은 마체테(날이 넓고 무거운 벌채용 칼)로 프랑스 주인을 공격하고 농장을 불태우며 설탕 가공 기계를 파괴했다. 압도적인 수에 밀린 식민주의자들은 도망쳤다. 그들은 군대를 보내 반란군을 진압하고 노예제를 회복해 달라며 파리 의회에 간청했다. 하지만 급진파의 영향력이 점점 커져 가던 혁명 정부는 개입을 거부했다. 대신 그들은 이미 실제로 이루어진 일을 승인했다. 결국 1793년 생도맹그에서 노예제도가 폐지되었다. 반란군은 옛 적인 프랑스 국가에 합류했고, 반란군 지도자 프랑수아도미니크 투생 루베르튀르François-Dominique Toussaint Louverture는 식민지의 부총독 겸 총사령관이 되었다.

영국은 이러한 상황을 이용해 1793년 생도맹그를 침공했다. 그들은 옛 질서를 회복하는 데 도움이 되기를 바랐던 프랑스 농장주들의 환영을 받았다. 영국군은 5년 동안 생도맹그의 남부와 서부 지역을 점령했다. 그 기간 동안 2만 5000명의 영국군이 식민지에서 싸웠다. 그러나 도착한 지 몇 달 만에 60퍼센트가 대부분 황열병으로 사망하는 상황에서 반란군을 상대로 큰 성과를 얻지 못했다.[76] 1798년 영국군은 적지 않은 손실을 입고 유럽으로 돌아갔다.

1799년 말, 나폴레옹은 쿠데타로 권력을 장악했다. 그는 지난 10년 동안 내외부의 위협으로부터 혁명을 성공적으로 지켜낸 뛰어난 군사 지휘관으로 명성을 쌓았다. 나폴레옹은 엄밀히 따지면 여전히 프랑스의 일부이지만 투생 루베르튀르 치하에서 점점 독립의 길로 나아가던 생도맹그에 대한 프랑스의 지배권을 되찾고 싶었다. 그는 노예제를 재도입하고 노예 농장을 되살려 충성스러운 지지자들에게 분배하기를 원했다. 생도맹그 재정복은 프랑스 제국을 북미로 확장하기 위한 거점으로 이 식민지를 활용하려는 원대한 전략의 일환이기도 했다. 프랑스는 광활하지만 인구가 적은 루이지애나 영토를 명목상 소유하고 있었다. 멕시코만에서 캐나다 국경까지, 미시시피강에서 로키산맥에 이르는 광대한 지역이었다. 그러나 실제로 지배한 곳은 당시 인구가 약 8000명이었던 누벨오를레앙Nouvelle-Orléans(현재의 뉴올리언스)을 크게 벗어나지 못했다. 나폴레옹은 이 지역에서 생도맹그 인구를 먹여 살릴 곡물을 재배하는 한편, 20년 전 북미 식민지 대부분을 잃은 숙적 영국을 제압하기 위해 이 지역을 개발하고 싶어 했다.

프랑스가 생도밍그를 침공할 계획이라는 소식이 알려지자 파리의 전쟁부는 참전을 희망하는 남성들로 넘쳐났다. 나폴레옹과 마찬가지로 그들도 승리는 기정사실이며 막대한 부를 축적할 수 있는 기회라고 생각했다. 1801년 12월, 나폴레옹의 처남 샤를 르클레르Charles Leclerc의 지휘 아래 3만 명의 군인으로 구성된 원정대가 카리브해로 출항했다.[77] 나폴레옹과 르클레르는 생도맹그에 황열병이 발생하면 병사들이 큰 고통을 겪으리라는 사실을 알고 있었다. 비록 그 원인이 모기 매개 바이러스가 아닌 '미아스마(나쁜 공기)'라고 잘못 생각했지만 말이다. 원정대가 출발한 계절이 겨울이었기 때문에 프랑스군은 우기가 도래하고 흰줄숲모기 개체수가 폭발적으로 증가하기 전에 식민지를 정복하고 노예제를 복구할 수 있는 몇 개월의 시간을 확보할 수 있을 터였다. 프랑스 지휘관들은 단기간에 승리를 거둘 수 있다고 확신했기 때문에 여름까지 이어지는 장기전을 계획하지 못했다. 이러한 오만은 엄청난 대가를 치르게 된다.

1802년 5월, 프랑스군은 투생 루베르튀르와 자국 장군이 명목상의 정전회담을 하는 도중에 투생을 체포하는 데 성공하며 일찌감치 승기를 잡았다. 반군 지도자는 프랑스로 이송되어 쥐라산맥의 한 성에 수감되었고, 이듬해 사망했다. 하지만 이 한 차례의 불명예스러운 사건을 제외하면 생도맹그를 정복하려는 프랑스의 노력은 재앙이었다. 지난 10년간 전투를 치러 온 반란군은 훈련과 무장이 훌륭한 전투부대였다. 특히 투생 루베르튀르가 잡힌 후 지휘권을 잡은 뛰어난 군사 지휘관 장자크 데살린Jean-Jacques Dessalines이 이끈 덕분이기도 했다. 그들의 중요한 무기는 바로 이집트숲모기였다. 반군은 모기가 번성하는 여름 장마철이 되면 새로 도착한 유럽인들이 해마다 무더기로 사망한다는 사실을 경험으로 알고 있었기 때문에 황열병에 면역이 있다는 자신들의 이점을 최대한 활용하려고 계획했다. 1802년 3월, 처음 프랑스군을 공격할 준비를 했을 때 데살린은 병사들에게 말했다. "프랑스 백인들은 이곳 생도맹그에서 우리를 상대로 버틸 수 없다. 그들은 처음에는 잘 싸우겠지만 곧 병에 걸려 파리처럼 죽어 갈 것이다."[78]

반란군은 프랑스군이 예상했던 재래식 전투를 피하기 위해 할 수 있는 모든 방법을 동원했다. 그들은 험준한 지형을 유리하게 활용하여 기습 공격을 감행한 후 내륙의 산악 지대로 사라졌다. 이는 식민지 군대의 전술적, 기술적 우위를 무력화했을 뿐만 아니라 황열병이 유행할 때까지 반군에게 시간을 벌어 주었다.[79] 이 전략은 매우 효과적인 것으로 판명되었다. 우기가 도래하자 프랑스군에는 끔찍할 만큼 많은 환자가 발생했다. 1802년 여름, 르클레르는 나폴레옹에게 보낸 편지에서 다음과 같이 한탄했다. "식민지를 잃었습니다. (…) 어떤 장군이 군대의 5분의 4가 죽고 나머지는 쓸모없어지는 상황을 예상했겠습니까?"[80] 르클레르 자신도 11월에 황열병으로 사망했다. 이듬해 초 프랑스에서 1만 2000명의 증원군이 도착했지만 그들도 같은 운명을 겪었다. 존 맥닐에 따르면 총 6만 5000명의 프랑스군이 생도맹그 재정복을 위해 파견되었다. 그중 5만 명 이상이 사망했는데, 대부분 황열병 탓이었다. 물론 반군들은 황열병의 영향을 거의 받지 않았다. 마치 모기가 되어 살아남은 마캉달이 프랑스군 독살 계획을 마침내 완수하고자 돌아온 것 같았다.

1803년 여름, 유럽에서 다시 전쟁이 발발했다. 한편에는 나폴레옹과 그에 의존하는 국가들, 반대편에는 영국, 합스부르크제국, 로마노프제국이 포함된 제3차 대對프랑스 동맹이 있었다. 영국 해군은 프랑스 항구를 다시 봉쇄하기 시작했고, 나폴레옹은 카리브해에 더 많은 지원군을 파견할 수 없었다. 지난 몇 년 동안 프랑스군이 겪은 어려움을 고려할 때, 지원은 어차피 쓸모없는 일이었을 것이다. 그럼에도 불구하고 이때가 나폴레옹이 승리가 불가능함을 깨달은 시점이었다. 그는 "빌어먹을 설탕! 망할 커피! 망할 식민지들!"이라고 말한 것으로 알려져 있다.[81] 만약 군대가 몰락한 궁극적 원인을 그가 제대로 이해했다면, 아마도 이집트숲모기와 RNA 바이러스에 대해서도 저주를 퍼부었을 것이다.

1804년 새해 첫날, 반군은 아이티Haiti라는 새 국가의 탄생을 선포했다. 히스파니올라섬을 지칭하는 타이노어에서 유래한 이름이다. 아이티 반군과 이 섬의 모기에게 프랑스가 패배한 것은 근대 세계가 지금 같은 형태를 갖추는 데 크게 기여했다. 생도맹그라는 거점이 없던 나폴레옹은 서반구에 제국을 건설하려는 원대한 계획을 포기할 수밖에 없었다. 1803년 12월, 프랑스는 북미 식민지 소유권을 1500만 달러에 미국에 매각했다. 루이지애나 매입은 미국이 영토를 두 배로 늘리고 미시시피강에서 로키산맥까지 경계를 확장하는 등 국가 성장에 중요한 이정표가 되었다. 프랑스한테서 매입한 땅에서 결국 열다섯 개의 새로운 주가 탄생했다. 미국의 서부 확장은 아메리카 원주민에게는 재앙이었지만, 20세기에 글로벌 초강대국이 된 광활한 미국을 형성하는 데 큰 도움이 되었다.

미국의 남북 분열

아이티 혁명은 대서양 전역에 충격파를 던졌다. 생도맹그의 노예였던 이들이 분연히 일어나 자신들보다 40배나 많은 인구를 가진 유럽 강대국을 무찌른 것이었다. 이는 카리브해의 백인 농장주들이 얼마나 취약한 존재인지 잘 보여 주었다. 그들은 성난 노예들에 비해 수적으로 열세일 뿐만 아니라, 그들을 구하기 위해 유럽에서 파견한 군대를 격파한 보이지 않는 적과도 마주해야 했다.

아이티가 독립을 선언한 지 3년 뒤인 1807년에 영국이 대서양 노예무역을 금지한 것은 우연이 아니다. 당시 이 조치는 노예제 폐지를 위한 첫걸음이라기보다는 제도를 유지하기 위한 시도였다.[82] 영국은 인신매매를 금지하면 아이티에서 다른 식민지로 반란이 확산될 위험을 줄일 수 있으리라 희망했다. 값싼 아프리카 노동력이 더 이상 공급되지 않으면 농장주들이 '자기 재산'을 더 잘 관리할 것으로 기대한 것이다. 이 전략은 실패했다. 1816년 바베이도스, 1823년 데메라라Demerara(오늘날의 남미 가이아나에 있던 식민지 이름), 1831~1832년 자메이카에서 반란이 일어났다. 카리브해 노예 농장은 여전히 막대한 수익을 올렸고 대영제국 경제에서 점점 더 중요한 부분을 차지했지만 런던 정부는 1833년 노예제도를 완전히 폐지하기로 결정했다.[83] 아이티 이야기는 내가 학교에서 배운 잘못된 서사를 교정하는 중요한 지점이다. 우리 자신을 추켜세우는 이 서사에서는 계몽된 백인 구세주 윌리엄 윌버포스William Wilberforce의 역할을 강조한다. 노예화된 아프리카인들은 영국 정부로 하여금 또 다른 아이티 사태가 발생할 위험을 감당할 수 없게 만들어 스스로

의 자유를 쟁취하는 데 결정적 역할을 했다.[84]

　미국에서도 1807년 의회가 노예 수입을 폐지했지만, 이듬해까지 효력을 발휘하지 못했고 밀수는 계속되었다. 아이티 혁명으로 인해 미국 농장주들은 1793년 프랑스혁명 정부가 그랬듯 미국에서도 노예제도가 폐지될 수 있다는 두려움이 커졌다.[85] 이러한 불안감은 북부의 노예제 폐지 운동이 제기하는 위협에 과도하게 대응하도록 영향을 미쳤고, 이는 결국 국가를 이미 분열시키고 있던 양극화에 기여했다. 17세기 후반, 열대열 말라리아의 등장은 미국 남부와 북부의 식민지를 서로 다른 궤도에 올려놓았으며, 18세기 초에는 두 지역 간 차이가 극명하게 드러났다. 노예로 부리는 아프리카 노동력은 남부 대농장 경제의 중요한 부분이었지만, 북부의 성장하는 제조업은 유럽의 자유인 노동력에 의존했기 때문에 양측의 자유에 대한 이해는 크게 달랐다.[86] 북부 주들에서 자유는 독립 혁명 이후 국가 정치를 지배해 온 남부 노예 주들에 대한 저항을 의미했다. 남부 백인들에게 자유란 주 차원의 문제, 특히 노예제도에 대한 연방 정부의 간섭 배제를 의미했다.

　1860년 남부와 북부 간의 취약한 동맹은 위기에 처한다. 노예제도의 서쪽 확장을 강력히 반대하며 새로 결성된 공화당을 대표하는 에이브러햄 링컨이 대통령에 당선되면서부터이다. 링컨은 남부 선거인단에게서 단 한 표도 얻지 못한 채 대통령이 되었다. 엘레나 에스포지토의 통계 분석은 이 시기 미국 정치의 양극화에서 말라리아가 얼마나 중요한 역할을 했는지 보여 준다. 1860년 대통령 선거에서 당시 노예제도에 찬성한 민주당에 대한 지지는 말라리아 발병률이 가장 높은 카운티에서 가장 높았다. 이는 아프리카계 미국인의 노예 노동과 이를 정당화하는 인종차별적 이데올로기가 이 질병이 만연한 지역에서 가장 강력하게 자리 잡고 있었기 때문으로 추정된다. 삶의 방식이 위협받고 민주적 절차를 통해 문제를 해결할 방법이 없다고 느낀 남부 주들은 미연방에서 탈퇴했다.

남북전쟁에서 북부가 승리하려면 전투에서 남부 연합군을 물리치면서 동시에 남부가 미국의 일부로 남도록 해야 했다. 이를 위해서는 적 영토의 넓은 지역을 장악하고 현재 우리가 "정권 교체"라고 부르는 것을 남부 주들에 강제해야 했다.[87] 그 결과 전쟁의 상당 부분이 열대열 말라리아가 만연한 지역에서 벌어졌다. 북부군Union Army은 더 규모가 크고 물자도 풍부했지만 전투에서 승리하는 데 어려움을 겪었다. 무능한 리더십, 용감한 적, 병참 보급 문제 등이 그 이유였다. 또 다른 중요한 요인은 대부분의 북부 병사들이 말라리아에 면역력을 갖추지 못한 반면 남부 병사들은 대부분 면역력이 있었다는 점이다. 한 추정에 따르면 북부군 병사의 40퍼센트가 매년 말라리아에 걸렸다고 한다. 이 얼병은 전쟁 수행에 막대한 지장을 주었으며 병사들은 바로 죽지는 않더라도 이질이나 홍역 같은 다른 전염병에 취약해졌다. 남북전쟁 기간에 북부군이 남부군의 총에 맞아 사망한 숫자보다 질병으로 사망한 숫자가 두 배나 더 많았다.[88]

말라리아는 남북전쟁의 결과를 바꾸지 못했다. 열대열 말라리아가 주로 북부군에만 피해를 끼쳤는데도 북부가 승리한 것이다. 그러나 말라리아는 그 승리를 몇 달 또는 몇 년 지연시켰고, 이는 전후 합의에 중대한 영향을 미쳤을 것이다.[89] 1861년 봄 전쟁이 시작되었을 때 링컨은 취약한 전시 연합을 유지하려고 노력했다. 공화당원, 북부 민주당원, 그리고 남부와 북부의 경계에 있으면서 연방을 탈퇴하지 않은 노예 주들의 연방주의자들을 포함하는 연합이었다. 따라서 그의 목표는 남부를 미연방 내에 유지하고 노예제 확대를 제한하는 비교적 소박한 것이었다. 노예제 폐지를 공약하면 동맹이 깨질 수 있다는 것을 알았기 때문이다. 그러나 1862년 여름, 북부의 전쟁 노력이 계속 어려움을 겪자 링컨은 보다 급진적인 조치를 고려한다. 노예제 폐지로 교착 상태를 타개할 수 있다고 생각했던 것이다. 아프리카계 미국 노예 노동자들은 남부 경제의 가장 중요한 부분이었으며 남부연합군에 군자물자를 보급하는 데도 큰 역할을 했다. 링컨에 따르면 노예가 "그들의 봉사를 받는 측에게 강점 요소인 것은 부인할 수 없는 사실이며, 그 요소가 우리 편에 있게 할지 아니면 반대편에 있게 할지는 우리가 결정해야 한다."⁹⁰ 9월 22일에 링컨은 노예제 폐지가 "연방을 보존하는 데 절대적으로 필요한 군사적 요소"라고 결론 내렸다. 100일 후인 1863년 새해 첫날, 노예해방 선언문은 "노예로 잡혀 있는 모든 사람은 (…) 자유인이며, 앞으로도 그래야 한다"고 선언했다.

남북전쟁에서 북부가 승리한 직후인 1865년, 미국 헌법 수정조항 13조가 비준되었고, 이로써 노예제도는 불법화되었다. 독립선언문에서 모든 사람이 자유롭고 평등하다고 선언한 지 거의 90년 만의 일이다. 하지만 남북전쟁에서 북부가 승리했다고 해서 백인 우월주의와 흑인 예속이 갑자기 종식된 것은 아니다. 많은 아프리카계 미국인은 노예 같은 조건에서 빚을 진 소작농 자격으로 이전 농장에서 계속 일했다. '짐 크로 Jim Crow 법'은 인종차별을 유지하고 흑인 유권자의 투표를 제한했다. 불과 50여 년 전 제임스 볼드윈 James Baldwin은 20세기에 변한 것이 거의 없다고 주장했다. "이 나라에는 흑인을 위한 법규가 전혀 없다. 우리는 여전히, 나는 이렇게밖에 말할 수 없는데, 노예법의 지배를 받고 있다." 2020년 여름, 조지 플로이드 피살 사건과 미국 전역에서 대규모로 벌어진 '흑인의 생명도 소중하다' 시위는 아프리카계 미국인이 백인 동포와 동등한 생명권, 자유권, 행복 추구권을 갖기까지는 아직 갈 길이 멀다는 것을 보여준다. 노예제가 폐지된 지 한 세기 반이 넘었는데도 말이다.

7장

산업혁명기

런던, 유럽 위생공학의 선두에 서다

"코페르니쿠스, 다윈, 프로이트의 이론을 모두 합친 것보다 인류에게 더 큰 혁명은 화장실의 발명과 함께 일어났다."

– 고체 스밀레프스키

우리는 하늘로 이륙했다

영국은 1789년 프랑스혁명부터 125년 후 제1차 세계대전이 시작되기까지 오랜 세월 동안 놀라운 변화를 겪었다. 영국의 역사가 에릭 홉스봄Eric Hobsbawm이 "긴 19세기"라고 부르는 시기다. 이 시기가 시작될 무렵 대다수 인구는 존 컨스터블John Constable의 풍경화나 토머스 하디Thomas Hardy의 소설에 가까운 환경에서 살았다. 사회는 주로 농촌이었고 대부분의 사람이 농업에 종사했다. 곡물을 제분하는 데 풍력과 수력이 쓰였지만, 농경이 도입된 이래로 주요 동력원은 사람과 짐 끄는 가축이었다. 농촌 인구의 상당 부분이 섬유 산업에 종사했지만, 이는 가정에서 손베틀로 작업하는 임시방편식 고용인 경우가 대부분이었다. 그러다 수십 년 만에 모든 것이 바뀌었다.

18세기에 증기기관이 발명되고 점진적으로 개선되면서 인류는 역사상 처음으로 화석연료의 힘을 산업적 규모로 활용하게 되었다. 이러한 변화는 섬유 부문에서 시작되었는데, 영국은 증기 구동 기계로 엄청난 양의 천을 생산할 수 있었다. 주로 미국 남부에서 수입한 원면의 양은 1785년 1100만 파운드에서 1850년 5억 8800만 파운드로 증가했고, 같은 기간 방직공장의 생산량은 4000만 야드에서 20억 야드 이상으로 늘어났다.[1] 제조업의 집중화와 확장은 사회를 영구적으로 바꾸어 놓았다. 새로운 기계는 석탄 매장지와 항구에 모두 인접한, 특정한 목적으로 지은 공장에 설치되어야 했다. 수공업이 쓸모없어지면서 수백만 명의 가족이 윌리엄 블레이크의 시「예루살렘」에 나오는 "어두운 사탄의 방앗간dark satanic mills"에서 일자리를 구하기 위해 시골을 떠나 호황을 누리는 산업 도시로 이주해야 했다. 20세기 초까지 영국인 대부분은 컨스터블이나 하디의 목가적인 묘사가 아니라 L. S. 라우리L. S. Lowry의 그림이나 찰스 디킨스의 소설에나 나올 법한 세상에 살았다. 새로운 도시 노동계급은 인구가 밀집된 대도시에 살면서 석탄을 때는 기계가 매캐한 연기를 뿜어내는 거대한 공장에서 일했다. 생산품은 증기기관차와 선박을 통해 전 세계로 운송되었다.

산업혁명이 자국에서 가장 먼저 일어났다는 사실은 많은 영국인에게 국가적 자부심의 원천이며, 산업화는 영국인이 선천적으로 우월하고 특히 과학과 공학 분야에서 우위를 점한 데 따른 당연한 결과라고 생각한다. 그러나 영국 섬유 부문의 혁신을 가능케 한 기술 지식은 유럽 전역에, 여러 세대에 걸쳐 존재해 왔기 때문에 이러한 진부한 설명은 의미가 없다.[2] 그렇다면 영국이 세계에서 가장 먼저 산업화한 국가가 된 이유는 무엇일까? 접근하기 쉬운 곳에 대규모로 매장되어 있던 석탄이 도움이 되었던 것은 분명하다. 지난 몇 세기 동안 농경지를 만들고 조선업에 사용하기 위해 대부분의 숲과 산림을 벌목했기 때문에 석탄은 이미 영국 내에서 연료로 사용되고 있었다. 또한 흑사병 이후 봉건제에서 농업 자본주의로 전환한 결과 영국의 임금이 다른 유럽 국가에 비해 현저히 높았다는 점도 중요하다. 따라서 영국에서는 노동력 의존을 낮추기 위해 증기로 움직이는 기계에 투자하는 것이 훨씬 더 경제적이었다. 유럽 대륙에서는 석탄이 부족하고 비싼 데다 노동력이 풍부하고 임금은 더 낮았다.

이전에 전염병이 발생한 데 따른 유산은 다른 여러 가지 방식으로도 산업혁명을 촉발했다. 영국 북부의 공장에서 직물 생산에 사용된 대부분의 원면은 말라리아에 강한 노예 출신 아프리카인들이 미국 남부에서 재배한 것이었다. 또한 영국의 성장하는 도시 노동 계급에게 잼, 케이크, 비스킷 형태로 값싼 칼로리 공급원을 제공한 설탕은 카리브해의 노예 아프리카인들이 생산한 것이었다.[3] 게다가 식민주의와 노예제도를 통해 얻은 막대한 이익의 상당 부분이 영국에 재투자되었다. 이렇게 노예화된 아프리카인과 식민지 주민들의 고통은 산업혁명을 가능케 한 도로, 운하, 부두, 철도 등 중요 인프라를 건설하는 데 이용되었다.[4]

그러나 식민지 전리품을 본국으로 들여온 것이 자동으로 경제성장과 사회 변화로 이어지지는 않았다. 16~17세기 스페인에 아메리카의 금과 은이 넘쳐났을 때 자생적으로 경제성장이 시작되지 않았다는 사실을 기억할 것이다. 이것은 오히려 걷잡을 수 없는 인플레이션과 일련의 부적절한 전쟁으로 이어졌다. 스페인의 봉건 경제는 새로 얻은 부를 생산적으로 사용할 능력이 없었기 때문이다. 이와 달리 영국은 봉건제에서 자본주의로 전환하는 과정에 있었다는 점이 스페인과는 결정적으로 다른 부분이다. 오로지 이 덕분에 식민지에서 얻은 이익을 수익 창출 기업에 투자할 수 있었다. 이들 기업은 긴 19세기의 경제 및 사회 변혁을 주도했다. 영국의 경제 기적은 오로지 산업가들의 기업가 정신 때문에 일어난 것이 아니다. 국가가 개입해 자국 내 경제에 유리한 방향으로 상황을 확실하게 조정했다. 예를 들어 영국 기업들은 면직물을 거의 관세 없이 수출할 수 있었지만 인도 생산자들은 인도산 직물을 영국으로 들여올 때 최대 85퍼센트의 관세를 물어야 했다.[5, 6]

앞서 살펴본 것처럼 자본주의는 18세기와 19세기 영국 북부의 산업화 도시와 마을에 갑자기 나타난 것이 아니다. 자본주의는 흑사병 이후 영주와 농민 간 투쟁의 결과로 수백 년에 걸쳐 시골 영지에서 점진적으로 등장했다. 봉건제도는 경제적, 사회적으로 침체 경향을 보였지만, 이를 대체한 시스템은 역동적이었다. 상업적 마인드를 가진 새로운 계층의 소작농들이 점점 더 많은 농지에서 수익을 극대화하기 위해 최신 기술을 적용했기 때문이다.

농업 자본주의는 여러 가지 방식으로 산업혁명을 도왔다. 기업가적 소작농이 비효율적인 소작농을 몰아내고, 새로운 기술로 인해 농촌의 노동 수요가 감소하면서 인구 대다수가 토지를 잃었다. 농업 생산성은 급격히 증가했다. 잉여 농산물 증가는 일자리를 찾아 도시와 마을로 이주해야 했던 가족들을 먹여 살리는 데 기여했다. 18세기 중반 이후 인구가 세 배 증가했는데도 1830년대 영국 생산자들은 영국에서 소비되는 곡물의 98퍼센트를 키워 냈다.[7] 따라서 케이크와 비스킷을 만드는 데 사용되는 설탕은 카리브해에서 수입했지만 밀가루는 고향에서 더 가까운 곳에서 생산했다.

지속적 혁신, 생산성 향상, 수익 극대화를 새롭게 강조하면서 농업은 달라졌다. 하지만 경제가 비약적으로 발전한 것은 이러한 원칙이 제조업에 적용되면서부터다. 개인 사업가들의 이기적 탐욕과 시장의 보이지 않는 손이 만나 강력한 힘으로 경제 호황을 일으켰고, 그 결과 세상이 인식할 수 없을 정도로 변화했다. 존 메이너드 케인스는 다음과 같이 말했다.

> 우리가 기록을 남겼던 가장 이른 시기, 즉 기원전 2000년 무렵부터 18세기 초까지 지구의 문명 중심지에 사는 일반인의 생활수준에는 큰 변화가 없었다. 물론 기복은 많았다. 전염병, 기근, 전쟁이 일어났다. 황금기도 더러 있었다. 하지만 발전적인 격렬한 변화는 없었다.[8]

그 후 모든 것이 바뀌었다. 18세기 대부분의 기간 동안 영국 경제는 연간 1퍼센트 미만의 성장률을 기록했다.[9] 현대의 기준으로는 낮은 것이지만, 이 정도로도 70년이 지나자 경제 규모가 두 배로 커졌다. 18세기의 마지막 20년 동안 산업화가 시작되면서 성장이 가속화되었다. 성장률은 19세기 중반에 연간 2.5퍼센트씩 증가했지만 이후 2퍼센트로 다시 떨어졌다. 이러한 수치는 지난 몇십 년 동안 중국이 경험한 것에 비하면 미미한 수준이지만 농업이 도입된 이후 경제가 전혀 성장하지 못하다시피 했던 세계에서는 전례 없는 일이었다. 영국의 경제사학자 사이먼 슈레터Simon Szreter에 따르면 이를 현대의 성장률로 환산한다면 수십 년 동안 매년 15~20퍼센트에 이르며 중국조차 근접하지 못한 수치다. 홉스봄이 지적했듯이, "인류 역사상 처음으로 인간 사회의 생산력에 족쇄가 풀렸고, 이후 인간과 재화, 서비스가 지속적이고 빠르게, 그리고 현재까지 무한히 증식할 수 있게 되었다"라고 할 수 있다. 19세기 중반에 카를 마르크스와 프리드리히 엥겔스는 "이집트의 피라미드, 로마의 수로, 고딕 양식의 성당을 훨씬 능가하는 경이로움을 성취한" 산업혁명의 생산력에 놀라움을 금치 못했다.[10]

잉글랜드와 웨일스의 인구는 1650년에서 1750년까지 500만~600만 명으로 거의 일정했다. 그러다가 농업혁명과 산업혁명의 이중 영향으로 맬서스의 상한선을 돌파했다. 18세기 후반에는 성장률이 더 높아졌다. 1801년 약 900만 명이었던 인구는 19세기 중반에는 1800만 명으로 두 배 증가했고, 제1차 세계대전이 시작될 무렵에는 3500만 명이 넘었다.[11] 토지 없는 빈곤층은 산발적이기는 하지만 지속적으로 상승하는 실질임금에 매료되어 농촌에서 도시로 몰려들었다.[12] 19세기 초, 인구 약 100만 명이던 런던은 영국에서 인구 10만 명이 넘는 유일한 도시였다. 당시 인구의 3분의 2가 농촌에 거주했다.[13] 1871년에는 상황이 크게 달라져 인구 10만 명이 넘는 지방 도시가 열일곱 곳에 이르렀다. 글래스고와 리버풀에는 50만 명이 거주했으며 런던은 300만 명의 대도시로 성장했다. 인구 증가에도 불구하고 영국인의 3분의 2가 도시 지역에 거주했다.[14]

산업혁명은 생산성, 부의 창출, 인구 성장과 도시화에서 엄청난 증가를 이끌었다. 이는 오늘날 우리가 살고 있는 세상을 만드는 데 결정적인 역할을 했다. 산업화는 인류의 건강에도 도움이 되었다고 많은 사람이 생각하며, 데이터를 살펴보면 이러한 생각을 뒷받침하는 것 같다. 1700년 잉글랜드와 웨일스의 출생시 평균 수명은 약 36세였으나 19세기 초에는 40세에 달했고, 제1차 세계대전이 시작될 무렵에는 약 55세에 이르렀다.[15] 부와 건강의 현저한 증가가 거의 동시에 일어났기 때문에 경제가 성장하면 자동으로 인간의 복지가 향상된다는 믿음이 널리 퍼져 있다. 이는 국가가 부유해짐에 따라 기대 수명이 늘어나는 '역학적 전환'을 겪게 된다는 이론의 핵심이다. 이때 전환이란 전염병으로 젊은 나이에 사망하는 사람이 줄어들고 심혈관 질환이나 암과 같은 만성 질환으로 노년기에 사망하는 사람이 늘어난다는 이야기다.[16]

사실 현실은 훨씬 더 복잡하고 문제가 많다. 전례 없는 기술 발전과 부의 창출이 이루어졌던 1820년대부터 1860년대 말까지 영국의 평균 기대 수명은 약 41세에 머물러 있었다.[17] 19세기의 마지막 30년 동안에야 비로소 건강이 개선되기 시작했다. 그러나 이러한 국가 차원의 수치는 지역 차원의 더 복잡한 그림을 가리고 있다. 농촌 지역의 기대 수명은 전국 평균보다 높은 편이었다. 19세기 중반 런던 남쪽의 농촌 지역 서리Surrey에서는 45세였다. 그리고 이 기간 동안 건강은 느리지만 꾸준히 개선되었다. 놀랍게도 이는 기술 발전으로 인해 노동 수요가 감소하면서 대부분의 농촌 주민이 큰 경제적 어려움을 겪고 있었는데도 나타난 결과였다.[18] 런던의 기대수명은 37세였다. 이 수치는 전국 평균보다 4년이나 낮았다. 이런 평균 수치에는 서쪽의 부유한 지역과 동쪽의 가난한 지역 간 극심한 불평등이 숨겨져 있다.

전국 평균 기대 수명을 끌어내린 것은 지방의 새로운 도시와 마을들이었다. 잉글랜드와 웨일스의 수치보다 훨씬 낮았을 뿐만 아니라 19세기의 2/4분기에 현저하게 떨어졌다.[19] 아기 다섯 중 한 명이 돌 전에 사망하는 등 영아 사망률이 매우 높아서 수치가 왜곡되었다.[20] 맨체스터와 리버풀의 중심 지역에서는 기대 수명이 약 25세였는데, 이는 흑사병 이후 그 어느 때보다 짧은 수명이었다.[21] 빈곤층에만 집중하면 수치는 더욱 심각해진다. 공장 노동자의 기대 수명은 맨체스터에서 17세, 리버풀에서 15세였다.[22] 도시 노동계급의 사망률이 너무 높았기 때문에 주변 시골, 특히 아일랜드에서 지속적으로 사람들이 유입된 덕분에 겨우 인구를 유지할 수 있었다. 북부의 마을과 도시가 산업혁명의 진원지였던 만큼 이는 경제성장과 실질임금 상승이 시장의 보이지 않는 손에 의해 자동적으로 건강 개선으로 이어지지 않았다는 분명한 증거다. 그 대신 19세기 후반에 급격히 늘어난 도시 인구는 사이먼 슈레터가 '4D'라고 부르는 혼란 disruption, 박탈deprivation, 질병disease, 죽음death을 경험하고 있었다.

지상의 지옥

몬티 파이선 그룹이 공연한 스케치 코미디를 보자.[23] 흰색 야회복 재킷을 입은 네 명의 남자가 테이블에 둘러앉아 시가를 피우고 와인을 마시며 심한 북부 사투리로 자신들의 시작이 변변찮았다는 이야기를 시작한다. 이 장면은 존 클리즈John Cleese가 연기한 에스겔이 외치는 것으로 시작한다. "30년 전만 해도 우리가 샤토 드 샤슬라Château de Chasselas를 마시며 여기 앉아 있을 거라고 누가 생각이나 했겠어." 이후 등장인물들(모두 구약성경에 나오는 히브리 이름들)은 자신의 어린 시절이 얼마나 비참했는지에 대해 점점 더 터무니

없는 이야기를 경쟁하듯 늘어놓는다.

> 히스기야: 그래. 그 시절 우리는 차 한 잔 값만 있어도 기뻐했을 거야.
> 오바댜: 식은 차 한 잔 값.
> 에스겔: 우유나 설탕도 없이.
> 요시야: 아예 차 자체도 없이!
> 히스기야: 더럽고 금이 간 잔에.
> 에스겔: 우리는 예전에 컵을 가진 적이 없어. 신문을 돌돌 말아 만든 것을 컵 삼아 마셔야 했지.

그래서 그들은 에스겔이 결정적 한 방을 날릴 때까지 주거, 근무 조건, 가정생활에 대해 더욱 이상한 주장을 계속한다. "잠자리에 들기 30분 전인 밤 10시에 일어나 황산 한 잔을 마시고 하루 29시간 동안 방직공장에서 일하고, 출근을 허락받으려면 공장 주인에게 돈을 내야 했으며, 집에 가면 아버지와 어머니가 우리를 늘상 죽이고 무덤에서 '할렐루야'를 부르며 춤을 추었"다는 것이다. 이에 히스기야가 대답한다. "하지만 오늘날 젊은이들에게 그렇게 말해도 믿지 않을 거야."

믿기지 않겠지만 산업혁명 당시 도시 빈민이 견뎌야 했던 상황은 에스겔과 그의 친구들이 경험한 것과 크게 다르지 않았다. 일자리를 찾아 농촌에서 도시로 이주한 수백만 명의 가난한 가족은 공장에서 일자리를 얻었지만, 길고 지루하며 위험한 나날을 보냈다. 미성년자도 예외는 아니었다. 1833년 제정된 공장법Factory Act 내용을 보면 당시 노동 환경을 짐작할 수 있다. 가장 눈에 띄는 것은 9~

12세의 어린이는 일주일에 48시간만 일할 수 있도록 제한했다는 점이다. 이 제한에 대해서조차 경제 자유주의자들은 이의를 제기했다. 아동노동법을 자유시장 기능에 국가가 부당하게 개입하는 것으로 간주했던 탓이다.[24] 사람들은 비참한 상황에서 벗어나기 위해 술을 마셨고, 도시 빈민들 사이에서는 알코올중독이 만연했다. 맨체스터에서 가장 빨리 빠져나오는 방법은 술이라는 속담이 있을 정도였다. 홉스봄이 "독주의 역병"이라 부르는 것의 결과 중 하나는 광범위한 가정 폭력이었다.[25]

몬티 파이선의 스케치 코미디에서 그레이엄 채프먼Graham Chapman이 연기한 오바다는 클리즈가 "지붕에 커다란 구멍이 뚫린 작고 낡은 집에 살았다"라고 말하자 비웃는다. "우리는 가구도 없이 방 하나에 스물여섯 명이 살았어. 바닥의 절반이 없어져서 우리는 떨어질까 봐 한구석에 모두 모여 있었다구!"

다시 말하지만 이것은 약간 과장된 이야기일 뿐이다. 온 가족이 허름한 연립 건물의 작은 방 한 칸에서 생활하는 것은 드문 일이 아니었다. 식량을 사기 위해 소유물을 모두 저당 잡히거나 팔아야 했기 때문에 가구도 없었다. 도시 노동자들의 생활환경에서 가장 충격적인 특징은 하수 시설이 없다는 점일 것이다. 영국의 마을과 도시는 무질서하게 급속도로 성장했고, 하수도나 안전한 식수 같은 기본적인 인프라가 부족했다. 인분은 비포장 길거리에 버려지고 지하실에 보관되거나 넘쳐나는 하수구에 쌓였다. 거기서부터 주요 수원이던 개울과 강으로 흘러 들어갔다. 19세기 중반 맨체스터에 살았던 마르크스의 협력자이자 후원자인 엥겔스는 "오물, 폐허, 사람이 살 수 없는 지경"을 "지상의 지옥"이라고 묘사했다. 여유가 있는 사람은 빈민가 외곽, 주로 산업 중심지의 서쪽, 즉 바람이 도심의 반대 방향에서 불어오는 곳에 살았다. 이러한 도시 분리 패턴은 오늘날 런던과 파리를 비롯한 많은 유럽 도시에서 여전히 뚜렷하다.

노동계급이 밀집한 도시 지역의 혼잡하고 비위생적인 환경은 이전에는 흔하지 않았던 병원균이 번성하는 새로운 서식지를 만들었다. 전염병은 여기서 사라지지 않았다. 실제로 19세기 중반에는 잉글랜드와 웨일스에서 사망 원인의 약 40퍼센트를 차지했으며, 도시 지역에서는 그 수치가 훨씬 높았다.[26] 런던에서는 사망 원인의 55퍼센트, 리버풀과 맨체스터 일부 지역에서는 약 60퍼센트가 전염병이었다. 엥겔스는 『영국 노동자계급의 실태』(1845)에서 맨체스터와 리버풀 같은 대공업 도시에서 전염병으로 사망할 위험이 주변 농촌보다 네 배나 높다고 추산했다. 주요 원인 중 하나는 공기로 전파되는 결핵이었다. 환자가 기침이나 재채기로 퍼뜨린 결핵균 비말을 다른 사람이 흡입하면 옮는다. 다른 하나는 수인성 설사병이었다. 혼잡하고 비위생적인 생활환경은 이러한 질병의 전파를 도왔다.

그러나 영국의 역사가 리처드 에번스Richard Evans에 따르면 "산업화 시대 유럽의 대표적인 전염병"은 콜레라였다.[27] 1800년대 결핵이나 수인성 설사병 같은 풍토병만큼 많은 사람을 죽이지는 않았지만, 콜레라는 발병 속도와 증상의 격렬함으로 인해 이전 세기의 페스트만큼이나 두려운 질병이었다.[28] 비브리오 콜레라는 감염자의 대변으로 오염된 물을 통해 전파된다. 장에 도달하면 면역 체계가 이를 공격한다. 하지만 여기에는 반전이 있다. 병원균이 죽으면 엄청나게 강력한 독소를 방출하여 혈액의 투명한 액체 성분인 혈장을 장으로 배출하게 만든다. 혈장은 폭발적인 설사와 격렬한 구토를 통해 몸 밖으로 배출된다. 심한 경우 피해자는 몇 시간 내에 체액의 4분의 1을 잃을 수 있다. 심한 탈수로 인해 환자는 쪼그라든 것처럼 보인다. 모세혈관이 파열되면 피부가 검고 퍼렇게 변한다. 증상이 시작된 지 며칠 만에 피해자의 절반 이상이 사망했다. 콜레라는 사망 후에도 계속 공포를 안겨 주었다. 어떤 경우에는 사후 근육 수축으로 인해 시신의 팔다리가 심하게 경련을 일으킨다. 이는 매장을 위해 희생자의 시신을 운반하는 수레에 생명이 가득 차 있는 듯한 인상을 주기도 했다.[29]

콜레라는 인도의 갠지스강 삼각주에서 수 세기 동안 풍토병으로 자리 잡았다. 1817년 동인도회사 군대가 인도 아대륙을 횡단하면서 콜레라를 처음 다른 지역으로 옮겼다. 그해 헤이스팅스 후작 Marquis of Hastings은 마라타족과 싸우던 중 병사 1만 명 가운데 3분의 1을 콜레라로 잃었다.[30] 점점 더 많은 사람이 빠른 배를 타고 인도와 다른 나라 사이를 여행하기 시작하면서 콜레라는 남아시아를 넘어 전 세계로 전파되었다. 비브리오 콜레라균은 여행객의 내장에 숨거나 더러워진 옷과 침구류에 묻어 몇 주 동안 생존할 수 있었다.

콜레라는 산업혁명으로 영국의 경제와 사회가 변화하던 1831년 영국에 처음 등장했다. 열악한 위생과 비위생적인 물 공급으로 인해 도시와 도시의 노동자계급이 살던 지역은 박테리아가 퍼지기에 완벽한 환경이었다. 에번스가 지적했듯이 "이러한 조건은 콜레라를 위해 설계되었던 것일 수도 있다."[31] 더 비싸고 깨끗한 지역에 살면서 만일 콜레라가 발생하면 종종 농촌으로 피난할 수 있었던 중산층과 상류층은 훨씬 덜 영향을 받았다. 콜레라의 차별적 영향은 1848~1849년과 1854년 콜레라가 발생했을 때 런던의 통계에서 분명하게 드러난다. 동쪽의 노동계급 지역 주민은 녹지가 많은 켄싱턴이나 세인트제임스 및 웨스트민스터 주민보다 최대 12배 높은 비율로 사망했다.[32]

1830년대 초, 유럽에서 콜레라가 처음 나타났을 때 의사들은 콜레라가 무엇인지, 어떻게 치료해야 하는지 전혀 몰랐다. 그들은 환자의 배에 끓는 물을 붓고 항문을 통해 테레빈유와 양고기 스튜를 장에 주입하는 등 온갖 종류의 기괴한 '치료법'을 생각해 냈다. 당국은 전염병 확산을 막기 위해 개발한 공중 보건 조치로 똑같이 대응했다. 군대는 검역을 시행하고 방역선을 설정하여 여행자의 이동을 제한했으며, 의사들은 환자들을 병원에 강제로 수용하고 격리했다. 이러한 조치가 발병에 미치는 영향은 크지 않았을 것이다. 감염된 대변이 여전히 수로로 흘러 들어갈 수 있었기 때문이다. 그러나 이러한 조치는 지역 주민의 의심을 불러일으켰다. 발병이 일어날 때마다 의사, 군인, 관리들이 도시 빈민가에 나타나 사람들의 이동을 제한하고 병자를 데려갔지만, 이들은 이 끔찍한 질병에 영향받지 않는 듯했다. 콜레라는 감염된 물을 통해 전염되는데, 방문객들은 현지의 물을 마시지 않으려 했기 때문이라는 것을 이제 우리는 안다. 그러나 붐비는 도시 빈민가 주변에서 나는 악취가 전염병의 원인이라고 널리 믿던 당시에는 이 독기에 노출된 방문객들이 거의 영향을 받지 않았다는 사실을 설명하기 어려웠다.

많은 사람은 이 모든 사실을 보고 콜레라가 이전에 전혀 알려지지 않은 질병이 아니라 도시 빈민을 독살하려는 당국의 음모라고 추측했다. 콜레라의 격렬한 증상, 외부인의 갑작스러운 출현, 하층민에 집중된 피해가 그 증거라는 것이다.[33] 이번에는 유대인들이 비난을 피했다. 봉건 체제가 지속된 동유럽과 중부 유럽에서도 그랬다. 그 대신 대중의 의심은 발병에 대한 공중 보건 대응을 주도한 당국에 집중되었다.

콜레라의 확산은 유럽 전역에서 시민 불안과 폭동을 동반했다. 독일과 러시아에서는 봉쇄를 집행하던 군 장교들이 폭행당하고 때로는 살해당하기도 했다. 헝가리에서는 군중이 성을 공격했으며, 독을 퍼뜨렸다는 비난을 하며 귀족들을 학살했다. 영국에서는 격리와 치료를 위해 환자를 병원으로 이송하는 의사들에게 대중의 분노가 표출되었다. 이는 동유럽과 중부 유럽에 비해 공중 보건 대응에서 의사들이 더 중요한 역할을 수행했기 때문만은 아니었다. 콜레라가 처음 발생했을 당시 의사에 대한 불신은 극에 달했다. 1829년 윌리엄 버크William Burke는 16명을 살해하고 시신을 에든버러대학 의대에 해부용으로 팔아넘긴 혐의로 유죄를 선고받고 교수형에 처해졌다. 그의 공동 피고인 윌리엄 헤어William Hare는 면책을 받는 대가로 정부의 정보원이 되었다.

이 사건은 대중의 큰 관심을 끌었으며 2만 5000명이 버크의 처형을 보기 위해 모였다. 에든버러 의과대학에서 버크의 시신을 공개 해부할 때는 외부에서 몰려든 의대생들이 들어갈 자리가 없자 작은 소요를 일으키기도 했다. 이 사건은 의학 연구를 위해 시신이 필요하다는 대중의 인식을 높였다. 에번스가 지적했듯이 이 사건은 "해부학자들에 대한 대중의 오랜 분노를 다시 불러일으켰고, 콜레라 전염병도 이런 사례로 널리 알려졌다." 따라서 군중이 콜레라 의심 환자를 병원으로 이송하여 격리하려는 의사들을 공격한 것은 환자가 죽고 그 시신이 의학 연구에 사용될 것을 진정으로 두려워했

기 때문이다.[34]

유럽 전역의 정부는 콜레라 확산을 막기 위한 공중 보건 개입을 포기함으로써 이러한 격렬한 반대에 대처했다.[35] 공중 보건에 대한 영국의 자유방임적 접근 방식은 당시의 경제 정책을 반영한 것으로, 콜레라가 재발했을 때 국가의 대비가 제대로 되어 있지 않음을 의미했다.

전 세계 상점주들이 뭉치다

샤토 드 샤슬라를 마시며 자신의 소박한 뿌리를 회상하는 북부 신흥 부유층의 스케치 코미디는 산업혁명이 가져온 중요한 결과를 보여 준다. 산업혁명은 오바댜와 그 친구들의 경우처럼 한 세대 만에 지독한 빈민에서 안락한 부자로 올라설 수 있는 기회를 제공했다. 이는 오랫동안 유지되어 온 권력 구조에 혼란을 가져왔다. 19세기 초, 대부분의 국민은 국가와 지방 차원의 정치적 결정에 참여할 수 없었다. 대부분의 토지를 소유하고 주요 공직을 독점한 수천 개 가문이 영국을 지배했다. 이들은 대부분 1066년 정복자 윌리엄과 함께 프랑스에서 건너온 노르만족의 후손이었다. 국회의원 선출 제도가 있기는 했지만 성인 남성 사십 명 중 한 명 정도만 투표권이 있었고, 선거제도는 여러 가지 특이점들로 가득했다. 예를 들어 올드 새럼Old Sarum은 집이 세 채밖에 없는 잉글랜드 남부의 작은 마을이지만 웨스트민스터 의사당에 두 명의 의원을 보낸 반면, 런던의 의원은 네 명에 불과했고, 맨체스터를 포함한 많은 북부 산업 도시에는 대표자가 전혀 없었다.

산업혁명 이전의 영국 사회는 비민주적이기는 했지만 인색하지도 않았다. 도시 지역의 부유한 집주인, 상인, 전문직 종사자들로 구성된 과점 지배층은 '자신들의' 마을과 도시에 대해 소유자로서 자부심을 가졌다. 그들은 도시환경, 특히 거리를 개선하기 위해 도로를 포장하고, 조명을 밝히고, 정기적으로 청소하게 하는 등 다양한 시책을 펴고 자금을 지원했다. 농촌에서는 가부장적 지주계급이 관대한 복지 제도를 운영했다.[36] 옛 구빈법Old Poor Law에 따르면 도움이 필요한 사람은 누구나 자신이 태어난 교구에서 구제받을 수 있었는데, 잉글랜드와 웨일스에는 약 1만 개의 교구가 있었다. 구제는 보통 식량이나 현금을 나누어 주는 형태로 이루어졌으며, 비용은 토지 보유 가치에 대한 누진세를 걷어 충당했다. 이른바 '구빈세poor rate'다. 이 제도는 17세기 초에 공식화되었으며, 중세 시대에 사회 안전망을 제공하던 봉건제도의 붕괴와 수도원 해체에 대한 대응책이었다. 구빈세는 수혜자들, 즉 어려운 시기에 더 운이 좋은 공동체 구성원으로부터 도움을 받는 것이 타고난 권리라고 믿었던 빈민들 사이에서만 인기가 있었던 것은 아니다. 대부분의 비용을 부담하던 지주 엘리트층도 이 제도를 지지했다. 평등에 대한 대중의 요구가 커지고 당시 프랑스가 혁명의 혼란에 휩싸여 있던 상황에서 이를 일종의 현상 유지 방법으로 여겼던 것이다.[37] 그러나 농업의 상업화와 기계화로 인해 농촌에서 고용 기회가 줄어들면서 구빈법에는 점점 더 많은 비용이 들어갔다. 18세기 중반부터 19세기 초까지 빈민 구제를 위한 전국적 지출은 열 배나 증가했다.[38] 농촌에서 도시로 인구가 몰리면서 농촌 교구의 관리하에 있던 복지 제도로는 감당하기 어려웠다.

산업혁명은 정치 개혁에 대한 엄청난 압력을 불러일으켰다. 이 같은 압력에는 오바댜와 그 친구들 같은 사업가들뿐만 아니라 점점 더 정치화되어 가는 도시 노동계급도 가세했다. 1830년대 초 영국 정부는 정치 참여의 확대 요구를 더 이상 거부할 수 없었다.[39] 일부 역사가는 이 시기가 영국 현대사에서 혁명 가능성이 뚜렷했던 유일한 시기였다고 주장하기도 한다. 정부는 고용주와 노동자의 동맹을 깨는 일련의 개혁을 통과시켜, 전자에게는 권리를 부여하고 후자에 대해서는 냉대하는 방식으로 대응했다. 첫째, 1832년 대개혁법Great Reform Act은 성장하는 산업 도시에 새로운 선거구를 신설하고 임대료가 연간 10파운드 이상인 건물을 소유한 성인 남성에게 투표권을 부여했다. 이로 인해 전국 선거의 유권자는 성인 남성 일곱 명 중 한 명으로 증가했다.[40] 그 후 1835년 지방정부법Municipal Corporations Act에 따라 소도시 납세자들이 투표로 선출하는 대표성 있는 지방정부가 수립되었다.

이 법안은 비교적 동질적인 성공회 지주 엘리트들이 지배하던 영국 정치의 관행을 종식시켰다. 권력은 영국의 사업가들에게 일부 넘겨졌는데, 그중 상당수는 비국교도였다. 즉 절제, 근면, 검소함으로 유명한 감리교, 유니테리언, 퀘이커교 등 영국 국교회의 권위를 거부하는 개신교도였다.

몬티 파이선의 스케치 코미디에 등장하는 오바댜, 에스겔, 요시야, 히스기야 같은 구약성경 속 이름은 산업혁명 이후 성공한 사업가 중 상당수가 비국교회 종파 출신이라는 사실을 암시한다. 새로운 유권자 중 일부는 많은 노동자를 고용한 부유한 공장주였다. 하지만 대다수는 소규모 기업가였을 것이다. 도시 노동계급보다 훨씬 나은 위치에 있었지만 얼마 전 자신들이 탈출한 빈곤층으로 다시 떨어지지 않기 위해 끊임없이 애쓰는 소상인들 말이다.[41] 이들은 국세와 지방세 자체에 대해, 특히 그 자금이 무능한 빈곤층 지원에 사용되는 것에 극렬히 반대했다. 사이먼 슈레터는 이를 새로 선거권을 부여받은 이들의 '상점주주의shopocracy'(상점이나 소매상을 운영하는 사람들을 하나의 사회 계급으로 이르는 명칭, 혹은 이런 사람들이 권력을 가져야 한다는 사상)라고 부른다. 새로 등장한 이질적인 유권자들은 기존 정치 엘리트와 공통점이 거의 없었기 때문에 서로의 돈을 쓰지 말아야 한다는 사실 외에는 어떤 것에도 합의할 수 없었다. 그 결과 1830년대 개혁 이후 한두 세대 동안 선출 가능한 정부는 최소한의 세금과 국가 개입 제한이라는 자유방임주의에 전념하는 정부뿐이었다.

1834년에 통과된 신구빈법New Poor Law은 기득권 엘리트들이 취했던 관대하고 가부장적인 복지 방식을 거부하고 새로운 유권자들의 가치를 대변하는 제도로 대체했다. 이 법안은 변호사 에드윈 채드윅Edwin Chadwick과 경제학자 나소 윌리엄 시니어Nassau William Senior가 초안을 작성했는데, 두 사람 모두 빈민의 처지에 공감하지 못했다.[42] 이들은 기존의 복지 수당 제도가 의존과 나태를 조장하여 빈곤을 더욱 심화시킨다고 믿었다. 빈민 구제를 자신의 출신 교구에서만 받을 수 있다는 규정은 노동력의 자유로운 이동에 대한 불필요한 제한으로 여겨졌다. 신구빈법은 병자와 노인 같은 '마땅한 자격이 있는' 빈민과 걸인이나 부랑자라고 입법자들이 판단하는 사람들을 구별하는 데 목적이 있었다. 멀쩡한 신체를 가진 사람이라면 정말 절망적인 상황에서만 도움을 요청하도록 복지 지원을 너무나 불쾌감을 주는 일로 만들었다.

채드윅과 시니어는 빈민 구제 신청자들에게 매우 불쾌한 시스템을 설계하는 데 확실히 성공했다. 지원을 받으려면 가족은 구빈원에 들어가야 했다. 이 끔찍한 제도의 기본 원칙은 그 안에서의 삶이 밖에서 겪을 수 있는 최악의 상황보다 더 나빠야 한다는 것이었다. 19세기 전반에 거의 실현 불가능한 일이었지만, 제도를 설계한 이들은 어려움에 잘 대처했다. 남편과 아내와 그 자녀는 각기 따로 수용되었다. 작업은 어렵고 지루하도록 설계되었다. 큰 돌을 작은 조각으로 쪼개거나 뼈를 부수어 비료를 만드는 일 등이다. 1845년 정부 조사에서 앤도버Andover 작업장에서는 수용자들이 뼈를 놓고 싸우는 모습이 발견될 정도로 식량 공급이 부족했다. 이들은 뼈를 쪼개 골수를 빨아먹으려 했다. 찰스 디킨스는 『올리버 트위스트』에서 가난한 사람들은 이제 작업장에서 천천히 굶어 죽거나 집에서 빨리 굶어 죽을 수 있는 선택권을 가지게 되었다고 설명했다.

신구빈법의 문제점은 단순히 잔인하다는 것만이 아니었다. 이른바 자격 없는 빈민을 처벌하는 데 중점을 두다 보니 사람들이 통제할 수 없는 요인으로 인해 빈곤해지는 경우가 많다는 현실을 간과했다. 19세기 중반에는 자본주의 시스템의 주기적 특성으로 인해 정기적으로 경기 침체가 발생했다. 이와 함께 일시적이기는 하지만 대규모 해고 사태가 발생하여 수많은 사람이 돈을 벌 수단이 없는 상황에 놓이게 되었다. 예를 들어 1842년 직물 수요가 급감하자 맨체스터 인근 프레스턴 마을의 섬유 노동자 3분의 2가 일자리를 잃었다.[43] 그럼에도 불구하고 구빈원은 납세자들에게 인기가 있었다. 병자, 노인, 빈곤층에 대한 복지 지출이 국민총생산의 2퍼센트(아마도 유럽에서 가장 높은 수치)에서 1퍼센트로 감소했기 때문이다.[44] 이는 빅토리아시대 초기의 긴축 또는 구조 조정이었다. 매우 낮은 기초에서 출발했지만 말이다.

채드윅은 복지 시스템 개혁을 위해 노력하던 중 도시 빈민의 비위생적 생활환경과 이것이 건강에 미치는 영향에 충격을 받았다. 분명한 것은 그의 정치관이 갑자기 바뀐 것은 아니라는 점이다. 그는 프롤레타리아의 고통에 관심을 두지 않았던 것으로 보이며, 공장 규제에 반대하는 자유방임주의적 접근 방식을 여전히 지지했다. 예를 들어 그는 아동 노동 규제와 노동 일수 제한에 반대했다. 채드윅은 변심한 게 아니라 노동 인구의 열악한 건강이 공장의 생산성을 떨어뜨리고 경제의 발목을 잡는다는 사실을 깨달았던 것이다.[45] 1834년 이후 그는 위생 운동의 선두 주자가 되었다. 도시 빈민의 건강은 마을과 도시를 청소하고 하수도와 수도 인프라를 건설해야만 개선될 수 있다고 주장했다. 이 아이디어는 정치적 지향이 각기 다른 수많은 사람을 하나로 묶었다. 예를 들어 채드윅의 구빈법을 격렬하게 비판했던 디킨스는 위생 개혁을 적극 지지했다. 그는 위생 개혁이 도시 빈민의 비참한 생활환경을 개선하는 데 얼마나 중요한지 깨달았고, 이를 소설에서 생생하게 묘사했다. 영국의 인구 조사와 호적 등기시스템을 총괄했던 윌리엄 파William Farr는 또 다른 영향력 있는 옹호자였다. 그는 1840년부터 잉글랜드와 웨일스에서 사망률이 가장 높은 지역의 목록을 정기적으로 발표했다. 지방정부에 수치심과 충격을 주어 위생 개혁을 촉구하기 위해서였다.

위생 운동은 하수와 기타 폐기물의 악취가 질병의 원인이라는 생각에 기반한 '오물 질병 이론'의 영향을 받았다. 마을과 도시의 가난한 지역이 가장 악취가 심하고 질병이 많은 곳이었다는 점을 감안하면 왜 그렇게 많은 사람이 오물 이론을 믿을 만하다고 생각했는지 이해하기는 어렵지 않다.[46] 위생 운동은 건강 개선을 위해 깨끗한 물을 수도관을 통해 가정으로 공급하고 더러운 물을 도시 경계 밖의 먼 곳으로 빼내는 통합 상하수도 시스템을 구축해야 한다고 주장했다. 채드윅은 '동맥-정맥' 도시를 만들자고 했다.

19세기 중반은 프티부르주아 유권자의 힘이 절정에 달했던 시기였기 때문에 채드윅은 실패했다. 이러한 대규모 인프라 프로젝트가 실현 가능하다고 정치인들을 설득하지 못한 것이다. 1840년대 초, 런던에서는 당국이 오물통을 없애고, 빗물을 템스강으로 보내기 위해 건설한 배수구로 분뇨를 흘려보내는 단편적인 접근 방식을 취했다. 이를 통해 지역 인근의 배설물 악취는 제거되었지만, 매일 수백 톤의 미처리 하수를 강으로 직접 흘려보내자 강이 썩어 버렸다. 토리당의 지도자이자 재무장관인 벤저민 디즈레일리Benjamin Disraeli가 "참을 수 없는 공포로 악취를 풍기는 시꺼먼 웅덩이"라고 묘사한 대로다. 디킨스는 『리틀 도릿』(1855~1857)에서 그 충격에 대해 이렇게 썼다. "도시 중심부를 관통하는 치명적인 하수구가 맑은 강을 대신해 밀려왔다 밀려가며 흐르고 있었다." 설상가상으로 물 공급문제도 해결되지 않았다. 규제를 받지 않는 온갖 민간 기업들이 오염된 템스강에서 계속 물을 끌어다 썼다. 1848년, 아니나 다를까 콜레라가 런던에서 재발하자 첫 발병 때보다 두 배나 많은 1만 4000명 이상이 사망했다.[47]

결국 정부는 1848년 영국 최초의 공중보건법을 통과시켰다. 콜레라의 두 번째 대유행이 영국 도시를 초토화할 무렵 이런 일이 이루어진 것은 우연이 아니었다. 공황에 휩싸인 영국 정부는 행동에 나섰다. 「타임스」의 한 기사에서 지적했듯이 콜레라는 "모든 위생 개혁가 중 최고"였다.[48] 채드윅은 지방정부의 상하수도 시스템 구축을 감독하는 보건총국의 세 위원 중 한 명이 되었다. 이 법에 따라 지방 당국은 상하수도 인프라 건설에 필요한 자금을 중앙정부의 보조금을 받고 저리로 차입할 수 있었고, 이 자금은 지역 납세자들이 장기간에 걸쳐 상환하도록 했다.[49] 그러나 낮은 세금 유지가 주요 관심사였던 프티부르주아 유권자들은 중앙정부가 지방 당국에 세율을 인상하도록 압력을 가하는 것에 질색했고, 이에 따라 채드윅은 1854년 은퇴를 강요당했다.

많은 마을과 시의회가 상수도 개선을 위해 저렴한 대출을 이용했지만, 도시 빈민의 건강을 개선하려는 의도에서 시작한 일은 아니었다. 오히려 이 프로젝트는 사업주에게 즉각적인 혜택을 제공했다. 물 공급은 제조 공정에 필요했기 때문이다. 많은 경우 공장은 마을로 공급되는 수돗물 증가분의 절반을 사용했다.[50] 지방 당국은 하수도 시스템 구축을 위해 돈을 빌리는 데는 이보다 소극적이었다. 실제로 1848년 공중보건법이 통과되고 20년이 지난 후에도 채드윅이 주장한 통합 상하수도망을 구축한 도시나 소도시는 단 한 곳도 없었다.[51]

빅토리아 시대 초기에는 위생 개혁에 필요한 인프라를 구축할 수 있는 기술과 엔지니어링 전문 지식이 있었다. 19세기 전반에는 물값을 감당할 수 있는 공장과 가정에 물을 공급하는 민간 기업이 급증했고, 부유층은 가정에 수세식 화장실을 대량으로 설치했다. 그러나 도시 또는 마을 차원의 해결책이 없는 상황에서 이러한 개별적 민간사업은 공중 보건에 부정적 영향을 미치는 경향이 있었다.

식수원이기도 한 하천과 강으로 오폐수가 종종 흘러 들어갔기 때문이다.[52]

상하수도 인프라 구축에는 많은 비용이 들었지만 19세기 중반 영국이 감당하지 못할 수준은 아니었다. 중산층과 상류층은 1830∼ 1840년대 '철도 광풍'이 일던 기간에 영국의 증기기관차 철도망을 구축한 회사들의 주식에 투자하거나 도박적 투기를 나설 막대한 자금을 확보했다. 지방정부도 중요한 역할을 했다. 증기기관차가 도시의 번영과 명성에 결정적 역할을 하는 것으로 여겨지면서 지방자치단체 정치인들은 철도 회사를 돕기 위해 발 벗고 나섰다. 선로, 역, 하치장을 만들기 위해 도심 전체를 재건했다.

지방 소도시와 도시의 노동자계급 거주지의 치명적인 비위생적 환경에 사회가 대처하지 못한 것은 기술이나 자금 부족 탓이 아니었다. 정치적 의지가 없었던 탓이다. 대중에게 위생과 깨끗한 물을 제공하는 데는 막대한 비용이 들지만 이는 장기적으로 경제적, 비경제적 측면에서 막대한 이득을 가져다주는 사업이다. 이러한 프로젝트는 단기적인 투자 수익에 집착하는 민간 기업에는 적합하지 않기 때문에 시장의 보이지 않는 손으로는 위생 문제를 해결할 수 없다. 대신 국가가 개입하여 최소한 사업을 조율하는 것이 필수적이다. 안타깝게도 19세기 중반의 지방정부와 중앙정부는 세금을 낮게 유지하겠다고 약속하는 정치인에게 투표한 소상공인들의 지역주의적 이해관계에 얽매여 있었다. 콜레라가 반복적으로 발생하는데도 지역 지도자들은 예방적 보건 인프라에 투자하기를 거부했다. 19세기 후반에 정치적 상황은 다시 한 번 변화하여 위생 개혁이 가능할 뿐만 아니라 지방 당국에도 바람직한 방향으로 나아갔다.

자유시장 경제에서 '가스와 물 사회주의'까지

1854년 영국을 강타한 세 번째 콜레라 유행 당시 존 스노John Snow라는 의사는 현재 가장 유명한 역학 연구 중 하나로 꼽히는 프로젝트를 수행했다. 그는 지배적 이론인 오물설을 믿지 않았고, 대신 콜레라가 수인성 질병이라고 직감했다. 스노는 런던 중심부에서 일주일 만에 500명이 사망한 콜레라가 발생했을 때 자신의 가설을 검증할 기회를 얻었다. 그는 이 지역 거주민들을 인터뷰한 결과 콜레라에 걸린 사람들이 모두 소호 브로드가의 펌프에서 나온 물을 마셨다는 공통점을 발견했다.[53] 스노는 발병 진원지와 가까운 양조장 근로자들은 병의 영향을 받지 않았다는 사실도 알아냈다. 양조에는 물을 끓이는 과정이 들어가고 직원들은 근무 중에 맥주만 마셨던 덕분이다. 그러나 가장 논란의 여지가 없는 증거는 그가 지역 당국을 설득해 펌프 손잡이를 쓸 수 없게 제거하자 나타났다. 사태는 거의 즉시 진정되었다.

특정 질병이 인체에 침입한 특정 미생물에 의해 발생한다는 세균 이론이 주류로 자리 잡기까지는 오랜 시간이 걸렸다. 호기심 많은 네덜란드인 잡화상이자 렌즈 연마사인 판 레이우엔훅은 17세기 중반에 미생물의 세계를 처음 발견했다. 18세기 말, 의사 에드워드 제너Edward Jenner는 농장에서 우유를 짜는 여자들이 천연두에 거의 걸리지 않는다는 사실을 발견했다. 그는 이들이 일하면서 우두cowpox에 노출된 덕분에 훨씬 경미한 증상만 겪은 채 천연두에 대한 교차 면역을 갖게 되었다고 추론했다. 제너는 자신의 통찰력을 바탕으로 '백신vaccine'을 개발했다. 이 말의 어원인vacca는 라틴어로 소를 뜻한다. 이 일은 제너를 공중 보건의 신전에 오르게 한 놀라운 업적이었지만, 전염병이 전염되는 방식을 파악해서라기보다는 우연한 관찰의 결과였다. 19세기 중반이 되어서야 존 스노를 비롯한 의사들은 판 레이우엔훅을 매혹시켰던 '극미동물'이 질병을 전염시킬 수 있다는 증거를 수집하기 시작했다.

스노는 현재 영국 공중 보건의 위대한 영웅 중 한 명으로 여겨지기에 그의 세심한 연구가 즉각적인 개혁 요구로 이어졌으리라고 생각할 수 있다. 하지만 당시 그의 발견은 별다른 영향을 미치지 못했다. 1854년 콜레라 발병 원인을 조사하기 위해 의회에서 소집한 위원회(국립호적등기소의 윌리엄 파도 저자로 참여)는 나쁜 공기에서 질병이 생긴다는 설을 지지하고 스노의 연구를 공개적으로 배척했다. "면밀한 조사 결과 이 믿음을 채택할 이유가 없다"라는 것이었다.[54] 그리고 1858년 스노가 사망했을 때『랜싯』에 실린 서른세 개 단어의 부고 기사는 그의 콜레라 연구를 언급조차 하지 않았다.[55]

결국 정부가 런던에 광범위한 지하 하수도 시스템을 구축한 것은 존 스노가 아니라 런던의 대악취Great Stink 때문이었다. 1858년 여름, 더운 날씨로 인해 데워진 템스강은 악취가 진동하는 오물 덩어리로 변했다. 수도 주민들의 삶은 거의 견딜 수 없을 정도였다. 이는 노동계급이 밀집한 이스트엔드뿐만 아니라 런던 중심부에 있는 웨스트민스터의 새로 완공된 국회의사당에서도 마찬가지였다. 많은 정치인이 냄새를 피하기 위해 농촌 지역구로 물러났고, 몇몇 건재한 의원들은 손수건으로 코를 막고 버텨 냈다. 이런 일이 다시는 일어나지 않도록 의회는 런던시 당국이 런던의 동쪽 멀리까지 인분을 운반하는 하수도를 건설하도록 강제하는 법안을 통과시켰다. 이 대규모 프로젝트로 3억 1800만 개의 벽돌을 사용하여 82마일의 지하 터널을 건설했다.[56] 이는 영국 최초의 대규모 하수도 네트워크였으며 런던을 유럽 위생공학의 선두에 서게 했다.[57] 놀랍게도 19세기 중반 이후 인구가 세 배로 증가했는데도 빅토리아시대의 하수도는 여전히 도시 위생 시스템의 근간을 이루었다. 여러 가지를 개선하고 추가한 덕분이기는 했지만 말이다. 1866년 영국에 콜레라가 다시 유행했을 때 런던은 한 가지 주목할 만한 예외를 제외하고는 대부분 피해를 입지 않았다. 예외인 곳은 런던에서 아직 하수도가 연결되지 않은 몇 안 되는 지역 중 하나였던 이스트엔드다. 당시 이곳 주민 4000명이 사망했다.[58] 이 사건으로 10년 전 존 스노의 주장을 일축했던 국립호적등기소의 윌리엄 파는 콜레라가 실제로 수인성 질병이라고 확신하게 되었다.

당시에도 영국 지방의 소도시와 도시는 위생과 수도 인프라 개선에 저항했다.[59] 변화의 원동력은 1867년 제2차 개혁법이었다. 도시 지방선거에서 투표할 수 있는 남성의 수가 네 배로 늘었다. 갑자기 노동계급 남성의 60퍼센트 이상이 선거권을 얻었고, 선출직을 노리는 모든 사람에게 이들의 지지가 중요해졌다.[60] 이는 지방 정치의 성격을 변화시켰다. 지방정부는 더 이상 소규모 사업가 중심의 상점주주의에 종속되지 않았다. 1830년대부터 선거 정치를 장악하고 주요 관심사가 세금을 최대한 낮게 유지하는 데 있던 사람들은 밀려났다. 새로운 유권자들은 광대하고 값비싼 상하수도 인프라를 건설하려는 도시 지도자들의 야심 찬 계획을 훨씬 잘 받아들였다. 그 이유를 정확하게 말하자면 자신들은 지방세를 내지 않기 때문에 프로젝트에 직접 자금을 지원할 필요가 없었기 때문이다.

1870년대 중반 버밍엄 시장으로 3선 연임한 조지프 체임벌린 Joseph Chamberlain은 이러한 정치 풍조를 구현한 인물이다. 그는 부유한 산업가로 많은 새로운 경제 엘리트들과 마찬가지로 비국교회 출신이었다. 체임벌린은 버밍엄의 비국교회 목사들이 처음 설파한 지방자치 운동 철학에 영향을 받았다. '시민 복음'의 지지자들은 산업화된 소도시와 도시를 망친 박탈감, 질병, 죽음은 도덕적으로 가증스러운 일이며 부유한 교회는 도시 노동자계급의 삶을 개선할 의무가 있다고 주장했다.[61] 체임벌린의 리더십 아래 버밍엄은 시민 복음을 실천하기 위해 정치적, 경제적으로 실행 가능한 전략을 선도적으로 추진했다. 중앙정부와 상업 은행으로부터 저금리 장기 대출을 받아 위생과 수도 인프라를 구축하고 주민 복지를 개선하는 기타 프로젝트에 사용했다. 동시에 수도, 가스, 전기, 대중교통에 대한 지자체의 독점적 소유권을 확립했다. 관련 공기업들은 수익을 내며 운영되었고, 그 수익은 대출금을 갚는 데 쓰였다.

체임벌린의 전략은 새로 투표권을 갖게 된 노동계급으로부터 큰 인기를 얻었다. 이 계급은 정책 혜택을 누리면서도 직접 과세 부담을 질 필요가 없었다. 성공한 사업가로서 체임벌린의 견해는 그러지 않았다면 회의적이었을 많은 영향력 있는 인사들에게서도 존중받았다. 체임벌린과 그 동료들은 채드윅과 그 동료들과는 차별화되는 이타주의로 움직였지만, 그들의 전략이 경제적으로 득이 된다는 점은 양측 모두 같았다. 그들은 건강을 무시하는 것이 비생산적임을 이해했다. 병든 노동자계급은 병에 걸려 사망하는 도시 빈민에게만 나쁜 것이 아니라, 이들에게 공장 노동력을 의존하는 부유한 기업가에게도 좋지 않은 영향을 미쳤다. 반대파는 개혁을 '가스와 물 사회주의'라며 폄하했다. 그러나 도시 빈민과 도시의 경제 엘리트들은 새로운 계급 간 동맹을 형성하여 그때까지 위생과 공중 보건 개선 노력을 무산시켰던 프티부르주아 상점주주의와 자유방임 이데올로기를 약화시켰다.[62]

시민 복음이 확산하면서 새로운 유형의 지방 정치인들은 단순히 마을과 도시가 부유해지기만을 원하지 않았다. 그들은 고전 그리스와 르네상스기 이탈리아의 위대한 도시국가를 이상적으로 생각하는 비전에서 영감을 얻었다. 자신들의 부를 다른 주민들의 번영을 위해 사용하고자 했던 것이다.[63] 1870년대 중반부터 지난 40년간에 걸친 위생 운동의 모든 노력이 결집되기 시작했다.[64] 국립호적등기소는 지역 사망률에 대한 정기적인 데이터를 계속 발표했다. 파의 바람대로 이러한 수치는 지방자치단체의 자부심과 수치심의 원천이 되었고, 공장 소유주들은 사망률이 가장 낮은 도시와 마을을 찾아 투자하기 시작했다.[65]

20세기 초에 이르러 미국 대다수의 지방정부는 체임벌린과 버밍엄의 선례를 따라 도시 공공시설을 직접 관리하기 시작했다. 1905년, 지방정부가 공중 보건 개선에 돈을 쏟아부으면서 근대 역사상 처음이자 유일하게 지방정부의 지출 총액이 중앙정부보다 많아졌다.[66] 그 결과 19세기의 마지막 4분기 동안 도시 사망률이 감소했는데, 이는 결핵 같은 공기 매개 질병이 아닌 수인성 전염병이 급감했기 때문이다.[67] 1866년 이후 영국에서는 콜레라가 대규모로 발생한 일이 없었으며, 그보다는 흔하지만 덜 무시무시한 설사병으로 인한 사망도 급격히 줄었다. 1870년대에 영국의 마을과 도시의 기대 수명은 마침내 1820년대 수준을 넘어섰고 그 후에도 계속 증가했다. 당시 영국은 도시 위주의 사회였기 때문에 반세기 동안 정체해 있던 국민 평균 수명은 상승 궤도에 들어섰다.

함부르크에서의 죽음

19세기 마지막 수십 년 동안 유럽의 거의 모든 주요 도시에서 위생 상태가 크게 개선되었지만 한 가지 주목할 만한 예외가 있었다. 북해로 흘러드는 엘베 강변에 위치한 독일의 자치 도시국가 함부르크는 세계에서 가장 큰 항구 중 하나였다. 1892년에는 부두와 공장 일자리를 찾아 농촌에서 도시로 이주한 사람들이 늘어나면서 인구가 80만 명에 달했다. 함부르크는 여전히 도시에서 가장 영향력 있는 상인 열여덟 명으로 구성된 종신직 상원이 다스리고 있었다. 이 같은 과점 체제는 가문과 사회적 유대로 결속되어 있었으며, 이들의 관심사는 오로지 자신들의 운명이 걸린 무역을 장려하고 보호하는 일뿐이었다.

함부르크의 정치 구조는 산업화와 도시화가 초래한 사회문제에 대처하는 데 매우 부적합했다. 경제가 호황을 누리면서 당국은 항만 시설과 새로운 시청사를 짓는 데 막대한 돈을 지출했다. 하지만 일상적으로 도시국가를 운영할 전문 공무원 조직조차 없었다. 주민들이 식수원으로 사용하는 엘베강으로 오수가 흘러갔지만 위생과 상수도는 무시되었다. 한 의사는 1860년대에 쓴 글에서 도시 지도자들이 "공공 의료라고 부를 수 있는 것에 대해 믿을 수 없을 만큼 무지하고 무관심"하다고 한탄했다.[68] 이것은 1860~1870년대 영국에서 투표 개혁을 통해 등장한 가스와 물 사회주의와는 거의 대척점에 있었다.

북유럽에서 가장 큰 항구 중 하나인 함부르크는 미국으로 이주하는 사람들의 주요 출발지이기도 했다. 19세기 말부터 20세기 초까지 수십만 명의 러시아 유대인이 박해와 가난을 피해 서쪽으로 이주하면서 함부르크를 통과했다. 1891년과 1892년에는 로마노프 당국이 제국의 도시에서 유대인을 추방했기 때문에 그 수가 특히 많았다. 난민들은 부두 옆에 있는 아주 기본적인 막사에 수용되었고, 화장실 오물은 엘베강으로 바로 흘러 들어갔다. 1892년 8월에는 유럽 대륙을 강타한 마지막 콜레라가 발생했다. 당시 러시아에서 콜레라가 창궐했기 때문에 유대인 공동체가 유럽을 가로질러 이동하면서 콜레라균을 운반했을 것으로 추정된다. 도시의 노동계급 지역은 살기 좋은 일부 교외 지역과 달리 정수된 물이 없었기 때문에 콜레라 피해가 특히 심했다. 6주 동안 무려 1만 명이 사망했다.[69]

콜레라 발생에 대한 당국의 초기 대응은 무능하고 우유부단했다. 무역 흐름을 방해하고 싶지 않았던 당국은 사람들이 콜레라로 죽어 간다는 뉴스를 6일 동안이나 숨긴 뒤에야 공개했다. 이로 인해 사람들이 정보를 얻지 못하고 예방 조치를 취할 수 없었기 때문에 상황은 필요 이상으로 악화되었다. 함부르크에 콜레라가 완전히 창궐한 것이 분명해지자 시는 1884년 콜레라를 일으키는 박테리아를 최초로 발견한 독일 최고의 과학자 로베르트 코흐Robert Koch를 불러들였다. 코흐는 도시의 노동계급 밀집 지역을 돌아다니며 과밀하고 비위생적인 환경에 충격을 받았다. 코흐는 동료들에게 "여러분, 제가 유럽에 있다는 사실을 잊었네요"라고 말했다. 이 발언은 다른 문화에 대한 존중이 부족했음을 시사하는 동시에 함부르크가 이 지역의 다른 대도시들과 얼마나 동떨어져 있는지 드러내는 말이기도 했다. 코호는 결국 깨끗한 상수도를 건설하고 시민들에게 그 물만 사용하도록 지시함으로써 콜레라 확산을 막을 수 있었다. 그러나 1892년 콜레라 발병의 치욕은 함부르크를 영원히 바꾸어 놓았고, 공중 보건 개선을 위한 다양한 개혁에 나서게 했다. 정치도 더욱 포용적으로 바뀌어 결국 전문 공무원 제도를 만들었다.[70]

함부르크 발병과 같은 해에 최초의 효과적인 콜레라 백신이 만들어졌지만, 캘커타(오늘날의 인도 콜카타)에서 백신이 승인되기까지 몇 년의 테스트가 더 필요했다. 콜레라 백신은 오늘날에도 여전히 사용되지만, 유럽에서 콜레라가 감소한 것을 설명하기에는 백신 개발이 너무 늦었다. 콜레라는 의료 기술의 혁신 덕분이 아니라 정치 개혁에 따라 위생과 하수 설비가 개선된 덕분에 사라진 것이다.

함부르크의 사례는 (그보다 50년 전 영국의 지방 소도시와 도시들과 마찬가지로) 경제성장만으로는 인구의 건강과 복지를 보장할 수 없음을 보여 준다. 분명 이기적인 개인들의 행동만으로는 광범위한 발전을 이룰 수 없는 것이다. 존 메이너드 케인스가 말한 것으로 추정되는 내용에 따르면 이러한 생각은 "가장 비열한 동기를 가진 가장 비열한 사람들이 어떻게든 모두의 이익을 위해 일할 것"이라고 가정하는 것이다. 국가의 강력한 개입이 없는 상황에서 경제성장은 소수의 엘리트를 풍요롭게 했지만 대중에게는 공중위생의 붕괴와 빈곤, 질병과 죽음을 초래했다. 19세기에 산업화를 이룬 거의 모든 국가에서 도시 노동자 계층의 건강과 기대 수명은 한 세대 내내 나빠졌다. 여기에는 대부분의 유럽과 미국, 일본이 포함된다.[71] 결국 국가가 개입하여 손실을 완화하고 경제성장이 복지와 건강 개선으로 이어지도록 하는 제도를 확립했다. 한 가지 주목할 만한 예외는 스웨덴이다. 스웨덴 정부는 1870년대에 경제성장이 가져올 혼란을 예상하여 포괄적인 공중보건법을 통과시켰다. 그 결과 스웨덴은 19세기 마지막 수십 년 동안 산업혁명을 겪으면서도 4D 중에서 사망 Death과 질병Disease을 크게 피할 수 있었다.[72]

영국에서는 웨스트민스터의 중앙정부가 대출을 제공하고 모범 사례를 공유함으로써 공중 보건 개선에 일정한 역할을 했다. 그러나 정부는 19세기 마지막 30년 동안 도시 노동자 계급의 삶을 개선하기 위한 노력에는 직접 관여하지 않았다.[73] 상황이 바뀐 것은 1906년 총선에서 윈스턴 처칠과 데이비드 로이드 조지를 포함하는 신자유주의 정부가 압승을 거두면서였다. 이들은 1834년 구빈법으로 요약되는 사회와 경제 문제에 대한 자유방임적 접근 방식을 폐기하고, 중앙에서 조직하고 자금을 지원하는 새로운 국가 행동주의 시대를 열었다. 몇 년 만에 정부는 노령연금, 공공직업안정소labour exchange, 학교 무상급식, 노동자의 질병과 실업에 대비한 국민보험 등의 제도를 수립했다.[74] 산업화된 세계 전역에서 비슷한 발전이 이루어졌다. 예를 들어 오토 폰 비스마르크는 1880년대에 복지 프로그램을 도입했는데, 자유주의 및 보수주의 비평가들은 이를 국가사회주의Staatssozialismus라고 불렀다.[75] 원래 정책 목표는 사회민주당에 대한 지지를 약화시키는 것이었지만 이를 달성하지는 못했다. 미국에서는 1930년대 대공황의 파탄에 대한 대응으로 프랭클린 D. 루즈벨트가 뉴딜 정책을 수립했다.

20세기 중반에 이르러 현대 복지국가는 산업화된 많은 자유민주주의 사회에서 구체화되기 시작했다. 그 활동 범위는 세금을 재원으로 도로 건설, 의료, 사회 보장, 주택 공급, 교육 등 다양한 기능을 수행하는 데까지 확대되었다. 정부는 광범위한 사회 문제에 관심을 갖기 시작했고, 그런 정부 활동은 자유시장 경제학자뿐만 아니라 코미디언의 표적이 되었다. 몬티 파이선의 또 다른 유명한 스케치 코미디에서 존 클리즈는 중절모를 쓴 공무원 티백Tea-bag을 연기한다. 티백의 근무처는 '바보 걸음 규제부Ministry of Silly Walks'로서 3억 4800만 파운드(지금 돈으로 57억 파운드)의 예산이 책정된 부서다. 물론 이 상황을 재미있게 만드는 요소 중 하나는 클리즈의 기괴한 걸음걸이가 정부 관료는 고루하다는 우리의 인식과 부조화를 이룬다는 데 있다. 그러나 막대한 자금을 지원받는 바보 걸음 규제부라는 아이디어는 20세기의 3분기에 영국 정부가 얼마나 거대해졌는지(비평가들은 비대해졌다고 말한다)를 풍자하는 것이다. 1970년 텔레비전에서 이 스케치 코미디를 처음 방영했을 때만 해도 상상할 수 없었을 일이 있다. 19세기에 자유시장을 신봉하던 경제 자유주의가 새로운 버전으로 재부상하여 다시 각광받게 되리라는 점이다. 하지만 다음 10년이 시작될 무렵, 자유주의는 다시 국내외 정책의 주요 의제로 떠올랐다. 이는 다시 한 번 미국이나 영국 같은 고소득 국가뿐만 아니라 세계 최빈국에서도 보건에 치명적인 결과를 초래할 예정이었다.

8장

빈곤이라는 전염병

불평등 해소가 보건 혁신이다

"국민 건강 상태의 현저한 불평등, 특히 선진국과 개발도상국 간, 그리고 국가 내에서의 불평등은 정치적, 사회적, 경제적으로 용납될 수 없으며 따라서 모든 국가의 공통 관심사다."

– 「알마아타 선언」

구스타프 클림트 대 스티븐 핑커

1894년, 구스타프 클림트는 새로 지어진 빈대학 대강당 천장을 장식할 일련의 그림을 제작해 달라는 요청을 받았다. '어둠을 정복하는 빛'이라는 주제로 볼 때, 빈대학은 이 의뢰를 통해 자신들의 과학적 업적을 기념할 수 있기를 바랐을 것이다.[1] 클림트의 학부화學部畵(빈대학의 세 개 학부인 철학부, 의학부, 법학부를 대상으로 한 그림 연작)는 제2차 세계대전이 끝날 무렵 나치에 의해 파괴되었다. 이 탓에 우리는 흑백 사진 몇 장으로만 이 그림들을 확인할 수 있다. 그렇지만 대학의 많은 교직원이 클림트의 작품에 겁을 먹고 이를 결코 전시하지 않은 이유를 알아보기는 어렵지 않다.

미적 아름다움과 신랄한 풍자, 날카로운 사회 비판이 결합된 〈의학〉의 묘사를 보자. 아폴론의 손녀이자 건강과 청결의 여신 히기에이아는 전면에 위풍당당하게 서서 황송하게도 자신을 쳐다볼 기

삶은 고통이고 죽음은 확실하다

오스트리아 빈의 화가 구스타프 클림트는 빈대학 대강당 천장화 작업을 의뢰받고 철학, 법학, 의학이라는 세 가지 주제를 다룬 연작을 그렸다. 이 그림은 그중 의학을 주제로 그린 것으로, 그리스신화에 나오는 건강의 여신인 히기에이아가 연약한 인간들의 머리 위를 응시하고 있고, 그 배경에는 벌거벗은 인간들이 고통으로 뒤엉킨 가운데 해골이 자리 잡고 있는 것이 세기말 정서를 물씬 풍긴다. 구스타프 클림트, 〈의학〉(1900~1907).

회를 하사받았을지도 모를 연약한 인간들의 머리 위를 응시하고 있다. 그녀는 배경에서 벌어지는 고통을 염두에 두지 않거나 거기에 무관심하다. 배경에는 벌거벗은 인간들이 뒤엉켜 있는데, 일부는 마르고 수척하며, 일부는 고통으로 얼굴을 찡그리고 있다. 생명의 강을 상징하는 이 인간 군상의 중앙에는 해골이 자리 잡고 있다.

클림트의 메시지는 분명하다. 삶은 고통스럽고 죽음은 확실하며 현대 의학은 이 근본적인 현실을 바꾸지 못했다.[2] 이 다소 우울한 정서는 그의 개인적 경험을 반영한다.

1862년에 태어난 클림트는 의사들이 고대 그리스에서 처음 등장했던 관념을 버리고 오늘날 현대 의학의 기초가 되는 세균 이론 같은 설명을 채택하는 혁명적인 시기를 살았다. 이러한 발전에도 불구하고 클림트의 삶에서 질병과 죽음은 중요한 역할을 했다. 그의 여동생은 어려서 세상을 떠났다. 1892년에는 몇 달 사이에 형과 아버지를 연이어 잃었다. 그의 어머니와 또 다른 여동생은 정신질환을 앓았다. 클림트는 1918년 55세로 세상을 떠났다. 스페인독감으로 사망한 최소 5000만 명 중 한 명이었다.[3]

세기말 빈대학 교수들과 클림트 사이의 격렬한 의견 충돌은 오늘날에도 여전히 유의미하다. 학문적 노력이 인간의 조건을 개선할 수 있다는 믿음을 가진 것은 오스트리아 교수들만이 아니었다. 영국 철학자 앤서니 케니Anthony Kenny가 지적했듯이 계몽주의의 특징은 인간이 "영원한 진보의 길"을 걷고 있으며, 인류는 "더 행복한 미래로 나아가고 있으며 이는 자연과학과 사회과학의 발전 덕분에 가능해질 것"이라는 믿음이다.[4] 스티븐 핑커Steven Pinker는 의심할 여지 없이 이 자랑스럽고 의기양양한 역사 서사를 가장 잘 옹호하는 현대인이다. 그의 베스트셀러『지금 다시 계몽: 이성, 과학, 휴머니즘, 그리고 진보를 말하다』(2018)는 지난 몇 세기 동안 우리는 과학과 이성을 활용해 과거의 무지, 미신, 비참에서 벗어나 더 건강하고, 더 부유하고, 더 평화로울 뿐 아니라 인권을 더욱 존중하는 세상을 만들 수 있었다고 주장한다. 핑커의 주장에는 현재의 경제와 정치 시스템이 이러한 진보를 촉진한 근본적인 주인공이며, 그 기능 방식을 최적화하기 위해 기껏해야 약간의 조정만 필요할 뿐이라는 생각이 내재해 있다.

이렇게 대단한 자신감은 마치 현재 세계가 직면하는 고통을 못 본 척하는 태도로 보인다. 세계는 임박한 기후 재앙에 직면해 있고, 우크라이나·시리아·예멘 등은 민간인의 생명이나 국제법을 거의 또는 전혀 고려하지 않고 벌어지는 잔혹한 전쟁으로 황폐화되었으며, 터무니없는 빈부 격차로 인해 상처 입고, 약 1500만 명이 사망한 팬데믹을 이제 막 극복하기 시작했다.[5] 그러나 가장 단순하게 정리한다면 핑커 같은 자유주의 낙관론자들이 세계가 더 건강해지고 있다고 주장하는 것은 맞는 말이다. 세계은행 데이터를 살펴보면 전 세계 평균 수명이 20세기 중반 약 50세에서 오늘날 거의 73세로 크게 향상된 것을 알 수 있다.[6]

그러나 세계가 더 건강해지고 있다는 것을 보여 주기 위해 핑커가 인용한 총계 수치는 기대 수명의 극심한 불평등을 보지 못하게 하며, 그 속에 막대한 비참을 숨기고 있다. 정말로 큰 틀에서 보면 여전히 매년 수백만 명이 예방과 치료가 가능한 전염병으로 사망하며, 희생자는 대부분 가난한 나라에 사는 가난한 사람들이다. 따라서 클림트가 이 걸작을 그린 이후 한 세기가 지나는 동안 의학이 엄청나게 발전했지만, 작품의 핵심 메시지는 여전히 유효하다. 의학의 눈부신 발전에도 불구하고 인간은 여전히 질병과 죽음에 시달리고 있다.

전염병과 빈곤

여러분이 일본이나 노르웨이에서 이 책을 읽고 있다면 80대 중반까지 살 수 있다고 예상할 수 있다. 영국과 미국의 경우 이 수치는 각각 81세와 77세로 약간 낮다. 하지만 사하라 이남 아프리카의 12개 국가 중 한 곳에서 태어났다면 50대를 넘기지 못할 확률이 높다. 나이지리아, 차드, 시에라리온, 중앙아프리카공화국, 레소토에서는 평균수명이 가장 건강한 국가보다 30년 정도 짧을 것으로 예상할 수 있다. 이러한 격차는 대부분 전염병으로 인해 발생한다. 고소득 국가에서는 거의 또는 전혀 영향을 미치지 않지만, 저소득 국가에서는 매년 수백만 명의 목숨을 앗아 가는 탓이다.

앞 장에서 살펴본 바와 같이 19세기 중반 영국과 기타 산업 사회와 산업화하는 사회에서는 수인성 질병이 만연했다. 1870년대부터 위생과 수도 인프라가 개선되면서 일반적인 설사병이 급격히 감소하고 콜레라가 사라졌다. 그러나 전 세계 인구의 절반에 가까운 36억 명은 여전히 배설물을 안전하게 처리할 수 있는 화장실을 이용하지 못하고 있으며, 20억 명은 사람의 배설물로 오염된 식수를 마셔야 한다.[7] 이러한 비위생적 환경으로 인해 매년 150만 명(주로 저소득 국가의 어린이)이 로타바이러스 같은 수인성 설사병으로 사망한다.[8] 콜레라는 여전히 주기적으로 발생하며, 특히 정상적인 생활이 중단되었을 때 큰 타격을 입히는 경향이 있다. 예를 들어 2010년 아이티가 지진을 겪은 뒤, 그리고 2017년 예멘 내전이 발생했을 때 가장 큰 규모로 콜레라가 유행했다. 결핵은 산업화한 유럽의 빈민가에서 주요 사망 원인 중 하나였지만, 20세기 중반에 고소득 국가에서는 감소했다. 생활과 근로 환경을 개선하고 항생제를 개발하고 국가 예방접종 프로그램을 도입한 덕분이다. 하지만 결핵은 여전히 세계에서 가장 치명적인 전염병이다. 1회 접종 비용이 몇 달러에 불과한 저렴하고 효과적인 백신이 존재하고 항생제로 치료할 수 있는데도 그렇다. 결핵으로 인해 매년 약 120만 명이 사망하며, 그 대부분은 중·저소득 국가에 거주한다.

말라리아는 아프리카 열대지방에서 언제나 가장 치명적인 질병이었지만, 비교적 최근까지 미국 남부와 남유럽 일부 지역의 풍토병이었다. 20세기 후반 고소득 국가에서 말라리아는 급감했다. 습지에서 물을 빼고, 고인 물에 화학약품을 뿌려 모기 번식지를 줄이려는 노력의 결과다. 1950년대에 미국에서 말라리아는 더 이상 심각한 공중 보건 문제가 아니었고, 유럽은 1975년에 말라리아 퇴치를 선언했다(그러나 2011년에 그리스는 반세기 만에 처음으로 지역 내 말라리아 감염 사례를 기록했다. 당시 그리스는 심각한 경제 위기에 처해 있었고, 급격한 예산 삭감이 모기 개체수 통제를 위한 공중 보건 조치에 영향을 미쳤다). 많은 저소득 국가에서는 그런 진전이 또 늦어졌다. 지난 수십 년 동안 말라리아 발병률과 사망자 수는 꾸준히 감소했지만 여전히 매년 60만 명 이상이 이 병으로 목숨을 잃는다. 대부분의 희생자는 어린이이며, 거의 모두 아프리카인이다.

20세기에도 새로운 전염병이 등장했다. 1980년대 초, 뉴욕의 의사들은 남성 동성애자와 정맥주사로 마약을 주입하는 마약 사용자들이 면역 체계가 심각하게 손상된 사람들에게서만 발생하는 희귀한 감염병에 걸리는 것을 발견했다. 1990년대 중반 효과적인 항레트로바이러스(ARV) 약물이 개발되기 전까지 북미의 동성애자 커뮤니티와 헤로인 사용자들 사이에서 인간면역결핍바이러스-에이즈 HIV-AIDS로 알려진 감염이 급속도로 확산되었다. ARV 약물은 HIV 환자의 증상 발현과 본격적인 에이즈 발병을 예방할 뿐만 아니라 다른 사람에게 전염될 수 없을 정도로 바이러스의 양을 줄여 준다. 오늘날에는 누구라도 제때 진단을 받아 하루에 한 알만 복용하면 건강하게 오래 살 수 있다. 만일 약을 살 돈이 있다면 말이다.

사하라 이남 아프리카에서는 HIV-AIDS가 소외된 지역사회를 넘어 널리 퍼져 있어 ARV의 필요성이 가장 컸다. 예를 들어 남아프리카에서는 15~49세 인구 다섯 명 중 한 명이 에이즈에 감염되었다.[9] ARV가 개발된 후 거의 10년 동안 특허를 보유한 제약회사들은 저소득 국가의 환자들에게도 가격을 낮추지 않았다. 그들은 HIV-AIDS 환자들에게 1년 치료비로 약 1만 달러를 청구했다. 당시 사하라 이남 아프리카의 연평균 소득이 600달러 미만이었던 것을 감안하면 천문학적인 액수였다. 제약회사들이 압력에 굴복해 1년에 350달러에 불과한 복제약 생산을 허용하는 데 걸린 10년 동안, 안타깝게도 최소 1000만 명이 사망하고 그 두 배 이상의 사람이 바이러스에 감염되었다.[10] 그러나 ARV 가격은 문제의 일부에 불과하다. 자원이 부족한 사하라 이남 아프리카의 보건 시스템은 여전히 환자에게 제대로 연결되지 못하고 있다. HIV-AIDS는 지난 20년간 예방과 치료가 가능한 질병이었으며 저렴한 복제약도 점점 더 많이 공급되었다. 그런데도 그동안 매년 150만 명이 해당 바이러스에 감염되었으며, 해마다 약 65만 명이 그와 관련된 원인으로 사망하고 있다.[11]

사하라 이남 아프리카에서 지속되는 높은 전염병 발생률은 경제성장의 주요 장애물이 되고 있다. 아픈 사람은 학교나 직장에 갈 수 없고, 가족 구성원이 간병을 위해 휴가를 내야 하는 경우가 많으며, 치료가 필요한 경우 가정이 엄청난 빚을 지게 될 수 있다. 부룬디에서 이루어진 연구에 따르면 어린이가 설사로 아플 때마다 의료비와 소득 손실로 인해 한 가정이 부담하는 평균 비용은 109달러다. 이는 평균 월급의 거의 두 배에 달한다.[12] 우간다에서는 결핵 치료가 무료이지만 보건소를 오가는 교통비 등 비의료 비용이 대부분의 환자에게 연간 가계 지출의 5분의 1 이상을 차지한다.[13] 이런 식으로 수천, 아니 심지어 수백만 명이 전염병에 시달리면 전체 경제에 지장을 초래한다. 부룬디에 대한 동일한 연구에 따르면 설사병으로 인해 매년 5억 달러 이상의 비용이 발생하며, 이는 국민총소득의 6.4퍼센트에 해당한다. 결핵은 2000~2015년 전 세계적으로 약 1조 달러의 3분의 2에 해당하는 액수의 경제성장 손실을 초래했다. 주로 중·저소득 국가가 손실을 입은 것으로 추정된다. 과감한 조치가 없다면 향후 15년 동안 손실은 더 커질 것이다. 결핵 발병률은 현저하게 감소하지 않았지만 경제 규모는 더 커졌기 때문이다.[14] 미국 경제학자 제프 삭스Jeff Sachs와 그 동료들은 말라리아가 경제성장에 악영향을 미치며 말라리아가 없는 국가의 1인당 국내총생산(GDP)은 말라리아 발병 국가의 다섯 배에 달한다는 사실을 입증했다.[15] 다른 경제학자 그룹은 1990년대 HIV-AIDS가 아프리카 전체의 경제성장률을 연간 2~4퍼센트 감소시켰다고 추산한다.[16]

삭스와 그의 공동 연구자들은 전염병이 만드는 "빈곤의 덫"은 탈출이 거의 불가능하다고 주장한다.[17] 가난한 사람들은 질병에 걸릴 확률이 더 높기 때문에 더욱 가난해지고 전염병에 더 취약해진다. 저소득 국가는 더 많은 전염병에 시달리는 경향이 있으며, 이는 결국 경제성장을 저해해 번영을 이루기 매우 어렵게 만든다. 사하라 이남 아프리카의 전염병 유병률은 이 지역이 세계에서 가장 가난한 지역일 뿐만 아니라 지난 수십 년 동안 상대적으로 더욱 가난해진 이유를 설명하는 데 도움이 된다. 상대적 빈곤은 다른 지역과 보조를 맞추어 경제 성장을 하지 못한 탓이다.[18] 이런 나라들이 음성 피드백negative feedback 고리를 끊고 빈곤의 함정에서 벗어날 수 있을까?

덫의 작동

중국은 20세기 후반에 전염병의 부담을 크게 줄이는 데 성공한 가장 주목할 만한 국가다. 전 세계, 특히 저소득 국가는 물론 영국과 미국 같은 부유한 국가에도 정책적 교훈을 주는 사례다. 공중 보건 개념은 중국 전통 의학에서 오랫동안 중요한 역할을 해 왔다. 2000년 전의 『황제내경』에 따르면 한 궁중 의사가 신화 속 통치자에게 "이미 발병한 질병에 약을 투여하는 것은 목이 마른 후에 우물을 파기 시작하는 사람의 행동과 비슷하다"라고 조언했다고 한다.[19] 서양에서는 에드워드 제너를 백신의 선구자로 기리지만 중국인들은 1000년 이상 천연두 예방접종을 실시해 왔다.[20]

19세기에 중국은 힘든 시기를 보냈다. 제1차 아편전쟁(1839~1842)과 1949년 중화인민공화국 건국 사이의 기간을 '굴욕의 세기'

라 부를 정도였다. 유럽인들의 간섭, 청나라의 몰락, 20년에 걸친 내전, 일본의 점령은 중국을 무정부 상태의 절망적인 빈곤 사회로 만드는 데 기여했다. 경제적, 정치적 혼란의 아주 치명적인 증상 중 하나는 전염병으로 인한 참화로, 20세기 중반 중국 전체 사망자의 절반 이상이 전염병 탓이었다.[21] 콜레라 및 다른 형태의 설사병 같은 수인성 질병과 결핵, 홍역, 천연두, 페스트 같은 공기 매개 전염병 등 산업혁명 이전과 산업혁명 기간에 영국을 괴롭혔던 질병이 여기에 포함된다. 그러나 중국 인구는 말라리아, 민물에 서식하는 기생충에 의해 발생하는 주혈흡충증 등 열대지방에서 더 자주 발생하는 질병으로 인해서도 감소했다.[22] 중국 일부 지역에서는 전체 아기의 3분의 1이 1년 이내에 사망했지만, 중국의 전체 영아 사망률은 그 절반 정도에 불과했다.[23]

1949년 내전이 끝날 무렵 중국의 평균 기대 수명은 32세에 불과했는데, 이는 국민 건강이 가장 좋지 않았던 산업혁명기 영국의 국가 평균보다 거의 10세나 낮은 수치였다.[24] 공산주의가 통치한 첫 30년 동안 건강은 급속도로 개선되었다. 1960년에 기대 수명은 43.7년으로 증가해 사하라 이남 아프리카(40.4년)나 인도(41.4년)와 크게 다르지 않은 수치를 기록했다. 그리고 1980년에는 66.8년으로 급증해 사하라 이남 아프리카(48.4년)와 인도(53.8년)를 앞질렀다.

첫 30년 동안 중화인민공화국은 매우 가난하고 경제성장률이 중간 정도에 불과했는데도 건강 관련 정책과 제도, 성과는 매우 좋아졌다. 세계은행 통계에 따르면 1960년 중국의 1인당 GDP는 연간 89.5달러에 불과했다. 그해 사하라 이남 아프리카는 137.2달러, 인도는 82.2달러에 달했다. 1980년이 되자 중국의 국민소득은 두 배로 늘었지만 사하라 이남 아프리카와 인도의 소득은 세 배 이상 증가했다. 불과 40여 년 전만 해도 중국은 지구상에서 가장 가난한 국가 중 하나였다.

게다가 이 시기는 중국 역사상 격동의 시기였다. 1940년대 말과 1950년대 초, 농촌 빈민층은 이전의 착취자들에 맞서 자신들이 새로 얻은 권력을 내세우며 수십만, 어쩌면 수백만 명의 지주와 부농을 살해했다.[25] 그리고 1958년부터 1962년까지 이른바 '대약진' 기간 동안 마오쩌둥은 중국 경제를 개혁하고자 했다. 농촌을 인민공사commune 체제로 재편하고 농민들이 철강 생산에 에너지를 집중하도록 강요했다. 그 결과 최소 4500만 명이 기아로 사망했다.[26] 마오쩌둥이 문화대혁명(1966~1976년)을 통해 사회에서 부르주아 요소를 제거하고자 했을 때, 이 격변으로 150만 명이 추가로 사망하고 2000만 명이 도시에서 농촌으로 추방당했다.[27]

1949년에서 1980년까지 중국인의 수명이 늘어난 것은 거의 전적으로 전염병이 줄어든 덕분이었다.[28] 실제로 전염병 통제는 매우 효과적이어서 유아기 아동의 생존율이 높아지면서 인구 붐이 일어났다. 중국 인구는 국공 내전 말기에는 약 5억 4000만 명이었지만 이후 30년 동안 거의 10억 명으로 증가했다. 이는 중요한 의미를 가진다. 1970년대 후반에 도입한 한 자녀 정책은 급속한 인구 증가를 걱정하는 대응책이었다. 그러나 인구 통제가 영향을 미치기 전에 마오가 지배하는 중국에서 태어난 수억 명의 아기가 성인이 되었고, 이들 중 상당수는 공장에서 일하기 위해 도시로 이주했다. 이들은 1980년대 이후 경제 기적을 이끌었다.

그렇다면 중국은 어떻게 이 놀라운 보건 혁신을 이룰 수 있었을까? 1950년대 초, 하향식 전염병을 예방하려는 하향식 캠페인을 시작한 덕분이었다. 그중 가장 큰 효과를 거둔 것은 대규모 예방접종이다.[29] 중국은 6억 인구 거의 전부에게 천연두 예방접종을 실시했다. 중국에서 마지막 환자가 발병한 것은 1960년으로, 천연두가 전 세계에서 박멸되기 20년 전이었다. 천연두 예방접종으로 첫해에만 발병률이 80퍼센트 감소했다. 결핵은 BCG 백신 사용 증가로 인해 10년 만에 80퍼센트 감소했다. 중국 정부는 또한 '애국 보건 캠페인'을 조직하여 전염병 전파를 차단하는 활동에 참여하도록 국민을 독려했다. 예컨대 안전한 식수를 공급하고 위생 개선 프로젝트를 시행하며 질병을 옮기는 매개체를 제거하기 위해 노력했다. 특히 영향력 있는 캠페인 중 하나는 대약진운동의 일부였다. 1958년 중국 정부는 쥐, 파리, 모기, 참새 등 '4대 해충 박멸'을 국민에게 촉구했다. 참새가 들어간 것은 열심히 일하는 농민의 곡물과 과일을 '도둑질'하는 습성 때문에 중국 공산당이 참새를 자본주의의 새라고 비난했기 때문이다.

민중은 박멸 동원령에 열광적으로 호응했다. "인간은 자연을 정복해야 한다"라는 마오쩌둥의 슬로건은 국민을 하나로 모으는 외침이 되었다. 공식 통계에 따르면 애국적인 중국인들은 15억 마리의 쥐, 1100만 킬로그램의 모기, 1억 킬로그램의 파리를 죽였다고 한다. 그러나 특히 10억 마리가 넘는 참새를 학살한 것은 생태계 균형을 깨뜨려 재앙적 결과를 초래했다. 중국 전역에서 사람들은 막대기와 새총으로 참새를 사냥했다. 둥지를 발견하면 새끼를 죽이고 알을 부수어 버렸다. 지친 새들이 나뭇가지나 공중에서 땅에 떨어질 때까지 북과 징, 솥을 두드렸다. 이 캠페인은 그 자체로 엄청난 성공을 거두었고, 참새의 개체수를 멸종 직전까지 몰고 간 것으로 보인다. 하지만 참새는 곡식과 과일만이 아니라 곤충도 먹는다. 천적의 위협이 크게 줄어든 메뚜기 개체수는 급증했고, 참새보다 훨씬 더 파괴적인 방식으로 수확물을 먹어 치웠다. 이런 식으로 '4대 해충 박멸' 캠페인은 대약진운동 기간 4500만 명의 목숨을 앗아간 기근에 기여했다. 1960년, 중국 정부는 실수를 깨닫고 참새 대신 빈대를 가장 퇴치해야 할 해충 목록에 넣었다.

1960년대 중반 중국 정부는 공중 보건에 대한 상향식 접근 방식을 도입했다. 이른바 '맨발의 의사'(남부 지방의 물에 잠긴 논에서 일과 의료 업무를 병행했다고 해서 붙은 이름)가 이를 주도하게 했다. 이들은 지역사회의 의료 수요를 돌보는 지역 주민이었다. 맨발의 의사들은 농사일을 파트타임으로 하면서도 의학과 공중 보건에 대해 3개월~1년간 기본 교육을 받고 의사, 간호사, 공중위생 기사 역할을 겸했다.[30] 이들의 임무는 위생에 대한 인식을 높이고, 가족계획에 대해 조언하며 예방접종 프로그램을 조직하고 서양 의학과 전통 의학의 통찰력을 활용해 일반적인 질병을 치료하는 것이었다. 1970년대 중반에는 전국적으로 180만 명의 맨발의사가 활동하면서 그 두 배에 달하는 보건 보조원의 도움을 받았다.[31] 이 같은 의료 협력 제도가 도입되기 전에는 대다수 인구가 의료 서비스를 거의 받지 못했고, 사람들은 산발적으로만 공중 보건 활동에 참여했다. 맨발의 의사들은 이 엄청난 격차를 메웠고, 전염병이 급감하는 데 크게 기여했다.

마오쩌둥은 1976년 사망했고 결국 덩샤오핑이 후계자가 되었다. 그의 지도력 아래 중국은 다른 무엇보다 경제성장을 우선시하는 개혁을 시행하기 시작했다. 중국이 세계 경제에 편입되면서 수억 명의 사람이 내륙 농촌에서 연안 도시로 이주했다. 수출 제품을 생산하는 공장에서 일하기 위해서였다. 불과 수십 년 만에 중국은 지구상에서 가장 가난한 나라 중 하나에서 세계적인 경제와 정치 강대국이 되었다. 하지만 중국의 산업혁명은 보건 위기를 수반했다. 19세기 영국과 달랐던 점은 호황을 누린 도시 지역에서는 이런 위기가 발생하지 않았다는 것이다. 중국 도시 당국은 일반적으로 상수도와 위생 시스템 구축에 적극적이었다. 가장 큰 피해를 입은 것은 농촌 지역이었다. 경제 개혁으로 인해 농업 공동체 제도가 폐지되고 맨발의 의사가 주도하는 분산형 무료 의료와 공중 보건 시스템이 사라진 탓이다.

이제 사람들은 건강보험에 가입해야 했지만 농촌 인구의 90퍼센트는 보험료를 낼 능력이 없었고, 보험에 가입하지 않은 가난한 사람은 한 번의 병원 방문으로 연간 가구 수입의 3분의 1을 지출해야 했다.[32] 농촌 지역 가난한 사람들이 예방적 공중 보건 프로그램에 돈을 지출하는 데 우선순위를 두지 않았고 맨발의 의사들은 일을 포기했다. 심지어 환자들은 예방접종 비용을 의사에게 지불해야 했고, 그 결과 접종률은 50퍼센트 미만으로 떨어졌다.[33] 홍역, 소아마비, 결핵, 주혈흡충증 같은 전염병이 급증했다.[34] 국가 차원의 기대 수명은 계속 개선되어 1980년 66.8세에서 2000년에는 71.4세로 증가했다. 하지만 중국 내륙의 농촌 빈곤층은 막대한 전염병 부담 탓에 수명 증가 속도가 이전 20년에 비해 5분의 1로 줄어들었다.

지난 20년 동안 중국 공산당은 접근 방식을 바꾸어 질병과 빈곤 문제를 해결하는 데 다시 한 번 주도적인 역할을 수행했다. 2005년부터 2011년까지 중국은 의료 혜택을 전체 인구의 50퍼센트에서 95퍼센트로 확대했다.[35] 이는 인구 13억 명인 국가에서 이룬 괄목할 만한 성과로, 국가의 전폭적인 정치적, 재정적 지원이 있었기에 가능했다. 그 결과 지난 10년 동안 전염병이 급감하여 이제는 이로 인한 어린이와 청소년 사망이 드물어졌다.[36] 동시에 정부는 농촌 지역 극빈층의 복지를 개선하기 위해 총력을 기울였다. 경제 호황으로 정부는 극빈층을 줄이는 데 2440억 달러를 지출할 수 있었고, 300만 명 이상의 당 간부가 이러한 노력을 강화하고자 농촌으로 향했다. 개혁개방 이전의 마오주의적 접근 방식을 거꾸로 시행한 것이다.[37] 2021년, 시진핑 주석은 중국이 극빈층을 완전히 없앴다고 발표했다. 그가 언급한 것은 국가 차원의 극빈층 척도로서 세계은행의 충격적으로 낮은 기준치인 하루 생활비 1.90달러와 크게 차이 나지 않는 것이었다. 그렇다 해도 2000년까지만 해도 인민의 절반 가까이가 빈곤선 이하에 살았다는 점을 감안하면 이는 여전히 상당한 성과다.[38]

여기서 나의 의도는 공산주의를 옹호하려는 데 있지 않다. 오히려 19세기 후반 영국에서 전염병을 퇴치하는 데 국가가 결정적인 역할을 했던 것처럼, 20세기 후반 중국이 빈곤의 덫에서 벗어나는 데도 국가가 매우 중요했음을 보여 주는 데 있다. 하지만 중국식 발전 모델에는 엄청난 단점도 있다는 점을 간과해서는 안 된다. 건강과 부는 개인의 자유와 인권을 조지 오웰식으로 무시했음에도 불구하고 개선되었다. 대약진운동부터 현재 위구르족에 대한 처우, 그리고 코로나19에 대한 대응이 그런 예다. 그런데도 중국을 빈곤의 덫에서 벗어나게 한 것은 시장의 보이지 않는 손이 아니라 전체주의 국가의 철권통치였다.

사다리 걷어차기

중국의 성공 사례와는 대조적으로 사하라 이남 아프리카에서는 매년 수백만 명의 사람이 예방과 치료가 가능한 질병으로 사망하고 있다. 정치적 의지가 부족한 탓이다. 만일 국내와 국제 무대의 정치인들이 예방과 치료에 우선순위를 둔다면 중국에서와 마찬가지로 전염병의 영향은 금방 무시할 수 있는 수준이 될 것이다. 사하라 이남 아프리카의 많은 지역이 마비된 것은 적어도 부분적으로는 식민주의의 유산이다. 튀르키예계 미국인 경제학자 다론 아제모을루Daron Acemoglu는 17~19세기 유럽 식민지 개척자들의 정착 패턴이 전염병에 의해 어떤 방식으로 결정되었는지 보여 준다.[39] 예를 들어 뉴잉글랜드처럼 사망률이 낮은 곳에서는 사람들이 가족을 데려와 정착하고 자신들이 방금 떠나온 곳의 모습을 본떠 새로운 사회를 건설했는데, 이 과정에서 원주민을 몰살하는 전염병의 도움을 받기도 했다. 이 식민지들은 불완전하지만 유권자의 요구에 비교적 잘 부응하는 부유한 민주주의 국가로 성장했다.

전염병으로 인한 사망률이 높은 곳에서는 기업가적 식민주의자들이 가능한 한 빨리, 최대한 많은 돈을 벌어 가족에게 돌아가기 위해 착취 기관을 세웠다. 이는 말라리아와 황열병으로 인해 유럽인들이 거의 살 수 없는 지역이던 사하라 이남 아프리카에서 가장 분명하게 일어났다. 아제모을루는 식민지 국가가 지녔던 특성이 독립 이후에도 살아남아 그 발전 궤적에 계속 영향을 미친다고 주장한다. 따라서 많은 사하라 이남 아프리카 국가들은 전염병 확산을 방지하는 데 필요한 공중 보건 조치를 계획하고 실행할 능력이나

의지가 부족하다. 기본적인 식수, 위생, 보건 시스템에 투자를 하지 않는 것이다. 또한 이 지역으로 유입되는 자금을 사용하여 자립적인 경제개발 과정을 시작할 수 있는 위치에 있지 않다. 자금 출처는 천연자원 판매, 상업 은행의 대출, 정치적 동맹의 대가로 외국에서 제공한 지원 등이다.

아제모을루의 논지에는 분명 무언가가 있다. 식민주의의 유산이 탈식민지 정부의 전염병 대응 능력에 어떤 영향을 미쳤는지는 멀리서 찾아볼 필요도 없다. 예를 들어 1960년 콩고가 독립했을 때 콩고대학 졸업생은 수십 명에 불과했고, 의사나 엔지니어는 전무했으며, 공무원 관리직 5000개 중 아프리카인이 차지한 것은 단 세 개 뿐이었다.[40] 독립 후 수십 년 동안 탈식민 국가로 유입된 자금의 대부분은 유럽 식민주의자들이 그랬던 것처럼 부패한 정치인과 기술자 들이 착복했다. 자원을 도난당하지 않은 경우에는 부실한 기반 시설 건설 프로젝트에 낭비되는 경우가 많았다. 이런 프로젝트는 흔히 서구 컨설턴트의 제안에 따른 것이다. 그러나 식민지 이후 아프리카의 운명에 대해 너무 운명론적으로 비관해서는 안 된다. 많은 아프리카 정치인은 불리한 상황에서도 자국의 보건과 복지를 개선하기 위해 열심히 노력했다. 실제로 1970년대에 그들은 거의 성공할 뻔했다.

1948년 출범한 세계보건기구WHO의 55개 회원국은 대부분 유럽과 아메리카대륙의 비교적 부유한 국가들이었다. 30년 후, 최근 독립한 옛 식민지 국가들이 합류하면서 회원국은 146개국으로 늘어났다.[41] WHO가 설립되고 1970년대 말이 되기까지 아프리카에서 탄생한 국가만 약 50개국에 이른다. 또 다른 중요한 사건은 1973년 중화인민공화국의 가입이다. 이러한 발전은 세계보건총회를 통해 1국 1표의 원칙에 따라 의사결정을 내리는 회원제 조직인 WHO를 급진적으로 변화시켰다. WHO의 이상주의는 1978년 소련의 한 도시 알마아타(오늘날 카자흐스탄의 알마티)에서 절정에 달했다. 134개국 보건부장관들은 밀레니엄이 끝날 무렵에는 세계 최빈국 주민들에게도 기본적인 의료 서비스를 제공하자는 '모두를 위한 건강 Health for All' 운동을 시작했다. 이 회의에서는 보건 시설과 의약품에 대한 투자만으로는 빈곤국의 건강을 개선할 수 없다는 데 동의했다. 오히려 「알마아타 선언」은 근본적인 정치와 경제 개혁이 목표를 달성하는 데 필수적이라고 주장했다. 예컨대 과거 식민지와 식민 지배자 간의 잘못된 권력관계를 청산하고 지역사회를 동원해 보건에 관심을 갖도록 해야 한다는 것이다. 아이디어의 주요 원천 중 하나는 지난 30년 동안 중국이 달성한 괄목할 만한 보건 개선, 특히 맨발의 의사들이 맡은 역할이었다.[42]

만약 「알마아타 선언」이 실행되었다면 저소득 국가들이 빈곤의 덫에서 벗어나는 데 필요한 장비가 제공되었을 것이다. 안타깝게도 알마아타의 낙관론은 미국과 영국을 비롯한 고소득 국가들에 의해 빠르게 훼손되었다. 미국과 영국에서는 1970년대 말과 1980년대 초 로널드 레이건과 마거릿 대처가 등장하면서 기존의 정치적 합의에 근본적 변화가 일어났다. 이들의 새로운 경제적 신념은 19세기의 자유방임주의적 접근 방식을 떠올리게 했다. 이 새로운 환경에서 '모두를 위한 건강'은 너무 급진적이고 정치적인 것으로 간주되었다. 그 결과 질병의 근본 원인인 빈곤과 무력감을 해결하지 않고 의약품과 기술을 이용해 전염병을 하나씩 퇴치하는 데 초점을 맞추게 되었다. 미국과 동맹국들은 WHO에 대한 자금 지원을 줄였다. 대신 세계 보건 프로젝트에 지원할 자금을 세계은행 같은 조직에 쏟아부었다. 세계은행의 투표권은 회원국이 내는 금액에 비례하기 때문에 이들은 더 많은 통제권을 갖게 되었다.[43]

구조 조정 프로그램은 저소득 국가들의 전염병 퇴치 노력을 약화시켰다. 1970년대 후반, 이자율이 상승하고 달러가 강세를 보였으며 아프리카 국가들이 수출하는 천연자원 가격은 하락했다. 빈곤국들의 부채는 통제 불능 수준으로 치솟았고, 이를 상환할 수 없다는 것이 분명해졌다. 1980년대 초부터 세계은행과 국제통화기금 IMF은 빚을 진 국가들을 구제하기 시작했다. 국제 금융기관은 돈을 빌려 주었지만 대출을 받는 국가가 확실히 돈을 갚을 수 있도록 특정 조건을 내걸었다. 이른바 구조 조정 프로그램의 경제적 실패에 대한 이야기는 다른 곳에서 이미 언급한 바 있다.[44] 빚을 진 국가들은 수입 관세를 낮추고 국영 산업을 민영화하며 수출용 상품 생산에 집중해야 했다. 이러한 개혁 방법으로는 부채가 많은 경제를 변화시켜 세계은행과 IMF 대출을 상환할 수 있게 만들 수 없었다. 실제로 2000년 사하라 이남 아프리카의 1인당 GDP는 그 20년 전에 비해 약 10퍼센트 감소했다.[45] 반면 중국과 동아시아의 다른 지역에서는 정부가 세계은행과 IMF의 자유시장 강제 정책을 따르지 않고 스스로 개발의 중심 역할을 수행하면서 경제가 호황을 누렸다.

구조 조정은 공중 보건에도 매우 부정적인 영향을 미쳤다. 각국 정부는 공중 보건과 의료를 포함한 사회복지 예산을 삭감할 수밖에 없었다. 돈을 빌린 나라들은 종종 공공 부문의 임금 상한선을 요구받았고, 그 결과 많은 수의 의사와 간호사가 고소득 국가로 이주했다. 1980년대에 가나의 의사 수는 절반으로 줄었고, 세네갈의 간호사 수는 1980년에 비해 6분의 1만 남았다.[46] 구조 조정 프로그램은 미국 모델을 모방한 의료 서비스 요금을 자주 도입했다. 그 결과 빈곤층은 가장 기본적인 치료조차 받을 수 없었다. 예를 들어 세계은행이 케냐에 의사를 한 번 만나는 데 진료비 33센트를 부과하도록 강제하자 방문 환자가 절반으로 감소했다[47](진료비 부과를 중단하자 환자 수는 거의 두 배 증가했다). 그리고 구조 조정으로 인해 결핵을 비롯한 일부 전염병이 증가한 것으로 나타났다.[48] 1980년부터 2000년까지 사하라 이남 아프리카의 기대 수명은 거의 증가하지 않은 채 약 50세에 머물렀다.

앞 장에서 살펴본 바와 같이 19세기 말과 20세기 초에 영국과 기타 고소득 국가에서 민주화와 국가 주도의 위생 개혁 과정은 전염병을 뚜렷하게 줄였다. 지난 반세기 동안 중국에서도 비슷한 과정이 일어났다. 그러나 이와 동시에 사하라 이남 아프리카를 중심으로 한 저소득 국가들은 비슷한 전략을 활용할 기회를 박탈당했다. 사실상 고소득 국가들은 자신들이 빈곤의 덫에서 벗어나기 위해 사용했던 '사다리'를 걷어차 버렸다. 대신 사하라 이남 아프리카 국가들에게는 의학과 기술을 강조하는, 검증되지 않은 공중 보건 접근법을 사용하도록 장려했다.[49] 그러나 저소득 국가들은 의학 발전이 제공하는 흥미진진한 새로운 가능성을 충분히 활용할 수 없었다. 식민 지배와 구조 조정으로 먼저 피폐해진 국가들이 어떻게 이런 기회를 잡을 수 있다는 말인가?

최악의 삶 증후군

나는 런던 서쪽에서 동쪽으로 출퇴근하면서 다이애나 비가 살았던 켄싱턴 궁전을 포함한 켄싱턴앤드첼시 왕립자치구, 세계 최고의 예술과 디자인 박물관 중 하나인 빅토리아 앤드 앨버트 박물관, 런던의 엘리트들이 쇼핑을 즐기는 해러즈Harrods와 하비니콜스 Harvey Nichols 백화점 등이 있는 곳을 지나간다. 이곳은 영국에서 가장 부유하고 건강한 지역 중 하나로, 남성의 기대 수명은 95세에 이른다.[50] 하지만 켄싱턴앤드첼시 내에서도 건강에는 큰 격차가 존재한다. 이 자치구에서 가장 풍요로운 지역의 기대 수명은 바로 인접한 그렌펠타워 인근 지역보다 22년 더 높다. 후자는 2017년 화재로 72명(주로 가난한 이민자)이 사망한 노스켄싱턴의 공공 지원 주택 블록이다.[51] 건강 불평등은 켄싱턴앤드첼시를 다른 지역과 비교하면 더욱 극명하게 드러난다. 북쪽으로 향하는 유스턴역에서 기차를 타면 세 시간 이내에 해변 휴양지 블랙풀에 도착한다. 이 마을의 남성 기대 수명은 켄싱턴앤드첼시에 비해 무려 27년이나 낮은데, 이는 영국, 미국과 사하라 이남 아프리카에서 가장 건강하지 못한 국가들 간의 차이와 같다.

코로나19 팬데믹 이전에는 영국 내 기대 수명의 불균형이 전염병의 차별적 영향으로는 설명되지 않았다. 전염병으로 인한 사망자 수가 너무 적었기 때문이다. 오히려 건강 결과의 불평등은 비감염성 질환, 특히 심혈관 질환, 암, 당뇨병으로 인한 조기 사망의 불균형에서 비롯된 결과였다. 이러한 질병은 병원균에 의해 한 사람에서 다른 사람으로 전염되지는 않지만, 그 분포가 무작위적인 것은 아니다. 빅토리아시대 빈민가의 도시 노동자 계층이 콜레라나 결핵에 걸릴 확률이 높았던 것처럼, 이러한 현대의 '전염병'은 가난한 사람들에게 더 큰 영향을 미치며, 따라서 켄싱턴앤드첼시 같은 지역과 블랙풀 같은 지역 간 건강 결과의 불평등을 초래한다. 영국 통계청에 따르면 영국에서 가장 빈곤한 지역에 사는 남성과 여성은 가장 부유한 지역에 사는 사람들에 비해 예방 가능한 원인으로 일찍 사망할 확률이 각각 4.5배, 3.9배 높다.[52] 건강은 부와 사회적 지위와 매우 밀접한 연관이 있다. 영국의 영향력 있는 역학자 마이클 마모트Michael Marmot는 현대 영국을 올더스 헉슬리Aldous Huxley의 『멋진 신세계』에 비유한다. 이 소설에서는 하층계급에게 지적, 신체적 발달을 억제하는 화학물질을 투여하는데, 계층이 낮을수록 더 많은 양을 할당한다.[53]

일부 역학자는 빈곤층이 비전염성 질병에 더 잘 걸린다는 점을 강조하기 위해 이러한 질병이 '사회적으로 전염된다'고 주장한다. 즉, 빈곤층에 속하는 사람들은 다들 비슷한 압력에 노출되어 있으며, 마치 특정 행동이 전염되는 것처럼 이런 압력에 비슷한 방식으로 대응하는 경향이 있다는 것이다.[54] 빈곤과 비전염성 질병 사이의 한 가지 연관성은 건강하지 않은 식습관이다. 최근 연구에 따르면 영국에서 가장 가난한 가구 10퍼센트는 건강한 식습관 지침을 따르기 위해 소득의 70퍼센트 이상을 지출해야 하는 것으로 나타났다.[55] 그 결과 비만율은 저소득 지역에서 더 높게 나타났다. 예를 들어 영국에서 가장 빈곤한 지역에 거주하는 5세 아동의 20퍼센트가 비만이며, 이는 가장 부유한 지역의 세 배에 가까운 수치다.[56] 또한 설탕과 지방이 많은 음식을 먹으면 분비되는 도파민은 가난의 비참함과 무력감에서 일시적으로 벗어날 수 있는 가장 저렴한 방법이기도 하다. 극단적인 경우 박탈감으로 인한 스트레스와 불안은 심각한 정신 건강 문제를 일으키며 자살, 알코올 남용, 약물 과다 복용으로 인한 죽음의 원인이 된다.

빈곤과 비전염성 질병의 연관성은 블랙풀 같은 도시를 보면 명확히 알 수 있다. 19세기 후반과 20세기 전반에는 맨체스터와 리버풀 같은 산업 중심지의 노동자들이 여름 휴가 기간에 이곳으로 놀러 왔다. 이곳 리조트에는 여전히 모래사장, 당나귀 타기, 158미터 높이의 에펠탑 복제품이 있지만 최고의 시절은 지나갔다. 1960년대부터 휴가객들은 저렴한 휴가 패키지와 항공편을 이용해 햇볕이 더 잘 드는 해외로의 여행을 선호해 왔다. 한때 여행객들이 머물던 작은 호텔 중 상당수는 현대판 빈민가 주택에 해당하는 작은 임대 아파트로 개조되었다. 오늘날에는 돈 없고 장래성이 적은 사람들이 블랙풀로 몰려든다. 영국에서 임대료가 가장 저렴한 곳이기 때문이다. 이 탓에 남성의 기대 수명이 가장 낮고 실업률, 장애 수당 청구자, 항우울제 처방률이 영국에서 가장 높은 곳이 되었다. 이 지역 의사들은 질병 대부분의 공통점을 가리키는 '최악의 삶 증후군Shit Life Syndrome' 이라는 표현을 만들어 냈다. 그 공통점이란 빈곤과 절망이다.[57]

블랙풀에서 볼 수 있는 고통은 탈산업화 또는 일부 경제학자가 말하는 이른바 '탈산업혁명'의 결과다.[58] 공장과 광산, 부두에서의 노동은 종종 힘들고 더러웠지만 사람들에게 안정감, 정체성, 공동체 의식을 부여했다. 지난 50년 동안 이러한 일자리의 대부분은 기계에 밀려 사라졌고, 생산 비용이 저렴한 중국 같은 국가로 제조업이 옮겨 가면서 없어졌다. 1970년대에는 영국에서 제조업 종사자가 거의 800만 명에 달했지만, 현재는 250만 명에 불과하다. 그동안 인구가 5분의 1 증가했는데도 말이다.[59]

탈산업화가 금융 부문의 호황으로 혜택을 누린 런던과 그 주변 지역에 미친 영향은 매우 제한적이었다. 그러나 과거 산업 중심지였던 잉글랜드 북부에서는 제조업 일자리가 불안정하고 임금이 낮은 서비스 부문으로 대체되거나 아예 사라졌다. 탈산업혁명의 혼란은 건강에 치명적인 영향을 미쳤다. 지난 10년 동안 켄싱턴앤드첼시뿐만 아니라 영국의 다른 부유한 남부 지역에서는 기대 수명이 꾸준히 증가한 반면, 맨체스터와 리버풀 등 한때 산업혁명의 중심지였던 블랙풀과 가난한 도시 지역에서는 기대 수명이 감소했다. 이 탓에 전국 수준의 기대 수명은 지난 10년 동안 늘어나지 못했다.[60]

영국의 건강 불평등은 정부가 선택한 정책에서 비롯된다. 1979년 마거릿 대처는 총리가 되면서 19세기 중반에 유행했던 많은 사상을 재도입했다. 자유시장 경제에 대한 강조와 국가 개입에 대한 혐오뿐만 아니라 이 잔인한 거시 경제 변화로 인해 뒤처진 사람들은 스스로 부끄러워하면서 더 열심히 일해야 하는 쓸모없는 비렁뱅이라는 믿음도 그런 사상의 예다. 이것이 바로 자진해서 시행한 구조 조정이었다. 2010년부터 보수당 주도의 정부는 사회에 대한 국가의 개입 제한을 지속적으로 추진했다. 가족에 대한 복지 수당을 삭감하고 장애인 혜택을 받기가 더 어려워졌으며 공공 의료 서비스 예산도 감소했다. 국가보건서비스를 위한 기금은 점점 노령화되고 건강하지 않은 인구가 많아지는 국민의 수요를 따라잡을 만큼 늘지 못했다. 최근 연구에 따르면 2010년 이후 영국 정부의 지출 삭감으로 인해 연간 1만 명 이상이 추가로 사망한 것으로 추정된다.[61] 영국의 경험은 한 국가가 역학적 전환기를 지나더라도 혼란과 박탈감이 여전히 전염병과 유사한 영향을 미치는 새로운 비전염성 역병을 일으킬 수 있음을 보여 준다.

영국과 마찬가지로 미국도 비전염성 질병과 절망으로 인한 죽음의 계층 간 격차로 인해 기대 수명의 불평등이 뚜렷하다. 역사적으로 가장 충격적인 불평등은 백인과 흑인 간 격차다. 최근 몇 년 동안 두 집단의 기대 수명이 수렴하고 있지만 여전히 백인이 흑인보다 거의 6년 더 오래 산다.[62] 물론 이는 노예제도의 유산이다. 인종차별 사회에서 받는 스트레스는 신체적, 정신적 건강에 치명적인 영향을 미친다. 그러나 미국에서 건강 불평등의 영향을 받는 사람은 아프리카계 미국인만이 아니다.

2015년 이후 국가 차원의 기대 수명은 감소하고 있다. 노벨경제학상을 받은 경제학자 앵거스 디턴Angus Deaton과 그의 공동 연구자 앤 케이스Anne Case의 지적에 따르면 자살, 알코올 남용, 약물 과다복용이 증가하면서 1990년대보다 세 배나 많은 약 19만 명이 매년 사망하고 있다.[63] 절망사deaths of despair의 급증은 거의 전적으로 대학 학위 없는 백인 중년 남성에게서 나타나며, 이 집단의 사망률은 지난 30년 동안 4분의 1 늘어났다. 아프리카계 미국인은 여전히 백인보다 사망 확률이 높지만, 같은 기간에 사망률은 3분의 1 감소했다. 과거에는 블루컬러 근로자들이 안정적인 직장, 건강보험, 연금, 교외 주택 등 아메리칸드림을 현실적으로 열망할 수 있었다. 하지만 오늘날 이러한 것은 많은 사람에게 환상에 불과하다. 1979년 미국에는 1950만 개의 고임금 제조업 일자리가 있었지만, 지금은 인구가 1.5배나 증가했는데도 약 1200만 개에 불과하다. 이 기간에 대학 교육을 받지 않은 근로자의 임금은 15퍼센트 감소했지만, 학사 학위 소지자의 임금은 10분의 1, 석사 이상의 임금은 4분의 1 증가했다. 오늘날 고졸자가 현실적으로 희망할 수 있는 것은 의료보험이나 연금이 없는 불안정한 저임금 일자리뿐이다.[64] 19세기 초 맨체스터에서 벗어나는 가장 빠른 방법이 병이었듯이 21세기 초 북미판 '똥 인생 증후군'에서 벗어나는 가장 빠른 방법은 술, 필로폰 또는 펜타닐이다.

물론 영국과 미국에는 한 가지 큰 차이점이 있다. 바로 의료 시스템이다. 1980년대의 대처주의Thatcherism 10년과 2010년대의 긴축정책 10년에도 불구하고 영국의 국가보건서비스는 국민 세금으로 운영되는 시스템으로서 필요한 모든 사람에게 무료 의료 서비스를 제공하며 어느 정도 존속해 왔다. 이는 미국의 잔인할 정도로 비효율적인 민영화 시스템과 극명한 대조를 이룬다. 미국은 다른 어떤 나라보다 의료비에 더 많은 비용을 지출한다. 예를 들어 영국의 1인당 연간 의료비는 4300달러인 데 비해 미국은 거의 1만 1000달러에 이른다.[65] 하지만 미국의 민영 의료보험은 혜택의 격차가 매우 크다. 보험료를 감당할 수 있는 미국인들은 전 세계 어디에서나 최고의 의료 혜택을 누린다. 그러나 매년 수만 명이 의료 서비스를 받지 못해 조기 사망한다.[66] 3000만 명 이상이 보험에 가입하지 않았고, 보험 가입자도 높은 비용 때문에 치료를 미루며, 매년 50만 명이 의료비를 감당하지 못해 파산 신청을 한다.[67] 기대 수명은 영국보다 4년이나 낮다. 미국의 의료 체계는 너무나 비효율적이다. 만일 영국 같은 방식으로 국가에서 의료 서비스를 제공한다면 건강 수준을 개선할 뿐 아니라 매년 약 2조 5000억 달러를 절약할 수 있을 정도다.

디턴과 케이스의 지적에 따르면 미국 의료 시스템의 역기능은 금전적 측면에서 독일이 제1차 세계대전 이후 지불해야 했던 배상금보다 더 크다.

2020년 코로나19 팬데믹이 널리 퍼지면서 사회의 광범위한 병폐가 적나라하게 드러났다. 영국과 미국의 가난하고 소외된 계층의 박탈감뿐만 아니라 중국 공산당의 인권 존중 부족, 사하라 이남 아프리카에 사는 수백만 명의 고통에 대한 무관심 등이 그런 예다.

코로나바이러스 신데믹

2021년 12월, 『타임』지 표지는 코로나19 백신을 개발한 과학자들을 '올해의 영웅' 정도가 아니라 '기적의 일꾼'이라 표현했다. 중국 우한에서 첫 환자가 확인된 지 한 달 만에 연구자들은 바이러스의 게놈을 해독하고 이를 온라인에 게시했다. 1년도 채 지나지 않아 여러 과학자 그룹이 코로나19에 대한 강력한 예방 효과가 있는 백신을 성공적으로 개발했다. 의학이 인류의 존립을 위협하던 바이러스를 몇 달 만에 백신으로 예방 가능한 질병으로 억제할 수 있다는 것은 놀라울 뿐 아니라 심지어 기적적인 성과다. 고소득 국가의 정부는 제약회사와 백신 구매 계약을 체결하고 가능한 한 빨리 전 국민에게 백신을 접종하기 시작했다. 『타임』지가 발행될 무렵에는 서유럽과 북미에서 백신 접종을 원하는 거의 모든 사람이 백신 접종을 완료했다. 사실 많은 사람이 이미 면역 체계를 강화하기 위해 세 번째 추가 접종까지 마쳤다.

그러나 전 세계 모든 사람이 현대 의학의 기적의 혜택을 누리는 것은 아니다. 사하라 이남 아프리카에서는 2021년 말까지 인구의 5퍼센트 미만이 백신을 접종했다.[68] 백신은 충분히 공급되었지만 고소득 국가의 이기적인 행동으로 인해 저소득 국가에서는 인위적인 품귀 현상이 발생했다. 부유한 국가들은 실제로 필요한 양보다 훨씬 더 많은 백신을 구매했다. 한 연구에 따르면 부유한 국가들은 이미 인구 전체에 백신을 접종했는데도 2021년 말까지 12억 도즈의 물량을 비축한 것으로 추정된다.[69] 이는 사하라 이남 아프리카의 모든 성인에게 두 번 접종할 수 있는 양보다도 많다. 또한 영국과 독일을 포함한 몇몇 고소득 국가에서는 코로나19 백신에 대한 지적 재산권을 포기하자는 제안을 거듭 거부했다. 특허권이 면제되면 백신 관련 특허가 중단되고 부유한 국가에만 백신을 공급하던 대형 제약사뿐만 아니라 누구나 백신을 생산할 수 있다. 1990년대 말과 2000년대 초에 부유한 국가의 지원을 받는 제약회사들이 저소득 국가의 ARV 복제약 생산을 막아 1000만 명이 HIV-AIDS로 사망한 사건에서 교훈을 얻은 사람은 아무도 없다는 말인가?

부유한 국가와 가난한 국가 간 극심한 백신 공급 격차는 '백신 인종차별', '백신 식민주의'라는 비난을 초래했다. 이는 고소득 국가가 사하라 이남 아프리카인보다 자국민의 생명을 더 소중하게 여긴다는 것을 분명히 보여 준다. 안타깝게도 이것은 새로운 일이 아니다. 앞서 살펴보았듯이 국제 무대의 정치인과 정책 입안자들이 치료와 예방을 우선순위에 두지 않기 때문에 이 지역민 수백만 명이 콜레라, 결핵, 말라리아, HIV-AIDS처럼 예방과 치료가 가능한 질병으로 계속 사망하고 있다. 콘래드의 『어둠의 심장』이 그토록 소름 끼치는 것은 주인공 말로가 콩고를 여행하는 과정에서 마주치는 현지인들의 실제적 고통을 무시하기 때문이다. 이와 마찬가지로 분명한 사실은 오랫동안 공중 보건 분야에서 흑인의 생명이 백인의 생명보다 덜 중요하게, 적어도 저소득 국가의 거의 전적으로 흑인인 사람들의 생명은 고소득 국가의 주로 백인인 사람들의 생명보다 덜 중요하게 취급당해 왔다는 점이다. 코로나19는 전염성이 매우 강한 병원체이기 때문에 백신 과다 비축은 단지 고소득 국가의 냉정한 이기심의 발로가 아니다. 그것은 팬데믹을 장기화하고 새롭고 더 위험한 변종의 출현 가능성을 높일 수 있는 거대한 자기 파괴적 행위다.[70]

코로나19 팬데믹은 국가 간 극심한 불평등을 부각했을 뿐만 아니라 고소득 국가 내에서의 박탈에도 주목하게 만들었다. 『랜싯』의 편집자 리처드 호턴Richard Horton은 영국과 미국에서 코로나19가 초래한 폐해를 '신데믹syndemic', 즉 '시너지 전염병synergistic epidemic'으로 이해해야 한다고 주장한다. 즉, 코로나19 팬데믹의 영향은 이미 부유한 사회를 황폐화하던 빈곤과 비만이라는 기존 전염병을 고려해야만 이해할 수 있다는 것이다. 부유한 국가의 가난한 사람들은 재택근무가 어려운 일을 하는 경향이 있으며, 대중교통으로 이동하고 여러 세대가 함께 거주하는 경우가 많다. 따라서 부자들에 비해 병원균에 노출될 가능성이 더 높다. 설상가상으로 가난한 사람들은 코로나19에 감염될 경우 심각한 질병을 유발할 수 있는 위험 요인을 이미 가지고 있을 가능성도 높다. 여기에는 비만과 당뇨병, 천식 또는 만성 폐 질환 같은 비전염성 질병이 포함된다. 영국에서는 가장 가난한 지역의 성인이 가장 부유한 지역의 성인보다 코로나19로 사망할 확률이 거의 네 배나 높았다.[71] 팬데믹이 한창일 때 미국에서

는 가장 가난한 사람들의 사망률이 가장 부유한 사람들에 비해 4.5배
나 높았다.[72]

　정부는 코로나19의 영향을 훨씬 더 악화시키는 빈곤과 비만이
라는 쌍둥이 전염병에 정책적으로 대처하려고 노력하지 않았다. 사
실 효과적인 백신이 개발되기 전의 주요 전략은 이탈리아 르네상스
기 도시국가들이 전염병에 대응하는 방식과 매우 유사했다. 이 방
식은 19세기 콜레라가 창궐했을 때에도 건성으로 시행되었다. 국가
는 바이러스 전파를 줄이기 위해 국가 간, 국가 내 이동을 제한하고
감염 의심자들을 격리했다. 이러한 정책이 시행된 정도는 국가마다
현저하게 달랐다. 극단적인 예로 미국 정부가 취한 자유방임적 접
근 방식을 들 수 있다. 트럼프 대통령은 경제적 영향과 개인의 자유
위축에 대한 우려를 이유로 바이러스가 미국 전역에 퍼지도록 내버
려 두었다. 그 결과 미국 전체 인구의 0.31퍼센트인 100만 명 이상
이 사망했다.[73] 영국에서는 정부가 바이러스 확산을 막기보다는 늦
추려는 의도로 여러 차례 봉쇄 조치를 시행했다. 코로나19로 인해
영국 인구의 0.27퍼센트인 20만 명이 사망했다.

　코로나19가 팬데믹이 된 것은 전적으로 중국 당국이 질병에 대
한 정보 공유를 꺼렸기 때문이다. 실제로 리원량李文亮 박사는 2019년
말에 새롭고 치명적인 질병에 대한 경각심을 불러일으키려 했다는
이유로 경찰에 소환되어 경고를 받았다.[74] 하지만 결국 중국은 바이
러스 전파를 완전히 차단하기 위해 엄격한 봉쇄 조치로 대응했다.
코로나 피해를 입은 도시에서는 수백만 명이 몇 주, 심지어 몇 달 동
안 사실상 집 안에 갇혀 지냈다. 순전히 질병 통제 측면에서 보면 이
는 놀라운 성공이었다. 공식 통계에 따르면 중국은 코로나19의 최

초 발원지이지만, 팬데믹으로 인한 사망자는 1만 5000명 미만에 불과하다. 이는 인구의 0.001퍼센트에 불과한 수치다.[75] 그러나 이러한 성과를 올리기 위해 개인의 자유를 대폭 축소하고 경제 활동을 중단시키는 엄청난 대가를 치렀다. 이는 국가가 엄격한 제한을 시행할 의지도 능력도 없는 대부분의 다른 지역에서는 상상할 수도 없는 접근 방식이다. 중국의 사례는 코로나19 같은 바이러스의 파괴적인 영향을 막기 위해 사회가 얼마나 급진적으로 대응해야 하는지를 보여 준다. 예컨대 가족과 친구를 만나지 않고, 학교나 직장에 가지 않고, 식당에서 식사를 하지 않고, 스포츠를 즐기지 않는 것이다. 바이러스와 박테리아는 인간의 삶과 죽음에서 떼려야 뗄 수 없는 부분이기 때문에 본질적으로 우리는 삶을 멈춰야 한다. 따라서 중국의 '코로나 제로' 전략은 대약진운동 당시 마오쩌둥이 '자연 정복'을 위해 기울인 노력에 상응한다고 볼 수 있다. 그리고 1950~1960년대의 '4대 해충 박멸' 노력이 자연의 균형을 깨뜨려 재앙적 결과를 초래했던 것처럼 극단적 봉쇄 정책은 정신 건강 문제, 정치적 시위, 경제적 어려움을 야기해 사회 세계에 혼란을 가져올 잠재력이 있다.

클림트의 〈의학〉이 빈대학 교수진에게 충격을 준 지 한 세기가 지났지만, 의학 지식은 여전히 전염병 대책의 일부분에 불과하다. 병원균은 불평등과 불공정 위에서 번성한다. 전염병 혁명을 겪은 것처럼 보이는 사회에서도 새로운 전염성 및 비전염성 질병이 계속 출현하여 가난한 사람들을 골라서 공격하고 있다. 지난 75년 동안 전 세계 평균 수명은 늘어났지만, 과학과 이성이 해결할 수 없거나 해결할 의지가 없는 엄청난 고통과 아픔이 여전히 존재한다. 이러한 현실을 무시하는 대중 지식인들은 클림트의 '히기에이아(건강의 여신)'의 21세기 아바타처럼 보일 위험을 감수하는 것이다. 시야의 전면에 당당하고 눈에 띄게 서서 등 뒤에서 벌어지는 비참한 장면은 전혀 의식하지 못한 채 지금처럼 상황이 좋은 적은 없었다고 큰소리로 외치는 것처럼 보일 위험 말이다. 계몽주의는 일부 운 좋은 사람들을 '영원한 진보의 길'에 올려놓았지만, 전 세계 인구의 상당수는 디스토피아에 가까운 삶을 계속 살아가고 있다.

결론

보다 건강한
세상을 위하여

"이 모든 것은 영웅주의에 관한 것이 아니다. 품위에 관한 것이다. 우스꽝스러운 생각처럼 보일지 모르지만 전염병과 싸울 수 있는 유일한 방법은 품위이다."

- 알베르 카뮈

21세기의 알렉산드로스 대왕

지난 몇 년 동안 코로나19는 전례 없는 팬데믹이라는 말이 진부한 표현일 정도로 우리의 모든 삶에 영향을 미쳤다. 하지만 코로나바이러스를 역사적, 과학적 맥락에서 살펴보면 새롭거나 놀라운 점은 거의 없다는 것이 분명해진다. 전염병의 반복적 발생은 수천 년 동안 인류가 일상적으로 겪어 온 일이었다. 전염병은 다음과 같은 사건들에서 결정적 역할을 했다. 여러 종의 인간이 살던 행성에서 호모사피엔스가 최고로 군림하는 행성으로의 변화, 유목 채집을 대체한 정착 농경, 고대 대제국들의 쇠퇴, 신세계 종교의 부상, 봉건제에서 자본주의로의 전환, 유럽의 식민주의와 농업혁명 및 산업혁명. 즉, 박테리아와 바이러스는 현대 세계의 출현에 중요한 역할을 했다.

전염병의 역할을 강조한다고 해서 인간이 세상에 영향을 미칠 가능성을 배제하는 것은 아니다. 다만 우리는 스스로 선택한 상황이 아니라 미생물이나 기후 같은 비인격적인 힘에 의해 만들어진 상황에서 역사를 만드는 경우가 많다는 것이다.[1] 이 책에는 알렉산드로스 대왕, 무함마드, 샤를마뉴, 마르틴 루터, 조지 워싱턴 등 토머스 칼라일이 말하는 '위인'이 많이 등장한다. 하지만 이들 '영웅'은 천재성과 강인한 성격으로 역사의 물줄기를 바꾼 것이 아니라, 오히려 이러한 자질 덕분에 치명적인 전염병이 이미 만들어 준 기회를 활용할 수 있었다.

이와 비슷하게 계급투쟁은 세상을 변화시키는 데 중요한 역할을 했다. 예를 들어 봉건제의 쇠퇴와 자본주의의 등장은 영국에서 수 세기에 걸쳐 농민과 영주가 갈등을 벌인 결과였다. 아이티에서는 억압받고 착취당하던 흑인들이 10년에 걸친 반란을 일으켜 노예제도와 식민주의를 무너뜨렸다. 이러한 분쟁이 성공하는 데는 리더십, 조직, 대중의 참여가 모두 중요한 역할을 했다. 하지만 전염병도 마찬가지로 중요한 역할을 했다. 흑사병으로 유럽 인구의 60퍼센트가 사망했으며, 애초에 봉건 영주와 농노 사이의 투쟁을 촉발한 것은 이러한 인구 감소의 충격이었다. 아이티인들은 세계 최고의 훈련과 장비를 갖춘 프랑스 군대에 맞서 싸우면서 황열병을 치명적인 무기로 사용하는 전략을 고안해 냈다.

코로나19는 우리 인류 역사에서 또 하나의 중요한 변곡점이 될 것이다. 팬데믹이 닥치기 전에도 세계는 돌이켜보면 획기적인 변화의 한가운데에 있는 듯했다. 팬데믹은 이러한 변화의 속도와 방향을 바꿀 것이다.

코로나바이러스는 **인간이 세상에서 자신의 위치를 바라보는**

방식을 바꾸고 있는 것으로 보인다. 다가오는 기후 재앙으로 인해 이미 인간은 증가하는 인구를 먹여 살리고 경제에 동력을 공급하는 대안적인 방법을 고려할 뿐만 아니라 생태계에 어떻게 적응해야 하는지 다시 생각해야만 하는 상황에 처해 있었다. 팬데믹은 이 과정을 더욱 가속화했다. 또한 다윈의 가장 심오한 통찰, 즉 인간은 동물의 한 종일 뿐이며, 동물계의 다른 모든 종과 마찬가지로 병원균의 위협에 취약하다는 사실을 상기시켰다. 이는 "다윈이 지적하는 가장 어두운 진실이다. 이는 잘 알려져 있지만 끊임없이 잊힌다."[2] 우리 호모사피엔스가 지구상의 다른 생명체와 균형을 이루며 살기 위해 노력하지 않는다면 우리는 매우 암울한 미래에 직면할 것이다.

코로나19는 **인류가 세상을 살아가는 방식**도 변화시키고 있다. 지난 수십 년 동안 점점 더 현실 세계뿐만 아니라 그와 유사한 가상 세계마저 차지할 수 있게 되었다. 과거에는 질병이 닥치면 사람들은 도망치는 방식으로 대응하는 경우가 많았다. 안토니우스 역병이 로마를 덮쳤을 때 갈레누스가 그랬고, 흑사병이 창궐했을 때 영국 동부의 교구 사제들과 부유한 피렌체인들이 그랬다. 하지만 코로나19가 닥치자 많은 사람이 온라인 영역에서 업무와 사회생활을 하기 시작했다.[3] 사무실로 출퇴근하는 대신 재택근무를 하고, 슈퍼마켓에 가는 대신 온라인으로 식료품을 주문하며, 식당에서 식사하는 대신 배달 음식을 시켜 먹고, 시내에서 커피를 마시며 친구들을 만나는 대신 줌Zoom을 통해 소식을 주고받았다. 학교, 교회, 심지어 법원도 온라인으로 전환했다. 팬데믹이 진정된 이후, 많은 사람이 코로나19 이전보다 훨씬 더 많은 시간을 가상 세계에서 보낸다. 이러한 변화는 영구적인 것으로 보인다.

또한 코로나바이러스는 **인류가 세상을 어떻게 조직해야 한다고 생각하는지**도 바꾸고 있는 것 같다. 팬데믹은 중국이 글로벌 초강대국으로 재부상하는 데 도움이 될 것이며, 동시에 다른 국가들이 본받기를 열망하는 진보의 등대라는 미국과 영국의 위상을 약화시킬 것이다. 코로나19에 대처하는 자유민주주의 국가들의 자유방임적 접근 방식은 보건 측면에서 재앙을 초래했다. 바이러스가 우한에서 시작되었다는 사실에도 불구하고 미국과 영국의 공식 사망률은 중국보다 각각 300배 이상, 250배 이상 높다.[4] 세계에서 가장 부유한 국가 중 하나인 미국은 혼란과 박탈, 질병과 죽음에 압도당했다. 50년 전 지구상에서 가장 가난한 사회 중 하나였던 중국은 위기 완화를 돕고자 의료 장비를 북미로 공수했다. 25년 전이었다면 미국 학자들은 자유민주주의가 다른 모든 사회 조직 방식보다 우월함을 단번에 입증했다고 당당하게 주장할 수 있었을 것이다.[5] 하지만 이제는 그렇지 않다.

전체적으로 볼 때 중국 사회는 여전히 대부분의 서구인에게 그다지 매력적으로 보이지 않는다. 특히 이동 제한 조치가 해제되고 코로나19 해결의 발판을 마련한다면 장기적으로 중국이 어떻게 될지 아직 알 수 없다. 하지만 북미와 유럽은 더 이상 자신들의 정치와 경제 시스템이 전 세계를 위한 매력적인 모델이라고 스스로를 속일 수 없다. 미국 경제학자 로렌스 서머스Lawrence Summers는 자유시장의 확고한 옹호자이지만 그조차도 "코로나19는 글로벌 시스템 내에서 서구 민주주의의 리더십 상실과 다른 방향으로의 전환을 의미할 수 있다"라고 주장한다.[6] 중요한 질문은 그다음에 무엇이 일어나느냐는 것이다. 중국이 세계 강대국으로 부상하고 서구의 힘이 약해지면 지정학적 혼란이 발생할 수 있다. 미국 역사가 그레이엄 앨리슨Graham Allison이 보여 주듯이 세계 역사에서 떠오르는 강대국이 쇠퇴하는 강대국을 대체한 대부분의 사례는 전쟁으로 이어졌다.[7] 그는 "아테네의 부상과 이로 인해 스파르타에 심어진 공포 탓에 전쟁은 불가피했다"는 투키디데스의 의견을 제시한 뒤 이러한 현상을 "투키디데스의 함정Thucydides' Trap"이라 칭했다. 하지만 펠로폰네소스 전쟁은 너무도 파괴적이어서 그리스 문명의 패권을 차지한 것은 아테네나 심지어 스파르타도 아니었다는 사실을 잊지 말아야 한다. 오히려 그전까지는 아무도 주목하지 않았던 그리스 최북단의 마케도니아가 그 주인공이었다. 필리포스와 알렉산드로스 대왕을 잇는 21세기의 인물은 누구일까?

미생물의 시대에 인간이 된다는 것

윌리엄 맥닐의 『전염병과 인류의 역사』는 인간이 의도하지 않게 전염병을 만들어 수천 년 동안 이와 싸우다가 현대 의학의 도움으로 마침내 승리하는 서사시다. 이 자신감은 20세기에만 3억 명의 목숨을 앗아 갔던 천연두가 박멸된 1980년에 입증된 듯 보였다. 그러나 그 이후로 다른 많은 질병이 사라지지 않고 있는 데다 새로운 질병이 등장했다. 인류에게 알려진 가장 치명적인 바이러스성 질병 중 하나가 1976년 현재 콩고민주공화국의 에볼라강 근처 마을에서 발견되었다. 『전염병과 인류의 역사』가 출판된 바로 그해였다. 그리고 지난 50년은 전염병의 황금기였다. 1980년대에 등장한 HIV-AIDS는 한동안 인류를 절멸시킬지 모른다는 두려움을 불러일으켰다. 사스, 지카, 코로나19는 최근에 등장한 새로운 위협의 예다.

여러 가지 요인이 새로운 병원균의 출현을 견인하고 있다. 인구 증가는 인간이 동물의 환경을 침범하고 있다는 의미다. 종의 장벽을 뛰어넘어 인간을 감염시킬 수 있는 바이러스와 박테리아가 서식하는 동물들 말이다. 기온 상승, 강우량 증가, 홍수 등 기후변화는 질병, 특히 말라리아와 황열병과 같은 모기 매개 질병과 설사병, 콜레라 같은 수인성 전염병의 확산을 부추길 것이다. 장거리 이동이 쉬워지면서 병원균, 특히 공기 전파 병원균의 확산 가능성이 그 어느 때보다 높아졌다. 이 모든 것을 염두에 두면 코로나19 팬데믹은 이상 현상이 아니라 그저 지난 50여 년간 출현한 수많은 전염병 중 가장 최근에 발생한 것뿐일 가능성이 높다. 이러한 추세는 거의 확실하게 계속될 것이며, 머지않아 또 다른 팬데믹이 다시 닥칠 것이다. 하지만 다음 팬데믹은 이전과 크게 다를 수도 있다.

항생제 내성AMR: Antimicrobial resistance은 건강에 대한 차세대 위협의 근원이 될 수 있다. 1940년대에 항생제가 발견되자 거의 기적적인 일이 일어났다. 페스트와 콜레라를 포함하여 가장 끔찍한 방식으로 사람들을 죽게 만들었던 질병과 수년 동안 우리 몸에 남아 있던 온갖 종류의 감염을 처음으로 치료할 수 있게 된 것이다. 하지만 이제 항생제는 인류에게 일시적 유예를 제공했을 뿐이라는 사실이 분명해졌다. 매년 120만 명 이상이 이전에는 치료가 가능했던 일반적인 감염의 직접적인 결과로 사망하는데, 이는 감염을 일으키는 박테리아가 항생제에 내성을 갖도록 진화했기 때문이다.[8] 이러한 사망자 다섯 명 중 한 명은 5세 미만의 영유아다. 특히 어린이가 높은 위험에 노출되어 있다. 박테리아가 항생제 과다 처방과 오남용을 자신에게 유리하게 활용하고 있는 탓에 이 수치는 앞으로 더욱 악화될 것이다. 박테리아에게는 서로 다른 종 간에 유전자를 수평적으로 옮길 수 있는 능력이 있다는 사실을 기억해 두자. AMR 팬데믹은 만성적이고 치료가 불가능한 수많은 전염병으로 일어날 가능성이 높다. 느리지만 확실하게 인구를 감소시킬 병들이다. 영국의 최고 의료 책임자였던 샐리 데이비스Sally Davies는 코로나바이러스 팬데믹과 AMR 팬데믹의 차이점을 명쾌하게 설명한다. "코로나는 끓는 물에 넣은 랍스터가 죽으면서 시끄러운 소리를 내는 것이라면, AMR은 찬물에 넣은 랍스터가 천천히 가열되어 아무 소리도 내지 않는 것과 같다."[9] 물은 이미 불편할 정도로 뜨거워진 것 같다.

인간은 매우 불안정한 위치에 있다. 우리는 거의 모든 면에서 박테리아와 바이러스가 지배하는 지구에 살고 있다. 우리는 항상 돌연변이를 일으키는 수많은 미생물에 둘러싸여 있다. 일부는 우리를 돕는 방식으로 진화하고 있다. 다른 미생물들은 우리를 해치는 새로운 방법을 개발하고 있다. **인류와 전염병** 간의 오랜 투쟁이 반드시 비극이나 심지어 익살극으로 끝날 필요는 없다. 하지만 나쁜 결과를 피하려면 역사에서 교훈을 얻는 것이 중요하다. 그렇다면 우리는 전염병으로 인한 인류 멸종 위협에 어떻게 대응해야 할까?

보편적으로 잘못된 선택이 하나 있는데, 바로 아무것도 하지 않는 것이다. 전염병이란 화난 신이 내린 벌이라고 인류가 생각했을 때 이 방법은 효과가 없었다. 또한 자유방임적 접근 방식은 의도적으로 선택한 정책일 때 질병을 막는 데 도움이 되지 않는다. 19세기 중반, 국가가 개입하지 않았기 때문에 유럽의 도시 빈민은 혼잡하고 비위생적인 환경에서 살았고 당시 기대 수명은 흑사병 이후 가장 낮았다. 20세기 후반에는 구조 조정으로 인해 세계 최빈국에서 의료 서비스가 축소되었다. 1980년부터 2000년까지 아프리카의 기대수명은 의료 기술의 엄청난 발전에도 불구하고 거의 증가하지 않았다. 수천만 명(대부분 어린이)이 의료 혜택을 받지 못한 탓에 예방과 치료가 가능한 질병으로 사망했다. 그리고 지난 몇 년 동안 코로나19는 영국과 미국 같은 나라에서 국가 개입이 축소된 데 따른 피해를 두드러지게 보여 주었다. 두 나라에서 가장 큰 타격을 입은 것은 극빈층이었다.

그렇다면 우리는 어떻게 해야 할까? 인류가 하나의 종으로서 병원균의 위협에서 살아남을 수 있는 최선의 방법은 서로 협력하는 것이다. 19세기와 20세기에 고소득 국가들의 건강이 비약적으로 향상된 것은 윌리엄 맥닐의 주장과 달리 의학 발전 덕분이 아니었다. 심지어 경제성장 그 자체로 이룬 결과도 아니었다. 그보다는 오히려 식수, 위생, 주택 공급, 빈곤 감소에 대규모로 투자한 정치적 결정이 가져온 성과였다. 콜레라 및 기타 수인성 질병 때문에 도시가 대규모 인프라 프로젝트에 착수해야 했던 것처럼, 코로나19는 우리가 건강 악화의 원인을 해결하도록 장려하는 사안이 되어야 한다. 여기에는 건물과 대중교통의 환기 개선을 포함할 수 있다. 그러나 사회가 미래의 팬데믹에 대비하기 위해서는 보다 근본적인 문제를 해결하는 것이 중요하다. 일부 계층을 다른 계층보다 전염병에 더 취약하게 만드는 요인 말이다. 국가 내에서 그리고 국가 간에 극심한 불평등을 줄이는 것이 매우 좋은 출발점일 것이다. 전 세계적으로 기본적인 의료 서비스에 대한 접근성 부족을 개선하는 것도 마찬가지이다.

현재의 정치 환경에서는 이러한 중대한 변화가 불가능해 보일 수 있지만, 역사적으로 팬데믹이 중대한 정치적, 경제적 변화를 이끌어 왔다는 사실에서 영감을 얻어야 한다. 전염병은 부패하고 무능한 지도자를 환히 드러나게 만들고, 기존 사회적 분열을 드러내거나 악화시키며, 사람들이 현 상황에 의문을 갖도록 이끈다. 코로나19 팬데믹은 현대 사회를 병들게 하는 많은 문제를 부각시켰다. 이제 이러한 죄악을 해결하고 더 행복하고 건강한 세상을 만들 기회를 잡는 일은 우리 손에 달려 있다.

주

서론 | 태초에 전염병이 있었다

1   Freud, Sigmund, *A General Introduction to Psychoanalysis*. Boni and Liveright, 1920.

2   영국 저널리스트 스콧 올리버는 이렇게 말한다. "이 모든 것이 방금 엄청난 양의 코카인을 흡입한 사람의 횡설수설처럼 들린다면 프로이트가 당시 자유롭게 구할 수 있는 일반 의약품이던 코카인에 오랫동안 손을 댔던 덕분에 정신분석학이 출현했기 때문일 것이다." Oliver, Scott, 'A Brief History of Freud's Love Affair with Cocaine', *Vice*, 23 June 2017.

3   스티븐 제이 굴드는 인간 중심적 세계관을 무너뜨린 과학혁명의 또 다른 예로 '깊은 시간'의 발견을 들었다. 창세기는 지구의 나이가 수천 년에 불과하며, 인간은 여섯째 날부터 지구를 지배하는 생명체였다고 주장한다. 굴드가 지적했듯이 이것이 사실이라고 믿는다면 "그렇다면 물리적 우주는 인간을 위해, 인간 때문에 존재하는 것으로 해석하지 못할 이유가 어디 있을까? 그러나 물론 지난 몇 세기 동안 고생물학자들이 알아낸 바는 지구의 나이가 실제로는 수십억 년이며 인간은 그 시간의 극히 일부분에 해당하는 만큼만 존재했다는 사실이다." Gould, Stephen Jay, *Full House: The Spread of Excellence from Plato to Darwin*. Harvard University Press, 2011.

4   Falkowski, Paul, *Life's Engines: How Microbes Made Earth Habitable*. Princeton University Press, 2015.

5   Ball, Philip, Curiosity: *How Science Became Interested in Everything*. University of Chicago Press, 2013.

6   고세균은 1977년에야 발견되었다. 그때까지만 해도 생명의 계통수에는 박테리아와 진핵생물이라는 두 가지 주요 가지가 있다고 사람들은 믿었다.

7   Mora, Camilo, et al., 'How many species are there on Earth and in the ocean?', *PLoS Biology* 9.8 (2011): e1001127.

8   Locey, Kenneth, and Jay Lennon, 'Scaling laws predict global microbial diversity', *Proceedings of the National Academy of Sciences* 113.21 (2016): 5970-75.

9   Gould, *Full House*.

10   Langergraber, Kevin, et al., 'Generation times in wild chimpanzees and gorillas suggest earlier divergence times in great ape and human evolution', *Proceedings of the National Academy of Sciences* 109.39 (2012): 15716-21.

11   Richter, Daniel, et al., 'The age of the hominin fossils from Jebel Irhoud, Morocco, and the origins of the Middle Stone Age', *Nature* 546.7657 (2017): 293-6.

12   Yong, Ed, *I Contain Multitudes: The Microbes Within Us and a Grander View of Life*. Random House, 2016.

13   Joung, Young Soo, Zhifei Ge, and Cullen R. Buie, 'Bioaerosol generation by raindrops on soil', *Nature Communications* 8.1 (2017): 1-10.

14   Bar-On, Yinon M., Rob Phillips, and Ron Milo, 'The biomass distribution on Earth', *Proceedings of the National Academy of Sciences* 115.25 (2018): 6506-11.

15   Dartnell, Lewis, Origins: *How the Earth Shaped Human History*. Random House, 2019.

16   Warke, Matthew R., et al., 'The great oxidation event preceded a paleoproterozoic "snowball Earth"', *Proceedings of the National Academy of Sciences* 117.24 (2020): 13314-20.

17   산소 농도 상승과 기온 급강하로 인해 지구 최초의 대량 멸종이 일어났다. 산소는 혐기성 박테리아에 독성이 있기 때문에 10억 년 이상 가장 풍요로운 형태의 생명체였던 혐기성 박테리아는 지구의 변방으로 밀려났다. 오늘날 혐기성 박테리아는 인간이 척박한 환경이라고 여기는 곳에서도 생존하고 있으며, 이를 극한성 박테리아라고 부른다.

18   Field, Christopher, et al., 'Primary production of the biosphere: Integrating terrestrial and oceanic components', *Science* 281.5374 (1998): 237-240.

19 Gould, Stephen Jay, *The Structure of Evolutionary Theory*. Harvard University Press, 2002. 최근 리처드 도킨스는 영향력 있는 저서 『이기적 유전자』(1976)에서 다윈의 아이디어를 적용하여 유전자 중심의 자연선택에 의한 진화 이론을 발전시켰다. 도킨스는 우리 몸이 유전자를 품고 있는 '생존 기계'에 불과하며, 유전자를 후손에게 전달하기 위해 투쟁하고 있다고 주장한다. 맬서스와 스미스의 정치경제학이라는 유령은 자연계에서 볼 수 있는 놀라운 변이와 복잡성이 '이기적 유전자' 간의 경쟁으로 인한 의도치 않은 결과에 불과하다는 도킨스의 주장에서 분명하게 드러난다.

20 Lazcano, Antonio, and Juli Pereto, 'On the origin of mitosing cells: A historical appraisal of Lynn Margulis endosymbiotic theory', *Journal of Theoretical Biology* 434 (2017): 80-87.

21 Margulis, Lynn, *Lynn Margulis: The Life and Legacy of a Scientific Rebel*. Chelsea Green Publishing, 2012.

22 'Viruses have big impacts on ecology and evolution as well as human health', *Economist*, 20 August 2020. 22 Mushegian, A. R., 'Are there 1031 virus particles on earth, or more, or fewer', *Journal of Bacteriology* 202.9 (2020): e00052-20.

23 Woolhouse, Mark, et al., 'Human viruses: Discovery and emergence', *Philosophical Transactions of the Royal Society B: Biological Sciences* 367.1604 (2012): 2864-71.

24 Suttle, Curtis A., 'Marine viruses—major players in the global ecosystem', *Nature Reviews Microbiology* 5.10 (2007): 801-12.

25 Horie, Masayuki, et al., 'Endogenous non-retroviral RNA virus elements in mammalian genomes', *Nature* 463.7277 (2010): 84-7.

26 Pastuzyn, Elissa D., et al., 'The neuronal gene arc encodes a repurposed retrotransposon gag protein that mediates intercellular RNA transfer', *Cell* 172.1-2 (2018): 275-88.

27 Mi, Sha, et al., 'Syncytin is a captive retroviral envelope protein involved in human placental morphogenesis', *Nature* 403.6771 (2000): 785-9. Chuong, Edward B., 'The placenta goes viral: Retroviruses control gene expression in pregnancy', *PLoS Biology* 16.10 (2018): e3000028.

28 Enard, David, et al., 'Viruses are a dominant driver of protein adaptation in mammals', *Elife* 5 (2016): e12469.

29 Benedictow, Ole Jørgen, *The Black Death, 1346-1353: The Complete History*. Boydell & Brewer, 2004. Klunk, Jennifer, et al., 'Evolution of

immune genes is associated with the Black Death', *Nature* (2022): 1-8.

30   Kwiatkowski, Dominic, 'How malaria has affected the human genome and what human genetics can teach us about malaria', *The American Journal of Human Genetics* 77.2 (2005): 171-192.

31   Gilbert, Jack A., et al., 'Current understanding of the human microbiome', *Nature Medicine* 24.4 (2018): 392-400.

32   Liang, Shan, Xiaoli Wu, and Feng Jin, 'Gut-brain psychology: Rethinking psychology from the microbiota-gut-brain axis', *Frontiers in Integrative Neuroscience* 12 (2018): 33.

33   Yong, *I Contain Multitudes*.

34   Valles-Colomer, Mireia, et al., 'The neuroactive potential of the human gut microbiota in quality of life and depression', *Nature Microbiology* 4.4 (2019): 623-32.

35   '무균' 설치류는 무균 제왕절개로 태어난 후 평생 무균 환경에서 사육된다. 연구에 따르면 이 설치류는 다른 쥐를 인식하지 못하고 인간의 불안 및 우울증과 유사한 행동을 보이는 것으로 나타났다. 특정 박테리아 균주를 이런 쥐의 장에 주입하면 보다 정상적인 행동을 회복시킬 수 있다. 또 다른 연구에서는 다른 마우스 균주의 장에서 채취한 박테리아를 주입한 무균 마우스의 성격은 기증자의 성격 일부분을 닮는 것으로 나타났다. 태생적으로 소심한 쥐는 더 사교적이 되고, 그 반대의 경우도 마찬가지다. 마이크로바이옴은 심지어 뇌의 구조에도 영향을 미치는 것으로 보인다. 공포와 불안 반응에서 중요한 역할을 하는 아몬드 모양의 뇌 부위인 편도체는 세균이 없는 동물에서 다르게 보인다. Luczynski, Pauline, et al., 'Growing up in a bubble: Using germ-free animals to assess the influence of the gut microbiota on brain and behavior', *International Journal of Neuropsychopharmacology* 19.8 (2016): 1-17.

36   Carlyle, Thomas, *On Heroes, Hero-worship, and the Heroic in History*. University of California Press, 1993.

37   강력한 남성과 여성이, 모두가 위대한 것은 아니지만 계속해서 국내와 국제 정치를 지배하고 있다. 예를 들어 앙겔라 메르켈, 도널드 트럼프, 보리스 존슨, 블라디미르 푸틴, 나렌드라 모디, 시진핑은 지난 몇 년 동안 자신들의 족적을 남겼다. 개별 지도자가 세상을 바꿀 수 있다는 생각은 미래에 대한 우리의 희망과 두려움에 여전히 중요한 역할을 한다. 이는 새로운 영웅이 나타나 우리를 문제에서 구해 줄 것을 기대하며 많은 사람이 투표하거나 기도하거나 시위를 벌이는 것에서 알 수 있다.

38   그리스와 북마케도니아 모두 알렉산드로스를 국가적 영웅이라고 주장한다. 알렉

산드로스가 진정한 그리스인인지 슬라브인인지, 따라서 북마케도니아에서 숭배할 만한 가치가 있는지에 대해서는 두 나라 사이에 의견이 첨예하게 대립하고 있다.

39 Febvre, Lucien, 'Albert Mathiez: Un tempérament, une éducation', *Annales d'histoire économique et sociale* 4.18 (1932): 573-6.

40 Scott, James C., *Against the Grain: A Deep History of the Earliest States*. Yale University Press, 2017.

1장 | 구석기시대: 호모사피엔스, 네안데르탈인을 이기다

1 McIlwaine, Catherine, *Tolkien: Maker of Middle-earth: A Storyteller's History*. Bodleian Library, 2018.

2 Patterson, Nick, et al., 'Genetic evidence for complex speciation of humans and chimpanzees', *Nature* 441.7097 (2006): 1103-8. Langergraber, Kevin, et al., 'Generation times in wild chimpanzees and gorillas suggest earlier divergence times in great ape and human evolution', *Proceedings of the National Academy of Sciences* 109.39 (2012): 15716-21.

3 Richter, Daniel, et al., 'The age of the hominin fossils from Jebel Irhoud, Morocco, and the origins of the Middle Stone Age', *Nature* 546.7657 (2017): 293-6.

4 고고학적 증거에 따르면 약 40킬로그램의 인간 종인 호모날레디Homo naledi는 약 5만 년 전까지 아프리카 남부에 살았다. 열대지방에서는 DNA가 빠르게 분해되기 때문에 유전학자들은 아직 아프리카에서 발견된 고대 골격에서 유전물질을 추출할 수 없었다. 하지만 연구자들은 오늘날 아프리카인의 DNA를 분석하고 이를 네안데르탈인과 데니소바인은 물론 다른 현생인류의 게놈과 비교함으로써 일부 흥미로운 통찰을 얻을 수 있었다. 2020년에 발표된 연구에 따르면 일부 서아프리카 인구 집단의 게놈에는 '유령 개체군'(지구상에 물리적 흔적을 남기지 않았지만 호모사피엔스 또는 그 조상과 교배한 멸종된 인간 종으로, 오늘날 살아 있는 인간 게놈에서 이들의 DNA 흔적으로 식별할 수 있다)에 속하는 유전자 변이가 포함된 것으로 밝혀졌다. 놀랍게도 연구진은 서아프리카의 현대 요루바족과 멘데족 게놈의 2~19퍼센트가 유령 종에서 유래한다는 사실을 발견했다. 유령 종은 36만~97만 년 전에 호모사피엔스에서 분리되어 약 5만 년 전에 우리 조상과 교배한 것으로 보인다. 현대 요루바족과 멘데족 게놈에 남아 있는 유전자 변이는 종양을 억제하고 호르몬을 조절하는 등 이들에게 몇 가지 이점을 제공하는 것으로 보인다. Durvasula, Arun, and Sriram Sankararaman, 'Recovering signals

of ghost archaic introgression in African populations', *Science Advances* 6.7 (2020): eaax5097.

5   Huerta-Sánchez, Emilia, et al., 'Altitude adaptation in Tibetans caused by introgression of Denisovan-like DNA', *Nature* 512.7513 (2014): 194-7.

6   Sutikna, Thomas, et al., 'Revised stratigraphy and chronology for Homo floresiensis at Liang Bua in Indonesia', *Nature* 532.7599 (2016): 366-9.

7   플로레스섬에는 지금은 멸종된 왜소 코끼리 종도 서식했는데, 이 코끼리는 그곳에 살던 작은 인간보다 키가 그리 크지 않았다. 호빗과 미니 코끼리는 '섬 왜소증'이라는 과정을 통해 몸집이 작아졌다. 자원이 한정된 곳에서는 작은 몸집이 우성 형질이다. 더 적은 칼로리를 필요로 해 생존에 유리하기 때문이다.

8   Détroit, Florent, et al., 'A new species of Homo from the Late Pleistocene of the Philippines', *Nature* 568.7751 (2019): 181-6. 이것은 호모사피엔스와 같은 시기에 살았던 인간 종을 요약한 목록이다. 다른 예로는 15만 년 전 중국 북서부에 살았으며 네안데르탈인 및 데니소바인과 비슷한 해부학적 구조를 가진 호모롱기Homo longi, 용인龍人이 있다.

9   호모사피엔스는 현재 알래스카와 캐나다에 걸쳐 있는 대륙빙하로 인해 약 1만 7000년 전에야 아메리카대륙에 다다랐다. 이들은 이 지역에 서식한 최초의 인류 종이다.

10   Sutikna et al., 'Revised stratigraphy and chronology'. Détroit et al., 'A new species of Homo'.

11   Douka, Katerina, et al., 'Age estimates for hominin fossils and the onset of the Upper Palaeolithic at Denisova Cave', *Nature* 565.7741 (2019): 640-44. Jacobs, Guy, et al., 'Multiple deeply divergent Denisovan ancestries in Papuans', *Cell* 177.4 (2019): 1010-21.

12   Higham, Tom, et al., 'The timing and spatiotemporal patterning of Neanderthal disappearance', *Nature* 512.7514 (2014): 306-9. 고대 인류 종들이 아프리카에서 더 오래 버텼을지 모른다는 증거가 있다. 예를 들어 나이지리아의 이호 엘레루Iho Eleru 에서 발견된 두개골은 약 1만 3000년 전의 것이지만 호모사피엔스의 것으로 보이지는 않는다. Bergström, Anders, et al., 'Origins of modern human ancestry', *Nature* 590.7845 (2021): 229-37.

13   Thurman, Judith, 'First impressions: What does the world's oldest art say about us?', *New Yorker*, 23 June 2008.

14   Quiles, Anita, et al., 'A high-precision chronological model for the decorated Upper Paleolithic cave of Chauvet-Pont d'Arc, Ardèche, France', *Proceedings of the National Academy of Sciences* 113.17 (2016): 4670-75.

15 Pike, Alistair, et al., 'U-series dating of Paleolithic art in 11 caves in Spain', *Science* 336.6087 (2012): 1409-13.

16 Conard, Nicholas, 'A female figurine from the basal Aurignacian of Hohle Fels Cave in southwestern Germany', *Nature* 459.7244 (2009): 248-52.

17 Conard, Nicholas, 'Palaeolithic ivory sculptures from southwestern Germany and the origins of figurative art', *Nature* 426.6968 (2003): 830-32.

18 Higham, Thomas, et al., 'Testing models for the beginnings of the Aurignacian and the advent of figurative art and music: The radiocarbon chronology of Geißenklösterle', *Journal of Human Evolution* 62.6 (2012): 664-76.

19 고고학자들은 최근 인도네시아 술라웨시의 한 동굴 벽에서 멧돼지 두 마리가 그려진 그림을 발견했다. 4만 5000년이 넘은 이 그림은 지금까지 알려진 가장 오래된 구상예술 작품이다. 하지만 쇼베 동굴의 규모에는 미치지 못한다. Brumm, Adam, et al., 'Oldest cave art found in Sulawesi', *Science Advances* 7.3 (2021): eabd4648.

20 Leroi-Gourhan, Arlette, 'The archaeology of Lascaux cave', *Scientific American* 246.6 (1982): 104-13.

21 Thurman, 'First impressions'.

22 Harari, Yuval Noah, *Sapiens: A Brief History of Humankind*. Random House, 2014.

23 Deacon, Terrence William, *The Symbolic Species: The Co-evolution of Language and the Brain*. W. W. Norton, 1998. Henshilwood, Christopher S., and Francesco d'Errico (eds), *Homo Symbolicus: The Dawn of Language, Imagination and Spirituality*. John Benjamins, 2011.

24 Henshilwood, Christopher S., et al., 'The origin of modern human behavior: Critique of the models and their test implications', Current Anthropology 44.5 (2003): 627-51. Klein, Richard G., 'Whither the Neanderthals?', Science 299.5612 (2003): 1525-7.

25 Reich, David, *Who We Are and How We Got Here: Ancient DNA and the New Science of the Human Past*. Oxford University Press, 2018. 최근 연구에 따르면 호모사피엔스는 네안데르탈인보다 뇌 전두엽에 더 많은 뉴런을 발달시킬 수 있는 유전자 돌연변이를 지녔다고 한다. 하지만 이것이 현생인류의 뛰어난 인지 능력에 대한 결정적 증거는 아니며, 뒤의 몇 페이지에서 살펴보겠지만 네안데르탈인이 온갖 종류의 정교한 행동을 했다는 압도적인 증거가 있다. Pinson, Anneline, et al., 'Human TKTL1 implies greater neurogenesis in frontal neocortex of modern humans than Neanderthals', *Science* 377.6611 (2022): eabl6422.

26 Zilhão, João, et al., 'Last Interglacial Iberian Neandertals as fisherhunter-gatherers', *Science* 367.6485 (2020).

27 Brooks, Alison S., et al., 'Long-distance stone transport and pigment use in the earliest Middle Stone Age', *Science* 360.6384 (2018): 90-94.

28 Sommer, Marianne, 'Mirror, mirror on the wall: Neanderthal as image and "Distortion" in early 20th-Century French science and press', *Social Studies of Science* 36.2 (2006): 207-40. Hammond, Michael, 'The expulsion of the Neanderthals from human ancestry: Marcellin Boule and the social context of scientific research', *Social Studies of Science* 12.1 (1982): 1-36.

29 Mooallem, Jon, 'Neanderthals were people, too', *New York Times Magazine*, 15 January 2017.

30 Flannery, Tim, *Europe: A Natural History*. Text Publishing, 2018.

31 Walker, James, David Clinnick, and Mark White, 'We are not alone: William King and the naming of the Neanderthals', *American Anthropologist* 123.4 (2021): 805-8.

32 Villa, Paola, and Wil Roebroeks, 'Neandertal demise: An archaeological analysis of the modern human superiority complex', *PLoS one* 9.4 (2014): e96424.

33 Aranguren, Biancamaria, et al., 'Wooden tools and fire technology in the early Neanderthal site of Poggetti Vecchi (Italy)','?Proceedings of the National Academy of Sciences 115.9 (2018): 2054?9.

34 Ferentinos, George, et al., 'Early seafaring activity in the southern Ionian Islands, Mediterranean Sea', *Journal of Archaeological Science* 39.7 (2012): 2167-76. Strasser, Thomas F., et al., 'Dating Palaeolithic sites in southwestern Crete, Greece', *Journal of Quaternary Science* 26.5 (2011): 553-60.

35 Kozowyk, P. R. B., et al., 'Experimental methods for the Palaeolithic dry distillation of birch bark: Implications for the origin and development of Neandertal adhesive technology', *Scientific Reports* 7.1 (2017): 1-9.

36 Spikins, Penny, et al., 'Living to fight another day: The ecological and evolutionary significance of Neanderthal healthcare', *Quaternary Science Reviews* 217 (2019): 98-118. Weyrich, Laura S., et al., 'Neanderthal behaviour, diet, and disease inferred from ancient DNA in dental calculus',

Nature 544.7650 (2017): 357-61.

37 D'Anastasio, Ruggero, et al., 'Micro-biomechanics of the Kebara 2 hyoid and its implications for speech in Neanderthals', *PLoS one* 8.12 (2013): e82261.

38 Dediu, Dan, and Stephen C. Levinson, 'Neanderthal language revisited: Not only us', *Current Opinion in Behavioral Sciences* 21 (2018): 49-55.

39 Solecki, Ralph S., *Shanidar: The First Flower People*. Knopf, 1971. Trinkaus, Erik, *The Shanidar Neandertals*. Academic Press, 2014.

40 Sommer, Jeffrey D., 'The Shanidar IV "flower burial": A re-evaluation of Neanderthal burial ritual', *Cambridge Archaeological Journal* 9.1 (1999): 127-9.

41 Trinkaus, Erik, and Sébastien Villotte, 'External auditory exostoses and hearing loss in the Shanidar 1 Neandertal', *PloS one* 12.10 (2017): e0186684.

42 그러나 이 주장은 자연이 피 묻은 이빨과 발톱으로 가득 차 있으며 인간은 생존을 위한 잔인한 투쟁에서 벗어날 수 있는 독특한 능력을 가지고 있다는 가정에 기초한다. 이전 장에서 살펴본 바와 같이 맬서스-다윈주의 세계관이 허용하는 것보다 자연 세계가 훨씬 더 협력적이라는 증거는 많다.

43 Hoffmann, Dirk, et al., 'Symbolic use of marine shells and mineral pigments by Iberian Neandertals 115,000 years ago', *Science Advances* 4.2 (2018): eaar5255.

44 Roebroeks, Wil, et al., 'Use of red ochre by early Neandertals', *Proceedings of the National Academy of Sciences* 109.6 (2012): 1889-94.

45 Jaubert, Jacques, et al., 'Early Neanderthal constructions deep in Bruniquel Cave in southwestern France', *Nature* 534.7605 (2016): 111-14.

46 Hoffmann, Dirk, et al., 'U-Th dating of carbonate crusts reveals Neandertal origin of Iberian cave art', *Science* 359.6378 (2018): 912-15.

47 Higham, Tom, et al., 'The timing and spatiotemporal patterning of Neanderthal disappearance', *Nature* 512.7514 (2014): 306-9. Slimak, Ludovic, et al., 'Modern human incursion into Neanderthal territories 54,000 years ago at Mandrin, France', *Science Advances* 8.6 (2022): eabj9496.

48 Galway-Witham, Julia, James Cole, and Chris Stringer, 'Aspects of human physical and behavioural evolution during the last 1 million years', *Journal of Quaternary Science* 34.6 (2019): 355-78.

49 Villa and Roebroeks, 'Neandertal demise'. Mooallem, 'Neanderthals were people, too'.

50 Greenbaum, Gili, et al., 'Was inter-population connectivity of Neanderthals and modern humans the driver of the Upper Paleolithic transition rather than its product?', *Quaternary Science Reviews* 217 (2019): 316-29.

51 Reich, *Who We Are and How We Got Here*.

52 그리스 신화에서는 종 간 번식에 대한 이야기가 훨씬 더 음란하고 당황스럽다. 트로이의 헬레네는 백조로 변신한 제우스가 스파르타 왕의 아내 레다와 성관계를 가진 뒤 레다가 낳은 알에서 태어났다고 한다. 일부 버전에서는 강간을 당했다고도 한다. 반인반수인 미노타우로스는 크레타섬의 왕 미노스의 아내 파시파에가 다이달로스에게 나무로 속이 빈 암소 모형을 만들어 달라고 부탁한 후 그 안에 들어가 그토록 원했던 황소와 성관계를 맺은 후 태어났다.

53 Green, Richard, et al., 'A draft sequence of the Neandertal genome', *Science* 328.5979 (2010): 710-22. Prüfer, Kay, et al., 'The complete genome sequence of a Neanderthal from the Altai Mountains', *Nature* 505.7481 (2014): 43-9.

54 최근 연구에 따르면 현대 아프리카인은 유럽인과 아시아인만큼은 아니지만 이전에 생각했던 것보다 더 많은 네안데르탈인 조상을 가지고 있는 것으로 나타났다. 이는 호모사피엔스가 8만~6만 년 전 지중해 동부에서 네안데르탈인과 짝짓기를 한 후 아프리카로 돌아간 결과다. 이렇게 획득한 네안데르탈인 변이 유전자는 고대 아프리카인들에게 생존 이점을 제공했기 때문에 아프리카대륙 전역에 퍼졌다. Chen, Lu, et al., 'Identifying and interpreting apparent Neanderthal ancestry in African individuals', *Cell* 180.4 (2020): 677-87.

55 Sankararaman, Sriram, et al., 'The genomic landscape of Neanderthal ancestry in present-day humans', *Nature* 507.7492 (2014): 354-7.

56 Posth, Cosimo, et al., 'Deeply divergent archaic mitochondrial genome provides lower time boundary for African gene flow into Neanderthals', *Nature Communications* 8.1 (2017): 1?9. Petr, Martin, et al., 'The evolutionary history of Neanderthal and Denisovan Y chromosomes', *Science* 369.6511 (2020): 1653-6.

57 Sankararaman, Sriram, et al., 'The date of interbreeding between Neandertals and modern humans', *PLoS Genetics* 8.10 (2012): e1002947. Kuhlwilm, Martin, et al., 'Ancient gene flow from early modern humans into Eastern Neanderthals', *Nature* 530.7591 (2016): 429-33.

58 Weyrich et al., 'Neanderthal behaviour, diet, and disease'.

59 Harvati, Katerina, et al., 'Apidima Cave fossils provide earliest evidence of Homo sapiens in Eurasia', *Nature* 571.7766 (2019): 500-504.

60　Grün, Rainer, et al., 'U-series and ESR analyses of bones and teeth relating to the human burials from Skhul', *Journal of Human Evolution* 49.3 (2005): 316?34. Valladas, Hélène, et al., 'Thermoluminescence dates for the Neanderthal burial site at Kebara in Israel', *Nature* 330.6144 (1987): 159-60.

61　Gittelman, Rachel, et al., 'Archaic hominin admixture facilitated adaptation to out-of-Africa environments', *Current Biology* 26.24 (2016): 3375-82.

62　Greenbaum, Gili, et al., 'Disease transmission and introgression can explain the long-lasting contact zone of modern humans and Neanderthals', *Nature Communications* 10.1 (2019): 1-12.

63　호모사피엔스와 네안데르탈인의 접촉이 미치는 잠재적 영향을 이해하려면 아메리카 원주민과 유럽인이 겨우 약 1만 7000년 동안 분리되어 있었다는 점을 생각해 보라. 갈라진 사촌과 다시 접촉한 16세기 아메리카 원주민은 문자 그대로 멸종했다. 현생인류와 네안데르탈인은 이보다 최소 30배 이상 오랜 기간 분리되어 있었다.

64　Enard, David, and Dmitri Petrov, 'Evidence that RNA viruses drove adaptive introgression between Neanderthals and modern humans', *Cell* 175.2 (2018): 360-71.

65　여기에는 다음이 포함된다. 면역 체계가 병원체와 기타 이물질을 인식하는 데 도움이 되며 세포 표면에서 발견되는 단백질을 코딩하는 유전자 그룹인 주요조직적합성복합체(MHC), 북유럽에서 여전히 발견되는 진드기 매개 뇌염 바이러스 등 바이러스 감염에 대한 면역 반응에 관여하는 단백질을 생성하는 OAS 유전자 클러스터, 면역 체계가 병원체 및 기타 이물질을 인식하는 데 도움이 되는 단백질을 코딩하는 유전자 그룹, 세포가 바이러스 감염에 저항하도록 돕는 신호 경로에서 중요한 역할을 하는 단백질을 코딩하는 유전자 STAT2, 독감 바이러스와 결합하는 단백질을 코딩하는 PNMA1, 병원체를 인식하고 면역 반응을 유발하는 데 중요한 역할을 하는 단백질의 일종인 톨유사수용체(TLR)를 코딩하는 유전자. Gouy, Alexandre, and Laurent Excoffier, 'Polygenic patterns of adaptive introgression in modern humans are mainly shaped by response to pathogens', *Molecular Biology and Evolution* 37.5 (2020): 1420-33.

66　Enard and Petrov, 'RNA viruses drove adaptive introgression'.

67　Duffy, Siobain, 'Why are RNA virus mutation rates so damn high?', *PLoS Biology* 16.8 (2018): e3000003. Wolff, Horst, and Alex D. Greenwood, 'Did viral disease of humans wipe out the Neandertals?', *Medical Hypotheses* 75.1 (2010): 99-105.

68   Sankararaman, Sriram, et al., 'The combined landscape of Denisovan and Neanderthal ancestry in present-day humans', *Current Biology* 26.9 (2016): 1241-7. Prüfer, 'The complete genome sequence'. 66 Vespasiani, Davide Maria, et al., 'Denisovan introgression has shaped the immune system of present-day Papuans', *bioRxiv* (2020).

69   Vespasiani, Davide Maria, et al., 'Denisovan introgression has shaped the immune system of present-day Papuans', *bioRxiv*(2020).

70   Huerta-Sánchez, Emilia, et al., 'Altitude adaptation in Tibetans caused by introgression of Denisovan-like DNA', *Nature* 512.7513 (2014): 194-7.

71   Ilardo, Melissa A., et al., 'Physiological and genetic adaptations to diving in sea nomads', *Cell* 173.3 (2018): 569-80.

72   Racimo, Fernando, et al., 'Archaic adaptive introgression in TBX15/WARS2', *Molecular Biology and Evolution* 34.3 (2017): 509-24.

73   Enard and Petrov, 'RNA viruses drove adaptive introgression'.

74   Bocquet-Appel, Jean-Pierre, and Anna Degioanni, 'Neanderthal demographic estimates', *Current Anthropology* 54.S8 (2013): 202-13.

75   Prüfer, 'The complete genome sequence'.

76   Sjödin, Per, et al., 'Resequencing data provide no evidence for a human bottleneck in Africa during the penultimate glacial period', *Molecular Biology and Evolution* 29.7 (2012): 1851-60.

77   Reich, *Who We Are and How We Got Here*.

78   Laurance, William, 'Reflections on the tropical deforestation crisis', *Biological Conservation* 91.2-3 (1999): 109-17.

79   Greenbaum, Gili, 'Disease transmission and introgression'.

2장 | 신석기시대: 거대한 이주의 물결

1   18세기 말, 워즈워스는 스톤헨지에 대해 "긍지를 지니고 자신의 비밀을 암시하면서도 또한 숨기고 있다"라고 묘사했다. 1984년 방영된 마큐멘터리mockumentary [사실 보도 속에 픽션 요소를 가미한 기록물]의 어느 노래에서는 이것이 "이상한 종족인 드루이드Druids"에 의해 세워졌지만 "그들이 누구인지, 무엇을 했는지는 아무도 모른다"라고 설명한다.

2   Pearson, Mike Parker, et al., 'The original Stonehenge? A dismantled stone circle in the Preseli Hills of west Wales', *Antiquity* 95.379 (2021): 85-103.

3   Nash, David J., et al., 'Origins of the sarsen megaliths at Stonehenge',

Science Advances 6.31 (2020): eabc0133.

4   Renfrew, Colin (ed.), *The Explanation of Culture Change: Models in Prehistory: Proceedings*. University of Pittsburgh Press, 1973.

5   Madgwick, Richard, et al., 'Multi-isotope analysis reveals that feasts in the Stonehenge environs and across Wessex drew people and animals from throughout Britain', *Science Advances* 5.3 (2019): eaau6078. 저자 '매지'는 사실 필자의 중고등학교 시절 동창이지만, 그레이버와 웬그로도 그를 인용할 정도로 공로를 인정받았다!

6   Brace, Selina, et al., 'Ancient genomes indicate population replacement in Early Neolithic Britain', *Nature Ecology & Evolution* 3.5 (2019): 765-71.

7   Diamond, Jared, *The World Until Yesterday: What Can We Learn from Traditional Societies?* Penguin, 2013.

8   Graeber, David, and David Wengrow, *The Dawn of Everything: A New History of Humanity*. Penguin, 2021.

9   Scott, James C., *Against the Grain: A Deep History of the Earliest States*, Yale University Press, 2017.

10   Graeber and Wengrow, *The Dawn of Everything*.

11   Gurven, Michael, and Hillard Kaplan, 'Longevity among hunter-gatherers: A cross-cultural examination', *Population and Development Review* 33.2 (2007): 321-65.

12   Graeber and Wengrow, *The Dawn of Everything*.

13   Ibid.

14   Diamond, Jared, *Guns, Germs and Steel: A Short History of Everybody for the Last 13,000 Years*. Random House, 2013.

15   Scott, *Against the Grain*.

16   Ibid.

17   Diamond, Jared, 'The worst mistake in the history of the human race', *Discover Magazine*, 1 May 1999.

18   Ibid.

19   Burger, Joseph, and Trevor Fristoe, 'Hunter-gatherer populations inform modern ecology', *Proceedings of the National Academy of Sciences* 115.6 (2018): 1137-9.

20   Graeber and Wengrow, *The Dawn of Everything*.

21   Gignoux, Christopher R., Brenna M. Henn, and Joanna L. Mountain, 'Rapid, global demographic expansions after the origins of agriculture',

Proceedings of the National Academy of Sciences 108.15 (2011): 6044-9.

22 Bocquet-Appel, Jean-Pierre, 'When the world's population took off: The springboard of the Neolithic Demographic Transition', Science 333.6042 (2011): 560-61. Bocquet-Appel, Jean-Pierre, 'Paleoanthropological traces of a Neolithic demographic transition', *Current Anthropology* 43.4 (2002): 637-50.

23 Diamond, 'The worst mistake'.

24 Page, Abigail E., et al., 'Reproductive trade-offs in extant hunter-gatherers suggest adaptive mechanism for the Neolithic expansion', *Proceedings of the National Academy of Sciences* 113.17 (2016): 4694-9.

25 Bocquet-Appel, 'Paleoanthropological traces of a Neolithic demographic transition'.

26 Lee, Richard Borshay, *The !Kung San: Men, Women and Work in a Foraging Society*. Cambridge University Press, 1979.

27 Armelagos, George J. and Mark Nathan Cohen (eds), *Paleopathology at the Origins of Agriculture*. Academic Press, 1984. Mummert, Amanda, et al., 'Stature and robusticity during the agricultural transition: Evidence from the bioarchaeological record', *Economics and Human Biology* 9.3 (2011): 284-301.

28 Scott, *Against the Grain*.

29 Page et al., 'Reproductive trade-offs in extant hunter-gatherers suggest adaptive mechanism for the Neolithic expansion'.

30 Armelagos, George J., and Kristin N. Harper, 'Genomics at the origins of agriculture, part one', *Evolutionary Anthropology: Issues, News, and Reviews* 14.2 (2005): 68-77. Barrett, Ronald, Christopher W. Kuzawa, Thomas McDade, and G. J. Armelagos, 'Emerging and re-emerging infectious diseases: The third epidemiologic transition', *Annual Review of Anthropology* 27 (1998): 247-71.

31 Krause-Kyora, Ben, et al., 'Neolithic and medieval virus genomes reveal complex evolution of hepatitis B', Elife 7 (2018): e36666.

32 Rascovan, Nicolás, et al., 'Emergence and spread of basal lineages of Yersinia pestis during the Neolithic decline', *Cell* 176.1?2 (2019): 295-305.

33 Sabin, Susanna, et al., 'A seventeenth-century Mycobacterium tuberculosis genome supports a Neolithic emergence of the Mycobacterium tuberculosis complex', *Genome Biology* 21.1 (2020): 1-24. 다른 연구에 따르면 결핵은 더

일찍 출현했지만 정착 농업이 채택된 후 널리 퍼졌다. Kerner, Gaspard 외, '인간 고대 DNA 분석을 통해 지난 2000년 동안 유럽인의 결핵 부담이 높았음을 밝힌다'. Kerner, Gaspard, et al., 'Human ancient DNA analyses reveal the high burden of tuberculosis in Europeans over the last 2,000 years', *The American Journal of Human Genetics* 108.3 (2021): 517-24.

34 Düx, Ariane, et al., 'Measles virus and rinderpest virus divergence dated to the sixth century BCE', *Science* 368.6497 (2020): 1367-70.

35 Thèves, Catherine, Eric Crubézy, and Philippe Biagini, 'History of smallpox and its spread in human populations', *Microbiology Spectrum* 4.4 (2016): 1-10.

36 Paul, John Rodman, *A History of Poliomyelitis*. Yale University Press, 1971.

37 Livingstone, Frank, 'Anthropological implications of sickle cell gene distribution in West Africa 1', *American Anthropologist* 60.3 (1958): 533-62.

38 Joy, Deirdre, et al., 'Early origin and recent expansion of Plasmodium falciparum', *Science* 300.5617 (2003): 318-21.

39 아버지 윌리엄 맥닐과 혼동하지 말아야 한다. McNeill, John, Mosquito *Empires: Ecology and War in the Greater Caribbean, 1620-1914*. Cambridge University Press, 2010.

40 Deschamps, Matthieu, et al., 'Genomic signatures of selective pressures and introgression from archaic hominins at human innate immunity genes', *The American Journal of Human Genetics* 98.1 (2016): 5-21.

41 Bocquet-Appel, 'When the world's population took off'.

42 이 여름의 탐험 기간 동안 초기 인류는 고고학적 기록에 그들의 흔적을 남겼다. 95만~85만 년 전 영국 동부 해피스버그 해변에서 성인과 어린이로 이루어진 작은 무리가 남긴 진흙 발자국에서 인류의 초기 흔적을 발견할 수 있다. 또한 영국 남서부 켄트 동굴에서 발견된 4만 년 전 호모사피엔스 턱뼈 조각은 유럽 북서부 지역에서 발견된 것 중 가장 오래된 해부학적 현생인류다.

43 Brace et al., 'Ancient genomes indicate population replacement'.

44 서부 수렵 채집인들에게는 현대 유럽인 같은 밝은 피부를 만드는 종류의 유전자가 없었다. 대신 그들은 현대 사하라 이남 아프리카인처럼 피부에 색소를 침착시키는 유전자 표지를 지니고 있었다. 이 시기에 스칸디나비아와 서아시아 일부 지역에는 밝은 피부를 만드는 유전자 종류가 존재했다.

45 그럼에도 불구하고 비타민 D 결핍은 오늘날 영국인에게 여전히 건강 문제다. 영국 국가보건서비스(NHS)는 5세 미만 어린이에게 비타민 D 보충제를 복용할 것

을 권장하며, 모든 사람이 가을과 겨울에 비타민 D 보충제를 복용해야 한다고 권한다. 맨체스터 유나이티드의 전 감독 알렉스 퍼거슨은 비타민 D 결핍이 선수들에게 미치는 악영향을 크게 우려하여 훈련장에 선탠 부스를 설치했으며 경기 시즌에도 선수들에게 휴가를 갈 수 있도록 허용했다.

46 Bocquet-Appel, Jean-Pierre, et al., 'Understanding the rates of expansion of the farming system in Europe', *Journal of Archaeological Science* 39.2 (2012): 531-46.

47 Pinkowski, Jennifer, 'Ötzi the Iceman: What we know 30 years after his discovery', *National Geographic*, 15 September 2021.

48 Keller, Andreas, et al., 'New insights into the Tyrolean Iceman's origin and phenotype as inferred by whole-genome sequencing', Nature Communications 3.1 (2012): 1-9. Lazaridis, Iosif, et al., 'Ancient human genomes suggest three ancestral populations for present-day Europeans', *Nature* 513.7518 (2014): 409-13.

49 Brace et al., 'Ancient genomes indicate population replacement'. Skoglund, Pontus, et al., 'Genomic diversity and admixture differs for Stone-Age Scandinavian foragers and farmers', *Science* 344.6185 (2014): 747-50.

50 Reich, *Who We Are and How We Got Here*.

51 Goldberg, Amy, et al., 'Ancient X chromosomes reveal contrasting sex bias in Neolithic and Bronze Age Eurasian migrations', *Proceedings of the National Academy of Sciences* 114.10 (2017): 2657-62.

52 Crosby, Alfred W., *Ecological Imperialism: The Biological Expansion of Europe, 900-1900*. Cambridge University Press, 2004.

53 McNeill, William Hardy, *Plagues and Peoples*. Anchor, 1998.

54 Castillo, Beatriz Huertas, *Indigenous Peoples in Isolation in the Peruvian Amazon: Their Struggle for Survival and Freedom*. IWGIA, 2004.

55 Colledge, Sue, et al., 'Neolithic population crash in northwest Europe associated with agricultural crisis', *Quaternary Research* 92.3 (2019): 686-707.

56 Brace et al., 'Ancient genomes indicate population replacement'.

57 서부 대초원 유목민들이 북유럽과 중부 유럽을 휩쓸고 간 지 몇 세기 후, 벨 비커 Bell Beaker 문화의 유물들이 서유럽과 중부 유럽 전역에 나타나기 시작했다. 이 명칭은 무덤에 함께 묻힌 독특한 종 모양의 술그릇에서 이름을 따왔다. 이 현상은 이베리아반도에서 시작되었지만 북유럽 전역과 다뉴브강 동쪽까지 퍼졌다. 유럽 전역에서 벨 비커 유물과 함께 묻힌 200구의 유골에 대한 고대 DNA 분석 결

과, 약 4700년 전 이 새로운 문화가 북쪽과 동쪽으로 확장할 때 사람들이 대규모로 이동하지는 않은 것으로 나타났다. 이베리아의 벨 비커 사람들은 대부분 신석기시대 유럽 농경민의 후손이었던 반면, 북유럽에서는 주로 서부 대초원 목축민의 후손이었다. 줄무늬 도자기의 확장은 유럽 전역으로 대초원 목축민이 확산할 때 함께 이루어졌지만, 벨 비커 문화는 한 공동체가 이웃 공동체로부터 배우고 모방하면서 수평적으로 전승된 것으로 보인다. Olalde, Iñigo, et al., 'The Beaker phenomenon and the genomic transformation of northwest Europe', *Nature* 555.7695 (2018): 190-96.

58 Ibid.

59 Anthony, David, *The Horse, the Wheel, and Language: How Bronze-Age Riders from the Eurasian Steppes Shaped the Modern World*. Princeton University Press, 2015. Reich, *Who We Are and How We Got Here*.

60 Allentoft, Morten E., et al., 'Population genomics of bronze age Eurasia', *Nature* 522.7555 (2015): 167-72. Haak, Wolfgang, et al., 'Massive migration from the steppe was a source for Indo-European languages in Europe', *Nature* 522.7555 (2015): 207-11.

61 Evershed, Richard P., et al., 'Dairying, diseases and the evolution of lactase persistence in Europe', *Nature* 608 (2022): 336-45.

62 Haak et al., 'Massive migration from the steppe'.

63 Bellwood, Peter, *First Migrants: Ancient Migration in Global Perspective*. John Wiley & Sons, 2014.

64 Goldberg et al., 'Ancient X chromosomes'.

65 Reich, *Who We Are and How We Got Here*.

66 Shennan, Stephen, et al., 'Regional population collapse followed initial agriculture booms in mid-Holocene Europe', *Nature Communications* 4.1 (2013): 1-8.

67 Stevens, Chris, and Dorian Fuller, 'Did Neolithic farming fail? The case for a Bronze Age agricultural revolution in the British Isles', *Antiquity* 86.333 (2012): 707-22.

68 Skoglund et al., 'Genomic diversity and admixture'.

69 Rascovan et al., 'Yersinia pestis during the Neolithic decline'.

70 Valtueña, Aida Andrades, et al., 'The Stone Age plague and its persistence in Eurasia', *Current Biology* 27.23 (2017): 3683-91. Rasmussen, Simon, et al., 'Early divergent strains of Yersinia pestis in Eurasia 5,000 years ago', *Cell* 163.3 (2015): 571-82.

71 Rasmussen et al., 'Early divergent strains of Yersinia pestis'.

72 Rascovan et al., 'Yersinia pestis during the Neolithic decline'.

73 Chapman, John, Bisserka Gaydarska, and Marco Nebbia, 'The origins of Trypillia megasites', *Frontiers in Digital Humanities* 6 (2019): 10.

74 Müller, Johannes, Knut Rassmann, and Mykhailo Videiko (eds), *Trypillia Mega-sites and European Prehistory: 4100–3400 BCE*. Routledge, 2016.

75 Rassmann, Knut, et al., 'High precision Tripolye settlement plans, demographic estimations and settlement organization', *Journal of Neolithic Archaeology* (2014): 96–134.

76 Graeber and Wengrow, *The Dawn of Everything*.

77 이는 쿠쿠테니-트리필리아 문화의 또 다른 특징을 설명하는 데 도움이 될 수 있다. 60년에서 150년 주기로 마을이 불에 타 없어지고 그 위에 새로운 건물이 세워진 것처럼 보인다. 그 이유는 아무도 모른다. 한 가지 가능성은 전염병 발생에 대한 대응이었을 수 있다는 점이다. 그리고 약 5400년 전, 거대한 정착촌은 영원히 버려졌고 그곳 주민들은 인근의 작은 마을로 이주했다. 다시 말하지만 고고학자들은 왜 이런 일이 일어났는지 알지 못한다. 마지막 파괴적인 전염병 탓에 주민들이 도시 생활이라는 실험을 영구적으로 포기하게 되었을까?

78 Payne, Joan Crowfoot, 'Lapis lazuli in early Egypt', *Iraq* 30.1 (1968): 58–61.

79 Vandkilde, H., 'Bronzization: The Bronze Age as pre-modern globalization', *Prähistorische Zeitschrift* 91.1 (2016): 103–23.

80 신석기시대 집단 간의 장거리 상호작용에 대한 특히 흥미로운 증거 중 하나는 오크니 제도에서는 발견되지만 영국 본토에는 없는 들쥐 종이다. 유전자 분석에 따르면 오크니 들쥐는 5000년 전 지금의 벨기에에서 스코틀랜드 군도로 유입되었을 가능성이 가장 높다. Martínková, Natália, et al., 'Divergent evolutionary processes associated with colonization of offshore islands', *Molecular Ecology* 22.20 (2013): 5205–20.

81 Lazaridis et al., 'Ancient human genomes'.

82 수렵 채집인은 신석기시대 농경민에게 완패했지만 완전히 전멸하지는 않았다. 사실 초기의 대량 학살 이후 유럽 게놈에서 수렵 채집인 DNA 비율이 증가하기 시작했다. 이는 수렵 채집인들이 적응적 도입을 통해 신석기시대 병원균에 대한 면역력을 개발했기 때문일 수 있다. Haak et al., 'Massive migration from the steppe'.

83 냉소적인 정치인들이 최근 이민자에 대한 분노를 선동하기 위해 토착 영국인이라는 개념을 꺼내 드는 이때, 이러한 주장이 얼마나 그릇된지 상기시키는 것은 가슴 아픈 일이다. 2013년 영국 쿠미디언 스튜어트 리Stewart Lee는 불가리아인과

루마니아인의 영국 내 취업 허용에 대한 우파 정치인들의 우려를 꼬집었다. 그는 10년 전에 "빌어먹을 폴란드인들"이라며 거듭해서 드러내던 외국인 혐오 감정을 꼬집는다. "폴란드인들이 (…) 우리가 망가뜨린 것들을 고치러 오는데 너무 문맹이어서 설명서를 읽을 줄 모르면서도 제2외국어로 우리보다 일을 더 잘한다"는 식이다. 이어서 리는 여러 이민의 물결을 거슬러 올라가며 지적한다. "파키스탄인과 인도인이 이곳에 와서 우리에게 국민 요리를 만들어 냈다", 화체설化體說, transubstantiation을 의심하는 위그노들에게 하던 말인 "우리에게는 코듀로이(골덴)가 있어서 당신의 레이스는 필요 없다"(성찬식에 사용되는 포도주와 빵에 그리스도가 실제로 임재한다는 가톨릭의 화체설에 대해 개신교도인 프랑스의 위그노들은 이것이 상징적 의미만 갖는다고 보았다. 화체설을 의심하는 위그노들이 도입한 레이스가 더 정교한 직물인데도 거칠게 짠 코듀로이 천을 옹호하는 당시 영국인들의 고루한 태도를 비꼬는 내용), 상감 장신구와 시신을 배에 실어 매장하는 전통, 보잘것없는 서사시를 가진 앵글로색슨족, 그리고 "음료용 그릇을 들고 이곳에 온 빌어먹을 비커족" 등의 표현이 그렇다. 에임즈베리 아처는 영국제도에 도착한 최초의 비커족 중 한 명으로 그와 더불어 대초원 목축민의 계보가 이곳으로 이어졌다.

84 Marcus, Joseph H., et al., 'Genetic history from the Middle Neolithic to present on the Mediterranean island of Sardinia', *Nature Communications* 11.1 (2020): 1-14.

85 Günther, Torsten, et al., 'Ancient genomes link Neolithic Farmers from Atapuerca in Spain to modern-day Basques', *Proceedings of the National Academy of Sciences* 112.38 (2015): 11917-22.

86 Haak et al., 'Massive migration from the steppe'.

87 Anthony, *The Horse, the Wheel, and Language*.

88 유럽 최초의 농부들이 어떤 언어를 사용했는지 모험적으로 추측해 볼 수 있다. 바스크인들은 신석기시대 농부 조상의 비율이 높고 그들의 언어는 다른 어떤 언어와도 관련이 없다. 이로 미루어 볼 때 바스크어는 신석기시대 농부들이 사용했던 언어의 마지막 후손일 가능성이 높다.

89 대초원 목동DNA는 인도유럽어를 사용하는 유럽인과 남아시아인의 공통점이다. 4000~3000년 전 남아시아에 나타나기 시작했다. 이주민들은 이미 그곳에 살던 사람들과 섞여 오늘날 인도 북부에 사는 인구 집단을 형성했다. 결정적으로 대초원 목축민의 DNA를 가장 많이 가지고 있는 현대 인도인은 힌디어 같은 인도유럽어를 사용하는 경향이 있다. 항상 그런 것은 아니지만 피부색이 더 밝은 대초원 쪽 조상을 가진 사람들은 종종 상위 카스트에 속한다. Haak et al., 'Massive migration from the steppe'.

1   Sontag, Susan, *Illness as Metaphor and AIDS and Its Metaphors*. Penguin, 2013. 질병을 이해하는 방식은 성경에서도 분명하게 드러난다. 예를 들어 구약성경 출애굽기에서는 이집트에 내린 열 가지 재앙을 파라오의 조롱에 대한 하나님의 응답으로 설명한다.

2   Littman, Robert J., 'The plague of Athens: Epidemiology and paleopathology', *Mount Sinai Journal of Medicine* 76.5 (2009): 456-67.

3   2006년에 과학자들은 기원전 430년경 아테네의 집단 무덤에서 발견된 치아에서 장티푸스 박테리아를 확인했다고 주장했지만, 이 연구에 사용된 방법은 많은 비판을 받았기 때문에 아직도 확인된 것은 없는 셈이다. Papagrigorakis, Manolis J., et al., 'DNA examination of ancient dental pulp incriminates typhoid fever as a probable cause of the Plague of Athens', *International Journal of Infectious Diseases* 10.3 (2006): 206-14. Shapiro, Beth, Andrew Rambaut, and M. Thomas P. Gilbert, 'No proof that typhoid caused the Plague of Athens (a reply to Papagrigorakis et al.)', *International Journal of Infectious Diseases* 10.4 (2006): 334-5.

4   Littman, 'The plague of Athens'.

5   Ibid.

6   Mitchell-Boyask, Robin, 'Plague and theatre in ancient Athens', *The Lancet* 373.9661 (2009): 374-5.

7   아테네의 참여 민주주의는 놀라웠지만, 여성과 이민자, 노예는 투표를 하거나 공직에 입후보할 수 없었기 때문에 우리의 기준으로는 이 제도에 심각한 결함이 있었다는 사실을 간과해서는 안 된다.

8   Cartledge, Paul, *The Spartans: An Epic History*. Pan Macmillan, 2003.

9   Littman, 'The plague of Athens'.

10   Toynbee, Arnold J., *A Study of History*. Oxford Paperbacks, 1987.

11   고대 그리스 자료는 마케도니아인을 그리스인으로 묘사하기도 하고 야만인으로 묘사하기도 한다. 기원전 5세기에는 마케도니아인이 올림픽에 참가할 만큼 그리스인인가에 대한 논쟁이 있었다. 결국 당국은 이를 묵인했다. 다음 세기에 알렉산드로스가 태어난 날 필리포스의 말 중 한 마리가 올림픽 평지 경주에서 우승했다고 한다. 그럼에도 불구하고 마케도니아인의 민족적 정체성은 여전히 불분명하다.

12   서기 1000년 무렵, 로마인은 대부분 현대의 그리스인, 몰타인, 키프로스인, 시리아인과 비슷한 사람들이었다. Antonio, Margaret, et al., 'Ancient Rome: A genetic crossroads of Europe and the Mediterranean', *Science* 366.6466

(2019): 708-14.

13 Harper, Kyle, *The Fate of Rome: Climate, Disease and the End of an Empire*. Princeton University Press, 2017.

14 Ibid.

15 Moss, Henry St Lawrence Beaufort, *The Birth of the Middle Ages, 395-814*. Clarendon Press, 1935.

16 Scheidel, Walter, *Escape from Rome: The Failure of Empire and the Road to Prosperity*. Princeton University Press, 2019. Harper, *The Fate of Rome*.

17 Harper, *The Fate of Rome*.

18 McConnell, Joseph R., et al., 'Lead pollution recorded in Greenland ice indicates European emissions tracked plagues, wars, and imperial expansion during antiquity', *Proceedings of the National Academy of Sciences* 115.22 (2018): 5726-31.

19 Harper, *The Fate of Rome*.

20 Bruun, Christer, 'Water supply, drainage and watermills', in Paul Erdkamp (ed.), *The Cambridge Companion to Ancient Rome*, Cambridge University Press, 2013, pp. 297-313.

21 갈레누스는 세 가지 유형의 장내 기생충에 대해 설명했지만 히포크라테스의 이론에 따라 병이 비위생적 행태에 의해 전염되기보다는 체액의 불균형으로 발생한다고 믿었다. Mitchell, Piers, 'Human parasites in the Roman World: Health consequences of conquering an empire', *Parasitology* 144.1 (2017): 48-58.

22 Koloski-Ostrow, Ann Olga, 'Talking heads: What toilets and sewers tell us about ancient Roman sanitation', *The Conversation* (2015).

23 오늘날에도 이런 사고가 발생할 수 있다. 예를 들어 2016년 중국 산시성에서 구덩이 화장실이 폭발하여 한 명이 사망하고 일곱 명이 부상당했다.

24 Jansen, Gemma C. M., Ann Olga Koloski-Ostrow, and Eric M. Moormann (eds), *Roman Toilets: Their Archaeology and Cultural History*. Peeters, 2011.

25 Ingemark, Camilla Asplund, 'The octopus in the sewers: An ancient legend analogue', *Journal of Folklore Research* (2008): 145-70.

26 Koloski-Ostrow, Ann Olga, *The Archaeology of Sanitation in Roman Italy: Toilets, Sewers, and Water Systems*. University of North Carolina Press, 2015.

27 Mitchell, 'Human parasites in the Roman World'.

28 Harper, *The Fate of Rome*.

29 Sallares, Robert, *Malaria and Rome: A History of Malaria in Ancient Italy*. Oxford University Press, 2002.

30 Winegard, Timothy C., *The Mosquito: A Human History of Our Deadliest Predator*. Text Publishing, 2019.

31 Brown, Peter, *Late Antiquity*. Harvard University Press, 1998.

32 Harper, *The Fate of Rome*.

33 Ibid.

34 Jones, Christopher P., 'An amulet from London and events surrounding the Antonine Plague', *Journal of Roman Archaeology* 29 (2016): 469-72.

35 Harper, *The Fate of Rome*.

36 McConnell, 'Lead pollution recorded in Greenland ice'.

37 Harper, *The Fate of Rome*.

38 마르쿠스 아우렐리우스는 안토니우스 역병이 창궐하는 동안 『명상록』을 썼는데, 이 엄청난 전염병이 창궐하는 동안 로마 황제로서 겪은 시련이 그의 스토아 철학에 영향을 미쳤을 가능성이 높다. Robertson, Donald, *How to Think like a Roman Emperor: The Stoic Philosophy of Marcus Aurelius*. St Martin's Press, 2019.

39 Harper, *The Fate of Rome*.

40 이것은 출처가 불분명하지만 동양의 폭군들이 잔인하다는 고정관념이 이미 고대 로마에 존재했음을 보여 주는 이야기다.

41 McConnell, 'Lead pollution recorded in Greenland ice'.

42 Harper, *The Fate of Rome*.

43 Ibid.

44 Hackett, Conrad, Marcin Stonawski, Michaela Potančoková, Vegard Skirbekk, Phillip Connor, David McClendon, and Stephanie Kramer, *The Changing Global Religious Landscape*. Pew Research Center, 2017.

45 Harper, *The Fate of Rome*.

46 미국 수치는 하버드대학의 다원주의 프로젝트에서 가져온 것이며, 영국 수치는 최신 인구 조사 데이터를 기반으로 한다.

47 유대교는 다른 교인들을 개종시키려 하지 않은 고대 종교였기에 이교도 신들에게 위협이 되지 않았고, 데키우스 황제는 유대 반란의 재발을 피하고 싶어 했기 때문이다.

48 Harper, *The Fate of Rome*.

49 Ibid.

50 Ibid.

51   Stark, Rodney, *The Triumph of Christianity: How the Jesus Movement Became the World's Largest Religion.* HarperOne, 2011.

52   McNeill, *Plagues and Peoples.*

53   Harper, *The Fate of Rome.*

54   고트족은 게르만족이지만 훈족의 정체는 스키타이와 흉노 등 대초원에 살았던 다양한 유목 민족과 번갈아 동맹을 맺었던 것으로 보이기 때문에 더 복잡하다. Damgaard, Peter de Barros, et al., '137 ancient human genomes from across the Eurasian steppes', *Nature* 557.7705 (2018): 369-74.

55   Galassi, Francesco, et al., 'The sudden death of Alaric I (c.370-410 AD), the vanquisher of Rome: A tale of malaria and lacking immunity', *European Journal of Internal Medicine* 31 (2016): 84-7.

56   Harper, *The Fate of Rome.*

57   Ibid.

58   Gibbons, Ann, 'Eruption made 536 "the worst year to be alive"', *Science* (2018): 733-4.

59   Sarris, Peter, 'New approaches to the "Plague of Justinian"', *Past & Present* 254.1 (2022): 315-46.

60   Rasmussen et al., 'Early divergent strains of Yersinia pestis'.

61   곰쥐는 현재 유라시아를 지배하는 갈색 쥐보다 훨씬 더 사교적이다. McCormick, Michael, 'Rats, communications, and plague: Toward an ecological history', *Journal of Interdisciplinary History* 34.1 (2003): 1-25.

62   Harper, *The Fate of Rome.*

63   Damgaard et al., '137 ancient human genomes'.

64   Schmid, Boris V., et al., 'Climate-driven introduction of the Black Death and successive plague reintroductions into Europe', *Proceedings of the National Academy of Sciences* 112.10 (2015): 3020-25.

65   Harper, *The Fate of Rome.*

66   Russell, Josiah, 'That earlier plague', *Demography* 5.1 (1968): 174-84.

67   Bowersock, Glen Warren, *Empires in Collision in Late Antiquity.* UPNE, 2012.

68   Dols, Michael Walters, *The Black Death in the Middle East.* Princeton University Press, 2019.

69   Bowersock, Glen Warren, *The Crucible of Islam.* Harvard University Press, 2017.

70   Aslan, Reza, *No God but God: The Origins, Evolution, and Future of Islam.*

Random House, 2011.

71   Harper, *The Fate of Rome*.

72   Mackintosh-Smith, Tim, *Arabs: A 3,000-year History of Peoples, Tribes and Empires*. Yale University Press, 2019.

73   Bowersock, *The Crucible of Islam*. Bulliet, Richard, *Conversion to Islam in the Medieval Period*. Harvard University Press, 2013.

74   Sahner, Christian, *Christian Martyrs under Islam: Religious Violence and the Making of the Muslim World*. Princeton University Press, 2018.

75   Mackintosh-Smith, *Arabs*.

76   Dols, *The Black Death in the Middle East*.

77   Ibid. Russell, 'That earlier plague'.

78   Brown, Peter, '"Mohammed and Charlemagne" by Henri Pirenne', *Daedalus* (1974): 25-33.

79   Scheidel, *Escape from Rome*.

4장 | 중세: 흑사병, 근대의 문을 열다

1   Tuchman, Barbara W., *A Distant Mirror: The Calamitous 14th Century*. Random House, 2011.

2   Herlihy, David, and Samuel H. Cohn, *The Black Death and the Transformation of the West*. Harvard University Press, 1997.

3   Ibid.

4   Lavigne, Franck, et al., 'Source of the great AD 1257 mystery eruption unveiled, Samalas volcano, Rinjani Volcanic Complex, Indonesia', *Proceedings of the National Academy of Sciences* 110.42 (2013): 16742-7.

5   Phillips, Rod, *French Wine: A History*. University of California Press, 2016.

6   Ziegler, Philip, *The Black Death*. Faber & Faber, 2013.

7   Jones, Michael (ed.), *The New Cambridge Medieval History*. Cambridge University Press, 1995.

8   Ziegler, *The Black Death*.

9   McNeill, *Plagues and Peoples*. Stenseth, Nils Christian, et al., 'Plague: Past, present, and future', *PLoS Medicine* 5.1 (2008): e3.

10   McNeill, *Plagues and Peoples*. 1986년 윌리엄 달림플William Dalrymple은 마르코 폴로의 극동 여행을 되짚어 보기 위해 예루살렘의 성묘 교회에서 출발했다. 그의 첫 번째 저서 『상도上都에서』(1989)는 이 여정을 묘사한다. 달림플은 팍스 몽

골리카pax Mongolica가 역사적 예외였다는 사실을 잘 알고 있다. 실제로 소련군이 아프가니스탄에서 철수하고 중국이 개방되면서 몇 세기 만에 처음으로 마르크 폴로처럼 실크로드를 육로로 여행할 수 있게 되었다고 그는 말한다.

11   Spyrou, Maria, et al., 'The source of the Black Death in fourteenth-century central Eurasia', *Nature* 606.7915 (2022): 718-24.

12   Sussman, George D., 'Was the black death in India and China?', *Bulletin of the History of Medicine* (2011): 319-55.

13   McNeill, *Plagues and Peoples*.

14   Benedictow, *The Black Death*. 흑사병으로 사망한 것으로 의심되는 34명의 치수齒髓와 유럽 전역의 10개 지역에서 발생한 전염병의 후속 물결에서 예르시니아 페스티스의 증거를 발견한 최근 연구가 이를 뒷받침하는 것으로 보인다. Spyrou, Maria A., et al., 'Phylogeography of the second plague pandemic revealed through analysis of historical Yersinia pestis genomes', *Nature Communications* 10.1 (2019): 1-13.

15   Wheelis, Mark, 'Biological warfare at the 1346 siege of Caffa', *Emerging Infectious Diseases* 8.9 (2002): 971-5.

16   Ziegler, *The Black Death*.

17   Ibid.

18   Benedictow, *The Black Death*.

19   Ibid.

20   More, Alexander, et al., 'Next-generation ice core technology reveals true minimum natural levels of lead (Pb) in the atmosphere: Insights from the Black Death', *GeoHealth* 1.4 (2017): 211-19.

21   Ziegler, *The Black Death*.

22   Benedictow, *The Black Death*.

23   Cantor, Norman, *In the Wake of the Plague: The Black Death and the World It Made*. Simon and Schuster, 2001.

24   Cohn Jr, Samuel K., 'The Black Death and the burning of Jews', *Past & Present* 196.1 (2007): 3-36.

25   최근 연구에 따르면 놀랍게도 "1349년 페스트 당시 유대인에 대한 폭력적 공격이 일어났던 지역이 반세기가 지난 후에도 반유대주의적 태도를 더 많이 보였으며, 1920년대에 더 많은 반유대주의적 폭력에 가담했고, 1930년 이전 나치당에 투표할 가능성이 더 높았으며, 국내의 가장 반유대주의적 신문에 더 많은 편지를 썼고, 유대인 추방에 더 조직적으로 나섰으며, 1938년 유대인이 학살당한 '수정의 밤 Reichskristallnacht' 때 회당을 더 많은 공격한 것으로 나타났다." Voigtländer,

Nico, and Hans-Joachim Voth, 'Persecution perpetuated: The medieval origins of anti-Semitic violence in Nazi Germany', *The Quarterly Journal of Economics* 127.3 (2012): 1339-92.

26 이는 고국에서 카를 4세의 명성에 영향을 미치지 않은 것으로 보인다. 그의 이름은 예컨대 카를대학, 카를교, 카를광장 등 프라하 전역에 여전히 새겨져 있다.

27 Ziegler, The Black Death. Also see Cohn Jr, Samuel, 'Plague violence and abandonment from the Black Death to the early modern period', *Annales de démographie historique* 2017/2 (134): 39-61.

28 Cantor, *In the Wake of the Plague.*

29 Ziegler, *The Black Death.*

30 Gottfried, Robert S., *The Black Death: Natural and Human Disaster in Medieval Europe.* Simon and Schuster, 2010.

31 Ibid.

32 최근 연구에 따르면 유럽에서 새로운 흑사병은 아시아의 게르빌루스쥐와 마못의 산악 서식지에서 기후가 요동치고 나서 몇 년 뒤 발생하는 경향이 있었다. Schmid, Boris V., et al., 'Climate-driven introduction of the Black Death and successive plague reintroductions into Europe', *Proceedings of the National Academy of Sciences* 112.10 (2015): 3020-25.

33 Gottfried, *The Black Death.*

34 Alfani, Guido, 'Plague in seventeenth-century Europe and the decline of Italy: An epidemiological hypothesis', *European Review of Economic History* 17.4 (2013): 408-30.

35 Pamuk, Şevket, 'The Black Death and the origins of the "Great Divergence" across Europe, 1300-1600', *European Review of Economic History* 11.3 (2007): 289-317.

36 40일은 예컨대 창세기에서 대홍수가 지속된 기간, 모세가 십계명을 기다리며 시나이산에 올라가 있던 기간, 예수가 광야에서 금식한 기간에 해당한다.

37 Snowden, Frank M., *Epidemics and Society: From the Black Death to the Present.* Yale University Press, 2019.

38 Foucault, Michel, *Security, Territory, Population: Lectures at the Collège de France, 1977-78.* Springer, 2007.

39 Cohn, Samuel K., '4 Epidemiology of the Black Death and successive waves of plague', *Medical History* 52.S27 (2008): 74-100.

40 Dols, Michael W., 'The second plague pandemic and its recurrences in the Middle East: 1347-1894', *Journal of the Economic and Social History of*

the Orient (1979): 162-89.

41   Benedictow, *The Black Death*.

42   스페로스 브리오니스Speros Vryonis는 이 과정을 소아시아의 '유목화'와 '이슬람
      화'라고 부른다. 최근 연구에 따르면 현재 튀르키예에 살고 있는 인구 집단은 중
      동, 유럽, 카프카스산맥 지역과 유전적으로 밀접한 관련이 있는 것으로 나타났다.
      Vryonis, Speros, *The Decline of Medieval Hellenism in Asia Minor and the
      Process of Islamization from the Eleventh through the Fifteenth Century*.
      University of California Press, 1971. Kars, M. Ece, et al., 'The genetic
      structure of the Turkish population reveals high levels of variation and
      admixture', *Proceedings of the National Academy of Sciences* 118.36 (2021):
      e2026076118.

43   Finkel, Caroline, *Osman's Dream: The History of the Ottoman Empire*.
      Hachette UK, 2007.

44   Dunn, Ross E., *The Adventures of Ibn Battuta*. University of California
      Press, 2012.

45   Ayalon, Yaron, 'The Black Death and the rise of the Ottomans', in *Natural
      Disasters in the Ottoman Empire: Plague, Famine and Other Misfortunes*.
      Cambridge University Press, 2015, pp. 21-60. Kasaba, Resat, *A Moveable
      Empire: Ottoman Nomads, Migrants, and Refugees*. University of
      Washington Press, 2011.

46   Mikhail, Alan, *God's Shadow: Sultan Selim, His Ottoman Empire, and the
      Making of the Modern World*. Liveright Publishing, 2020.

47   Dols, 'The second plague pandemic and its recurrences in the Middle East'.

48   Neustadt, David, 'The plague and its effects upon the Mamlûk Army',
      Journal of the Royal Asiatic Society 78.1-2 (1946): 67?73. Dols, *The Black
      Death in the Middle East*.

49   Kasaba, *A Moveable Empire*.

50   McNeill, *Plagues and Peoples*.

51   Mikhail, *God's Shadow*.

52   Ziegler, *The Black Death*.

53   Ekelund, Robert B., et al., *Sacred Trust: The Medieval Church as an
      Economic Firm*. Oxford University Press, 1996.

54   Gottfried, *The Black Death*.

55   Herlihy and Cohn, *The Black Death*.

56   Cantor, *In the Wake of the Plague*.

57   Gottfried, *The Black Death*.

58   '롤라드Lollard'는 중얼거리거나 우물우물 말한다는 뜻의 네덜란드어 동사에서 유래한 것으로 추정된다. 이 이름은 경멸적 의미로 사용되었지만 원시 개신교도들에 의해 채택되었다.

59   German, Lindsey, and John Rees, *A People's History of London*. Verso, 2012.

60   Herlihy and Cohn, *The Black Death*.

61   이를 현대적으로 비유하자면 트위터가 도널드 트럼프 같은 아웃사이더가 수많은 지지자와 직접 소통할 수 있게 함으로써 정치를 변화시킨 방식이 이에 해당할 것이다. 소셜 미디어에 대한 비유를 계속하자면 이 그림은 중세 후기의 틱톡으로 이해할 수 있다.

62   Eisenstein, Elizabeth L., *The Printing Press as an Agent of Change*. Cambridge University Press, 1980. 61 Edwards Jr, Mark U., *Printing, Propaganda, and Martin Luther*. Fortress Press, 2004.

63   Poe, Marshall T., *A History of Communications: Media and Society from the Evolution of Speech to the Internet*. Cambridge University Press, 2010.

64   Herlihy and Cohn, *The Black Death*.

65   Tuchman, *A Distant Mirror*.

66   케임브리지대학 중 가장 오래된 대학은 피터하우스Peterhouse (1284년)이며, 클레어Clare (1326년)와 내 모교인 펨브룩Pembroke (1347년)이 그 뒤를 잇는다. 그러나 때때로 기부는 더 많은 배움을 얻고자 하는 욕구에서 비롯된 것이 아니라는 점에 유의해야 한다. 코퍼스 크리스티Corpus Christi대학은 1352년 두 개의 길드에 의해 설립되었는데, 학자들은 죽은 길드 회원들을 위해 기도해야 한다는 규정을 두었다. 흑사병 이후 부족해진 성직자를 고용하기보다 이쪽의 비용이 저렴했기 때문이다. Gottfried, *The Black Death*.

67   Herlihy and Cohn, The Black Death.

68   예를 들어 Ryrie, Alec, *Protestants: The Radicals Who Made the Modern World*. William Collins, 2017 참조.

69   Outram, Quentin, 'The socio-economic relations of warfare and the military mortality crises of the Thirty Years' War', *Medical History* 45.2 (2001): 151-84.

70   The figures are based on estimates from the Pew Research Center.

71   Bloch, Marc, *Feudal Society*. Folio Society, 2012.

72   Brenner, Robert, 'The agrarian roots of European capitalism', *Past & Present* 97 (1982): 16-113.

73   Brenner, Robert, 'Property and progress: Where Adam Smith went wrong',

in Chris Wickham (ed.), *Marxist History-Writing for the Twenty-First Century*. British Academy, 2007, pp. 49-111.

74 유럽 전역에서 봉건 영주들은 서로 전쟁을 일으켰다. 이웃을 약탈하고 정복하여 수입 손실분을 보상받으려 했다. 이것이 백년전쟁이 그토록 오래 지속된 이유다. 경제적 필요성 때문에 가난한 이달고hidalgo(기사)들은 무슬림이 지배하던 스페인과 계속 전쟁을 벌였고, 1491년 그라나다 토후국이 패배하자 신대륙 원주민들을 상대로도 전쟁을 벌였다. Brenner, 'The agrarian roots of European capitalism'. Brenner, 'Property and progress'.

75 Ibid.

76 Cohn, Samuel, 'After the Black Death: Labour legislation and attitudes towards labour in late-medieval western Europe', *The Economic History Review* 60.3 (2007): 457-85.

77 MacArthur, Brian (ed.), *The Penguin Book of Historic Speeches*. Penguin, 1996.

78 Brenner, 'The agrarian roots of European capitalism'. Brenner, 'Property and progress'.

79 Allen, Robert, 'Economic structure and agricultural productivity in Europe, 1300-1800', *European Review of Economic History* 4.1 (2000): 1-25.

80 Appleby, Andrew, 'Grain prices and subsistence crises in England and France, 1590-1740', *The Journal of Economic History* 39.4 (1979): 865-87.

81 Ibid.

82 Brenner, 'The agrarian roots of European capitalism'. Brenner, 'Property and progress'.

83 In France, the urbanization rate increased from 9 per cent to 13 per cent in the same period, and in Germany from 8 per cent to 9 per cent.

5장 | 식민지 시대: 침략을 위한 최고의 무기

1 Bell, Julian, 'Werner Herzog and the World's Oldest Paintings', *New York Review of Books*, 4 May 2011.

2 '아즈텍Aztec'은 19세기에 만들어진 용어이기 때문에 현대 역사가들은 이를 피하는 경향이 있다. 멕시카 제국Mexica Empire은 현재의 멕시코 중부에 위치한 세 개의 군사화된 도시국가 연합이 지배했다. 세 도시국가는 텍스코코, 틀라코판, 그리고 가장 강력했던 테노치티틀란이다.

3 영화의 사건과 캐릭터는 역사에서 영감을 받았다. 현실의 아기레는 1560년 황금

의 도시를 찾아 키토를 출발해 아마존 어딘가에서 반란을 일으켰고, 실제로 카리브해까지 갔다가 죽임을 당했다.

4   이것은 터무니없는 허장성세였다. 한 세기가 채 지나지 않아 돈키호테와 산초 판자는 용기 있는 행동으로 큰 명성을 얻은 역사적 인물에 대해 이야기할 때 기원전 49년 율리우스 카이사르가 루비콘강을 건넌 사건과 함께 이 에피소드를 언급했다.

5   Thomas, Hugh, *The Conquest of Mexico*. Random House, 1993.

6   Hemming, John, *The Conquest of the Incas*. Pan Macmillan, 2004. At the time of writing, a kilo of gold is worth about $55,000 or ?48,000.

7   Cortés, Hernán, ed. Anthony Pagden, *Letters from Mexico*. Yale University Press, 2001.

8   Maddison, *Angus, Contours of the World Economy 1-2030 AD: Essays in Macro-economic History*. Oxford University Press, 2007. 세계은행 데이터에 따르면 미국의 1인당 GDP는 6만 9000달러로 2021년 영국의 5만 달러(PPP, 현재 국제 $)보다 높다.

9   말은 북아메리카에 살았었지만 1만~1만 5000년 전에 멸종했다. 인간이 이 대륙에 도착한 후 사냥으로 멸종시켰을 가능성이 높다.

10 수십 년 전 미국이 베트남에서 저지른 실수에서도 같은 교훈을 얻을 수 있었을 것이다.

11 아프가니스탄 국민에게 가장 관대한 GDP 척도를 사용한 경우다. 세계은행 수치. 1인당 GDP(PPP, 현재 국제 $).

12 콜럼버스는 금이 자신과 동료들에게 얼마나 매력적인 존재였는지 생생하게 설명한다. "금을 가진 사람은 세상에서 원하는 것은 무엇이든 할 수 있다. 금이 있으면 사람들의 영혼을 천국으로 보낼 수 있다."

13 Koch, Alexander, et al., 'Earth system impacts of the European arrival and Great Dying in the Americas after 1492', *Quaternary Science Reviews* 207 (2019): 13-36.

14 Reséndez, Andrés, *The Other Slavery: The Uncovered Story of Indian Enslavement in America*. HarperCollins, 2016.

15 Mann, Charles C., *1493: How Europe's Discovery of the Americas Revolutionized Trade*, Ecology and Life on Earth. Granta Books, 2011. 최근 연구에 따르면 현대 카리브해 인구 집단은 식민지 개척 직후 유럽인 및 아프리카인과의 교배로 인해 일부 타이노 유전자 변이를 여전히 보유한 것으로 나타났다. 또한 현재 카리브해의 일부 주민은 스스로를 '신新타이노'라고 부르며 타이노 문화를 실천한다고 주장한다. Schroeder, Hannes, et al., 'Origins and genetic legacies of the Caribbean Taino', *Proceedings of the National Academy of*

Sciences 115.10 (2018): 2341-6.

16 Cook, Noble David, 'Disease and the Depopulation of Hispaniola, 1492-1518', *Colonial Latin American Review* 2.1-2 (1993): 213-45.

17 Clendinnen, Inga, *Ambivalent Conquests: Maya and Spaniard in Yucatan, 1517-1570*. Cambridge University Press, 2003.

18 Restall, Matthew, *When Montezuma Met Cortés: The True Story of the Meeting That Changed History*. HarperCollins, 2018.

19 Koch et al., 'Earth system impacts of the European arrival'.

20 Crosby, *Ecological Imperialism*. 또한 McNeill, *Plagues and Peoples* 참조.

21 Crosby, Alfred W., *The Columbian Exchange: Biological and Cultural Consequences of 1492*. Greenwood Publishing Group, 1972.

22 McNeill, *Plagues and Peoples*.

23 Restall, *When Montezuma Met Cortés*.

24 Koch et al., 'Earth system impacts of the European arrival'.

25 Cook, Sherburne Friend, and Lesley Byrd Simpson, *The Population of Central Mexico in the Sixteenth Century*. University of California Press, 1948.

26 Vågene, Åshild J., et al., 'Salmonella enterica genomes from victims of a major sixteenth-century epidemic in Mexico', *Nature Ecology & Evolution* 2.3 (2018): 520-28.

27 McNeill, *Plagues and Peoples*.

28 Koch et al., 'Earth system impacts of the European arrival'.

29 Ibid.

30 사망률은 중앙아메리카와 비슷했다. 잉카의 심장부 인구는 1620년까지 약 900만 명에서 약 67만 명으로 감소했는데, 대부분 이러한 전염병의 결과였다. Ibid.

31 Ibid.

32 Diamond, Jared, and Peter Bellwood, 'Farmers and their languages: The first expansions', *Science* 300.5619 (2003): 597-603.

33 Sontag, *Illness as Metaphor and AIDS and its Metaphors*.

34 우회적인 방식이기는 하지만 매독은 유럽의 지정학에 지속적인 영향을 미쳤을 수 있다. 일부 역사가는 이반 뇌제(이반 4세)가 분노에 사로잡혀 아들과 태중의 손자를 살해하는 끔찍한 행동을 한 이유는 3기 매독 때문이라 믿는다. 이 살인은 역사의 흐름을 바꿨다. 결국 그의 무능한 막내아들 '종지기' 표도르(표도르 1세)가 그 뒤를 이었고, 이로 인한 정치적 위기는 1613년 로마노프 가문에게 제위를 물려주면서 끝난다. 로마노프 가문은 이후 3세기 동안 러시아를 통치한다.

35 Diamond, *Guns, Germs and Steel*.

36 신대륙에 가축이 없다는 것은 가축화할 수 있는 야생 동물이 부족함을 반영한다. 다이아몬드에 따르면 아메리카대륙의 대형 포유류 중 80퍼센트가 약 1만 1000년 전에 멸종했는데, 이는 선사시대 최초의 인류가 아메리카대륙에 도착한 시기와 일치한다. Ibid.

37 Crosby, *Ecological Imperialism*. 또한 McNeill, *Plagues and Peoples* 참조.

38 퓨 리서치 센터Pew Research Center의 통계에 따른 것이다.

39 이와 비슷하게 많은 원주민 커뮤니티가 정복자들의 언어를 채택했다. 스페인어는 중국어에 이어 세계에서 두 번째로 많이 쓰이는 언어다. 하지만 스페인어 사용자 중 10퍼센트만 스페인에 거주하고 나머지는 거의 모두 라틴아메리카에 산다.

40 Simpson, Lesley Byrd, *The Encomienda in New Spain: The Beginning of Spanish Mexico*. University of California Press, 1982.

41 Mann, *1493*.

42 Lane, Kris, Potosí: *The Silver City that Changed the World*. University of California Press, 2019.

43 Dell, Melissa, 'The persistent effects of Peru's mining mita', *Econometrica* 78.6 (2010): 1863-1903.

44 Lane, *Potosí*. Mann, *1493*.

45 Flynn, Dennis, and Arturo Giráldez, 'Born with a "silver spoon": The origin of world trade in 1571', *Journal of World History* 6.2 (1995): 201-21.

46 Mann, *1493*.

47 Flynn and Giráldez, 'Born with a "silver spoon"'.

48 Mann, *1493*.

49 Keller, Christian, 'Furs, fish, and ivory: Medieval Norsemen at the Arctic fringe', *Journal of the North Atlantic* 3.1 (2010): 1-23.

50 Kuitems, Margot, et al., 'Evidence for European presence in the Americas in AD 1021', *Nature* 601.7893 (2022): 388-91.

51 Barraclough, Eleanor Rosamund, *Beyond the Northlands: Viking Voyages and the Old Norse Sagas*. Oxford University Press, 2016.

52 Crosby, *Ecological Imperialism*.

53 Fenner, Frank, et al., *Smallpox and Its Eradication*. World Health Organization, 1988.

54 Crosby, *Ecological Imperialism*.

55 북유럽인들은 약 4세기 반 동안 그린란드에서 생존해 왔는데, 이는 유럽인들이 북미에서 살았던 기간보다 더 길다.

56 Hopkins, Donald, *The Greatest Killer: Smallpox in History*. University of Chicago Press, 2002.

57 Crosby, *Ecological Imperialism*.

58 Mann, Charles C., *1491: New Revelations of the Americas Before Columbus*. Alfred Knopf, 2005.

59 Crosby, *Ecological Imperialism*.

60 Ibid.

61 광활한 북미대륙이 겉보기에 비어 있다는 점은 식민지화를 정당화하는 데 활용되었지만, 이 주장은 전염병으로 인해 유럽인이 도착하기 전의 인구 중 극히 일부만 살아남았다는 사실을 간과하고 있다. Mann, *1491*.

62 Mann, *1493*.

63 Mann, *1491*.

64 Fischer, David Hackett, *Albion's Seed: Four British Folkways in America*. Oxford University Press, 1989.

65 Crosby, *Ecological Imperialism*.

66 Ibid. 영국인들이 전염병 확산과 같은 중요한 일을 항상 신에게만 맡기려 했던 것은 아니다. 1763년 제프리 애머스트 장군은 인근 천연두 병원의 담요를 아메리카 원주민 공동체에 배포하는 것을 정당화하면서 "우리는 이 기회에 원주민을 줄이기 위해 모든 수단을 동원해야 한다"라고 말했다. 즉, 원주민을 죽여야 한다는 뜻이다. Fenn, Elizabeth A., *Pox Americana: The Great Smallpox Epidemic of 1775-82*. Macmillan, 2001.

67 Fischer, *Albion's Seed*.

68 실제로 청교도들은 정착지를 결정할 때 여러 후보지의 장단점을 비교 검토했다. 플리머스 식민지 건설을 주도한 윌리엄 브래드포드는 레이던에서 필그림들이 네덜란드 식민지였던 기아나의 에세키보를 고려한 것에 대해 다음과 같이 지적한다. "풍요롭고 쾌적하며 소유주에게 부와 생활용 물자를 다른 곳보다 더 쉽게 내줄 수 있지만, 다른 점을 고려하면 그다지 적합하지 않다. (…) 그러한 더운 나라에는 다른 온화한 곳에는 없는 심각한 질병과 해로운 장애물이 많으며 우리 영국인 신체와 그리 잘 맞지 않을 것이다." 대신 청교도들은 '더 온화한 곳'의 전형이자 적어도 유럽인을 죽이는 치명적인 전염병으로부터 자유로운 뉴잉글랜드로 항해했다. Crosby, *Ecological Imperialism*. 북미에서는 매년 평균적으로 유럽 정착민의 약 1.5퍼센트가 사망했는데, 이는 영국보다 아주 약간 높았을 뿐이다. Acemoglu, Daron, Simon Johnson, and James A. Robinson, 'The colonial origins of comparative development: An empirical investigation: Reply', *American Economic Review* 102.6 (2012): 3077-110.

69 Acemoglu, Johnson and Robinson, 'The colonial origins of comparative development'.

70 'Do They Know It's Christmas?' lyrics © Chappell Music Ltd. Songwriters: Midge Ure and Bob Geldof.

71 만사 무사는 역사상 최고 부자였다고 흔히들 말한다. 빌 게이츠, 제프 베조스, 일론 머스크뿐만 아니라 록펠러, 로스차일드, 푸거 가문보다 더 부유했다는 말이다. 방법론적 관점에서 이러한 비교는 불가능하지만 아랍 역사가에 따르면 그의 부가 비범했다는 사실은 의심의 여지가 없다.

72 Fauvelle, François-Xavier, *The Golden Rhinoceros: Histories of the African Middle Ages*. Princeton University Press, 2021.

73 Bennett, Herman, *African Kings and Black Slaves: Sovereignty and Dispossession in the Early Modern Atlantic*. University of Pennsylvania Press, 2018. Green, Toby, *A Fistful of Shells: West Africa from the Rise of the Slave Trade to the Age of Revolution*. Penguin, 2019.

74 Herbst, Jeffrey, *States and Power in Africa: Comparative Lessons in Authority and Control*. Princeton University Press, 2014.

75 Curtin, Philip D., 'Epidemiology and the slave trade', *Political Science Quarterly* 83.2 (1968): 190-216.

76 Curtin, Philip D., '"The White Man's Grave": Image and reality, 1780-1850', *The Journal of British Studies* 1.1 (1961): 94-110.

77 Ibid.

78 일부 서아프리카인들에게서 말라리아에 대한 유전적 면역이 진화했다. 예를 들어 낫 모양 적혈구 빈혈은 혈액 내 원충의 증식을 억제하지만 보균자에게는 다른 부정적인 영향을 미친다. Kwiatkowski, 'How malaria has affected the human genome'. 그러나 18세기 후반 영국이 노예로 팔려 온 아프리카인들을 자유의 고장Province of Freedom(현재 시에라리온)으로 보내면서 유전적 면역의 한계가 드러났다. 프로젝트 첫해인 1787년, 유럽인 정착민의 46퍼센트가 사망했지만 흑인 정착민도 39퍼센트 사망했다. 19세기 전반 라이베리아에 정착한 아프리카계 미국인의 사망률도 비슷하게 높았다. Crosby, *Ecological Imperialism*.

79 Kallas, Esper G., et al., 'Predictors of mortality in patients with yellow fever: An observational cohort study', *The Lancet Infectious Diseases* 19.7 (2019): 750-58.

80 Crosby, *Ecological Imperialism*.

81 Curtin, '"The White Man's Grave"'.

82 Curtin, Philip D., *Death by Migration: Europe's Encounter with the Tropical*

World in the Nineteenth Century. Cambridge University Press, 1989, p. 30.

83 Curtin, Philip D., 'The end of the "white man's grave"? Nineteenth-century mortality in West Africa', *The Journal of Interdisciplinary History* 21.1 (1990): 63-88.

84 Gelfand, Michael, 'Rivers of death in Africa', *Central African Journal of Medicine* 11.8 (1965): 1-46.

85 Crosby, *Ecological Imperialism*.

86 Shepperson, George, 'Mungo Park and the Scottish contribution to Africa', African Affairs 70.280 (1971): 277-81.

87 Headrick, Daniel R., 'The tools of imperialism: Technology and the expansion of European colonial empires in the nineteenth century', *The Journal of Modern History* 51.2 (1979): 231-63.

88 Green, *A Fistful of Shells*.

89 나이지리아 소설가 치누아 아체베Chinua Achebe는 1970년대에 콘래드를 "피비린내 나는 인종주의자"라고 비난한 것으로 유명하다. 자신의 여정에서 만나는 아프리카인에 대한 말로의 관심 부족은 분명 불쾌하지만, 이러한 근시적 시각이 바로 『어둠의 심장』을 식민주의에 대한 소름 끼치는 이야기로 만드는 원동력이기도 한다.

90 Headrick, Daniel R., *Power Over Peoples: Technology, Environments, and Western Imperialism, 1400 to the Present*. Princeton University Press, 2012.

91 Winegard, *The Mosquito*.

92 Curtin, '"The White Man's Grave"'.

93 Ibid.

94 Barrett, Michael P., and Federica Giordani, 'Inside Doctor Livingstone: A Scottish icon's encounter with tropical disease', *Parasitology* 144.12 (2017): 1652-62.

95 Gelfand, Michael, *Livingstone the Doctor: His Life and Travels. A Study in Medical History*. Blackwell, 1957. Headrick, 'The tools of imperialism'.

96 Curtin, '"The White Man's Grave"'.

97 안데스 산기슭에서는 늘어나는 기나나무 껍질에 대한 수요를 충족시킬 수 없었기 때문에 1850~1860년대에 볼리비아에서 밀수한 씨앗을 사용하여 영국령 인도와 네덜란드 동인도제도(지금의 말레이제도)에서 기나 농장이 시작되었다. 20세기 초에 이르자 전 세계 거의 모든 퀴닌을 유럽의 아시아 식민지들에서 공급했다. Ibid.

98 Acemoglu, Johnson and Robinson, 'The colonial origins of comparative

development'.

99 Hochschild, Adam, *King Leopold's Ghost: A Story of Greed, Terror, and Heroism in Colonial Africa*. Houghton Mifflin Harcourt, 1999.

100 Ibid.

101 Ibid.

102 Ibid.

103 Ibid.

104 Ibid.

6장 | 혁명의 시대: 전쟁의 판도를 바꾸다

1 Buchanan, Larry, Quoctrung Bui, and Jugal K. Patel, 'Black Lives Matter may be the largest movement in US history', *New York Times*, 3 July 2020.

2 Federal Reserve, 'Recent Trends in Wealth-Holding by Race and Ethnicity: Evidence from the Survey of Consumer Finances'. Accessible Data, 2017.

3 Carson, E. Ann, 'Prisoners in 2018'. *Bureau of Justice Statistics*, 2020.

4 'Slave Voyages' 웹사이트에서 가져온 데이터.

5 에드워드 콜스턴은 1672년에 설립된 왕립아프리카회사의 부총재였다. 다른 어떤 기관보다 많은 아프리카 어린이, 여성, 남성을 대서양 너머로 데려간 회사다. 약 50년 동안 15만 명을 수송했다. Pettigrew, William, *Freedom's Debt: The Royal African Company and the Politics of the Atlantic Slave Trade, 1672-1752*. University of North Carolina Press, 2013.

6 2020년 여름에 발생한 시위는 사람들이 식민주의 유산에 대해 더 폭넓게 분노를 표현할 기회를 제공했다. 예를 들어 벨기에 안트베르펜에서는 레오폴드 2세 동상 에 붉은 페인트를 뿌렸다.

7 Davis, David Brion, *Inhuman Bondage: The Rise and Fall of Slavery in the New World*. Oxford University Press, 2006. 노예제는 일부 수렵 채집 사회에도 존재했다. 그레이버와 웬그로는 그러한 상황에서 노예화된 사람들이 짐 나르는 짐승보다는 애완동물처럼 취급되었다고 지적한다. "양육하고 익힌 음식을 제공 해야 하는 존재"였다는 것이다. 그러나 그들은 집단 축제일에 죽임을 당하고 때로 는 잡아먹히기도 했다.

8 Wood, Ellen Meiksins, *Peasant-Citizen and Slave: The Foundations of Athenian Democracy*. Verso Books, 2015.

9 Hunt, Peter, *Ancient Greek and Roman Slavery*. John Wiley & Sons, 2017.

10 Barker, Hannah, *That Most Precious Merchandise: The Mediterranean*

Trade in Black Sea Slaves, 1260-1500. University of Pennsylvania Press, 2019.

11 Davis, David Brion, *The Problem of Slavery in Western Culture*. Oxford University Press, 1988.

12 Greenfield, Sidney M., 'Plantations, sugar cane and slavery', *Historical Reflections/Réflexions Historiques* 6:1 (1979): 85-119.

13 Galloway, Jock H., *The Sugar Cane Industry: An Historical Geography from Its Origins to 1914*. Cambridge University Press, 2005.

14 Greenfield, 'Plantations, sugar cane and slavery'.

15 1419년 마데이라제도를 발견한 것은 리스본에 거주하던 제노바 항해사 바르톨로메우 페레스트렐로Bartolomeu Perestrello(훗날 이 군도의 설탕 농장 주인이자 크리스토퍼 콜럼버스의 장인이 되는 인물)를 포함한 일행이었다.

16 Greenfield, 'Plantations, sugar cane and slavery'.

17 Pike, Ruth, 'Sevillian society in the sixteenth century: Slaves and freedmen', *Hispanic American Historical Review* 47.3 (1967): 344-59.

18 1495년 콜럼버스가 550명의 원주민을 노예로 팔기 위해 세비야로 운송했을 때 전염병에 대한 타이노족의 저항력이 부족하다는 것이 분명해졌다. 200명은 그 여정에서 살아남지 못했고, 스페인에 도착한 사람들도 대부분 도착 직후 사망했다. Crosby, *Ecological Imperialism*.

19 Rouse, Irving, *The Tainos: Rise and Decline of the People Who Greeted Columbus*. Yale University Press, 1992.

20 Mann, *1493*.

21 Curtin, 'Epidemiology and the slave trade'.

22 Ibid.

23 McNeill, John Robert, *Mosquito Empires: Ecology and War in the Greater Caribbean, 1620-1914*. Cambridge University Press, 2010.

24 Ibid.

25 Curtin, 'Epidemiology and the slave trade'.

26 앞 장에서 서아프리카 백인의 무덤에서는 상황이 더욱 악화되어 유럽인 병사가 1년 동안 생존할 확률이 반반 정도였다는 사실을 기억할 것이다.

27 커틴은 '열병' 사망자의 약 60퍼센트는 말라리아가, 나머지는 황열병이 원인이라고 추산했다. 풍토병인 말라리아는 매년 비슷한 수의 사망자가 발생하는 반면, 황열병은 유행병이기 때문에 사망률에 큰 변동이 있을 것이라는 가정을 바탕으로 했다. 이와 대조적으로 소앤틸리스제도에서는 아프리카인 군대의 10분의 1 이상이 열병으로 사망했다. 그들의 가장 큰 사망 원인은 폐렴과 결핵으로 추정되는

'폐 질환'이었다. Curtin, 'Epidemiology and the slave trade'.

28 Ibid.

29 McNeill, *Mosquito Empires*. Mann, 1493.

30 Mann, *1493*.

31 McNeill, *Mosquito Empires*. Mann, *1493*. 프랑스도 대서양과 태평양을 연결하는 운하를 건설하려던 1880년대에 비슷한 문제에 직면했다. 전염병에 대한 예산이 전혀 배정되지 않았고 2만 명의 노동자가 사망했다. 대부분은 황열병이 원인이었다. 8년 후 프로젝트를 포기했고 파나마운하 투자자들은 모든 돈을 잃었다. 1904년 이 프로젝트를 인수한 미국은 4000명의 인력을 고용해 모기 번식지를 파괴했다. 사망률이 급감하고 마침내 프로젝트를 실행할 수 있었다. 운하는 1914년에 완공되었다. Birn, Anne-Emanuelle, Yogan Pillay, and Timothy H. Holtz, *Textbook of International Health: Global Health in a Dynamic World*. Oxford University Press, 2009.

32 Galloway, *The Sugar Cane Industry*.

33 Davis, *The Problem of Slavery in Western Culture*.

34 Beckles, Hilary McDonald, 'The economic origins of Black slavery in the British West Indies, 1640-1680: A tentative analysis of the Barbados model', *The Journal of Caribbean History* 16 (1982): 36-56.

35 Kempadoo, Kamala, '"Bound Coolies" and other indentured workers in the Caribbean: Implications for debates about human trafficking and modern slavery', *Anti-Trafficking Review* 9 (2017).

36 Block, Kristen, and Jenny Shaw, 'Subjects without an empire: The Irish in the early modern Caribbean', *Past & Present* 210.1 (2011): 33-60.

37 Blackburn, Robin, *The Making of New World Slavery: From the Baroque to the Modern 1492-1800*. Verso, 1997.

38 Lewis, Linden, 'Barbadian society and the camouflage of conservatism', in Brian Meeks and Folke Lindahl (eds), *New Caribbean Thought: A Reader*. University of the West Indies Press, 2001, pp. 144-95.

39 McNeill, *Mosquito Empires*.

40 Mann, 1493.

41 Beckles, 'The economic origins of Black slavery in the British West Indies, 1640-1680'. 그러나 일부 '버크라'는 살아남았다. 예를 들어 바베이도스 가수 리한나Rihanna의 성은 아일랜드 계약직 노동자의 후손들에서 흔히 볼 수 있는 펜티 Fenty이다.

42 Mintz, Sidney W., *Sweetness and Power: The Place of Sugar in Modern*

History. Penguin, 1986.

43 Mancke, Elizabeth, and Carole Shammas (eds), *The Creation of the British Atlantic World*. Johns Hopkins University Press, 2005.

44 Burnard, Trevor, *Mastery, Tyranny, and Desire: Thomas Thistlewood and his Slaves in the Anglo-Jamaican World*. University of North Carolina Press, 2004.

45 Micheletti, Steven J., et al., 'Genetic consequences of the transatlantic slave trade in the Americas', *The American Journal of Human Genetics* 107.2 (2020): 265-77.

46 Davis, *Inhuman Bondage*.

47 Curtin, 'Epidemiology and the slave trade'.

48 이 수치는 18세기에 약 40퍼센트로 떨어졌다. Tomlins, Christopher, 'Reconsidering indentured servitude: European migration and the early American labor force, 1600-1775', *Labor History* 42.1 (2001): 5-43.

49 Census Bureau, *Bicentennial Edition: Historical Statistics of the United States, Colonial Times to 1970*. United States Government, 1975.

50 Berlin, Ira, *Many Thousands Gone: The First Two Centuries of Slavery in North America*. Harvard University Press, 2009.

51 Degler, Carl, 'Slavery and the genesis of American race prejudice', *Comparative Studies in Society and History* 2.1 (1959): 49-66.

52 Census Bureau, *Bicentennial Edition*.

53 Tomlins, 'Reconsidering indentured servitude'. Wiecek, William M., 'The statutory law of slavery and race in the thirteen mainland colonies of British America', *The William and Mary Quarterly: A Magazine of Early American History* 34.2 (1977): 258-80.

54 Blackburn, Robin, *The Overthrow of Colonial Slavery, 1776-1848*. Verso, 1988. Gosse, Van, *The First Reconstruction: Black Politics in America from the Revolution to the Civil War*. University of North Carolina Press, 2021.

55 Tomlins, 'Reconsidering indentured servitude'.

56 Parmakelis, Aristeidis, et al., 'Historical analysis of a near disaster: Anopheles gambiae in Brazil', *The American Journal of Tropical Medicine and Hygiene* 78.1 (2008): 176-8.

57 McNeill, *Mosquito Empires*.

58 Esposito, Elena, 'The side effects of immunity: Malaria and African slavery in the United States', *American Economic Journal: Applied Economics* 14.3

(2022): 290–328.

59   Ibid.

60   Mann, *1493*.

61   Menard, Russell R., *Migrants, Servants and Slaves: Unfree Labor in Colonial British America*. Routledge, 2001.

62   Esposito, Elena, 'The side effects of immunity'.

63   Ibid.

64   Census Bureau, *Bicentennial Edition*.

65   McNeill, *Mosquito Empires*.

66   Fick, Carolyn E., *The Making of Haiti: The Saint Domingue Revolution from Below*. University of Tennessee Press, 1990.

67   Makandal's fame has endured and he is a character in Alejo Carpentier's magical realist novella The Kingdom of This World (1949) and the video game Assassin's Creed.

68   Allewaert, Monique, 'Super fly: François Makandal's colonial semiotics', *American Literature* 91.3 (2019): 459–90.

69   Geggus, David Patrick, *Haitian Revolutionary Studies*. Indiana University Press, 2002.

70   Snowden, *Epidemics and Society*.

71   Census Bureau, *Bicentennial Edition*.

72   James, C. L. R., *The Black Jacobins: Toussaint L'Ouverture and the San Domingo Revolution*. Penguin, 2001.

73   Dubois, Laurent, *Haiti: The Aftershocks of History*. Metropolitan Books, 2012.

74   Snowden, *Epidemics and Society*.

75   Blackburn, Robin, 'Haiti, slavery, and the age of the democratic revolution', *The William and Mary Quarterly* 63.4 (2006): 643–74.

76   Geggus, *Haitian Revolutionary Studies*.

77   Marr, John S., and John T. Cathey, 'The 1802 Saint-Domingue yellow fever epidemic and the Louisiana purchase', *Journal of Public Health Management and Practice* 19.1 (2013): 77–82.

78   Snowden, *Epidemics and Society*.

79   McNeill, *Mosquito Empires*.

80   Ibid.

81   Snowden, *Epidemics and Society*.

82 Blackburn, *The Overthrow of Colonial Slavery.*

83 Drescher, Seymour, *Econocide: British Slavery in the Era of Abolition.* University of North Carolina Press, 2010.

84 Blackburn, 'Haiti, slavery, and the age of the democratic revolution'.

85 Rugemer, Edward Bartlett, *The Problem of Emancipation: The Caribbean Roots of the American Civil War.* Louisiana State University Press, 2009.

86 McPherson, James M., *The War That Forged a Nation: Why the Civil War Still Matters.* Oxford University Press, 2015.

87 McPherson, James M., *Battle Cry of Freedom: The Civil War Era.* Oxford University Press, 2003.

88 Mann, *1493.*

89 McNeill, *Mosquito Empires.*

90 Jones, Howard, *Abraham Lincoln and a New Birth of Freedom: The Union and Slavery in the Diplomacy of the Civil War.* University of Nebraska Press, 2002.

7장 | 산업혁명기: 런던, 유럽 위생공학의 선두에 서다

1 Hobsbawm, Eric, *The Age of Revolution: Europe 1789-1848.* Hachette, 2010.

2 Allen, Robert, 'Why the industrial revolution was British: Commerce, induced invention, and the scientific revolution', *The Economic History Review* 64.2 (2011): 357-84.

3 Galloway, *The Sugar Cane Industry.* Mintz, Sweetness and Power. 16세기에 아메리카대륙에서 유럽으로 전파된 감자는 구세계 식품보다 칼로리와 영양소가 풍부하여 더욱 큰 영향을 미쳤다. 미국 경제학자 네이선 넌Nathan Nunn의 추산에 따르면 18~19세기 아메리카대륙의 인구 증가와 도시화의 4분의 1 이상이 이 뿌리채소 덕분이었다. Nunn, Nathan, and Nancy Qian, 'The potato's contribution to population and urbanization: Evidence from a historical experiment', *The Quarterly Journal of Economics* 126.2 (2011): 593-650.

4 Solow, Barbara L., *The Economic Consequences of the Atlantic Slave Trade.* Lexington Books, 2014.

5 Ray, Indrajit, 'Identifying the woes of the cotton textile industry in Bengal: Tales of the nineteenth century', *The Economic History Review* 62.4 (2009): 857-92.

6   따라서 영국의 경제 호황과 영국이 식민지로 삼았던 지역의 빈곤 사이에는 분명
     한 연관성이 있다. 18세기 초 인도는 세계 경제 생산량의 약 4분의 1을 차지했
     지만 1947년 영국이 떠날 무렵에는 그 비율이 4퍼센트에 불과했다. Maddison,
     Contours of the World Economy 1-2030 AD.

7   Hobsbawm, *The Age of Revolution*.

8   Keynes, John Maynard, 'Economic possibilities for our grandchildren', in
     Essays in Persuasion. Palgrave Macmillan, 2010, pp. 321-32.

9   Szreter, Simon, 'Economic growth, disruption, deprivation, disease, and
     death: On the importance of the politics of public health for development',
     Population and Development Review 23.4 (1997): 693-728.

10   Marx, Karl, and Friedrich Engels, *The Communist Manifesto*. Penguin, 1967.

11   McKeown, Thomas, *The Role of Medicine: Dream, Mirage, or Nemesis?*
     Princeton University Press, 1980. Szreter, 'Economic growth, disruption,
     deprivation, disease, and death'.

12   Szreter, 'Economic growth, disruption, deprivation, disease, and death'.

13   In fact, there were just forty-eight towns with more than 10,000 inhabitants.

14   Law, Christopher M., 'The growth of urban population in England and
     Wales, 1801-1911', *Transactions of the Institute of British Geographers* 41
     (1967): 125-43.

15   Szreter, Simon, and Graham Mooney, 'Urbanization, mortality, and the
     standard of living debate: New estimates of the expectation of life at birth
     in nineteenth?century British cities', *The Economic History Review* 51.1
     (1998): 84-112.

16   Omran, Abdel R., 'The epidemiological transition: A theory of the
     epidemiology of population change', *Millbank Memorial Fund Quarterly*
     49 (1971): 509-38.

17   Szreter, Simon, 'Industrialization and health', *British Medical Bulletin* 69.1
     (2004): 75-86.

18   Szreter, Simon, 'The importance of social intervention in Britain's mortality
     decline c.1850-1914: A re-interpretation of the role of public health',
     Social History of Medicine 1.1 (1988): 1-38.

19   Szreter and Mooney, 'Urbanization, mortality, and the standard of living
     debate'.

20   Ibid.

21   Szreter, Simon, and Michael Woolcock, 'Health by association? Social

capital, social theory, and the political economy of public health',
International Journal of Epidemiology 33.4 (2004): 650-67.

22   Green, Mark A., Danny Dorling, and Richard Mitchell, 'Updating Edwin
Chadwick's seminal work on geographical inequalities by occupation',
Social Science & Medicine 197 (2018): 59-62.

23   이 스케치 코미디는 팀 브룩테일러Tim Brooke-Taylor, 마티 펠드먼Marty Feldman,
존 클리즈John Cleese, 그레이엄 채프먼 Graham Chapman이 텔레비전 쇼 〈At
Last the 1948 Show〉에서 처음 대본을 쓰고 공연했다. 클리즈와 채프먼은 몬티
파이선의 멤버였고 라이브 쇼에서 이를 공연하기도 했다.

24   Chang, Ha-Joon, *Kicking Away the Ladder: Development Strategy in
Historical Perspective*. Anthem Press, 2002.

25   부모에게 자녀가 경제적으로 중요한데도 영아 살해는 19세기 영국 도시와 마
을에서 흔히 볼 수 있는 현상이었다. 이 시대의 한 관찰자는 경찰이 "길거리에
서 아이 시체를 발견하는 일은 죽은 고양이나 개를 줍는 것만큼 흔하다고 생각
한다"라고 지적했다. Mathieson, Paige, 'Bad or Mad? Infanticide: Insanity
and morality in nineteenth-century Britain', *Midlands Historical Review*,
4.2040(2020): 1-44.

26   Mooney, Graham, 'Infectious diseases and epidemiologic transition in
Victorian Britain? Definitely', *Social History of Medicine* 20.3 (2007): 595-
606.

27   Evans, Richard, 'Epidemics and revolutions: Cholera in nineteenth-century
Europe', *Past & Present* 120 (1988): 123-46.

28   Snowden, *Epidemics and Society*.

29   Ibid.

30   Evans, 'Epidemics and revolutions'.

31   Ibid.

32   Ibid.

33   Ibid.

34   Ibid. Burrell, Sean, and Geoffrey Gill, 'The Liverpool cholera epidemic of
1832 and anatomical dissection — medical mistrust and civil unrest', *Journal
of the History of Medicine and Allied Sciences* 60.4 (2005): 478-98.

35   Evans, 'Epidemics and revolutions'.

36   Szreter, 'Industrialization and health'.

37   Hobsbawm, *The Age of Revolution*.

38   Szreter and Woolcock, 'Health by association?'.

39 Szreter, 'Economic growth, disruption, deprivation, disease, and death'.

40 Szreter and Woolcock, 'Health by association?'.

41 Szreter, Simon, 'Rapid economic growth and "the four Ds" of disruption, deprivation, disease and death: Public health lessons from nineteenth-century Britain for twenty-first-century China?', *Tropical Medicine & International Health* 4.2 (1999): 146-52.

42 1845년 아일랜드 대기근 당시 시니어는 "100만 명 넘게 죽지는 않을 것이며, 그 정도로는 아무 도움이 되지 않을 것"이라고 말했다.

43 Thompson, E. P., *The Making of the English Working Class*. Penguin, 1968.

44 Szreter, Simon, 'The right of registration: Development, identity registration, and social security—a historical perspective', *World Development* 35.1 (2007): 67-86.

45 Snowden, *Epidemics and Society*.

46 Ibid. Szreter, 'Economic growth, disruption, deprivation, disease, and death'.

47 Johnson, Steven, *The Ghost Map: The Story of London's Most Terrifying Epidemic – and How It Changed Science, Cities, and the Modern World*. Penguin, 2006.

48 Briggs, Asa, 'Cholera and society in the nineteenth century', *Past & Present* 19.1 (1961): 76-96.

49 Szreter, 'Economic growth, disruption, deprivation, disease, and death'.

50 Szreter, 'Rapid economic growth and "the four Ds"'. Szreter, 'Economic growth, disruption, deprivation, disease, and death'.

51 Szreter and Woolcock, 'Health by association?'.

52 Szreter, 'Economic growth, disruption, deprivation, disease, and death'. Szreter, 'The importance of social intervention in Britain's mortality decline'. Szreter, 'Industrialization and health'. Szreter and Woolcock, 'Health by association?'.

53 Luckin, William, 'The final catastrophe—cholera in London, 1866', *Medical History* 21.1 (1977): 32-42. Johnson, *The Ghost Map*.

54 Halliday, Stephen, 'Death and miasma in Victorian London: An obstinate belief', *British Medical Journal* 323.7327 (2001): 1469-71,

55 1858년 스노의 부고 기사는 다음과 같다. "이 유명한 의사는 16일 정오에 색빌 기리의 자택에서 뇌졸중으로 사망했다. 클로로폼 및 기타 마취제에 대한 그의 연구는 전문가들로부터 높은 평가를 받았다." 그가 사망하고 거의 150년이 지난 2013년

에 이 저널은 더 긴 부고 기사를 게재했다. Hempel, Sandra, 'John Snow', *The Lancet* 381.9874 (2013): 1269-70.

56 Black, Mary E., 'Our relationship with poo', *British Medical Journal* (2012): 344:e2354.

57 Szreter, 'The importance of social intervention in Britain's mortality decline'.

58 Johnson, *The Ghost Map*.

59 Szreter, 'Industrialization and health'.

60 Szreter, 'Economic growth, disruption, deprivation, disease, and death'. Szreter and Woolcock, 'Health by association?'.

61 Szreter, 'Economic growth, disruption, deprivation, disease, and death'.

62 Szreter and Woolcock, 'Health by association?'.

63 Szreter, 'Economic growth, disruption, deprivation, disease, and death'.

64 Szreter, 'The importance of social intervention in Britain's mortality decline'.

65 이는 현대 세계의 모습과 대조적이다. 투자를 유치하기 위해 노동법과 환경 규제 같은 기타 관련 비용뿐만 아니라 세금과 관련하여 국가 간 '바닥 치기 경쟁'을 벌이는 모습 말이다. 슈레터는 이러한 역학 관계를 19세기 후반 지방 정치의 "섬뜩한 반전"이라 부른다. Ibid.

66 Szreter, 'Industrialization and health'.

67 Mooney, 'Infectious diseases and epidemiologic transition in Victorian Britain?'. Szreter, 'Economic growth, disruption, deprivation, disease, and death'. Szreter, 'The importance of social intervention in Britain's mortality decline'.

68 Evans, Richard J. *Death in Hamburg: Society and Politics in the Cholera Years*. Clarendon, 1987.

69 Ibid.

70 Ibid.

71 Szreter, Simon, 'The population health approach in historical perspective', *American Journal of Public Health* 93.3 (2003): 421-31.

72 Szreter, 'Industrialization and health'.

73 Szreter and Woolcock, 'Health by association?'.

74 Szreter, 'Industrialization and health'.

75 자치 도시국가이던 함부르크에서는 시행되지 않았지만 말이다.

1   Schorske, Carl, *Fin-De-Siècle Vienna: Politics and Culture*. Vintage Books, 1981.

2   지그문트 프로이트는 그 무렵 빈대학에서 근무했는데, 그가 클림트의 정서에 동감했으리라고 상상해도 그리 큰 비약은 아니다.

3   스페인독감도 전 세계에 큰 영향을 미쳤지만, 이 책에서는 자세히 다루지 않았다. 이 주제에 관해 가장 유명한 책은 다음과 같다. Spinney, Laura, *Pale Rider: The Spanish Flu of 1918 and How it Changed the World*. Public Affairs, 2017.

4   Kenny, Anthony, *The Enlightenment: A Very Brief History*. Society for Promoting Christian Knowledge, 2017.

5   Adam, David, '15 million people have died in the pandemic, WHO says', *Nature* 605.7909 (2022): 206.

6   이 장의 기대 수명과 빈곤에 관한 모든 데이터는 달리 명시하지 않는 한 세계은행의 것이다. 2장에서 지난 50여 년간 수렵 채집 공동체를 관찰한 결과 수렵 채집인의 평균 기대 수명이 70대 중반 정도라고 연구자들이 추정한 사실을 기억할 것이다. 따라서 최근 전 세계 평균 수명 증가는 언뜻 인상적으로 보일 수 있지만, 실제로는 인류 사회가 신석기 혁명과 산업혁명이 건강에 끼친 피해를 마침내 극복하고 있음을 보여줄 뿐이다.

7   2021년 '세계 화장실의 날World Toilet Day'을 맞아 유엔이 발표한 성명서 내용.

8   달리 명시하지 않는 한 전염병으로 인한 사망자 수에 대한 모든 수치는 워싱턴대학 보건측정평가연구소Institute for Health Metrics and Evaluation에서 수행한 최신 '글로벌 질병 부담Global Burden of Disease' 연구에서 가져온 것이다.

9   세계은행 데이터.

10 딜런 모한 그레이Dylan Mohan Gray의 2013년 영화 〈피 속의 혈투Fire in the Blood〉 참조.

11 2021년 UNAIDS 데이터.

12 Niyibitegeka, Fulgence, et al., 'Economic burden of childhood diarrhea in Burundi', *Global Health Research and Policy* 6.1 (2021): 1-12.

13 Muttamba, Winters, et al., 'Households experiencing catastrophic costs due to tuberculosis in Uganda: Magnitude and cost drivers', *BMC Public Health* 20.1 (2020): 1-10.

14 Global TB Caucus, *The Price of a Pandemic* (2017). The figures were calculated by KPMG and the World Health Organization's Global TB Programme and published in Global TB Caucus's 2017 The Price of a

Pandemic report.

15 Sachs, Jeffrey, and Pia Malaney, 'The economic and social burden of malaria', *Nature* 415.6872 (2002): 680-85.

16 Dixon, Simon, Scott McDonald, and Jennifer Roberts, 'The impact of HIV and AIDS on Africa's economic development', *British Medical Journal* 324.7331 (2002): 232-4.

17 Bonds, Matthew H., et al., 'Poverty trap formed by the ecology of infectious diseases', *Proceedings of the Royal Society B: Biological Sciences* 277.1685 (2010): 1185-92.

18 Milanovic, Branko, *Global Inequality: A New Approach for the Age of Globalization*. Harvard University Press, 2016. 핑커는 낙관론의 근거로 현재 세계은행에서 하루 생활비 1.90달러로 분류하는 극빈층 인구가 전 세계적으로 감소한다는 점을 꼽았다. 1990년 전 세계 인구의 3분의 1이 넘었던 극빈층 인구는 현재 10분의 1 이하로 감소했다. 사하라 이남 아프리카의 극빈층 감소율은 같은 기간 55.1퍼센트에서 40.4퍼센트로 훨씬 덜 가팔랐다. 그러나 이 기간에 아프리카대륙 인구가 두 배 이상 증가함에 따라 아프리카 빈곤층의 절대 숫자는 2억 8,870만 명에서 5억 4,890만 명으로 두 배 증가했다. 그러나 에스와티니(옛 스와질랜드) 출신 인류학자 제이슨 히켈Jason Hickel은 하루 1.90달러가 빈곤의 의미 있는 척도가 되기에는 너무 낮다고 지적한다. 대신 하루 5.50달러라는 더 높은 기준을 적용해야 기본적 생존에 필요한 비용을 충당하기에 충분하다는 것이다. 이렇게 보면 사하라 이남 아프리카 인구 중 빈곤선 아래에 있는 인구 비율은 1990년 (89.1퍼센트)과 현재(86.1퍼센트) 사이에 거의 변동이 없는 반면 절대적 숫자는 4억 5,400만 명에서 9억 7,810만 명으로 급증한다.

19 다음에서 인용. Lampton, David M., 'Public health and politics in China's past two decades', *Health Services Reports* 87.10 (1972): 895-904.

20 Needham, Joseph, *Science and Civilisation in China*, Vol. 6, *Biology and Biological Technology*, Part VI, Medicine. Cambridge University Press, 2000.

21 Hipgrave, David, 'Communicable disease control in China: From Mao to now', *Journal of Global Health* 1.2 (2011): 224-38.

22 Ibid.

23 Lampton, 'Public health and politics in China's past two decades'.

24 Hipgrave, 'Communicable disease control in China'.

25 Roberts, John Anthony George, *A History of China*. Macmillan, 1999.

26 Dikötter, Frank, *Mao's Great Famine: The History of China's Most Devastating Catastrophe, 1958-62*. Bloomsbury, 2018.

27 Dikötter, Frank, *The Cultural Revolution: A People's History, 1962-1976*. Bloomsbury, 2016.

28 Hipgrave, 'Communicable disease control in China'.

29 Ibid. Lampton, 'Public health and politics in China's past two decades'.

30 Lampton, 'Public health and politics in China's past two decades'.

31 Rosenthal, Marilynn, and Jay Greiner, 'The barefoot doctors of China: From political creation to professionalization', *Human Organization* 41.4 (1982): 330-41.

32 Hipgrave, 'Communicable disease control in China'. Gong, You-Long, and L. M. Chao, 'The role of barefoot doctors', *American Journal of Public Health* 72.9 (1982): 59-61.

33 Beach, Marilyn, 'China's rural health care gradually worsens', *The Lancet* 358.9281 (2001): 567.

34 Ibid.

35 Cook, Ian G., and Trevor J. B. Dummer, 'Changing health in China: Re-evaluating the epidemiological transition model', *Health Policy* 67.3 (2004): 329-43.

36 Yu, Hao, 'Universal health insurance coverage for 1.3 billion people: What accounts for China's success?', *Health Policy* 119.9 (2015): 1145-52.

37 Dong, Yanhui, et al., 'Infectious diseases in children and adolescents in China: Analysis of national surveillance data from 2008 to 2017', *British Medical Journal* 369 (2020).

38 이 수치는 중국의 국영 언론사 신화통신사에서 제공한 것이다.

39 인구의 거의 4분의 1이 여전히 5.50달러 미만으로 생활하지만, 이는 2000년대가 시작될 때 90퍼센트에 약간 못 미치는 비율이었던 것에 비하면 감소한 수치다.

40 Acemoglu, Johnson and Robinson, 'The colonial origins of comparative development'.

41 Hochschild, *King Leopold's Ghost*. Compare the situation in New England with the Congo. The leaders of the Massachusetts Bay Colony founded Harvard University in 1636, Protestant clergyman John Harvard being the college's first donor.

42 Clift, Charles, 'The role of the World Health Organization in the international system', Chatham House Centre on Global Health Security Working Group Papers (2013).

43 Brown, Theodore M., Marcos Cueto, and Elizabeth Fee, 'The World Health

Organization and the transition from "international" to "global" public health', *American Journal of Public Health* 96.1 (2006): 62-72. Fee, Elizabeth, and Theodore M. Brown, 'A return to the social justice spirit of Alma-Ata', *American Journal of Public Health* 105.6 (2015): 1096-7.

44 Ibid.

45 Chang, *Kicking Away the Ladder*. Chang, Ha-Joon, *Bad Samaritans: The Guilty Secrets of Rich Nations and the Threat to Global Prosperity*. Random House, 2008.

46 세계은행 데이터.

47 Forster, Timon, et al., 'How structural adjustment programs affect inequality: A disaggregated analysis of IMF conditionality, 1980-2014', *Social Science Research* 80 (2019): 83-113.

48 Skosireva, Anna K., and Bonnie Holaday, 'Revisiting structural adjustment programs in Sub-Saharan Africa: A long-lasting impact on child health', *World Medical & Health Policy* 2.3 (2010): 73-89.

49 Nosrati, Elias, et al., 'Structural adjustment programmes and infectious disease mortality', *PloS One* 17.7 (2022): e0270344.

50 이는 미국과 영국을 포함한 대부분의 고소득 국가가 관세와 보조금으로 자국 산업을 보호함으로써 부유해졌음을 보여 주는 장하준의 권위 있는 저서 『사다리 걷어차기Kicking Away the Ladder』를 의도적으로 암시한 것이다. 그러나 부유해진 뒤 이들 국가는 자유무역 정책을 채택하고 필요한 경우 폭력을 통해 다른 나라에 이를 강요했다. 이 과정에서 세계에서 가장 부유한 국가들은 가난한 국가들이 산업화를 이루고 부유해질 기회를 막아 버렸다고 장하준은 주장한다. 다시 말해 그들은 "사다리를 걷어차 버렸다"는 것이다.

51 Rashid, Theo, et al., 'Life expectancy and risk of death in 6791 communities in England from 2002 to 2019: High-resolution spatiotemporal analysis of civil registration data', *The Lancet Public Health* 6.11 (2021): e805-e816.

52 Marmot, Michael, 'Society and the slow burn of inequality', *The Lancet* 395.10234 (2020): 1413-14.

53 Office for National Statistics, 'Socioeconomic inequalities in avoidable mortality, England and Wales: 2001 to 2017'. Government of the United Kingdom, 2019.

54 Marmot, Michael, 'The health gap: The challenge of an unequal world', *The Lancet* 386.10011 (2015): 2442-4.

55 Allen, Luke N., and Andrea B. Feigl, 'Reframing non-communicable

diseases as socially transmitted conditions', *The Lancet Global Health* 5.7 (2017): e644-e646.

56 Scott, Courtney, Jennifer Sutherland, and Anna Taylor, 'Affordability of the UK's Eatwell Guide'. The Food Foundation, 2018.

57 이 수치의 출처는 다음과 같다. the NHS's 'National Child Measurement Programme, England 2020/21 School Year' report.

58 Hutton, Will, 'The bad news is we're dying early in Britain – and it's all down to "shit-life syndrome"', *Guardian*, 19 August 2018.

59 Kitson, Michael, and Jonathan Michie, 'The Deindustrial Revolution: The rise and fall of UK manufacturing, 1870-2010'. Working Paper 459, Centre for Business Research, University of Cambridge, 2014.

60 Berry, Craig, 'UK manufacturing decline since the crisis in historical perspective', SPERI British Political Economy Brief No. 25 (2016).

61 Marmot, Michael, et al., *Build Back Fairer: The COVID-19 Marmot Review*. The Health Foundation, 2020.

62 Martin, Stephen, et al., 'Causal impact of social care, public health and healthcare expenditure on mortality in England: Cross-sectional evidence for 2013/2014', *BMJ Open* 11.10 (2021): e046417.

63 Arias, Elizabeth, et al., 'Provisional life expectancy estimates for January through June, 2020'. National Center for Health Statistics (USA), NVSS vital statistics rapid release report No. 010, 2021.

64 Case, Anne, and Angus Deaton, *Deaths of Despair and the Future of Capitalism*. Princeton University Press, 2020.

65 Ibid.

66 세계은행 데이터.

67 Wilper, Andrew P., et al., 'Health insurance and mortality in US adults', *American Journal of Public Health* 99.12 (2009): 2289-95.

68 Figures for people without health insurance are from the Centers for Disease Control and Prevention. Himmelstein, David U., et al., 'Medical bankruptcy: Still common despite the Affordable Care Act', *American Journal of Public Health* 109.3 (2019): 431-3.

69 Hakobyan, Shushanik, 'In the race to vaccinate sub-Saharan Africa continues to fall behind', https://blogs.imf.org/2021/11/22/in-the-raceto-vaccinate-sub-saharan-africa-continues-to-fall-behind/ (2020).

70 Paton, James, 'Wealthy nations will have 1.2 billion doses they don't need',

https://www.bloomberg.com/news/articles/2021-09-04/ wealthy-nations-will-have-1-2-billion-doses-they-don-t-need (5 September 2021).

71 Ye, Yang, et al., 'Equitable access to COVID-19 vaccines makes a life-saving difference to all countries', *Nature Human Behaviour* 6 (2022): 207-16.

72 Suleman, Mehrunisha, et al., *Unequal Pandemic, Fairer Recovery: The COVID-19 Impact Inquiry Report*. The Health Foundation, 2021.

73 이 통계의 출처는 다음과 같다. Poor People's Campaign's 'A poor people's pandemic report: Mapping the intersections of poverty, race and COVID-19'.

74 코로나19의 수치는 다음을 참고. Johns Hopkins' Coronavirus Resource Center. 이 수치는 2022년 6월 현재의 것이다.

75 비극적이게도 리원량은 2020년 초 코로나19에 감염되어 33세의 나이로 사망했다.

76 중국이 계속해서 정보를 엄격하게 통제하기 때문에 국가 간 비교는 어렵다. 일부 학자는 중국 당국의 공식 발표에 의문을 제기했다. 중국이 코로나19 확진자 수를 축소해서 발표했다고 해도 여전히 미국이나 영국에 비해 사망자 수가 현저히 낮은 것은 분명해 보인다.

결론 | 보다 건강한 세상을 위하여

1 물론 이것은 마르크스의 다음과 같은 유명한 발언을 의식적으로 암시한다. "인간은 자신의 역사를 만들지만, 스스로 선택한 상황에서 자신이 원하는 대로 만드는 것이 아니라 과거와 직접 대면하고 과거로부터 주어지고 물려받은 상황 속에서 역사를 만든다. 모든 죽은 세대의 전통은 산 자의 뇌를 악몽처럼 무겁게 짓누른다."

2 Quammen, David, *Spillover: Animal Infections and the Next Human Pandemic*. W. W. Norton, 2012.

3 유발 하라리가 지적했듯이 디지털 영역으로 대규모 이동한 덕분에 사회는 현실 세계의 팬데믹에서 더 잘 살아남을 수 있었지만, 악성 소프트웨어와 사이버 전쟁에는 점점 더 취약해지고 있다. Harari, Yuval Noah, 'Lessons from a year of Covid', *Financial Times*, 26 February 2021.

4 코로나19 수치는 존스홉킨스대학 코로나바이러스 리소스 센터Coronavirus Resource Center 에서 제공한 것이다. 2022년 7월 현재 정확한 수치다.

5 Fukuyama, Francis, *The End of History and the Last Man*. Simon and Schuster, 2006.

6   Summers, Lawrence, 'Covid-19 looks like a hinge in history', *Financial Times*, 14 May 2020.

7   Allison, Graham, *Destined for War: Can America and China Escape Thucydides' Trap?* Houghton Mifflin Harcourt, 2017.

8   Murray, Christopher J. L., et al., 'Global burden of bacterial antimicrobial resistance in 2019: A systematic analysis', *The Lancet* 399.10325 (2022): 629-55.

9   Spinney, Laura, 'The next pandemic? It may already be upon us', *Guardian*, 15 February 2021.

감사의 말

이 책은 고고학자, 유전학자, 역사가, 인류학자, 사회학자, 경제학자 등이 수행한 방대한 양의 1차 연구를 한데 모은 것이다. 영국의 역사가 키스 토머스Keith Thomas는 윌리엄 맥닐의 『전염병과 인류의 역사』 서평에서 이러한 연구를 수행하는 사람들을 "과거의 작은 땅을 집중적으로 경작하는 소작농"이라 묘사했다.* 이 비유는 이러한 연구자들의 노력의 고되고 중요한 본질을 포착하지만, 그들의 놀라운 기술과 창의성을 공평하게 다룬 것은 아니다. 내가 보기에 그들은 오래된 뼛조각, 침 한 방울, 북극의 얼음 코어, 수백 년 된 텍스트 또는 스프레드시트의 숫자에서 귀중한 통찰력을 얻을 수 있는 연금술사이다. 그들의 연구가 없었다면 이 책을 쓸 수 없었을 것이다.

나는 성인이 된 후 삶의 대부분을 대학에서 공부하고 일하면서

---

* 이어지는 문장은 다음과 같다. "그들의 노동은 고되고 필수 불가결하지만 잠시 멈춰 고개를 들 경우 그들의 시야는 대개 이웃의 울타리에 막힌다." Keith Thomas, "Epidemic Man", *New York Review of Books*, 30 september 1976: 3~4.

보냈으며, 이 경험은 다양한 방식으로 책에 기여했다. 나는 스스로 매우 운이 좋았다고 생각한다. 나는 석사 과정 중 프랑크 벨츠Frank Welz 교수의 글로벌 연구 프로그램에 참여해 독일, 남아프리카공화국, 인도에서 시간을 보낼 수 있었다. 특히 더반과 델리에서의 생활은 세상을 보는 방식을 바꾸어 놓았다. 케임브리지에서는 박사 과정 지도교수인 로런스 킹Lawrence King이 나의 지적 성장에 큰 영향을 미쳤다. 무엇보다도 정치와 경제, 건강 사이의 연관성을 살펴볼 것을 처음 권유한 이가 로런스 교수였다. 또한 그는 이 책에서 중요한 역할을 하는 로버트 브레너와 사이먼 슈레터 같은 이들의 연구도 소개해 주었다. 그리고 학생 시절을 즐겁게 보낼 수 있게 해 준 리스 홉킨스Rhys Hopkins, 폴 켈리Paul Kelley, 세스 쉰들러Seth Schindler, 로저먼드 콘로이Rosamund Conroy에게도 감사를 전한다.

2016년에 나는 런던퀸메리대학 의대에서 근무하기 시작했다. 그 이후 줄곧 그곳에 있었다. 내 사무실은 1866년 런던에서 마지막으로 콜레라가 발생했던 곳에서 멀지 않은 런던 동부에 위치해 있다. 1866년은 시 당국이 수도의 가장 가난한 지역에 마지막 하수도를 연결하기로 결정한 이후다. 우리 대학 캠퍼스 주변 지역은 영국의 금융 중심지인 런던 시티에서 도보로 몇 분 거리에 있는데도 여전히 전국에서 가장 낙후된 지역에 속한다. 지난 6년 동안 내가 가르친 많은 학생이 이 지역에서 자랐고, 이 책과 관련된 많은 것을 가르쳐 주었다. 또한 메그 클린치Meg Clinch, 조너선 필리폰Jonathan Filippon, 앤드루 하머Andrew Harmer, 젠 랜들Jen Randall, 그리고 우리 모두를 한데 모은 데이브 맥코이Dave McCoy를 포함하여 믿을 수 없을 정도로 친절하고 격려와 영감을 주는 동료들이 있어 행운이었다.

400

이 책은 나의 첫 저서로, 데이비드 하이햄 어소시에이츠David Higham Associates의 에이전트 제시카 울라드Jessica Woollard는 대중서 출판의 세계에 최고의 안내자 역할을 해 주었다. 그녀의 열정과 침착함은 내가 모든 일을 순조롭게 진행하는 데 큰 도움이 되었다. 영국 트랜스월드Transworld 출판사의 편집자 알렉스 크리스토피Alex Christofi 와 미국 크라운Crown 출판사의 편집자 어맨다 쿡Amanda Cook과 그녀의 동료 케이티 베리Katie Berry, 그리고 라이터스 하우스Writers House의 사이먼 립스카Simon Lipskar를 연결해 준 제시카에게 고마움을 표한다. 알렉스, 어맨다, 케이티의 조언 덕분에 이 책은 훨씬 간결하고 초점이 또렷하며 명료해졌다.

지난 40년 동안 나를 격려해 주신 부모님 앨리슨Alison과 데이비드David에게 감사의 말을 전한다. 하지만 누구보다도 아내인 파라 자랄Farrah Jarral의 역할을 인정하고 싶다. 지난 몇 년 동안 나는 이 책을 쓰느라 많은 저녁과 주말, 휴일을 보냈다. 아내는 신속하게 응원의 말을 건네고 불평은 잘 하지 않았다. 하지만 그녀는 옆에서 응원하고 내 부재를 용인하는 것보다 훨씬 더 중요한 역할을 했다. 그녀는 훌륭하고 창의적이며 비판적인 마인드를 지니고 있어서, 이 책의 아이디어가 좋은지 어떤지에 대해 내가 의논할 완벽한 사람을 떠올린다면 바로 그녀일 것이다.

2020년에 아내가 첫 아이 자하Zaha를 낳았다. 그 이후로 글을 쓰고 자하와 노는 데 모든 시간을 바쳤지만 내 인생에서 가장 즐거운 시기였다. 이 책을 아내와 아이에게 바친다.

옮긴이의 말

역사의 흐름은 무엇으로 결정될까? 나폴레옹, 마르크스, 히틀러, 예수, 무함마드 같은 인물? 아니면 『자본론』, 『성경』, 『코란』, 바퀴의 발명, 인쇄술, 핵폭탄 같은 것일까?

이보다 광범위하고 혁신적인 시각이 있다. 병원균이 역사상 가장 중요한 사회적, 정치적, 경제적 변혁의 주역이라는 것이다. '병원균은 여러 종의 호모 속이 살던 행성을 사피엔스가 지배하는 곳으로 바꾸었으며, 떠돌이 수렵 채집 사회를 정착 농업 사회가 대체하게 만들었다. 또한 대제국들을 멸망시키고, 기독교와 이슬람을 세계 종교로 변화시켰으며, 봉건제에서 자본주의로 전환을 이끌었다. 유럽 식민주의가 초래한 황폐화, 농업과 산업 혁명, 현대 복지국가의 탄생에도 결정적 역할을 했다.' 이는 런던퀸메리대학에서 정치와 글로벌 공중 보건을 가르치는 조너선 케네디 교수의 주장이다. 『균은 어떻게 세상을 만들어 가는가』는 2023년 영국에서 출간된 그의 첫 책으로, 원제인 'Pathogenesis'란 '병인론病因論'을 뜻한다. 저자는 케임브리지대학에서 사회학 박사 학위를 받았으며, 의학, 공중 보건, 역사, 사회학 분야의 주요 학술지에 논문을 내고 있는 통섭적 연구자다.

그는 말한다. "지난 몇 년 동안 DNA 분석의 발전 덕분에 병원균과 과거에 대한 우리의 이해는 혁신적으로 바뀌었다. 고대 골격은 놀라운 비밀을 드러내기 시작했고, 그 내용은 매우 풍부하다. 이 책은 이처럼 획기적인 연구를 한데 모은 것으로, 대부분 값비싼 구독료를 내야 하는 과학 저널이라는 장벽 안에 게재되어 학계 밖에서는 널리 읽히지 않는 내용을 담고 있다. 이 책은 고고학, 역사학, 인류학, 경제학, 사회학 등 다른 학문의 연구와 맥락을 같이한다."(27~28쪽) 특히 마지막 문장은 자신의 통섭적 접근 방식을 겸손하게 표현한 것이다.

그는 시대의 흐름을 설명하면서 그 배경과 경과를 나열하고 그 뒤에 특정한 질병이 끼친 영향을 논증한다. 배경 설명이 집약적이면서도 구체적이어서 믿음을 준다. 이는 내가 예전에 우리말로 옮긴 유발 하라리의 『사피엔스』와 크게 비교되는 지점이다. 아마도 스토리 위주의 대중서로 쓴다면 하라리 식의 서술이 훨씬 가독성이 높았을 것이다. 저자는 이 같은 길을 택하지 않고 학술적이고 논증적으로 글을 전개해 나간다. 이 분야의 교과서로 쓰일 법한 수준이다.

저자는 미국의 생물학자 에드워드 오즈번 윌슨의 "선사시대 없이는 역사도 의미가 없고, 생물학 없이는 선사시대도 의미가 없다"(31쪽)라는 말을 인용하며 논의를 시작한다. 인류 진화의 초기 단계에서 호모사피엔스가 다른 인류 종족(네안데르탈인, 데니소반인 등)

보다 우위를 점하게 된 이유는 무기나 지능보다 병원균과의 관계에 있었을 가능성이 크다. 아프리카에서 이동해 온 호모사피엔스는 여행을 통해 강력한 면역 체계를 획득했고, 이들이 가져온 새로운 병원균에 유럽의 네안데르탈인들은 취약했다. 그는 "초기 인류에게 지중해 동부 지역은 톨킨의 모르도르에 해당하는 저주받은 영역으로 보였을 것"(52쪽)이라고 서술하며, 네안데르탈인 집단에 사피엔스가 옮긴 병원균이 유입되었다면 그 반대의 경우보다 훨씬 더 치명적이었을 것이라고 주장한다.

저자는 3세기 로마의 전염병이 당시 범신론적 종교보다 기독교가 우위를 차지하는 데도 일조했다고 주장한다. 그는 "기독교 신앙은 2~3세기에 치명적인 전염병이 창궐해 로마제국을 강타했을 때 다신교보다 더 매력적이고 확실한 삶과 죽음의 지침을 제공했기 때문에 급성장했다"(118쪽)라고 설명한다(여기에는 콘스탄티누스 황제가 기독교를 공인한 것이 더 가능성이 높은 원인이라는 반론도 존재한다).

18~19세기에 아이티 국가의 탄생과 미국의 성장에도 질병이 중요한 역할을 했다. 1802년, 프랑스 나폴레옹의 군대가 아이티를 재정복하려 했을 때, 현지 반란군은 황열병을 전략적으로 활용했다. 즉 프랑스군과의 전투를 우기까지 회피함으로써 황열병을 옮기는 이집트숲모기가 번식할 시간을 벌었던 것이다. 이 전략은 크게 성공하여 6만 5000명의 프랑스 군인 중 5만 명 이상이 대부분 황열병으로 사망했다. 카리브해 전초 기지를 유지할 수 없게 된 프랑스는 결국 루이지애나의 광대한 영토를 미국에 매각했다.

조너선 케네디는 인류가 질병과 지속적으로 상호작용을 하며 공존해 왔다는 시각을 제시한다. 이러한 관점에서 코로나19 같은 현대의 팬데믹은 종말론적 사건이 아니라, 인류가 세계 무대에서 다른 생명체와 공존하는 방식의 최신 사례로 볼 수 있다. 지구상에 존재하는 동물, 식물, 균 등의 종류는 870만 개인 데 비해 박테리아와 고세균의 종류는 1조 개에 달하는 것으로 추정되며, 우리 호모사피엔스는 그중 단 한 종류에 불과하다. 책은 지구상 생물량 중 박테리아가 13퍼센트, 인간은 0.01퍼센트에 불과하다는 사실을 상기시키며 질병과의 전쟁에서 인류가 압도적 열세에 있음을 강조한다.

이 책을 번역하면서 핵심 단어인 'plague'를 어떻게 옮겨야 할지 많이 고심했다. 웹스터 사전에는 '수많은 사람들에게 빠르게 퍼져 나가며 죽음을 일으키는 질병'과 '흑사병'으로 열거되어 있다. 후자가 바로 알베르 카뮈의 작품인 『페스트』의 뜻이다. 전자를 전염병으로 단순히 해석하기에는 무리가 있다. '역병'이 좀 더 낫다. 여전히 '돌림병', 즉 '전염병'이라는 뜻이기는 하다. 다만 빠르게 널리 퍼지는 치명적인 질병을 설명할 때 예전에 널리 쓰던 단어라는 장점이 있다. 실제로 6세기 동로마제국을 덮친 질병은 유스티니아누스의 이름을 따서 '유스티니아누스 역병'이라고 불린다(병명은 림프절 페스트로 추정되었는데, 이것이 사실로 확인되었다는 최신 정보를 저자는 전한다). 이 책에서는 페스트, 역병, 전염병으로 때에 따라 달리 표현했지만 불분명한 경우에는 애를 먹었다. 한글로 '플레이그'라고 쓸 수는 없으니까.

'germ'이라는 단어도 그렇다. 원래 '병을 일으키는 작은 미생물'을 뜻한다. '세균'이라고 옮기면 될 것 같지만 일이 간단하지 않다. 세균이란 '박테리아'이기 때문이다. 그러면 홍역, 천연두, 소마마비, 코로나19를 일으키는 '바이러스'가 빠지게 된다. 미생물도 아니고 생물조차 아닌 분자 말이다. 게다가 말라리아는 박테리아도 아니고 바이러스도 아니고 '원충'이라는 원생동물이다. 이를 포괄해서 그냥 '균'이라고 좀 더 포괄적인 뉘앙스를 담는 용어를 쓰기도 했다. 여전히 바이러스를 포함하지는 못하는 한계를 인정한다.

균은 어떻게 세상을 만들어 가는가

1판 1쇄 찍음 2025년 4월 15일
1판 1쇄 펴냄 2025년 4월 25일

지은이   조너선 케네디
옮긴이   조현욱
펴낸이   김정호

책임편집 임정우
디자인   박대성, 박애영

펴 낸 곳 아카넷
출판등록 2000년 1월 24일 (제406-2000-000012호)
주   소 10881 경기도 파주시 회동길 445-3
전   화 031-955-9510 (편집) · 031-955-9514 (주문)
팩시밀리 031-955-9519

Printed in Paju, Korea.

ISBN 978-89-5733-978-7 03900

값은 뒤표지에 있습니다.